SAMMLUNG METZLER

REALIENBÜCHER FÜR GERMANISTEN

ABT. D:

LITERATURGESCHICHTE

REINHOLD GRIMM

BERTOLT BRECHT

——

3., völlig neu bearbeitete Auflage

MCMLXXI

J. B. METZLERSCHE VERLAGSBUCHHANDLUNG

STUTTGART

1. Aufl. (1.–4. Tsd) 1961
2. Aufl. (5.–9. Tsd) 1963
Vergriffen 1968–1970
3. Aufl. (10.–17. Tsd) 1971

ISBN 3 476 10004 9

M 4

© J. B. Metzlersche Verlagsbuchhandlung und Carl Ernst Poeschel Verlag GmbH
in Stuttgart 1971. Druck: Gulde-Druck, Tübingen
Printed in Germany

VORBEMERKUNG

Der Band »Bertolt Brecht«, 1961 erstmals erschienen und 1963 in einer verbesserten und erweiterten Fassung vorgelegt, ist für die dritte Auflage gründlich revidiert, ergänzt und auf den letzten Stand gebracht worden. Nur im darstellenden Teil konnten einige Abschnitte unverändert übernommen werden; alles übrige, insbesondere die Masse der Literaturangaben, wurde völlig neu erarbeitet. Ziel des Bandes ist es nach wie vor, dem an Brecht Interessierten eine erste Einführung zu geben und dem Brecht-Forscher zur vorläufigen Orientierung zu dienen. Ich war daher wiederum bemüht, alle erreichbaren Daten und Fakten zu sammeln, auf persönliche Deutung und Wertung hingegen weitgehend zu verzichten. Der gelegentlich geäußerten Anregung, dezidierte Urteile zu fällen, bin ich nicht gefolgt. Mein Band will keinem vorschreiben, was denn von Brecht „eigentlich" zu halten sei; er will statt dessen möglichst vielen helfen, sich selber ein Bild von Brecht zu verschaffen. Erschwerend kommt ja hinzu, daß es noch immer keine brauchbare Bibliographie gibt. Die verdienstvolle Zusammenstellung von Nubel datiert bereits von 1957; die späteren Versuche von Petersen sind in jeder Hinsicht unvollständig; und auf das Erscheinen der von der Ostberliner Akademie der Künste seit langem angekündigten Gesamtbibliographie zu Brecht wird man noch eine Weile warten müssen. Der vorliegende Band stellt deshalb notgedrungen auch einen bibliographischen Beitrag dar. Daß er seinerseits weder lückenlos noch fehlerfrei sein kann, weiß ich nur zu gut. Die ständig anschwellende Sekundärliteratur in vielen Sprachen läßt sich von einem einzelnen kaum mehr befriedigend erfassen, geschweige denn durch Autopsie überprüfen. Immerhin: was in meinen Kräften stand, ist geschehen. Die fast ungeteilte Zustimmung, die der Band bisher nicht bloß in Deutschland, sondern gerade auch im Ausland gefunden hat, war mir ein Ansporn, diese Kärrnerarbeit, die zugleich eine Sisyphusarbeit war, auf mich zu nehmen. Ob man freilich ihr Ergebnis, wie Paolo Chiarini und Peter Demetz dies freundlicherweise getan haben[1], weiterhin als „ottimo manuale" und „indispensable" werten wird, muß offenbleiben. Aber einen gewissen Nutzwert im Sinne Brechts wird man dem Band wohl auch künftig zusprechen. Der großzügigen Hilfe und Unterstützung, die ich von verschiedenen Seiten erfuhr, gebührt daran kein geringer Anteil. Ich nenne, stellvertretend für viele, Frau Herta Ramthun vom Bertolt-Brecht-Archiv, die zahlreiche Angaben verifizieren half, sowie die Guggenheim Foundation und die Graduate School der University of Wisconsin in Madison, die mich materiell unterstützten. Ihnen und allen anderen, die meine Arbeit gefördert haben, gilt mein aufrichtiger Dank.

R. G.

---

[1] Vgl. P. Chiarini, Bertolt Brecht. Saggio sul teatro (Bari 1967), S. 299; Brecht. A Collection of Critical Essays, ed. by P. Demetz (Englewood Cliffs 1962), S. 185.

INHALT

FORSCHUNGSMATERIAL

Zur Benutzung

Der Band wird durch ein ausführliches Inhaltsverzeichnis, eine umfassende Zusammenstellung abgekürzt zitierter Literatur sowie ein Personenregister erschlossen. Das Literaturverzeichnis ist wie folgt in vier bzw. fünf Teile gegliedert, die jeweils alphabetisch nach Stichworten (meist Namen) geordnet sind:

- I. Werkausgaben
- IIa. Bibliographien
- IIb. Bestandsverzeichnisse
- III. Sammelbände, Sondernummern
- IV. Literatur über Brecht

Dieser letzte, bei weitem umfangreichste Teil verzeichnet nicht allein sämtliche Monographien und Dissertationen, die mir bekannt geworden sind, sondern auch eine Fülle anderer wichtiger Literatur. Alle angeführten Arbeiten, soweit sie zugänglich waren, sind in den Nachweisen detailliert aufgeschlüsselt; eine Ausnahme bilden lediglich die (ohnehin meist maschinenschriftlichen) Dissertationen, die in der Regel nur summarisch genannt sind. Staatsexamensarbeiten, Magisterarbeiten, Diplomarbeiten sowie im Entstehen begriffene Dissertationen (vgl. dazu das ›Internationale Jahrbuch für Germanistik‹) konnten nicht mehr aufgenommen werden. Bei der Benutzung empfiehlt es sich in jedem Fall, zur Ergänzung der Nachweise das Literaturverzeichnis heranzuziehen. Das Zeichen * macht darauf aufmerksam, daß der betreffende Band Bildmaterial zu Leben und/oder Werk Brechts enthält; das Zeichen ° besagt, daß der betreffende Band nicht eingesehen bzw. nur teilweise oder mittelbar aufgeschlüsselt werden konnte. Um Raum zu sparen, wurden die Literaturangaben in den Nachweisen möglichst vereinfacht. Zu beachten ist vor allem:

Namen bzw. Stichworte in Kapitälchen beziehen sich auf das Literaturverzeichnis;
Vornamen entfallen, wo nicht unbedingt nötig;
Zeitschriften werden nach Möglichkeit abgekürzt zitiert [s. u.];
Erscheinungsorte stehen nur bei außerdeutschen Veröffentlichungen;
Zahlen in runden Klammern geben die beiden letzten Ziffern des Erscheinungsjahres an;
Titel von Zeitschriftenaufsätzen usw. entfallen;

Beiträge in Sammelwerken usw. sowie erläuternde Zusätze stehen in eckigen Klammern;
Zusätze bei Seitenangaben [f. bzw. ff.] entfallen;
p [nach Seitenzahl] = [und] passim;
Strichpunkte dienen der Gliederung der verschiedenen Literaturangaben;
Doppelpunkt und Komma dienen der Gliederung innerhalb der einzelnen Literaturangaben;
BB = Ber[tol]t Brecht.

Trotz dieser Vereinfachung sind die Literaturangaben, wie man rasch feststellen wird, unmittelbar verständlich, zumal da die Stelle des jeweiligen Nachweises über den inhaltlichen Bezug eindeutig Auskunft gibt. Man nehme zum Beispiel folgenden, unter »Leben des Galilei« verzeichneten Eintrag:
[Grevenius:] BB: Fem dramer (Stockholm 68) 290.
Es handelt sich um [Herbert] Grevenius' [Anmerkungen zu »Leben des Galilei«], in: Bertolt Brecht, Fem dramer (Stockholm 1968), S. 290 [f. bzw. ff]. Oder man nehme den unter »Theatertheorie« verzeichneten Eintrag:
J. Müller: EP. THEATER 154, WZUJ 8 (58/9) 365.
Hier handelt es sich um J[oachim] Müllers Aufsatz »Dramatisches, episches und dialektisches Theater«, enthalten in dem im Literaturverzeichnis angeführten Sammelband »Episches Theater« (1966), S. 154 [ff.], in abweichender Fassung und unter dem Titel »Dramatisches und episches Theater. Zur ästhetischen Theorie und zum Bühnenwerk Bertolt Brechts« in: ›Wissenschaftliche Zeitschrift der Friedrich-Schiller-Universität Jena. Gesellschafts- und sprachwissenschaftliche Reihe‹ Jg 8 (1958/59), S. 365 [ff.].
Entsprechend sind auch die anderen Eintragungen aufzulösen. Daß einige von ihnen nicht ganz vollständig sind, ließ sich leider nicht vermeiden, sowenig wie Widersprüche bei der Transkription aus dem Russischen, die auf die verschiedenen Systeme zurückgehen. Ich bitte dafür um Nachsicht.
Erwähnt sei schließlich noch, daß der Hinweis „Verschiedene Fassungen" sich sowohl auf ganze Werke wie auf Teile derselben beziehen kann, daß die jeweils genannten *Quellen, Vorbilder, Anregungen* natürlich primär literarische meinen und daß die Bibel, die Brecht als dasjenige Buch bezeichnet hat, das ihn am stärksten beeinflußte, nicht im einzelnen nachgewiesen wird, da sie beinah stets in Erwägung zu ziehen ist. (Ein bisher kaum beachtetes Beispiel wäre etwa der Zusammenhang, der zwischen dem Lied von der Seeräuber-Jenny aus der »Dreigroschenoper« und der Hure Rahab aus dem »Buch Josua« besteht.)

Abkürzungen

AG	=	Acta Germanica (Kapstadt)
AUMLA	=	Journal of the Australasian Universities Language and Literatur Association
AUS	=	Acta Universitatis Szegediensis
CC	=	Cahiers du Cinéma
CD	=	Comparative Drama
Chronik	=	Theater heute. Chronik und Bilanz des Bühnenjahres
CL	=	Comparative Literature
DB	=	Doitsu Bungaku
DS	=	Drama Survey
DU	=	Deutschunterricht (Stuttgart)
DUO	=	Deutschunterricht (Berlin)
DVjs.	=	Deutsche Vierteljahrsschrift für Literaturwissenschaft und Geistesgeschichte
EG	=	Études germaniques
EL	=	Études des Lettres (Lausanne)
ETJ	=	Educational Theatre Journal
Euph.	=	Euphorion
FH	=	Frankfurter Hefte
FMLS	=	Forum for Modern Language Studies
GLL	=	German Life and Letters
GQ	=	German Quarterly
GR	=	Germanic Review
GRM	=	Germanisch-Romanische Monatsschrift
GuZ	=	Geist und Zeit
IN	=	Internationale Literatur (Moskau)
JEGP	=	Journal of English and Germanic Philology
KR	=	Kenyon Review
KuL	=	Sowjetwissenschaft. Kunst und Literatur
Left	=	Studies on the Left
LN	=	Lettres nouvelles
MD	=	Modern Drama
MF	=	Mercure de France
MH	=	Monatshefte für deutschen Unterricht, deutsche Sprache und Literatur
MLN	=	Modern Language Notes
MLQ	=	Modern Language Quarterly
MLR	=	Modern Language Review
Muk	=	Maske und Kothurn

NDH	=	Neue deutsche Hefte
NDL	=	Neue deutsche Literatur
Neoph.	=	Neophilologus
NR	=	Neue Rundschau
OB	=	Ord och Bild (Stockholm)
OGS	=	Oxford German Studies
OL	=	Orbis litterarum
PMLA	=	Publications of the Modern Language Association of America
PP	=	Pädagogische Provinz
PR	=	Partisan Review
QJS	=	Quarterly Journal of Speech
RHTh	=	Revue d'histoire du théâtre
RLC	=	Revue de littérature comparée
RLV	=	Revue des langues vivantes
SG	=	Studi germanici
SuF	=	Sinn und Form
ThH	=	Theater heute
ThP	=	Théâtre populaire
ThZ	=	Theater der Zeit
TM	=	Temps modernes
VlG	=	Vlaamse Gids
WB	=	Weimarer Beiträge
WuW	=	Wort und Wahrheit
WW	=	Wirkendes Wort
WWo	=	Welt und Wort
WZHI	=	Wissenschaftliche Zeitschrift der Elektrotechnischen Hochschule Ilmenau. Gesellschafts- und sprachwissenschaftliche Reihe
WZHP	=	dass. Pädagogische Hochschule Potsdam
WZUB	=	dass. Humboldt-Universität Berlin
WZUG	=	dass. Ernst Moritz Arndt-Universität Greifswald
WZUH	=	dass. Martin-Luther-Universität Halle-Wittenberg
WZUJ	=	dass. Friedrich-Schiller-Universität Jena
WZUL	=	dass. Karl-Marx-Universität Leipzig
WZUR	=	dass. Universität Rostock
ZfdPh.	=	Zeitschrift für deutsche Philologie

Abkürzungen (sonstige)

anon	=	anonym bzw. nicht auflösbar
BBA	=	Bertolt-Brecht-Archiv [Zahl vor Schrägstrich = Mappe; Zahl nach Schrägstrich = Blatt]
ed.	=	edited [by]
Ex.	=	Exemplar
Jb.	=	Jahrbuch
Jh.	=	Jahrhundert
N. F.	=	Neue Folge

N. S. = New Series usw.
S. = Seite [bezieht sich in den Literaturangaben immer auf den vorliegenden Band]
urspr. = ursprünglich
Ztschr. = Zeitschrift
Ztg = Zeitung

(allgemein gängige Abkürzungen sind nicht eigens genannt)

LITERATUR

I. Werkausgaben

VS = Bertolt Brecht VERSUCHE, H. 1—15. Davon sind erschienen:
H. 1—7 bei Kiepenheuer, Berlin 1930—1933; H. 9—15 in Parallelausgaben bei Suhrkamp, [Berlin u.] Frankfurt, und im Aufbau-
Verlag, Berlin [u. Weimar], 1949—1956; H. 1—8 wurde 1959
bei Suhrkamp und 1963 im Aufbau-Verlag, jeweils in zwei Bänden, neu gedruckt (H. 8, das 1933 nicht mehr erscheinen konnte,
liegt nur in diesem Neudruck vor). Ein Sonderheft der »Versuche« erschien 1953 im Aufbau-Verlag.
Die »Versuche« bieten außer den Texten vielfach Materialien und
Dokumente zur Werkgeschichte.*

GW = Bertolt Brecht GESAMMELTE WERKE. London: Malik-Verlag
1938. (Nur zwei Bände sind erschienen.)

WA = Bertolt Brecht GESAMMELTE WERKE IN 20 BÄNDEN. WERK-
AUSGABE EDITION SUHRKAMP. Suhrkamp Verlag, Frankfurt 1967,
²1968. (Die »Gesammelten Werke« von 1967 wurden auch als
Dünndruckausgabe in acht Bänden gedruckt; ein weiterer Band,
erschienen 1969, enthält die »Texte für Filme« [s. u. TF].)
Da diese ‚Werkausgabe‘ dem bei Brecht höchst problematischen
Prinzip der Ausgabe letzter Hand folgt, unterscheiden sich ihre
Texte mitunter stark von den in den »Versuchen«, »Stücken« usw.
veröffentlichten.

ST = Bertolt Brecht STÜCKE. 14 Bde. Parallelausgaben bei Suhrkamp
bzw. im Aufbau-Verlag 1953—1967.

GD = Bertolt Brecht GEDICHTE. 9 Bde. Parallelausgaben bei Suhrkamp
bzw. im Aufbau-Verlag 1960—1969.

TH = Bertolt Brecht SCHRIFTEN ZUM THEATER. 7 Bde. Parallelausgaben bei Suhrkamp bzw. im Aufbau-Verlag 1963/64.

PR = Bertolt Brecht PROSA. 5 Bde. Suhrkamp Verlag 1965.

LK = Bertolt Brecht SCHRIFTEN ZUR LITERATUR UND KUNST. 2 bzw.
3 Bde. Parallelausgaben bei Suhrkamp (3) bzw. im Aufbau-Verlag (2) 1966/67 [zitiert nach der zweibändigen Ausgabe].

PG = Bertolt Brecht SCHRIFTEN ZUR POLITIK UND GESELLSCHAFT.
1 bzw. 2 Bde. Parallelausgaben bei Suhrkamp (1) bzw. im Aufbau-
Verlag (2) 1968 [zitiert nach der zweibändigen Ausgabe].

TF = Bertolt Brecht TEXTE FÜR FILME. 2 Bde. Suhrkamp Verlag
1969.

Vor allem die »Versuche« und die »Stücke« sind wiederholt neu aufgelegt worden. Sie liegen im Aufbau-Verlag in bis zu zehn bzw. sechs, bei Suhrkamp in bis zu sechs bzw. fünf Auflagen vor. Innerhalb der Druckauflagen des Aufbau-Verlages zeigen die Texte der »Stücke« z. T. erhebliche Abweichungen voneinander. Vorarbeiten zu einer kritischen Gesamtausgabe bieten die folgenden Einzelausgaben (die fortgesetzt werden):

BAAL I = Bertolt Brecht BAAL. DREI FASSUNGEN. Kritisch ediert u. kommentiert von D. Schmidt. Suhrkamp Verlag 1966, ³1968.

BAAL II = Bertolt Brecht BAAL. DER BÖSE BAAL DER ASOZIALE. TEXTE, VARIANTEN, MATERIALIEN. Kritisch ediert u. kommentiert von D. Schmidt. Suhrkamp Verlag 1968, ²1969.*

DICKICHT = Bertolt Brecht IM DICKICHT DER STÄDTE. ERSTFASSUNG UND MATERIALIEN. Ediert u. kommentiert von G. E. Bahr. Suhrkamp Verlag 1968.*

EDOARDO = Bertolt Brecht VITA DI EDOARDO II D'INGHILTERRA. INTRODUZIONE, TESTO CRITICO, VERSIONE E NOTA FILOLOGICA. A cura di P. Chiarini. Roma: Edizione dell'Ateneo 1962.*

EDUARD = Bertolt Brecht LEBEN EDUARDS DES ZWEITEN VON ENGLAND. VORLAGE, TEXTE UND MATERIALIEN. Ediert von R. Grimm. Suhrkamp Verlag 1968.

JASAGER/NEINSAGER = Bertolt Brecht DER JASAGER UND DER NEINSAGER. VORLAGEN, FASSUNGEN, MATERIALIEN. Hrsg. u. mit einem Nachwort versehen von P. Szondi. Suhrkamp Verlag 1966, ⁴1969.

In Vorbereitung befinden sich kritische Texte für »Die heilige Johanna der Schlachthöfe« (durch G. E. Bahr) und die Lehrstücke (durch R. Steinweg).

IIa. Bibliographien

ADELMAN/DWORKIN = Irving Adelman and Rita Dworkin MODERN DRAMA. A CHECKLIST OF CRITICAL LITERATURE ON 20TH CENTURY PLAYS. Metuchen: Scarecrow Press 1967.

BIBLIOGRAFIA = Paolo Chiarini BIBLIOGRAFIA ESSENZIALE SU BERTOLT BRECHT, in: QUADERNO [s. u. III].

BUSSE = NICHT VERÖFFENTLICHTE WISSENSCHAFTLICHE ARBEITEN ÜBER BERTOLT BRECHT, DIE AN UNIVERSITÄTEN UND HOCHSCHULEN DER DDR GESCHRIEBEN WURDEN. Zusammengestellt von C. Busse, in: Th/2 und BRECHT-DIALOG [s. u. III].

HILL/LEY = Claude Hill and Ralph Ley THE DRAMA OF GERMAN EXPRESSIONISM. A GERMAN-ENGLISH BIBLIOGRAPHY. Chapel Hill: University of North Carolina Press 1960.

KALENDERBLÄTTER I = BERTOLT BRECHT. Zum 5. Todestag am 14. August. Berlin: Stadtbibliothek 1961 [dazu Nachtrag in: Bibliographische Kalenderblätter der Berliner Stadtbibliothek 8 (1966), Tl. III].°

KALENDERBLÄTTER II = NACHTRAG BERTOLT BRECHT. Zum 70. Geburtstag am 10. Februar 1968. Berlin: Stadtbibliothek 1968.°

KOSCH = DEUTSCHES LITERATURLEXIKON. BIOGRAPHISCH-BIBLIOGRAPHISCHES HANDBUCH. Begr. von W. Kosch. 3., völlig neu bearbeitete Aufl. Bern u. München: Francke 1968.

NELLHAUS = Gerhard Nellhaus BRECHT-BIBLIOGRAPHIE, in SF/1 [s. u. III].

NUBEL = Walter Nubel BERTOLT BRECHT-BIBLIOGRAPHIE, in: SF/2 [s. u. III].

OTTO = Werner Otto VERSUCH EINER AUFSTELLUNG VON VERTONUNGEN VON BRECHT-STÜCKEN. Berlin: Deutsche Staatsoper 1966.°

PETERSEN = Klaus-Dietrich Petersen BERTOLT-BRECHT-BIBLIOGRAPHIE. Bad Homburg: Gehlen 1968 [überarbeitete Fassung von BERTOLT BRECHT. LEBEN UND WERK. Dortmund: Stadtbücherei 1966].

SPALTER/SUVIN/SCHOTTER = Max Spalter, Darko Suvin and Richard Schotter A SELECTED BRECHT-BIBLIOGRAPHY, in: TDR/2 [s. u. III].

STOYE = Monika Stoye BERTOLT BRECHT. LEBEN UND WERK. EINE AUSWAHLBIBLIOGRAPHIE. Berlin: Zentralinstitut für Bibliothekswesen 1966.°

VOLGINA = A. A. Volgina BERTOLT BRECHT. BIO-BIBLIOGRAFIČESKIJ UKASATEL'. Moskva: Kniga 1969.°

ZNAMENSKAJA = Galina Znamenskaja BERTOLT BRECHT. BIO-BIBLIOGRAFIČESKIJ UKASATEL'. Moskva: Vsesojužnaja gosudarstvennnaja biblioteka inostrannoj literatury 1955.

Eine Bibliographie der deutschsprachigen Veröffentlichungen der Jahre 1956—1959 sowie eine umfassende Brecht-Bibliographie werden von der Akademie der Künste in Berlin (Ost) vorbereitet [vgl. dazu G. Seidel, in: Forschungen und Fortschritte 38 (1964)]; mit einem baldigen Erscheinen ist allerdings schwerlich zu rechnen. Weitere bibliographische Angaben und Auswahlbibliographien findet man in den meisten Gesamtdarstellungen und größeren Einzeluntersuchungen, z. B. bei EKMANN, ESSLIN, EWEN, FRADKIN II, GRIMM I, HÜFNER, JENDREIEK, KESTING I, SCHUMACHER I + III, WILLETT usw. [s. u. IV; zur Ergänzung vgl. H. Wiesner, I. Žisva, C. Stoll, »Bibliographie der Personalbibliographien zur deutschen Gegenwartsliteratur«, 1970]. Auch die laufenden Spezialbibliographien in den Veröffentlichungen des ‚Arbeitskreises Bertolt Brecht' (ABB [s. u. III]) sowie in Zeitschriften wie ›Revue d'histoire du théâtre‹, ›Theater heute‹ (Sondernummern ›Chronik und Bilanz des Bühnenjahres‹), ›Sipario‹, ›Il Dramma‹ und ›Maske und Kothurn‹ geben wichtige Hinweise.

IIb. Bestandsverzeichnisse

RAMTHUN I = BERTOLT-BRECHT-ARCHIV. BESTANDSVERZEICHNIS DES LITERARISCHEN NACHLASSES. Bd 1: STÜCKE. Bearbeitet von H. Ramthun. Berlin u. Weimar: Aufbau-Verlag 1969.

RAMTHUN II = BERTOLT-BRECHT-ARCHIV. BESTANDSVERZEICHNIS DES
LITERARISCHEN NACHLASSES. Bd 2: GEDICHTE. Bearbeitet von H.
Ramthun. Berlin u. Weimar: Aufbau-Verlag 1970.°
Zwei weitere Bände befinden sich in Vorbereitung.

III. Sammelbände, Sondernummern

ABB = ARBEITSKREIS BERTOLT BRECHT. Mitteilungen u. Diskussionen. 1960 ff.

ADAM AND ENCORE = Gemeinsames Brechtheft der literarischen Zeitschrift ADAM und der Theaterzeitschrift ENCORE. London 1956.°

ANEKDOTEN I = GESCHICHTEN VOM HERRN B. 99 BRECHT-ANEKDO-
TEN. Aufgeschrieben von A. Müller u. G. Semmer. Frankfurt: Insel
1967.

ANEKDOTEN II = GESCHICHTEN VOM HERRN B. HUNDERT NEUE
BRECHT-ANEKDOTEN. Aufgeschrieben von A. Müller u. G. Semmer.
München: Kindler 1968 [eine eigene, offenbar weder mit I noch
mit II identische Auswahl erschien im selben Jahr im Aufbau-
Verlag].

ÄRGERNIS = DAS ÄRGERNIS BRECHT. Mit Beiträgen von S. Melchinger,
R. Frank, R. Grimm, E. Franzen u. O. Mann. Basel-Stuttgart: Basiliuspresse 1961.

ARTICLES ET ÉTUDES = BERTOLT BRECHT 1898—1956. ARTICLES ET
ÉTUDES. Paris: Éditeurs français réunis 1957.°

BRECHT BÜHNEN = BRECHT AUF DEUTSCHEN BÜHNEN. BERTOLT
BRECHTS DRAMATISCHES WERK AUF DEM THEATER IN DER BUNDES-
REPUBLIK DEUTSCHLAND. Brecht-Aufführungen in Frankfurt a. M.
— Brecht-Aufführungen im Theater am Schiffbauerdamm, Berlin.
Brecht-Ausgaben u. Brecht-Studien. Hrsg. von H. Beil [u. a.]. Bad
Godesberg: Inter Nationes 1968 [Doppelausgabe deutsch-englisch
bzw. deutsch-italienisch].*

BRECHT DAMALS = BERTOLT BRECHT DAMALS UND HEUTE. Referate
von H. Bunge, W. Hecht, W. Plat, E. Schumacher. München: Dobbeck 1962.

BRECHT-DIALOG = BRECHT-DIALOG 1968. POLITIK AUF DEM THEATER.
[Hrsg. von W. Hecht.] Berlin bzw. München: Henschelverlag 1968
bzw. Rogner u. Bernhard 1969 [Kurzfassungen in englischer bzw.
französischer Sprache, hrsg. vom Zentrum DDR des Internationalen
Theaterinstituts].*

CAHIERS = CAHIERS DU CINÉMA (Paris). 1960, Nr 114.*

COLLECTION = BRECHT. A COLLECTION OF CRITICAL ESSAYS, ed. by
P. Demetz. Englewood Cliffs: Prentice Hall 1962.

DREIGROSCHENBUCH = BERTOLT BRECHTS DREIGROSCHENBUCH. TEXTE,
MATERIALIEN, DOKUMENTE. Hrsg. von S. Unseld. Frankfurt: Suhrkamp 1960.*

ENSEMBLE = BERTOLT BRECHT UND DAS BERLINER ENSEMBLE. Hrsg.
von der Gesellschaft für kulturelle Verbindungen mit dem Ausland.
Berlin 1958.*

ΕΠΙΘΕΩΡΗΣΗ = ΕΠΙΘΕΩΡΗΣΗ ΤΕΧΝΗΣ (Athen). 14 (1961), Nr. 83.

ERINNERUNGEN = ERINNERUNGEN AN BRECHT. Zusammengestellt von H. Witt. Leipzig: Reclam 1964, ²1966.

EUROPE = EUROPE. REVUE MENSUELLE (Paris). 1957, Nr 133/34

EUROPE = EUROPE. REVUE MENSUELLE (Paris). 1957, Nr 133/34 [Neuauflage 1963].*

FORUM = FORUM (Berlin). 1967, Nr. 24. Sonderausgabe zum Brecht-Dialog 1968 (Februar 1968).

GESPRÄCH = BERTOLT BRECHT. GESPRÄCH AUF DER PROBE. Hrsg. von C. Witt. Zürich: Sanssouci 1961.*

HINDUSTANI = HINDUSTANI THEATRE (New Delhi). 1 (1963) Nr. 1/2.°

INTER NATIONES = BERTOLT BRECHT. Mit Beiträgen von E. Wendt, E. Leiser, K. Völker, M. Walser. Bad Godesberg: Inter Nationes 1966 [auch in englischer bzw. französischer Sprache].*

LEBEN UND WERK = Werner Hecht, Hans-Joachim Bunge, Käthe Rülicke-Weiler BERTOLT BRECHT. LEBEN UND WERK. Berlin: Volk u. Wissen 1963.

NEUE ZEIT = DIE NEUE ZEIT (Dresden). 2 (1927), Nr 4 [= Sonderheft Brecht/Bronnen].

ORBIS = ORBIS LITTERARUM (KOPENHAGEN). 20 (1966), Nr 1.

ORD = ORD OCH BILD (Stockholm). 73 (1964), Nr 1.*

PROGRAMM = DAS PROGRAMM. BLÄTTER DER MÜNCHENER KAMMERSPIELE. BERT BRECHT-SONDERNUMMER. (Oktober 1922), Nr. 46.°

QUADERNO = NUOVI STUDI SU BERTOLT BRECHT. A cura di P. Chiarini. Milano: Quaderni del Piccolo Teatro 1961.*

SF/1 = SINN UND FORM. BEITRÄGE ZUR LITERATUR (Berlin). 1. Sonderheft Bertolt Brecht (1949).

SF/2 = SINN UND FORM. BEITRÄGE ZUR LITERATUR (Berlin). 2. Sonderheft Bertolt Brecht (1957).

STUDIEN/1 = BRECHT AUF DEN BÜHNEN DER WELT. STUDIEN 1 (1968) als Beilage zu ›Theater der Zeit‹ (Berlin).

STUDIEN/2 = PROBLEME DER BRECHT-INTERPRETATION. STUDIEN/2 (1968) als Beilage zu ›Theater der Zeit‹ (Berlin).

TDR/1 = THE [TULANE] DRAMA REVIEW (New Orleans, später New York). 6 (1961), Nr 1.*

TDR/2 = THE [TULANE] DRAMA REVIEW (New Orleans, später New York). 12 (1967), Nr 1.*

TEATERKONST = TEATERKONST (Stockholm). 1956, Nr 3.°

THEATER/1 = THEATER DER ZEIT (Berlin). 1966, Nr 14: BERTOLT BRECHT UND SEIN THEATER.*

THEATER/2 = THEATER DER ZEIT (Berlin). 1968, Nr 2: BRECHT-DIALOG 1968.*

THEATER DDR = THEATER IN DER DEUTSCHEN DEMOKRATISCHEN REPUBLIK 4: BRECHT UND DAS THEATER IN DER DDR. Hrsg. vom Zentrum DDR des Internationalen Theaterinstituts. Berlin 1967.*

Theaterarbeit = Theaterarbeit. Sechs Aufführungen des Berliner Ensembles. Hrsg. vom Berliner Ensemble (Leitung: H. Weigel). Dresden: Dresdner Verlag 1952 [Neudrucke: Suhrkamp 1961; Henschelverlag Berlin, 1961 bzw. 1967].*
Théâtre = Théâtre Populaire (Paris). 1955, Nr. 11.*
Toneel = Het Toneel (Amsterdam). 1966, Nr 4/5.°
WB/S = Weimarer Beiträge (Berlin u. Weimar): Brecht-Sonderheft 1968.*
World Theatre = World Theatre/Théâtre dans le Monde (Bruxelles). 15 (1966), Nr 3/4.*

Bildmaterial enthalten u. a. auch: S. d'Amico Storia del Teatro Drammatico, Milano ⁴1958, Bd IV; H. Barkhoff Ernst Legal, 1965; Bertolt Brecht Die heilige Johanna der Schlachthöfe. Illustrationen von H. Zander, 1968; Bertolt Brecht Kalendergeschichten. Mit Originalgraphiken von G. Stiller, 1967; Bertolt Brecht Mutter Courage und ihre Kinder. Mit Zeichnungen von B. Heissig, 1965; Bertolt Brecht Mutter Courage und ihre Kinder. Mit 45 Zeichnungen von T. Kulisiewicz, 1968; Bertolt Brecht Songs aus der Dreigroschenoper. Mit Holzschnitten von K.-H. Hansen-Bahia, 1961; Bertolt Brecht-Caspar Neher, Darmstadt 1963 [Ausstellungskatalog]; Bertolt Brechts Hauspostille. Mit Radierungen von C. Meckel, 1966; Bilder und Graphiken zu Werken von Bertolt Brecht, 1964 [Ausstellungskatalog]; Bildmappe Bertolt Brecht. Hrsg. vom Deutschen Pädagogischen Zentralinstitut, 1965; W. Carlé Erwin Geschonneck, Künstler unserer Zeit, 1960; Caspar Neher. Bühne und Bildende Kunst im 20. Jahrhundert, 1966; F. Cremer Graphik zu Bertolt Brecht, 1968; Das kleine Brechtbuch. Hrsg. von K. Kondo, Tokio 1967; Der Regisseur Benno Besson. Hrsg. von A. Müller, 1967; Die Schauspielerin Angelika Hurwicz. Ein Fotobuch, hrsg. von W. Pintzka, 1960; Die Schauspielerin Helene Weigel. Ein Fotobuch, hrsg. von W. Pintzka, 1959; W. Drews Die Schauspielerin Therese Giehse, 1965; Encyclopédie du Théâtre Contemporain, Paris 1959, Bd II; Frankfurt und sein Theater. Hrsg. von H. Heym, 1963; H. Goette [u. a.] Graphik zu Bertolt Brecht, 1969; H. Herlinghaus Slatan Dudow, 1965; W. Herzfelde John Heartfield. Leben und Werk, 1962; T. Kulisiewicz Zeichnungen zur Inszenierung des Berliner Ensembles: Der kaukasische Kreidekreis, 1956; L'Opera da tre soldi di Bertolt Brecht e Kurt Weill. Uno spettacolo del Piccolo Teatro di Milano, a cura di G. Guazzotti, [Bologna] 1961; S. Melchinger Modernes Weltthea-ter. Lichter und Reflexe, 1956; M. Mildenberger Film und Projektion auf der Bühne, 1961/65; C. Neher 24 Farbtafeln. Texte von S. Melchinger u. T. Otto, 1967; W. Panofsky Protest in der Oper. Das provokative Musiktheater der zwanziger Jahre, 1966; K. Pfützner Das revolutionäre Arbeitertheater in Deutschland 1918—1933, in: ›Schriften zur Theaterwissenschaft‹

1 (1959); H. Sandberg Mein Brecht-Skizzenbuch, 1967; M. Scheer So war es in Paris, 1964; O. Schuberth Das Bühnenbild. Geschichte — Gestalt — Technik, 1955; Schweyk nella seconda guerra mondiale. Uno spettacolo del Piccolo Teatro di Milano, a cura di G. Lunari e R. Orlando, [Bologna] 1962; Théâtre des Nations: 315 spectacles en 10 ans, Paris 1963; Theatre in modern Poland, ed. A. Grodzicki u. R. Szydłowski, 1963; WE, The Living Theatre. Ed. by A. Rostagno, 1970; Welttheater. Bühnen, Autoren, Inszenierungen. Hrsg. von S. Melchinger u. H. Rischbieter, 1962, ²1966; H. C. Worbs Welterfolge der modernen Oper, 1967; außerdem die Modellbücher und Materialienbände zu den einzelnen Stücken, soweit sie vorliegen, und Zeitschriften wie ›Theater der Zeit‹, ›Theater heute‹, ›Sipario‹ usw.

IV. Literatur über Brecht

Abel = Lionel Abel Metatheatre. A new view of dramatic form. New York: Hill and Wang 1963, ³1966.

Abenteuer = Das Abenteuer Ionesco. Beiträge zum Theater von heute. Zürich: Stauffacher 1957.

Abusch = Alexander Abusch Literatur im Zeitalter des Sozialismus. Beiträge zur Literaturgeschichte 1921 bis 1966. Berlin u. Weimar: Aufbau-Verlag 1967.

Actes I = Actes du quatrième congrès de l'association internationale de littérature comparée. Fribourg 1964. Publ. par F. Jost. The Hague-Paris: Mouton 1966.

Actes II = Le réel dans la littérature et dans la langue. Actes du dixième congrès de la fédération internationale des langues et littératures modernes. Publ. par P. Vernois. Paris: Klincksieck 1967.

Adamov = Arthur Adamov Ici et maintenant. Paris: Gallimard 1964.

Anders = Günther Anders Bert Brecht. Gespräche und Erinnerungen. Zürich: Arche 1962.

Arendt = Hannah Arendt Men in dark times. New York: Harcourt, Brace and World 1968.

Arpe = Verner Arpe Aufruhr und Empörung bei Brecht und Zuckmayer. Stockholm: Sveriges Radio 1959.°

Aspects = Aspects of drama and the theatre. Five Kathleen Robinson Lectures delivered in the University of Sydney 1961—1963. Sydney: Sydney University Press 1965.

Aspekte = Aspekte des Expressionismus. Periodisierung, Stil, Gedankenwelt. Die Vorträge des Ersten Kolloquiums in Amherst/Mass. Hrsg. von W. Paulsen. Heidelberg: Stiehm 1968.

Aufricht = Ernst Josef Aufricht Erzähle, damit du dein Recht erweist. Berlin: Propyläen 1966.

Bab = Julius Bab Über den Tag hinaus. Kritische Betrachtun-

GEN. Ausgewählt u. hrsg. von H. Bergholz. Mit einer Einführung von C. F. W. Behl. Heidelberg: Lambert Schneider 1960.

BABRUSKINAS = Jaime Babruskinas BERTOLT BRECHTS »DER BROTLADEN« — SEINE INSZENIERUNG AM BERLINER ENSEMBLE 1967. Diss. masch. Berlin (Humboldt-Univ.) 1969.°

BAHR = Gisela E. Bahr »IM DICKICHT DER STÄDTE«. EIN BEITRAG ZUR BESTIMMUNG VON BERTOLT BRECHTS DRAMATISCHEM FRÜHSTIL. Diss. masch. New York (New York Univ.) 1966.

BALLUSECK = Lothar von Balluseck DICHTER IM DIENST. DER SOZIALISTISCHE REALISMUS IN DER DEUTSCHEN LITERATUR. Wiesbaden: Limes 1956, ²1963.*

BARTHES = Roland Barthes ESSAIS CRITIQUES. Paris: Éditions du Seuil 1964.

BATHRICK = David R. Bathrick THE DIALECTIC AND THE EARLY BRECHT: AN INTERPRETIVE STUDY OF »TROMMELN IN DER NACHT«. Diss. masch. Chicago (Univ. of Chicago) 1970.°

BAUER = Gerhard Bauer ZUR POETIK DES DIALOGS. LEISTUNG UND FORMEN DER GESPRÄCHSFÜHRUNG IN DER NEUEREN DEUTSCHEN LITERATUR. Darmstadt: Wissenschaftliche Buchgesellschaft 1969.

BAULAND = Peter Bauland THE HOODED EAGLE. MODERN GERMAN DRAMA ON THE NEW YORK STAGE. Syracuse: Syracuse University Press 1968.

BAUMGART = Reinhard Baumgart LITERATUR FÜR ZEITGENOSSEN. ESSAYS. Frankfurt: Suhrkamp 1966.

BECKLEY = R. J. Beckley SOME ASPECTS OF BRECHT'S DRAMATIC TECHNIQUE IN THE LIGHT OF HIS ADAPTATIONS OF ENGLISH PLAYS. Diss. masch. London (King's College) 1961.°

BECKMANN = Heinz Beckmann NACH DEM SPIEL. THEATERKRITIKEN 1950—1962. München: Langen/Müller 1963.

BENJAMIN I = Walter Benjamin SCHRIFTEN. 2 Bde. Hrsg. von T. W. Adorno u. G. Adorno unter Mitwirkung von F. Podszus. Frankfurt: Suhrkamp 1955.

BENJAMIN II = Walter Benjamin VERSUCHE ÜBER BRECHT. Hrsg. u. mit einem Nachwort versehen von R. Tiedemann. Frankfurt: Suhrkamp 1966, ²1967 [auch ins Französische übersetzt].

BENJAMIN III = Walter Benjamin BRIEFE. 2 Bde. Hrsg. u. mit Anmerkungen versehen von G. Scholem u. T. W. Adorno. Frankfurt: Suhrkamp 1966.

BENTLEY I = Eric Bentley THE PLAYWRIGHT AS THINKER. A STUDY OF DRAMA IN MODERN TIMES. New York: World Publishing Co. 1946 bzw. Meridian Books 1955 [Neufassung].

BENTLEY II = Eric Bentley IN SEARCH OF THEATER. New York: Knopf 1953, Vintage Books 1959.

BENTLEY III = Eric Bentley THE LIFE OF THE DRAMA. New York: Atheneum 1964, ⁴1965 [dt. DAS LEBENDIGE DRAMA. EINE ELEMENTARE DRAMATURGIE. Velber: Friedrich 1967].

BENTLEY IV = Bertolt Brecht SEVEN PLAYS. Ed. and with an Introduction by E. Bentley. New York: Grove Press 1961.

K. BERGER = SCHAUSPIELFÜHRER IN DREI BÄNDEN. Hrsg. von K. H.
Berger [u. a.]. Berlin: Henschelverlag 1965, ⁴1967.

M. BERGER = Manfred Berger GEDANKEN ZUM BEGRIFF DER VER-
FREMDUNG IN DER THEATERAUFFASSUNG BERTOLT BRECHTS. (Darge-
stellt am Stück »MUTTER COURAGE UND IHRE KINDER«.) [Bernau:]
Hochschule der deutschen Gewerkschaften ‚Fritz Heckert‘ 1964.°

BERGSTEDT = Alfred Bergstedt DAS DIALEKTISCHE DARSTELLUNGS-
PRINZIP DES „NICHT-SONDERN“ IN NEUEREN STÜCKEN BERTOLT
BRECHTS. LITERARÄSTHETISCHE UNTERSUCHUNGEN ZUR POLITISCHEN
THEORIE DES VERFREMDUNGSDEFFEKTES. Diss. masch. Potsdam (Päda-
gogische Hochschule) 1963.°

BIHALJI-MERIN = Oto Bihalji-Merin SUSRETI SA MOJIM VREMENOM.
Beograd: Prosveta Izd. preduzeće Srbija 1957.°

BLAU = Henry Blau THE IMPOSSIBLE THEATER. A MANIFESTO. New
York and London: Macmillan 1964.*

BLOCH I = Ernst Bloch DAS PRINZIP HOFFNUNG. 2 Bde. Frankfurt:
Suhrkamp 1959 [später auch in drei Bänden, jedoch mit gleicher
Paginierung].

BLOCH II = Ernst Bloch LITERARISCHE AUFSÄTZE. Frankfurt: Suhrkamp 1965 [enthält VERFREMDUNGEN I/II].

BLUME = FESTSCHRIFT FÜR BERNHARD BLUME. AUFSÄTZE ZUR DEUT-
SCHEN UND EUROPÄISCHEN LITERATUR. Hrsg. von E. Schwarz, H. G.
Hannum u. E. Lohner. Göttingen: Vandenhoeck u. Ruprecht 1967.

BÖCKMANN = PAUL BÖCKMANN PROVOKATION UND DIALEKTIK IN DER
DRAMATIK BERT BRECHTS. Krefeld: Scherpe 1961.

BRANDT = Thomas O. Brandt DIE VIELDEUTIGKEIT BERTOLT BRECHTS.
Heidelberg: Stiehm 1968.

BRAUNECK = DAS DEUTSCHE DRAMA VOM EXPRESSIONISMUS BIS ZUR
GEGENWART. INTERPRETATIONEN. Hrsg. von M. Brauneck. Bamberg: Buchner 1970.

BRÄUTIGAM I = Kurt Bräutigam BERTOLT BRECHT: DER GUTE MENSCH
VON SEZUAN. INTERPRETATION. München: Oldenbourg 1966.

BRÄUTIGAM II = Kurt Bräutigam MODERNE DEUTSCHE BALLADEN (‚ER-
ZÄHLGEDICHTE‘). VERSUCHE ZU IHRER DEUTUNG. Frankfurt: Diesterweg 1968.

BRINKMANN I = Karl Brinkmann ERLÄUTERUNGEN ZU BERTOLT
BRECHTS »MUTTER COURAGE«. »DER KAUKASISCHE KREIDEKREIS«.
Hollfeld: Bange [1961].

BRINKMANN II = Karl Brinkmann ERLÄUTERUNGEN ZU BERTOLT
BRECHTS »LEBEN DES GALILEI«. Hollfeld: Bange [1964].°

BRONNEN I = ARNOLT BRONNEN GIBT ZU PROTOKOLL. BEITRÄGE ZUR
GESCHICHTE DES MODERNEN SCHRIFTSTELLERS. Hamburg: Rowohlt
1954.

BRONNEN II = Arnolt Bronnen TAGE MIT BERTOLT BRECHT. DIE

GESCHICHTE EINER UNVOLLENDETEN FREUNDSCHAFT. München: Desch 1960 [auch ins Italienische übersetzt].*

BROOK = Peter Brook THE EMPTY SPACE. New York: Atheneum 1968, Avon 1969 [dt. DER LEERE RAUM. MÖGLICHKEITEN DES HEUTIGEN THEATERS. Hamburg: Hoffmann u. Campe 1969].

BRUGGER = Ilse de Brugger TEATRO ALEMÁN DEL SIGLO XX. Buenos Aires: Ediciones Nueva Visión 1961.°

BRUSTEIN I = Robert Brustein THE THEATRE OF REVOLT. AN APPROACH TO THE MODERN DRAMA. Boston-Toronto: Little, Brown and Co. 1962, ³1964.

BRUSTEIN II = Robert Brustein THE THIRD THEATRE. New York: Knopf 1969.

BUNGE = Hans-Joachim Bunge ANTIGONEMODELL 1948 VON BERTOLT BRECHT UND CASPAR NEHER. ZUR PRAXIS UND THEORIE DES EPISCHEN (DIALEKTISCHEN) THEATERS BERTOLT BRECHTS. Diss. masch. Greifswald 1957.

CARLSSON = Anni Carlsson DIE DEUTSCHE BUCHKRITIK VON DER REFORMATION BIS ZUR GEGENWART. Bern u. München: Francke 1969.

CHIARINI I = Paolo Chiarini BERTOLT BRECHT. Bari: Laterza 1959 [Taschenbuchausgabe 1967; auch ins Portugiesische übersetzt].

CHIARINI II = Paolo Chiarini L'AVANGUARDIA E LA POETICA DEL REALISMO. Bari: Laterza 1961.

CHIARINI III = Paolo Chiarini LA LETTERATURA TEDESCA DEL NOVECENTO. STUDI E RICERCHE. Roma: Edizioni dell'Ateneo 1961.

CHIUSANO = Italo Alighiero Chiusano IL TEATRO TEDESCO DA BRECHT A OGGI. [Bologna:] Cappelli 1964.*

CHRIST = Hans Urs von Balthasar, Manfred Züfle DER CHRIST AUF DER BÜHNE. Einsiedeln: Benziger 1967.

CLURMAN = Harold Clurman THE NAKED IMAGE. OBSERVATIONS ON THE MODERN THEATRE. New York-London: Collier-Macmillan 1966.

CRUMBACH = Franz Hubert Crumbach DIE STRUKTUR DES EPISCHEN THEATERS. DRAMATURGIE DER KONTRASTE. Braunschweig: Waisenhaus 1960.

DAHLKE = Hans Dahlke CÄSAR BEI BRECHT. EINE VERGLEICHENDE BETRACHTUNG. Berlin u. Weimar: Aufbau-Verlag 1968.

DAKOWA = Nadeshda Dakowa DIE ERZÄHLENDE PROSA BERTOLT BRECHTS 1913—1934. Diss. masch. Leipzig 1962.°

DEBIEL = Gisela Debiel DAS PRINZIP DER VERFREMDUNG IN DER SPRACHGESTALTUNG BERTOLT BRECHTS. UNTERSUCHUNGEN ZUM SPRACHSTIL SEINER EPISCHEN DRAMEN. Diss. masch. Bonn 1960.°

DEMANGE = Camille Demange BERTOLT BRECHT. Paris: Seghers 1967.*

DESUCHÉ = Jacques Desuché BERTOLT BRECHT. Paris: Presses Universitaires de France 1963.*

DEUTSCHE = DIE GROSSEN DEUTSCHEN. DEUTSCHE BIOGRAPHIE. Hrsg. von H. Heimpel, T. Heuß u. B. Reifenberg. Bd. V. Berlin: Propyläen 1957.

DIETRICH = Margret Dietrich DAS MODERNE DRAMA. STRÖMUNGEN — GESTALTEN — MOTIVE. Stuttgart: Kröner 1961, [²1963].

DORT I = Bernard Dort LECTURE DE BRECHT. Paris: Éditions du Seuil 1960 [erweiterte Neuauflage 1967].

DORT II = Bernard Dort THÉÂTRE PUBLIQUE. 1953—1966. Paris: Éditions du Seuil 1967.

DOWNER = A. F. Downer THE POETRY, DRAMA, AND THEORY OF BERTOLT BRECHT. A STUDY ON THE RELATION BETWEEN IDEOLOGY AND LITERATURE. Diss. masch. Swansea 1954.°

DREIMANIS = Valda Dreimanis Melngailis »LEBEN EDUARDS DES ZWEITEN VON ENGLAND«: BERTOLT BRECHT'S ADAPTATION OF MARLOW'S »EDWARD II«. Diss. masch. Cambridge (Harvard Univ.) 1966.°

DREWS = Wolfgang Drews THEATER. SCHAUSPIELER REGISSEURE DRAMATURGEN INTENDANTEN DRAMATIKER KRITIKER PUBLIKUM. München: Desch 1961.*

DT. DICHTER = DEUTSCHE DICHTER DER MODERNE. IHR LEBEN UND WERK. Unter Mitarbeit zahlreicher Fachgelehrter hrsg. von B. v. Wiese. Berlin: Erich Schmidt 1965, ²1969 [erweitert].

DT. DRAMA = DAS DEUTSCHE DRAMA VOM BAROCK BIS ZUR GEGENWART. INTERPRETATIONEN. Hrsg. von B. v. Wiese. Düsseldorf: Bagel 1958 [mehrere Neuauflagen].

DT. LITERATUR = DEUTSCHE LITERATUR IM ZWANZIGSTEN JAHRHUNDERT. STRUKTUREN UND GESTALTEN. Hrsg. von O. Mann u. W. Rothe. 2 Bde. Bern u. München: Francke ⁵1967 [ursprünglich in einem Band, Heidelberg: Rothe 1954].

DÜRRENMATT = Friedrich Dürrenmatt THEATER-SCHRIFTEN UND REDEN. Hrsg. von E. Brock-Sulzer. Zürich: Arche 1966.

DUWE I = Wilhelm Duwe DEUTSCHE DICHTUNG DES 20. JAHRHUNDERTS VOM NATURALISMUS BIS ZUM SURREALISMUS. 2 Bde. Zürich: Orell-Füssli 1962.*

DUWE II = Wilhelm Duwe AUSDRUCKSFORMEN DEUTSCHER DICHTUNG VOM NATURALISMUS BIS ZUR GEGENWART. EINE STILGESCHICHTE DER MODERNE. Berlin: Erich Schmidt 1965.

DUWE III = Wilhelm Duwe DIE KUNST UND IHR ANTI [sic] VON DADA BIS HEUTE. GEHALT- UND GESTALTPROBLEME MODERNER DICHTUNG UND BILDENDER KUNST. Berlin: Erich Schmidt 1967.

EBERT = Gerhard Ebert-Obermeier THEATER GESTERN — HEUTE. Leipzig: Urania-Verlag 1964.*

EICHNER = Hans Eichner FOUR GERMAN WRITERS. SEVEN RADIOLECTURES BROADCAST ON CBS UNIVERSITY OF THE AIR. Toronto: Canadian Broadcasting Corp. 1964.°

EINFÜHRUNG = EINFÜHRUNG IN DIE DEUTSCHE LITERATUR. ESSAYS ON THE MAJOR GERMAN AUTHORS FROM LESSING TO BRECHT. Ed. by J. Gearey and W. Schumann. New York: Holt, Rinehart and Winston 1964.°

EISLER = Hans Bunge FRAGEN SIE MEHR ÜBER BRECHT. HANS

EISLER IM GESPRÄCH. Nachwort von S. Hermlin. München: Rogner u. Bernhard 1970.*

EKMANN = Bjørn Ekmann GESELLSCHAFT UND GEWISSEN. DIE SOZIALEN UND MORALISCHEN ANSCHAUUNGEN BERTOLT BRECHTS UND IHRE BEDEUTUNG FÜR SEINE DICHTUNG. Kopenhagen: Munksgaard 1969.

EMMEL = Hildegard Emmel DAS GERICHT IN DER DEUTSCHEN LITERATUR DES 20. JAHRHUNDERTS. Bern u. München: Francke 1963.

ENGBERG = Harald Engberg BRECHT PÅ FYN. 2 Bde. Odense: Andelsbogtrykkeriet 1966 [auch als einbändige Taschenbuchausgabe, København: Gyldendals Uglebøger 1968].*

ENZENSBERGER = Hans Magnus Enzensberger EINZELHEITEN I + II. 2 Bde. Frankfurt: Suhrkamp 1964 [ursprünglich in einem Band 1962].

EP. THEATER = EPISCHES THEATER. Hrsg. von R. Grimm. Köln-Berlin: Kiepenheuer u. Witsch 1966.

ERCK = Alfred Erck ÜBER DIE BEZIEHUNGEN ZWISCHEN NATURWISSENSCHAFT, MORAL UND KUNST. VERGLEICHENDE UNTERSUCHUNGEN ZU BERTOLT BRECHTS »LEBEN DES GALILEI«. 3 Tle. Diss. masch. Leipzig 1966.°

ERPENBECK = Fritz Erpenbeck AUS DEM THEATERLEBEN. AUFSÄTZE UND KRITIKEN. Hrsg. von M. Linzer. Berlin: Henschelverlag 1959.

ESSLIN I = Martin Esslin BRECHT — A CHOICE OF EVILS. A CRITICAL STUDY OF THE MAN, HIS WORK AND HIS OPINIONS. London: Eyre and Spottiswoode 1959 [veränderte amerikanische Fassung BRECHT. THE MAN AND HIS WORK. Garden City: Doubleday 1960; dt. BRECHT. DAS PARADOX DES POLITISCHEN DICHTERS. Frankfurt-Bonn: Athenäum 1962; auch ins Französische u. Italienische übersetzt].

ESSLIN II = Martin Esslin THE THEATRE OF THE ABSURD. London: Eyre and Spottiswoode 1961 [erweiterte Neuausgabe 1968; dt. DAS THEATER DES ABSURDEN. Frankfurt-Bonn: Athenäum 1964, ²1966; auch als Taschenbuch, Reinbek bei Hamburg: Rowohlt 1965].

ESSLIN III = Martin Esslin BERTOLT BRECHT. New York and London: Columbia University Press 1969.

ESSLIN IV = Martin Esslin REFLECTIONS. ESSAYS ON MODERN THEATRE. New York: Doubleday 1969.°

EWEN = Frederic Ewen BERTOLT BRECHT. HIS LIFE, HIS ART AND HIS TIMES. New York: Citadel Press 1967 [auch als Taschenbuch; dt. BERTOLT BRECHT. SEIN LEBEN, SEIN WERK, SEINE ZEIT. Düsseldorf u. Hamburg: Claassen 1970].*

EXPRESSIONISMUS = EXPRESSIONISMUS ALS LITERATUR. GESAMMELTE STUDIEN. Hrsg. von W. Rothe. Bern u. München: Francke 1969.

FASSMANN = Kurt Fassmann BRECHT. EINE BILDBIOGRAPHIE. München: Kindler 1958 [1963 auch als Taschenbuch; ferner Lizenzausgaben].*

FECHNER = Eberhard Fechner STREHLER INSZENIERT. Velber bei Hannover: Friedrich 1963.*

FECHTER = Paul Fechter DAS EUROPÄISCHE DRAMA. GEIST UND

Kultur im Spiegel des Theaters. 3 Bde. Mannheim: Bibliographisches Institut 1956 ff.*

Fedin = Konstantin Fedin Pisatel', Iskusstvo, Vremja. Moskva: Sovjetskij pisatel' 1957, ²1961.°

Fergusson = Francis Fergusson The Human Image in Dramatic Literature. Essays. Garden City: Doubleday 1957.

Feuchtwanger I = Lion Feuchtwanger Erfolg. Drei Jahre Geschichte einer Provinz. 2 Bde. Berlin: Kiepenheuer 1930.

Feuchtwanger II = Lion Feuchtwanger Centum Opuscula. Eine Auswahl. Rudolstadt: Greifenverlag 1956.

E. Fischer = Ernst Fischer Von der Notwendigkeit der Kunst. Hamburg: Claassen 1967 [ursprünglich in englischer Sprache].

G. Fischer = Grete Fischer Dienstboten, Brecht und andere. Zeitgenossen in Prag, Berlin, London. Olten u. Freiburg: Walter 1966.

Fleisser = Marieluise Fleisser Avantgarde. Erzählungen. München: Hanser 1963.

Fortini = Franco Fortini Verifica dei poteri. Scritti di critica e di istituzioni letterarie. Milano: Il Saggiatore 1965 [dt. Die Vollmacht. Literatur von heute und ihr sozialer Auftrag. Zürich: Europa Verlag 1968].

Fradkin I = Ilja Fradkin Literatura novoj germanii. Stat'i i očerki. Moskva: Sovjetskij pisatel' 1959.°

Fradkin II = Ilja Fradkin Bertolt Brecht — Put' i metod. Moskva: Izd. Nauka 1965.°

Frank = Rudolf Frank Spielzeit meines Lebens. Heidelberg: Lambert Schneider 1960.

Franzen I = Erich Franzen Formen des modernen Dramas. Von der Illusionsbühne zum Antitheater. München: Beck 1961.

Franzen II = Erich Franzen Aufklärungen. Essays. Mit einer Nachbemerkung versehen von W. Koeppen. Frankfurt: Suhrkamp 1964.

Frisch I = Max Frisch Tagebuch 1946—1949. Frankfurt: Suhrkamp 1950.

Frisch II = Max Frisch Öffentlichkeit als Partner. Frankfurt: Suhrkamp 1967.

Frisch III = Max Frisch Erinnerungen an Brecht. Berlin: Friedenauer Presse 1968 [erstmals in: ‚Kursbuch' 7 (1966)].

Frisch/Höllerer = Max Frisch Dramaturgisches. Ein Briefwechsel mit Walter Höllerer. Berlin: Literarisches Colloquium 1969.

Fuegi = John B. Fuegi The Artful Artificer, Bertolt Brecht: A study of six Bearbeitungen. Diss. masch. Los Angeles (Univ. of Southern California) 1967 [Buchausgabe (in Vorbereitung für 1970) Brecht, The radical renaissance. Los Angeles: University of Southern California Press].°

Gaede = Friedrich Wolfgang Gaede Figur und Wirklichkeit im

Drama Bertolt Brechts. Mit einer Untersuchung allegorischer Phänomene. Diss. Freiburg i. Br. 1963.

Garten = Hugh Frederick Garten Modern German Drama. London: Methuen 1959, ²1964 bzw. New York: Grove Press 1962.*

Gassner = John Gassner The Theater in our Times. A survey of the men, materials and movements in the modern theater. New York: Crown 1954.

Geissler = Zur Interpretation des modernen Dramas. Brecht — Dürrenmatt — Frisch. Hrsg. von R. Geissler unter Mitwirkung von T. Poser u. W. Ziskoven. Frankfurt: Diesterweg 1961 [⁴1967]°.

Gestaltungsgeschichte = Gestaltungsgeschichte und Gesellschaftsgeschichte. Literatur-, kunst- und musikwissenschaftliche Studien. In Zusammenarbeit mit K. Hamburger hrsg. von H. Kreuzer. Stuttgart: Metzler 1969.

Ginsberg = Ernst Ginsberg Abschied. Erinnerungen, Theateraufsätze, Gedichte. Hrsg. von E. Brock-Sulzer. Zürich: Arche ²1965.

Glumova-Gluchareva = Elga Ivanovna Glumova-Gluchareva Dramaturgija Bertolta Brechta. Moskva: Visšaja škola 1962.°

Goedhart = Gerda Goedhart Bertolt Brecht Porträts. Zürich: Arche 1964.*

Goldhahn = Johannes Goldhahn Das Parabelstück Bertolt Brechts als Beitrag zum Kampf gegen den deutschen Faschismus, dargestellt an den Stücken »Die Rundköpfe und die Spitzköpfe« und »Der aufhaltsame Aufstieg des Arturo Ui«. Rudolstadt: Greifenverlag 1961.

Gorelik = Mordecai Gorelik New Theatres for Old. New York: French 1940, ⁸1949 [ferner mehrere Neuausgaben].

Grass I = Günter Grass Die Plebejer proben den Aufstand. Ein deutsches Trauerspiel. Neuwied: Luchterhand [1966].

Grass II = Günter Grass Über meinen Lehrer Döblin und andere Vorträge. Literarisches Colloquium 1968 [der einschlägige Text erstmals in: Spandauer Volksblatt 26. 4. 1964, Akzente 11 (1964), Moderna Språk 58 (1964) und Preuves 1964, Nr. 164].

Gray = Ronald Gray Brecht. Edinburgh-London: Oliver and Boyd 1961 [amerikanische Ausgabe New York: Grove Press 1961].*

Gregor = Der Schauspielführer. Hrsg. von J. Gregor. 8 Bde. Stuttgart: Hiersemann 1953 ff.

Grevenius = Herbert Grevenius Brecht — Liv och teater. Handbok till Radioteaterns huvudserie 1964/65. Halmstad: Sveriges Radio 1964.°

Grimm I = Reinhold Grimm Bertolt Brecht. Die Struktur seines Werkes. Nürnberg: Carl 1959, ⁵1968.

Grimm II = Reinhold Grimm Bertolt Brecht und die Weltliteratur. Nürnberg: Carl 1961.

Grimm III = Reinhold Grimm Strukturen. Essays zur deutschen Literatur. Göttingen: Sachse u. Pohl 1963.

GROSSVOGEL = David I. Grossvogel FOUR PLAYWRIGHTS AND A POST-SCRIPT. BRECHT, IONESCO, BECKETT, GENET. Ithaca: Cornell University Press 1962 [neuerdings unter dem Obertitel THE BLASPHEMERS].

GUERRERO = Juan Guerrero Zamora HISTORIA DEL TEATRO CONTEMPORÁNEO. Bd 2. Barcelona: Flors 1961.*

GUGGENHEIMER = Walter Maria Guggenheimer ALLES THEATER. AUSGEWÄHLTE KRITIKEN 1947—1965. Frankfurt: Suhrkamp 1966.

HAAS I = Willy Haas BERT BRECHT. Berlin: Colloquium Verlag 1958 [²1960].

HAAS II = Willy Haas DIE LITERARISCHE WELT. ERINNERUNGEN. München: List 1958 [auch als Taschenbuch].

HAHNLOSER = Margit Hahnloser-Ingold DAS ENGLISCHE THEATER UND BERT BRECHT. DIE DRAMEN VON W. H. AUDEN, JOHN OSBORNE, JOHN ARDEN IN IHRER BEZIEHUNG ZUM EPISCHEN THEATER VON BERT BRECHT UND DEN GEMEINSAMEN ELISABETHANISCHEN QUELLEN. Bern: Francke 1970 [basiert auf der gleichnamigen Diss. masch. Zürich 1969].

HANDBUCH = HANDBUCH DER DEUTSCHEN GEGENWARTSLITERATUR. Unter Mitwirkung von H. Hennecke hrsg. von H. Kunisch. München: Nymphenburger Verlagshandlung 1965 [zweibändige Neuausgabe 1969 f.].

HANDKE = Peter Handke PROSA GEDICHTE THEATERSTÜCKE HÖRSPIEL AUFSÄTZE. Frankfurt: Suhrkamp 1969.

HARTMANN = Dominik Hartmann GOTTFRIED VON EINEM. EINE BIOGRAPHIE. Wien: Verlag Lafite/Österreichischer Bundesverlag 1967.

HECHT = Werner Hecht BRECHTS WEG ZUM EPISCHEN THEATER. BEITRAG ZUR ENTWICKLUNG DES EPISCHEN THEATERS 1918 BIS 1933. Berlin: Henschelverlag 1962.

HEIDSIECK = Arnold Heidsieck DAS GROTESKE UND DAS ABSURDE IM MODERNEN DRAMA. Stuttgart: Kohlhammer 1969.

HEINRICH = Klaus Heinrich VERSUCH ÜBER DIE SCHWIERIGKEIT NEIN ZU SAGEN. Frankfurt: Suhrkamp 1964.

HENNENBERG I = Fritz Hennenberg DESSAU - BRECHT. MUSIKALISCHE ARBEITEN. Berlin: Henschelverlag 1963.

HENNENBERG II = Fritz Hennenberg PAUL DESSAU. EINE BIOGRAPHIE. Leipzig: Verlag für Musik 1965.°

HERTZSCH = Klaus Peter Hertzsch BERTOLT BRECHTS ETHIK UND ANTHROPOLOGIE IN IHRER BEDEUTUNG FÜR DIE HERMENEUTIK DER RECHTFERTIGUNGSLEHRE. Diss. masch. Halle 1968.°

HESELHAUS = Clemens Heselhaus DEUTSCHE LYRIK DER MODERNE VON NIETZSCHE BIS YVAN GOLL. DIE RÜCKKEHR ZUR BILDLICHKEIT DER SPRACHE. Düsseldorf: Bagel 1961 [²1962].

HESSE = Hans Rudolf Hesse GOTT IN PERSON. SEINE GESTALT IM MODERNEN DEUTSCHEN DRAMA. Diss. München 1969.

HILFSMATERIAL = BERTOLT BRECHT — FRIEDRICH WOLF. HILFSMATE-

rial für den Literaturunterricht an den Ober- und Fach-
schulen. Berlin: Volk u. Wissen 1955.

Hinck I = Walter Hinck Die Dramaturgie des späten Brecht.
Göttingen: Vandenhoeck & Ruprecht 1959 [⁴1966] [basiert auf
Probleme der Dramaturgie und Spielweise in Bertolt Brechts
„Epischem Theater". Diss. masch. Göttingen 1956].

Hinck II = Walter Hinck Die deutsche Ballade von Bürger bis
Brecht. Kritik und Versuch einer Neuorientierung. Göttingen: Vandenhoeck & Ruprecht 1968.

Hind = Tage Hind Dramaturgiske studier. København: Gyldendal 1962.

Hintze = Joachim Hintze Das Raumproblem im modernen deutschen Drama und Theater. Marburg: Elwert 1968.

Hoffmann = Léopold Hoffmann Das epische Theater Bertolt
Brechts. (Mit besonderer Berücksichtigung der Stücke »Mut-
ter Courage und ihre Kinder« und »Leben des Galilei«.)
Luxembourg: St. Paul 1966 [gleichzeitig in: ‚Nouvelle Revue
Luxembourgeoise' 1966].°

Högel = Max Högel Bertolt Brecht. Ein Porträt. Augsburg:
Verlag der Schwäbischen Forschungsgemeinschaft 1962 [erstmals in:
‚Lebensbilder aus dem Bayrischen Schwaben' VIII. München: Hue-
ber 1961].

Holthusen = Hans Egon Holthusen Kritisches Verstehen. Neue
Aufsätze zur Literatur. München: Piper 1961.

Hüfner = Agnes Hüfner Brecht in Frankreich 1930—1963. Ver-
breitung, Aufnahme, Wirkung. Stuttgart: Metzler 1968 [basiert
auf Die Aufnahme Bertolt Brechts in Frankreich. Ein Beitrag zur Geschichte seines Theaters auf der Bühne und in
der Literaturkritik von 1930 bis 1963. Diss. masch. Saarbrük-
ken (Univ. des Saarlandes) 1966].

Hultberg = Helge Hultberg Die ästhetischen Anschauungen
Bertolt Brechts. Kopenhagen: Munksgaard 1962.

Hurwicz = Angelika Hurwicz Brecht inszeniert. Der kaukasische Kreidekreis. Fotos von G. Goedhart. Velber: Friedrich 1964.*

Ideas = Ideas in the Drama. Selected papers from the english
institute. Ed. by J. Gassner. New York and London: Columbia
University Press 1963.

Immanente Ästhetik = Immanente Ästhetik — Ästhetische Re-
flexion. Lyrik als Paradigma der Moderne. Hrsg. von W. Iser.
München: Fink 1966.

Ionesco = Eugène Ionesco Notes et contre-notes. Paris: Gallimard 1962 [dt. Argumente und Argumente. Schriften zum
Theater. Neuwied: Luchterhand 1964].

Jacquot I = Le Théâtre moderne. Hommes et tendences. Études
réunies et présentées par J. Jacquot. Paris: Centre nationale de la
recherche scientifique 1958.

Jacquot II = Le Théâtre tragique. Études réunies et présentées par J. Jacquot. Paris: Centre nationale de la recherche scientifique 1962.

JARVIS = Ursula L. Jarvis THEORIES OF ILLUSION AND DISTANCE IN THE DRAMA: FROM LESSING TO BRECHT. Diss. masch. New York (Columbia Univ.) 1961.°

JENDREIEK = Helmut Jendreiek BERTOLT BRECHT. DRAMA DER VERÄNDERUNG. Düsseldorf: Bagel 1969.

JENNINGS = Lane Eaton Jennings CHINESE LITERATURE AND THOUGHT IN THE POETRY AND PROSE OF BERTOLT BRECHT. Diss. masch. Cambridge (Harvard Univ.) 1970.

JENS I = Walter Jens STATT EINER LITERATURGESCHICHTE. Pfullingen: Neske 1957, ⁵1962.

JENS II = Walter Jens ZUEIGNUNGEN. 12 LITERARISCHE PORTRÄTS. München: Piper 1962, ²1963.

JHERING I = Herbert Jhering BERTOLT BRECHT UND DAS THEATER. Berlin: Rembrandt-Verlag 1959 [²1962].*

JHERING II = Herbert Jhering VON REINHARDT BIS BRECHT. VIER JAHRZEHNTE THEATER UND FILM. 3 Bde. Berlin: Aufbau-Verlag 1961 [einbändige Auswahlausgabe Reinbek: Rowohlt 1967].

JHERING III = Herbert Jhering THEATER DER PRODUKTIVEN WIDERSPRÜCHE 1945—1949. Berlin u. Weimar: Aufbau-Verlag 1967.

JHERING/FETTING = Herbert Jhering u. Hugo Fetting ERNST BUSCH. Berlin: Henschelverlag 1965.*

KÄCHELE = Heinz Kächele BERTOLT BRECHT. SEIN LEBEN IN BILDERN. Leipzig: Verlag Enzyklopädie 1963.*

KAISER = Joachim Kaiser KLEINES THEATERTAGEBUCH. Reinbek: Rowohlt 1965.

KÄNDLER = Klaus Kändler DRAMA UND KLASSENKAMPF. BEZIEHUNGEN ZWISCHEN EPOCHENPROBLEMATIK UND DRAMATISCHEM KONFLIKT IN DER SOZIALISTISCHEN DRAMATIK DER WEIMARER REPUBLIK. Berlin u. Weimar: Aufbau-Verlag 1970.°

KANTOROWICZ = Alfred Kantorowicz DEUTSCHES TAGEBUCH. 2 Bde. München: Kindler 1959 bzw. 1961.

KARSCH = Walther Karsch WORT UND SPIEL. AUS DER CHRONIK EINES THEATERKRITIKERS 1945—1962. Berlin: Argon-Verlag 1962.

KÄSTNER = Helga Kästner BRECHTS »LEBEN DES GALILEI«. ZUR CHARAKTERDARSTELLUNG IM EPISCHEN THEATER. Diss. masch. München 1968.°

KAUFMANN I = Hans Kaufmann BERTOLT BRECHT. GESCHICHTSDRAMA UND PARABELSTÜCK. Berlin: Rütten u. Loening 1962 [basiert auf TRAGÖDIE, KOMÖDIE, EPISCHES THEATER. »DIE TAGE DER COMMUNE« UND EINIGE GRUNDFRAGEN DER DRAMATURGIE BRECHTS. Habil.-Schr. masch. Berlin (Humboldt-Univ.) 1962].

KAUFMANN II = Hans Kaufmann KRISEN UND WANDLUNGEN DER DEUTSCHEN LITERATUR VON WEDEKIND BIS FEUCHTWANGER. FÜNFZEHN VORLESUNGEN. Berlin: Aufbau-Verlag 1966 [²1969].

KENNEY = William Kenney THE PLAYS OF BERTOLT BRECHT. New York: Monarch Press 1965.

KÉRY = László Kéry SHAKESPEARE, BRECHT ÉS A TÖBBIEK. Budapest: Szépirodalmi K. 1968.

KESTEN = Hermann Kesten LAUTER LITERATEN. PORTRÄTS — ERINNERUNGEN. München: Desch 1963, Droemer-Knaur 1966.

KESTING I = Marianne Kesting BERTOLT BRECHT IN SELBSTZEUGNISSEN UND BILDDOKUMENTEN. [Reinbek bei] Hamburg: Rowohlt 1959 [¹²1968; auch ins Dänische übersetzt].*

KESTING II = Marianne Kesting DAS EPISCHE THEATER. ZUR STRUKTUR DES MODERNEN DRAMAS. Stuttgart: Kohlhammer 1959 [³1967] [basiert auf DAS EPISCHE THEATER. EINE UNTERSUCHUNG ZUM FORMPROBLEM DES MODERNEN DRAMAS. Diss. masch. München 1957].

KESTING III = Marianne Kesting PANORAMA DES ZEITGENÖSSISCHEN THEATERS. 50 LITERARISCHE PORTRÄTS. München: Piper 1962 [²1969].*

KESTING IV = Marianne Kesting ENTDECKUNG UND DESTRUKTION. ZUR STRUKTURUMWANDLUNG DER KÜNSTE. München: Fink 1970.°

KILLY = Walther Killy ÜBER GEDICHTE DES JUNGEN BRECHT. REKTORATSREDE. Göttingen: Vandenhoeck & Ruprecht 1967.°

KINDLER = KINDLERS LITERATURLEXIKON [bisher] 5 Bde. Zürich: Kindler 1965 ff.*

KLOTZ I = Volker Klotz BERTOLT BRECHT. VERSUCH ÜBER DAS WERK. Darmstadt: Gentner 1957 [Bad Homburg: Gehlen ³1967].

KLOTZ II = Volker Klotz GESCHLOSSENE UND OFFENE FORM IM DRAMA. München: Hanser 1961 [²1962].

KLOTZ III = Volker Klotz KURZE KOMMENTARE ZU STÜCKEN UND GEDICHTEN. Darmstadt: Roether 1962.

KLUJEV I = Viktor Grigorёvič Klujev BERTOLT BRECHT — NOVATOR TEATRA. Moskva: Znanije 1961.°

KLUJEV II = Viktor Grigorёvič Klujev TEATRAL'NO-ESTETIČESKIJE VZGLIADY BRECHTA. Moskva: 1966.°

KNUDSEN = Jørgen Knudsen TYSK LITTERATUR FRA THOMAS MANN TIL BERTOLT BRECHT. København: Gyldendal 1966.

KOFLER = Leo Kofler ZUR THEORIE DER MODERNEN LITERATUR. DER AVANTGARDISMUS IN SOZIOLOGISCHER SICHT. Neuwied: Luchterhand 1962.

KOHLHASE = Norbert Kohlhase DICHTUNG UND POLITISCHE MORAL. EINE GEGENÜBERSTELLUNG VON BRECHT UND CAMUS. München: Nymphenburger Verlagshandlung 1965 [basiert auf DICHTUNG UND POLITISCHE MORAL. DARGESTELLT AM BEISPIEL VON BRECHT UND CAMUS. Diss. masch. Berlin (Freie Univ.) 1965.

KÖNIG = Irmtrud König JOHN GAY Y BERTOLT BRECHT: DOS VISIONES DEL MUNDO. Valparaíso: Editorial Universitaria 1970.°

KOPELEV I = Lev Kopelev SERDCE VSEGDA SLEVA. Moskva: 1960.°

KOPELEV II = Lev Kopelev BRECHT. Moskva: Izd. ZK VLKSM Molodaja Gvardija 1966.°

Kopetzki = Eduard Kopetzki Das dramatische Werk Bertolt Brechts nach seiner Theorie vom epischen Theater. Diss. masch. Wien 1949.

Kortner = Fritz Kortner Aller Tage Abend. München: Kindler 1959.

Kostić = Predrag Kostić Političko-satirični komadi Bertolta Brechta. Diss. masch. Beograd 1965.°

Kotschenreuther = Hellmut Kotschenreuther Kurt Weill. Wunsiedel: Hesse 1962.*

Kracauer = Siegfried Kracauer Von Caligari bis Hitler. Ein Beitrag zur Geschichte des deutschen Films. Hamburg: Rowohlt 1958.*

Kraft = Werner Kraft Augenblicke der Dichtung. Kritische Betrachtungen. München: Kösel 1964.

Krausová = Nora Krausová Od lessinga k Brechtovi. Študie. Bratislava: Slovenský spisovatel 1959.°

Kritik = Kritik in der Zeit. Der Sozialismus — seine Literatur — ihre Entwicklung Hrsg. von K. Jarmatz [u. a.]. Halle: Mitteldeutscher Verlag 1970.

Laboulle = Louise J. Laboulle Dramatic Theory and Practice of Bertolt Brecht — With particular reference to the epic theatre. Diss. masch. Leicester 1961.°

Lacis = Asja Lacis Revolucionyj teatr germanii. Moskva: Gosudarstvennoje Izd. chudožestvennaja literatura 1935.°

Leiser/Aanderaa = Erwin Leiser, Johs Aanderaa Bertolt Brecht. Oslo: Det Norsker Studentersamfunds Kulturvag 1958.

Lennartz = Franz Lennartz Deutsche Dichter und Schriftsteller unserer Zeit. Einzeldarstellungen zur schönen Literatur in deutscher Sprache. Stuttgart: Kröner [8]1959 [mit weiteren Neuauflagen].

Lerg-Kill = Ulla C. Lerg-Kill Dichterwort und Parteiparole. Propagandistische Gedichte und Lieder Bertolt Brechts. Bad Homburg: Gehlen 1968 [basiert auf Dichterwort und Parteiparole. Propagandistische Gedichte und Lieder Bertolt Brechts. Ein Versuch zur Aufhellung ihrer publizistischen Bedeutung Diss. masch. Münster 1966].

Leupold = Hans Leupold Lion Feuchtwanger. Leipzig: Bibliographisches Institut 1967.°

Ley = Ralph J. Ley The Marxist Ethos of Bertolt Brecht and its Relation to Existentialism. A study of the writer in the scientific age. Diss. masch. New Brunswick (Rutgers Univ.) 1963.°

Literatura = Literatura germanskoj demokratičeskoj respubliki. Spornik stat'ej. Moskva: Izd. Akademii nauk SSSR 1958.°

Literaturkritik = Deutsche Literaturkritik im zwanzigsten Jahrhundert. Hrsg. von H. Mayer. Stuttgart: Goverts 1965.

Lucas = Lore Lucas Dialogstrukturen und ihre szenischen Ele-

MENTE IM DEUTSCHSPRACHIGEN DRAMA DES 20. JAHRHUNDERTS. Bonn: Bouvier 1969 [basiert auf der gleichnamigen Diss. masch. Wien 1968].

LUFT = Friedrich Luft BERLINER THEATER 1945—1961. SECHZEHN KRITISCHE JAHRE. Velber: Friedrich 1961, ²1962.

LUKÁCS = Georg Lukács SKIZZE EINER GESCHICHTE DER NEUEREN DEUTSCHEN LITERATUR. Neuwied: Luchterhand 1964.

LUMLEY = Frederick Lumley [NEW] TRENDS IN 20TH CENTURY DRAMA. A SURVEY SINCE IBSEN AND SHAW. London: Barrie and Rockliff 1960, New York: Oxford University Press ³1967.

LUPI = Sergio Lupi TRE SAGGI SU BRECHT. Milano: Mursia 1966.

LÜTHY = Herbert Lüthy NACH DEM UNTERGANG DES ABENDLANDES. ZEITKRITISCHE ESSAYS. Köln: Kiepenheuer u. Witsch 1964, ²1965 [der einschlägige Text erstmals in: Monat 1952, Nr 44; ferner französisch in: Preuves (1953), englisch in: Encounter (1956), italienisch in: Tempo presente (1956)].

LUTHARDT = Theodor Luthardt VERGLEICHENDE STUDIEN ZU BERTOLT BRECHTS »KLEINES ORGANON FÜR DAS THEATER«. VERSUCH EINER INTERPRETATION, ALS BEITRAG ZUR ZEITGENÖSSISCHEN THEATERSITUATION GEDACHT. Diss. masch. Jena 1955.

LYONS = Charles R. Lyons BERTOLT BRECHT: THE DESPAIR AND THE POLEMIC. Carbondale: Southern Illinois University Press 1968.

LYRIK = INTERPRETATIONEN ZUR LYRIK BRECHTS. Hrsg. von A. Weber. München: Oldenbourg [in Vorbereitung für 1971].

MACRIS = Peter J. Macris UNTERSUCHUNGEN ZUM BEGRIFF DES „HELDEN" IN DEN STÜCKEN BERTOLT BRECHTS. Diss. masch. New York (New York Univ.) 1967.°

MACGINNIS = May MacGinnis Roswell BERTOLT BRECHT's PLAYS IN AMERICA. Diss. masch. College Park (Univ. of Maryland) 1961.°

MALIK = DER MALIK-VERLAG 1916—1947. [Hrsg. von W. Herzfelde.] Berlin: Deutsche Akademie der Künste [1967].*

MANN I = Otto Mannn B. B. — MASS ODER MYTHOS? EIN KRITISCHER BEITRAG ÜBER DIE SCHAUSTÜCKE BERTOLT BRECHTS. Mit einem Geleitwort des Verlegers. Heidelberg: Rothe 1958.

MANN II = Otto Mann GESCHICHTE DES DEUTSCHEN DRAMAS. Stuttgart: Kröner 1960.

THOMAS MANN = Thomas Mann BRIEFE 1937—1947. Hrsg. von E. Mann. Frankfurt: Fischer 1963.

MARCUSE = Ludwig Marcuse MEIN ZWANZIGSTES JAHRHUNDERT. AUF DEM WEG ZU EINER AUTOBIOGRAPHIE. München: List 1960 [²1963].

MARTNER = Fredrik Martner STYKKESKRIVEREN BERT BRECHT — DE MØRKE TIDERS DIGTER. København: Steen Hasselbalch 1968.°*

MAURINA = Zenta Maurina VERFREMDUNG UND FREUNDSCHAFT. Memmingen: Dietrich 1966.

MAYER I = Hans Mayer DEUTSCHE LITERATUR UND WELTLITERATUR. REDEN UND AUFSÄTZE. Berlin: Henschelverlag 1957.

XXXIV

Mayer II = Hans Mayer Bertolt Brecht und die Tradition. Pfullingen: Neske 1961 [als Taschenbuch München: dtv 1965].

Mayer III = Hans Mayer Ansichten. Zur Literatur der Zeit. Reinbek: Rowohlt 1962.

Mayer IV = Hans Mayer Anmerkungen zu Brecht. Frankfurt: Suhrkamp 1965 [²1967].

Mayer V = Hans Mayer Zur deutschen Literatur der Zeit. Zusammenhänge, Schriftsteller, Bücher. Reinbek: Rowohlt 1967 [Teildruck als Taschenbuch 1968].

Mazzilli = D. Mazzilli La satira sociale nell'opera di Bertolt Brecht. Diss. masch. Bari 1960.°

McCann = David R. McCann Shakespeare in Brecht's Dialectical Theatre: A study of the »Coriolanus« adaptation. Diss. masch. Berkeley (Univ. of Californnia) 1970.°

McLean = Sammy Kay McLean Aspects of the 'Bänkelsang' in the work of Bertolt Brecht. Diss. masch. Ann Arbor (Univ. of Michigan) 1963.°

Medieval Epic = Medieval Epic to the »Epic Theater« of Brecht. Essays in comparative literature. Ed. by R. P. Armato and J. M. Spalek. Los Angeles: University of Southern California Press 1968.

Melchinger I = Siegfried Melchinger Theater der Gegenwart. Frankfurt: Fischer 1956, ³1960.

Melchinger II = Drama zwischen Shaw und Brecht. Ein Leitfaden durch das zeitgenössische Schauspiel. Bremen: Schünemann 1957 [⁵1963] [auch in amerikanischer Fassung].

Milfull = John Milfull The Development Towards "Optimism" in the Work of Bertolt Brecht: Its relation to the "pessimism" of the earlier period and to Marxist influences. Diss. masch. Sydney 1967.

Minder = Robert Minder Dichter in der Gesellschaft. Erfahrungen mit deutscher und französischer Literatur. Frankfurt: Insel 1966 [der einschlägige Text erstmals französisch in: Études germaniques 20 (1965), dt. in: Merkur 20 (1966); nunmehr auch »Hölderlin unter den Deutschen« und andere Aufsätze zur deutschen Literatur. Frankfurt: Suhrkamp 1968].

Mitru = Ibolya Mitru Bertolt Brecht. Írói arcképvázlát és bibliográfia. Budapest: Fövárosi Szabó Ervin Könyvtár 1965.°*

J. Mittenzwei = Johannes Mittenzwei Das musikalische in der Literatur. Ein Überblick von Gottfried von Strassburg bis Brecht. Halle: Verlag Sprache u. Literatur 1962.

W. Mittenzwei I = Werner Mittenzwei Bertolt Brecht. Von der »Massnahme« zu »Leben des Galilei«. Berlin [u. Weimar]: Aufbau-Verlag 1962 [²1965] [basiert auf Der Beitrag Bertolt Brechts zur sozialistischen Dramatik 1930—1938. Diss. masch. Berlin (Institut für Gesellschaftswissenschaften beim ZK der SED) 1960].

W. Mittenzwei II = Werner Mittenzwei Gestaltung und Gestalten im modernen Drama. Zur Technik des Figurenaufbaus in der sozialistischen und spätbürgerlichen Dramatik. Berlin u. Weimar: Aufbau-Verlag 1965 [²1969] [basiert auf der gleichnamigen Habil.-Schr. masch. Berlin (Humboldt-Univ.) 1965].

Mooij = Martin Mooij Bertolt Brecht. Amsterdam: Stichting 1968.°

A. Müller = André Müller Kreuzzug gegen Brecht. Die Kampagne in der Bundesrepublik 1961/62. Berlin: Aufbau-Verlag 1962 [auch Darmstadt: Progress-Verlag 1964].

H. Müller = Hartmut Müller Formen moderner deutscher Lyrik. Paderborn: Schöningh 1970.

K. Müller = Klaus-Detlev Müller Die Funktion der Geschichte im Werk Bertolt Brechts. Studien zum Verhältnis von Marxismus und Ästhetik. Tübingen: Niemeyer 1967 [basiert auf der gleichnamigen Diss. masch. Tübingen 1967].

Münsterer = Hans Otto Münsterer Bert Brecht. Erinnerungen aus den Jahren 1917—1922. Mit Photos, Briefen und Faksimiles. Zürich: Arche 1963 [auch Berlin u. Weimar: Aufbau-Verlag 1966].*

Munteanu = Romul Munteanu Bertolt Brecht. Bukuresti: Editura Pentru Literatură Universală 1966.°

Muschg = Walter Muschg Von Trakl zu Brecht. Dichter des Expressionismus. München: Piper 1961.

Nellhaus = Gerhard Nellhaus Bertolt Brecht. The development of a dialectical poet-dramatist. Diss. masch. Cambridge (Harvard Univ.) 1946.°

Nelson = Gordon E. Nelson »Baal«: The foundation of Brecht's style. Diss. masch. New Haven (Yale Univ.) 1968.°

Niessen = Carl Niessen Brecht auf der Bühne. Köln: Institut für Theaterwissenschaft der Universität 1959 [Ausstellungskatalog].*

Nikolov = Minko Nikolov Brecht. Sofija: Nauka i izkustvo 1963.°

Nordhaus = Jean F. Nordhaus The „Laienspiel" Movement and Brecht's „Lehrstücke". Diss. masch. New Haven (Yale Univ.) 1968.°

Peixoto = Fernando Peixoto Brecht. Vida e obra. Rio de Janeiro: Álvaro 1968.

Petermann = Renate Petermann Die Tradition des Jeanne-d'Arc-Stoffes in der deutschen Nationalliteratur. Diss. masch. Greifswald 1963.°

Petr = Pavel Petr Hašeks »Schweyk« in Deutschland. Berlin: Rütten u. Loening 1963.

Pfäfflin = Berthold Viertel (1885—1953). Eine Dokumentation. Zusammengestellt von F. Pfäfflin. München: Kösel 1969.*

Pfützner = Klaus Pfützner Ensembles und Aufführungen des sozialistischen Berufstheaters in Berlin (1929—1933), in:

›Schriften zur Theaterwissenschaft‹ IV. Berlin: Henschelverlag 1966.*

PICCOLO TEATRO = PICCOLO TEATRO. 1947—1958. Milano: Moneta [1958].°

PISCATOR = Erwin Piscator SCHRIFTEN. 2 Bde. Hrsg. von L. Hoffmann. Berlin: Henschelverlag 1968.*

POHL = Rainer Pohl STRUKTURELEMENTE UND ENTWICKLUNG VON PATHOSFORMEN IN DER DRAMENSPRACHE BERTOLD [sic] BRECHTS. Bonn: Bouvier 1969.

PONGS I = Hermann Pongs DICHTUNG IM GESPALTENEN DEUTSCHLAND. Stuttgart: Union Verlag 1966.

PONGS II = Hermann Pongs DAS BILD IN DER DICHTUNG. III: DER SYMBOLISCHE KOSMOS DER DICHTUNG. Marburg: Elwert 1969.

PROLET = PROLETARISCH-REVOLUTIONÄRE LITERATUR 1918 BIS 1933. Berlin: Volk u. Wissen 1962.

QUALMANN = Eva Qualmann KLANGFORMANALYSE DER LYRIK VON BERTOLT BRECHT — AN AUSGEWÄHLTEN BEISPIELEN DARGELEGT. Diss. masch. Greifswald 1968.°

QUASIMODO = Salvatore Quasimodo IL POETA E IL POLITICO E ALTRI SAGGI. Milano: Mondadori 1967.

RADECKI = Sigismund von Radecki GESICHTSPUNKTE. Köln: Hegner 1964.

RAFFA = Piero Raffa AVANGUARDIA E REALISMO. Milano: Rizzoli 1967.

RASCH = Wolfdietrich Rasch ZUR DEUTSCHEN LITERATUR SEIT DER JAHRHUNDERTWENDE. GESAMMELTE AUFSÄTZE. Stuttgart: Metzler 1967.

REICH I = Bernhard Ferdinandovič Reich BRECHT. OČERK TVORČESTVA. Moskva: Vserossijskoje teatralnoje obščestvo 1960 [auch ins Tschechische übersetzt].°

REICH II = Bernhard Reich IM WETTLAUF MIT DER ZEIT. Berlin: Henschelverlag 1970.°

REICH-RANICKI = Marcel Reich-Ranicki LITERARISCHES LEBEN IN DEUTSCHLAND. KOMMENTARE UND PAMPHLETE. München: Piper 1965.

RICHTER = Hans Richter KÖPFE UND HINTERKÖPFE. Zürich: Arche 1967.*

RIEGE = Helga Riege STUDIEN ZUR SATIRE IN BERTOLT BRECHTS »DREIGROSCHENROMAN«. Diss. masch. Jena 1956.

RIESS = Curt Riess ZÜRCHER SCHAUSPIELHAUS. SEIN ODER NICHTSEIN. DER ROMAN EINES THEATERS. Zürich: Arche 1963.*

RIHA = Karl Riha MORITAT, SONG, BÄNKELSANG. ZUR GESCHICHTE DER MODERNEN BALLADE. Göttingen: Sachse u. Pohl 1965.

RILLA I = Paul Rilla LITERATUR. KRITIK UND POLEMIK. Berlin: Henschelverlag 1950.

RILLA II = Paul Rilla ESSAYS. KRITISCHE BEITRÄGE ZUR LITERATUR. Berlin: Henschelverlag 1955.

RILLA III = VOM BÜRGERLICHEN ZUM SOZIALISTISCHEN REALISMUS. AUFSÄTZE. Leipzig: Reclam 1967.°

RINSER = Luise Rinser DER SCHWERPUNKT. Frankfurt: Fischer 1960.

RISCHBIETER = Henning Rischbieter BERTOLT BRECHT. 2 Bde. Velber: Friedrich 1966 [²1968].*

RODRIGUES = Wilma Rodrigues INTRODUÇÃO À OBRA DE BERTOLT BRECHT. [São Paulo:] Universidade 1968.°

ROSENBAUER = Hansjürgen Rosenbauer BRECHT UND DER BEHAVIORISMUS. Bad Homburg: Gehlen 1970 [basiert auf der gleichnamigen Diss. masch. New York (New York Univ.) 1968].

ROSENFELD = Anatol Rosenfeld O TEATRO ÉPICO. São Paulo: Editôra S. A. 1968.

ROTERMUND = Erwin Rotermund DIE PARODIE IN DER MODERNEN DEUTSCHEN LYRIK. München: Eidos [= Fink] 1963 [erweiterte Fassung seiner Diss. masch. Münster 1960].

G. RÜHLE = Günther Rühle THEATER FÜR DIE REPUBLIK 1917 bis 1933. IM SPIEGEL DER KRITIK. Frankfurt: Fischer 1967.

J. RÜHLE I = Jürgen Rühle DAS GEFESSELTE THEATER. VOM REVOLUTIONSTHEATER ZUM SOZIALISTISCHEN REALISMUS. Köln: Kiepenheuer u. Witsch 1957 [Neufassung als Taschenbuch THEATER UND REVOLUTION. VON GORKI BIS BRECHT. München: dtv 1963].*

J. RÜHLE II = Jürgen Rühle LITERATUR UND REVOLUTION. DIE SCHRIFTSTELLER UND DER KOMMUNISMUS. Köln: Kiepenheuer u. Witsch 1960 [²1962].*

RÜLICKE = Käthe Rülicke-Weiler DIE DRAMATURGIE BRECHTS. THEATER ALS MITTEL DER VERÄNDERUNG. Berlin: Henschelverlag 1966 [²1968] [basiert auf DIE DRAMATURGIE BERTOLT BRECHTS. IHRE BEDEUTUNG FÜR DAS SOZIALISTISCHE THEATER. 2 Bde. Diss. masch. Berlin (Institut für Gesellschaftswissenschaften beim ZK der SED) 1965].*

RUS = V. Rus BRECHT'S »SCHWEYK IM ZWEITEN WELTKRIEG« AND HAŠEK'S »GOOD SOLDIER SCHWEYK«. A STUDY. Diss. masch. New York (New York Univ.) 1964.°

SANTOLI = Vittorio Santoli DA LESSING A BRECHT. I GRANDI SCRITTORI NELLA GRANDE CRITICA TEDESCA. Milano: Bompiani 1968.°

SCHÄBLE = Gunter Schäble BERTOLT BRECHT. Wochenendtagung der Volkshochschule der Stadt Viersen 1968 in Grubbenvorst. Viersen: Volkshochschule 1968.°

SCHAEFER = Heinz Schaefer DER HEGELIANISMUS DER BERT BRECHT'SCHEN [sic] VERFREMDUNGSTECHNIK IN ABHÄNGIGKEIT VON IHREN MARXISTISCHEN GRUNDLAGEN. Diss. Stuttgart (Technische Hochschule) 1957.

SCHÄRER = Bruno Schärer BERTOLT BRECHTS THEATER. SPRACHE UND BÜHNE. Zürich: Juris Verlag 1964 [= Diss. Zürich 1963].

SCHER = Helene L. Scher THE GERMAN BALLAD: TRADITION AND

TRANSFORMATION. MÜNCHHAUSEN AND BRECHT. Diss. masch. New Haven (Yale Univ.) 1967.

SCHERFIG = Hans Scherfig TRE DIGTERE. København: Sirius 1963.*

SCHESSWENDTER = Rudolf Scheßwendter DIE BÜHNE ALS POLITISCHES FORUM IN THEORIE UND PRAXIS BEI GEORGE BERNARD SHAW UND BERTOLT BRECHT. 2 Tle. Diss. masch. Wien 1968.°

SCHILLEMEIT = INTERPRETATIONEN. Hrsg. von J. Schillemeit. 4 Bde. Frankfurt: Fischer-Bücherei 1965 f.

SCHLENSTEDT = Silvia Schlenstedt DIE CHRONIKEN IN DEN »SVEND-BORGER GEDICHTEN«. EINE UNTERSUCHUNG ZUR LYRIK BRECHTS. Diss. masch. Berlin (Humboldt-Univ.) 1959.°

SCHMIDT = Dieter Schmidt »BAAL« UND DER JUNGE BRECHT. EINE TEXTKRITISCHE UNTERSUCHUNG ZUR ENTWICKLUNG DES FRÜHWERKS. Stuttgart: Metzler 1966 [basiert auf BERTOLT BRECHTS »BAAL«. DIE ENTSTEHUNG DES STÜCKES, SEINE FASSUNGEN UND DEREN BE-DEUTUNG FÜR DIE ENTWICKLUNG DES DICHTERS. Diss. masch. Tübingen 1963].

SCHNETZ = Diemut Schnetz DER MODERNE EINAKTER. EINE POETO-LOGISCHE UNTERSUCHUNG. Bern u. München: Francke 1967.

SCHÖNE = Albrecht Schöne ZUR POLITISCHEN LYRIK IM 20. JAHR-HUNDERT. Göttingen: Vandenhoeck & Ruprecht 1965 [erweiterte Fassung ÜBER POLITISCHE LYRIK IM 20. JAHRHUNDERT. 1965].

SCHRIMPF = Hans Joachim Schrimpf LESSING UND BRECHT. VON DER AUFKLÄRUNG AUF DEM THEATER. Pfullingen: Neske 1965.

SCHROEDER = Max Schroeder VON HIER UND HEUTE AUS. Berlin: Aufbau-Verlag 1957.

SCHUHMANN = Klaus Schuhmann DER LYRIKER BERTOLT BRECHT 1913—1933. Berlin: Rütten u. Loening 1964 [basiert auf DIE ENT-WICKLUNG DES LYRIKERS BERTOLT BRECHT (1913—1933). Diss. masch. Leipzig 1963].

SCHULTZ = Hartwig Schultz VOM RHYTHMUS DER MODERNEN LYRIK. PARALLELE VERSSTRUKTUREN BEI HOLZ, GEORGE, RILKE, BRECHT UND DEN EXPRESSIONISTEN. München: Hanser 1970.

SCHUMACHER I = Ernst Schumacher DIE DRAMATISCHEN VERSUCHE BERTOLT BRECHTS 1918—1933. Berlin: Rütten u. Loening 1955 [basiert auf der gleichnamigen Diss. masch. Leipzig 1953].

SCHUMACHER II = Ernst Schumacher THEATER DER ZEIT — ZEIT DES THEATERS. THALIA IN DEN FÜNFZIGERN. München: Dobbeck 1960.

SCHUMACHER III = Ernst Schumacher DRAMA UND GESCHICHTE. BERTOLT BRECHTS »LEBEN DES GALILEI« UND ANDERE STÜCKE. Berlin: Henschelverlag 1965 [²1968] [basiert auf der gleichnami-gen Habil.-Schr. masch. Berlin (Humboldt-Univ.) 1965].*

SCHÜRER = Ernst Schürer GEORG KAISER UND BERTOLT BRECHT. ÜBER LEBEN UND WERK. Frankfurt: Athenäum 1970.°

SCHWIMMER = Helmut Schwimmer BERTOLT BRECHT: KALENDER-

GESCHICHTEN. INTERPRETATION. München: Oldenbourg 1963 [²1967].

SCHWITZKE = Heinz Schwitzke DAS HÖRSPIEL. DRAMATURGIE UND GESCHICHTE. Köln: Kiepenheuer u. Witsch 1963.

SCOTT = MAN IN THE MODERN THEATRE. Ed. by N. A. Scott. Richmond: Knox 1965.

SEIDEL = Gerhard Seidel STUDIEN ZUR EDITION POETISCHER WERKE VON BERTOLT BRECHT. 2 Bde. Diss. masch. Greifswald 1966.

SERREAU = Geneviève Serreau BERTOLT BRECHT. Paris: L'Arche 1955 [²1960].*

SHAW = Leroy R. Shaw THE PLAYWRIGHT AND HISTORICAL CHANGE. DRAMATIC STRATEGIES IN BRECHT, HAUPTMANN, KAISER, WEDEKIND. Madison: University of Wisconsin Press 1970.

SIEBENMANN = Otto R. Siebenmann THE RELATIONS OF THE INDIVI-DUAL TO SOCIETY IN THE PLAYS OF BERTOLT BRECHT: 1926—1933. Diss. masch. Columbus (Ohio State Univ.) 1968.°

SINGERMAN = Boris Singerman ŽAN VILAR I DRUGIE. Moskva: 1964.°

SŁUPIŃSKI = Zbigniew Słupiński FUNKCJA „SONGU" W DRAMATACH BRECHTA. Diss. masch. Poznań 1966.°

SOC. REALIZM = SOCIALISTIČESKIJ REALIZM I KLASSIČESKOJE NASLEDIJE. Hrsg. von N. K. Gey u. J. E. El'sberg. Moskva: Gos. izd. chud. lit. 1960.°

SORENSEN = Otto M. Sorensen THE POLITICAL ASPECT IN THE DRAMATIC WORKS OF BERTOLT BRECHT. Diss. masch. Seattle (Univ. of Washington) 1966.

SOZ. HUMANISMUS = DIE DICHTER DES SOZIALISTISCHEN HUMANIS-MUS. PORTRÄTS. Hrsg. von H. Kaiser. München: Dobbeck 1960.

SPALTER = Max Spalter BRECHT's TRADITION. Baltimore: Johns Hop-kins Press 1967 [basiert auf der gleichnamigen Diss. masch. New York (Columbia Univ.) 1967].*

STEFFENSEN = Steffen Steffensen BERTOLT BRECHTS DIGTE. Køben-havn: Bianco Lunos 1965 [auch in: Festskrift udgivet af Kø-benhavns Universitet i anledning af Universitets Årfest, Nov. 1965. København 1965].°

STEINER = George Steiner DEATH OF TRAGEDY. New York: Knopf 1961 [dt. DER TOD DER TRAGÖDIE. EIN KRITISCHER ESSAY. Mün-chen: Langen/Müller 1962].

STEINWEG = Reiner Steinweg BRECHTS LEHRSTÜCK. UNTERSUCHUNG EINES THEORIE-PRAXIS-MODELLS. 2 Bde. Diss. masch. Kiel 1969.°

STERNBERG = Fritz Sternberg DER DICHTER UND DIE RATIO. ERINNE-RUNGEN AN BERTOLT BRECHT. Göttingen: Sachse u. Pohl 1963.

STRÄTER = Hans H. Sträter DIE GEDICHTE DER »HAUSPOSTILLE«. UNTERSUCHUNGEN ZUR FRÜHEN LYRIK BERTOLT BRECHTS. Diss. masch. Tübingen 1968.°

STRELKA = Joseph Strelka BRECHT, HORVÁTH, DÜRRENMATT. WEGE UND ABWEGE DES MODERNEN DRAMAS. Wien: Forum 1962.

STRITTMATTER = Erwin Strittmatter SCHULZENHOFER KRAMKALENDER. Berlin u. Weimar: Aufbau-Verlag 1966 [1967*].

STUDIES = STUDIES IN GERMAN LITERATURE. Ed. by C. Hammer. Baton Rouge: Louisiana State University Press 1963.

SUGAYA = Kikuo Sugaya BUREHITO RON. HANKO TO BOMEI. Tokyo: Shichosha 1967.°

SUVIN = Darko Suvin UVOD U BRECHTA. Zagreb: Školska Kniga 1970.

SYMINGTON = Rodney Symington BRECHT UND SHAKESPEARE. Bonn: Bouvier 1970 [basiert auf BRECHT AND SHAKESPEARE. Diss. masch. Montreal (McGill Univ.) 1968].°

SZCZESNY = Gerhard Szczesny DAS LEBEN DES GALILEI UND DER FALL BERTOLT BRECHT. Berlin: Ullstein 1966 [auch in amerikanischer Übersetzung].

SZONDI = Peter Szondi THEORIE DES MODERNEN DRAMAS. Frankfurt: Suhrkamp 1956 [⁴1967] [auch in verschiedenen Übersetzungen].

SZYDŁOWSKI = Roman Szydłowski DRAMATURGIA BERTOLTA BRECHTA. Warszawa: Wydawnictwa Artystyczene i Filmowe 1965.°

TAËNI = Rainer Taëni DRAMA NACH BRECHT. MÖGLICHKEITEN HEUTIGER DRAMATIK. Basel: Basiliuspresse 1968.

THEATER IM GESPRÄCH = THEATER IM GESPRÄCH. EIN FORUM DER DRAMATURGIE. Hrsg. von F. Schultze. München: Langen/Müller 1963.

THEATER TODAY = THE GERMAN THEATER TODAY. A SYMPOSIUM. Ed. by L. R. Shaw. Austin: University of Texas Press 1963.

TOLKSDORF = Cäcilie Tolksdorf JOHN GAYS »BEGGAR'S OPERA« UND BERT BRECHTS »DREIGROSCHENOPER«. Rheinberg: Sattler u. Koss 1934 [= Diss. Bonn 1932].°

TORBERG I = Friedrich Torberg PPP. PAMPHLETE · PARODIEN · POST SCRIPTA [sic]. München: Langen/Müller 1964.

TORBERG II = Friedrich Torberg DAS FÜNFTE RAD AM THESPISKARREN. THEATERKRITIKEN. 2 Bde. München: Langen/Müller 1966.

TOUCHARD = Pierre-Aimé Touchard LE THÉÂTRE ET L'ANGOISSE DES HOMMES. Paris: Éditions du Seuil 1968.

TRETJAKOV = Sergej Michailovič Tretjakov DEN SCHI-CHUA/LUDI ODNOGO KOSSTRA/STRANA-PEREKRESSTOK. Moskva: Sovjetskij pisatel' 1962.°

TSCHARCHALASCHWILI = Surab Tscharchalaschwili LIT'ERAT'URULK'RIT'IK'ULI TS'ERILEBI. Tbilisi: Literatura da Chelobneva 1964.

TUCHOLSKY I = Kurt Tucholsky GESAMMELTE WERKE. Hrsg. von M. Gerold-Tucholsky u. F. J. Raddatz. 3 Bde. Reinbek: Rowohlt 1961 f.

TUCHOLSKY II = Kurt Tucholsky AUSGEWÄHLTE BRIEFE 1913 bis 1935. Hrsg. von M. Gerold-Tucholsky u. F. J. Raddatz. Reinbek: Rowohlt 1962.

XLI

Tynan I = Kenneth Tynan Curtains. Selections from the drama criticism and related writings. New York: Atheneum 1961.

Tynan II = Kenneth Tynan Tynan Right and Left. Plays, films, people, places, and events. London: Longmans 1967.

Typologia = Typologia litterarum. Festschrift für Max Wehrli. Hrsg. von S. Sonderegger, A. M. Haas u. H. Burger. Zürich: Atlantis 1969.

Uhse = Bodo Uhse Gestalten und Probleme. Berlin: Verlag der Nation 1959.

Umbruch = Theater im Umbruch. Eine Dokumentation aus ,Theater heute'. Hrsg. u. eingeleitet von H. Rischbieter. München: dtv. 1970.*

Urbanek I = Begegnung mit Gedichten. 60 Interpretationen. Hrsg. von W. Urbanek. Bamberg: Buchner 1967.

Urbanek II = Walter Urbanek Deutsche Literatur. Epochen, Gestalten, Gestaltungen. II: Das 19. und 20. Jahrhundert. Bamberg: Buchner 1969.*

Uyttersprot = Herman Uyttersprot Bert Brecht en zijn episch-historisch Theater. Brussels: Paleis der Academiën 1963.°

Vajda I = A német irodalom a xx. században. Szerkesztette és a bevezetöt irta Vajda György Mihály. Budapest: Gondolat 1966.°

Vajda II = György Mihály Vajda Állandóság a változásban. Tanulmányok. Budapest: Magvetö Könyvkiadó 1968.

Varieties = Varieties of Literary Experience. Eighteen essays in world literature. Ed. by S. Burnshaw. New York: New York University Press 1962.

Viertel = Berthold Viertel Schriften zum Theater. Hrsg. von G. Heidenreich, unter Mitarbeit von M. Nöbel. München: Kösel 1970.

Walkó = György Walkó Bertolt Brecht. Budapest: 1959.°

Walser I = Martin Walser Erfahrungen und Leseerfahrungen. Frankfurt: Suhrkamp 1965.

Walser II = Martin Walser Heimatkunde. Aufsätze und Reden. Frankfurt: Suhrkamp 1968.

Weber = Werner Weber Zeit ohne Zeit. Aufsätze zur Literatur. Zürich: Manesseverlag 1959.

Wege = Wege zum Gedicht. Hrsg. von R. Hirschenauer u. A. Weber. 2 Bde. München: Schnell u. Steiner ⁷1968.°

Wegner = Hart Wegner Die dichterischen Bilder im Frühwerk Brechts. Diss. masch. Cambridge (Harvard Univ.) 1970.°

Weideli = Walter Weideli Bertolt Brecht. Paris: Éditions universitaires 1961 [auch in amerikanischer u. italienischer Übersetzung].*

Weigel = Helene Weigel zu Ehren. Hrsg. von W. Hecht u. S. Unseld. Frankfurt: Suhrkamp 1970.*

Weisbach = Reinhard Weisbach Das Paradigma des Gedichts in

»Bertolt Brechts Hauspostille«. Ein Beitrag zum Verhältnis des jungen Brecht zur Tradition und zum Expressionismus. Diss. masch. Berlin (Humboldt-Univ.) 1966.°

Weisenborn = Günther Weisenborn Der gespaltene Horizont. Niederschriften eines Aussenseiters. München: Desch 1964.

Wekwerth I = Manfred Wekwerth Theater in Veränderung. Berlin: Aufbau-Verlag 1960.

Wekwerth II = Manfred Wekwerth Notate. Über die Arbeit des Berliner Ensembles 1956 bis 1966. Frankfurt: Suhrkamp [bzw. Berlin u. Weimar: Aufbau-Verlag] 1967.

Wiese = Benno von Wiese Zwischen Utopie und Wirklichkeit. Studien zur deutschen Literatur. Düsseldorf: Bagel 1963.

Will = Wilfried van der Will Pikaro heute. Metamorphosen des Schelms bei Thomas Mann, Döblin, Brecht, Grass. Stuttgart: Kohlhammer 1967.

Willett = John Willett The Theatre of Bertolt Brecht. A study from eight aspects. London: Methuen 1959 [³1967] [amerikanische Ausgabe Norfolk, Conn.: New Directions 1959, ²1960; dt. Das Theater Bertolt Brechts. Eine Betrachtung. Reinbek: Rowohlt 1964; auch ins Italienische, Spanische u. Portugiesische übersetzt].*

Williams I = Raymond Williams Modern Tragedy. Stanford: Stanford University Press 1966, ²1967.

Williams II = Raymond Williams Drama from Ibsen to Brecht. New York: Oxford University Press 1969 [= Neufassung von Drama from Ibsen to Eliot, 1952].

Wintzen = René Wintzen Bertolt Brecht. Paris: Seghers 1954, ⁵1964.*

Wirth I = Andrzej Wirth Siedem prób. Szkice krytyczne. Warszawa: Czytelnik 1962.°

Wirth II = Andrzej Wirth Struktura sztuck Brechta. Wrocław: Ossolineum 1966.

Wissenschaft = Wissenschaft als Dialog. Studien zur Literatur und Kunst seit der Jahrhundertwende. Hrsg. von R. v. Heydebrand u. K. G. Just. Stuttgart: Metzler 1969.*

Witzmann = Peter Witzmann Antike Tradition im Werk Bertolt Brechts. Berlin: Akademie-Verlag 1964, ²1965.

Wojcik = Manfred Wojcik Der Einfluss des englischen auf die Sprache Bertolt Brechts. Diss. masch. Berlin (Humboldt-Univ.) 1967.°

Wolf = Friedrich Wolf Aufsätze über Theater. Hrsg. von E. Wolf u. W. Pollatschek. Berlin: Aufbau-Verlag 1957.

Wulbern = Julian H. Wulbern Brecht and Ionesco. Aspects of engagement. Diss. masch. Evanston (Northwestern Univ.) 1967.°

Zarco/Espejo = Francisco Zarco Moreno / Fernando Espejo García Bertolt Brecht o un teatro de transposición. Toledo: Editorial Católica Toledana 1961.°

ZIESEL = Kurt Ziesel DIE LITERATURFABRIK. EINE POLEMISCHE AUS-
EINANDERSETZUNG MIT DEM LITERATURBETRIEB IM DEUTSCHLAND
VON HEUTE. Wien: Wancura 1962.

ZIMMERMANN I = Werner Zimmermann DEUTSCHE PROSADICHTUNG
DER GEGENWART. INTERPRETATIONEN FÜR LEHRENDE UND LER-
NENDE. 3 Bde. Düsseldorf: Schwann 1960, ²1961 [Neubearbei-
tung in zwei Bänden DEUTSCHE PROSADICHTUNGEN UNSERES JAHR-
HUNDERTS 1969 f.].

ZIMMERMANN II = Werner Zimmermann BRECHTS »LEBEN DES GALI-
LEI«. INTERPRETATION UND DIDAKTISCHE ANALYSE. Düsseldorf:
Schwann 1965 [²1970].

ZIVANOVIC = Judith K. Zivanovic HUMANISM IN THE DRAMA OF
BERTOLT BRECHT AND JEAN-PAUL SARTRE. Diss. masch. Madison
(University of Wisconsin) 1968.°

ŽMEGAČ = Viktor Žmegač KUNST UND WIRKLICHKEIT. ZUR LITERA-
TURTHEORIE BEI BRECHT, LUKÁCS UND BROCH. Bad Homburg:
Gehlen 1969.

ZUCKMAYER = Carl Zuckmayer ALS WÄR'S EIN STÜCK VON MIR.
HOREN DER FREUNDSCHAFT. Frankfurt: Fischer 1966.

ZWANZIGER JAHRE = DIE SOGENANNTEN ZWANZIGER JAHRE. Hrsg.
von R. Grimm u. J. Hermand. Frankfurt: Athenäum 1970.

ZWERENZ I = Gerhard Zwerenz ARISTOTELISCHE UND BRECHTSCHE
DRAMATIK. VERSUCH EINER ÄSTHETISCHEN WERTUNG. Rudolstadt:
Greifenverlag 1956.

ZWERENZ II = Gerhard Zwerenz ÄRGERNISSE. VON DER MAAS BIS AN
DIE MEMEL. Köln: Kiepenheuer u. Witsch 1961.

LEBEN UND WERKE BRECHTS

Jugend (1898—1920)

Bert(olt) Brecht oder, mit seinem vollen Namen, Eugen Berthold Friedrich Brecht wurde am 10. 2. 1898 zu Augsburg im Haus ,Auf dem Rain' 7 geboren (am 24. 9. 1960 wurde am Geburtshaus eine Gedenktafel enthüllt). Sein Vater Berthold Brecht (geb. 6. 11. 1869 in Achern im Schwarzwald) war 1893 als kaufmännischer Angestellter nach Augsburg an die dortigen Haindlschen Papierfabriken gekommen, diente sich durch Fleiß und Tüchtigkeit empor und brachte es im Laufe der Jahre bis zum Direktor (1914). Der junge Brecht wuchs also in durchaus gesicherten, gutbürgerlichen Verhältnissen auf. Übrigens waren beide Eltern, auch die Mutter Sofie geb. Brezing (geb. 8. 7. 1871 in Roßberg bei Waldsee), die dem Sohn besonders nahestand, stammesmäßig alemannisch-schwäbischer und nicht, wie man häufig lesen kann, bairischer Abkunft.

Das Leben des geweckten und frühzeitig eine ausgeprägte Eigenart verratenden Jungen verlief zunächst in den herkömmlichen Bahnen. Brecht wurde evangelisch, dem Glauben der Mutter, getauft und konfirmiert (der Vater war katholisch); er besuchte die Volksschule in Augsburg und wechselte nach der vierten Klasse (1908) ans dortige Realgymnasium an der ,Blauen Kappe' über, das er 1917 mit dem Notabitur verließ, um an der Münchener Universität Philosophie (Literatur) und Medizin zu studieren. Ein geregelter bürgerlicher Lebensgang schien vor dem Abiturienten zu liegen, ein Lebensgang, wie ihn etwa sein einziger Bruder Walter (geb. 1900) verwirklichte, der Professor für Technologie des Papiers an der Technischen Hochschule Darmstadt wurde.

Aber der junge Brecht muß sich schon sehr bald entschlossen haben, den glatten Aufstieg zu Solidität und bürgerlichem Ansehen, wie ihn sein Vater wünschte, mit dem ungebundenen Leben eines freilich nicht weniger ehrgeizigen Literaten und Bohemien zu vertauschen. Manches mag zwar erst in der Rückschau Bedeutung gewinnen: so der außergewöhnliche Sinn,

1

den Brecht als Kind fürs Puppentheater bekundete; dann die späteren Versuche, mit den Spielgefährten ganze Stücke zu inszenieren, oder die Mitwirkung an der Augsburger Schülerzeitschrift ›Die Ernte‹, für die Brecht u. a. den höchst aufschlußreichen Einakter »*Die Bibel*« schrieb. Auch die Freundschaft mit dem späteren Maler und Bühnenbildner RUDOLF CASPAR (Cas) NEHER, einem der wichtigsten Mitarbeiter Brechts, dem er bis ans Lebensende eng verbunden blieb, datiert bereits aus früher Zeit (1913/14).

Immerhin gelang es schon dem Sechzehnjährigen, mit literarischen Arbeiten an eine breitere Öffentlichkeit zu treten. Das geschah zum ersten Male in den ›Augsburger Neuesten Nachrichten‹ vom 17. 8. 1914. WILHELM BRÜSTLE, der zuständige Redakteur des Blattes, scheint die Begabung Brechts sofort erkannt zu haben; er brachte fortan immer wieder Beiträge des jungen Dichters. An ihnen läßt sich die Entwicklung der Persönlichkeit Brechts gut verfolgen, wobei man allerdings die „Veröffentlichungen" in der ›Ernte‹ keineswegs außer acht lassen darf. Gerade sie nämlich lehren, daß manches scheinbar stramm patriotisch Gesinnte, das Brecht (unter dem Pseudonym Berthold Eugen) in den ersten Kriegsjahren schrieb, nicht ohne eine gewisse Skepsis zu betrachten ist und daß das Erlebnis des Krieges offenbar nicht von so entscheidendem Einfluß war, wie man bisher gern glaubte. Erst 1916 wandelt sich Brechts Ton in auffallender Weise. Damals wäre der Dichter wegen eines schonungslos offenen „defaitistischen" Aufsatzes über das Thema „Dulce et decorum est pro patria mori" sogar beinahe von der Schule verwiesen worden.

Brecht mußte sein Studium an der Universität München, das er im Wintersemester 1917/18 aufgenommen hatte, bald wieder unterbrechen; denn im Herbst 1918 wurde er eingezogen und hatte als Mediziner im Augsburger Reservelazarett Dienst zu tun. Der Dichter hat diese Erfahrung — es handelte sich um die Station D für Geschlechtskranke — später zweifellos übertrieben und stilisiert. Trotzdem prägte sich ihm das Grauen der Zeit unauslöschlich ein: Brecht wurde ein erbitterter Hasser des Krieges. Die blutige Satire der »*Legende vom toten Soldaten*« legt davon Zeugnis ab. In solcher Verfassung traf Brecht der Ausbruch der Revolution, und es ist wohl möglich, daß er, wie behauptet wird, damals vorübergehend in die Unabhängige Sozialdemokratische Partei, die USPD, eintrat; seine Zugehörigkeit zum kurzlebigen Augsburger Soldatenrat hat er jedenfalls (obwohl sie bestritten wird) selber mehrfach bestätigt.

Wie dem auch sei: die Revolution scheiterte, und Brecht nahm sein unterbrochenes Studium wieder auf. (Die Immatrikulation datiert vom 2. 10. 1917, die Exmatrikulation erfolgte erst am 29. 11. 1921. Brecht hatte sich zunächst an der Philosophischen Fakultät [Abt. Lit.] eingeschrieben; später kam Medizin hinzu. Unter den Vorlesungen, die er belegte, befanden sich außer literarhistorischen und medizinischen auch naturwissenschaftliche und theologische.) Brecht bewohnte in diesen letzten Augsburger Jahren ein eigenwillig eingerichtetes Mansardenzimmer im Haus Bleichstraße 2, wohin die Familie schon im Jahre 1900 umgezogen war. Vom Fenster fiel der Blick auf den baumumstandenen Wasserspiegel des alten Stadtgrabens; die Atmosphäre der Vorstadt und des von Brecht gern besuchten Herbstplärrers, eines Jahrmarktes mit historischen Panoramen und vielleicht auch noch Moritatensängern, wirkte mächtig auf ihn ein und verband sich mit bestimmenden literarischen Einflüssen, die namentlich von BÜCHNER und WEDEKIND ausgingen. Vor allem Wedekind — Balladensänger, Dichter und Schauspieler — war, wenn irgendeiner, Brechts verehrtes Vorbild; als er im Frühjahr 1918 starb, widmete ihm der Zwanzigjährige eine eigene Totenfeier und einen enthusiastischen Nachruf in den ›Augsburger Neuesten Nachrichten‹. Daß Brecht bereits Anfang 1919 eine erste (allerdings nie gedruckte) Gedichtsammlung unter dem Titel »Klampfenfibel« zusammenstellte, ist also kein Zufall.

Aus dieser Welt erwuchs Brechts Erstling: »Baal«. Es ist die in locker gereihten, balladesken Bildern erzählte Lebensgeschichte eines bedenkenlos saufenden und hurenden Landstreicher-Dichters, in der ein genialisch-wüstes Daseinsgefühl ungezügelt, aber mit hinreißender sprachlicher Kraft zum Ausdruck kommt. Brecht schrieb das Stück, das seinem Jugendfreund GEORGE (Orge) PFANZELT gewidmet ist, im Jahre 1918 unter dem Eindruck einer Aufführung von Hanns Johsts Grabbe-Drama »Der Einsame« (aber freilich nicht in vier Tagen, wie die Legende es wahrhaben möchte; überdies arbeitete er es mehrfach gründlich um). Mit seinem zweiten Werk, dem fünfaktigen Drama *Trommeln in der Nacht*, griff Brecht unmittelbar in die Zeitgeschichte: der Titel sollte ursprünglich *Spartakus* lauten. Gestaltet wird hier das Schicksal eines Heimkehrers, des totgesagten Artilleristen Kragler, der seine Braut schwanger und mit einem Schieber verlobt vorfindet, sich aus Verzweiflung den Revolutionären anschließen will und diese dann doch im Stich läßt, als sein Mädchen zu

3

ihm zurückkehrt; der zusammenbrechende Spartakus-Aufstand bildet den Hintergrund des in greller Illusionsauflösung endenden Stückes.

Der endgültige Titel dieses zweiten Bühnenwerkes stammte von dem vierzehn Jahre älteren LION FEUCHTWANGER, einem damals schon erfolgreichen Dramatiker und Romancier (oder richtiger von dessen Frau Marta). Brecht, der noch immer, und oft stundenlang unterwegs, zwischen Augsburg und München hin und her fahren mußte, hatte Feuchtwanger um die Jahreswende 1918/19 in München kennengelernt. Die beiden wurden rasch Freunde und blieben es bis zuletzt; sie arbeiteten oft zusammen und konnten einander so immer wieder neue Anregungen geben. Auch mit der Schauspielerin Blandine Ebinger, mit dem Regisseur Erich Engel und mit dem Lyriker Johannes R. Becher wurde Brecht bekannt und zum Teil bald befreundet — wie sich denn überhaupt seine Gabe, stets einen Kreis von Mitarbeitern, Anhängern und Freunden um sich zu sammeln, schon von allem Anfang an zeigt.

Das Studium diente unter solchen Umständen nur mehr als Vorwand und wurde schließlich ganz aufgegeben. Ohnehin war ja Brecht vor allem im Theaterwissenschaftlichen Seminar des Wedekind-Biographen ARTHUR KUTSCHER zu finden gewesen, kaum in den medizinischen Hörsälen. Auch das Café Stefanie, den Treffpunkt der Münchener Boheme, scheint er gerne seinen Fachvorlesungen vorgezogen zu haben. Gelegentlich trat Brecht sogar auf TRUDE HESTERBERGS ,Wilder Bühne', wo ihn WALTER MEHRING eingeführt hatte, und bei KARL VALENTIN auf. Damals schrieb er nach dessen Vorbild, das sich vermutlich mit dem der „Zwischenspiele" des CERVANTES verband, auch die fünf stark mit volkstümlichen Elementen durchsetzten Einakter *»Der Bettler oder Der tote Hund«*, *»Er treibt einen Teufel aus«*, *»Lux in tenebris«*, *»Die Hochzeit«* und *»Der Fischzug«* sowie, in Anlehnung an KNUT HAMSUNS Novelle »Zachäus«, die einaktige Oper *»Prärie«*. Vor allem dem grotesken Theaterstil des großen Münchener Volkskomikers verdankt der Dichter viel; aber vielleicht noch mehr jener, wie Hans Mayer sagt, „vertrackten Dialektik" des Valentinschen Denkens.

Am 1. 5. 1920 starb Brechts Mutter. Seine Bindungen — zumindest die äußeren — an Elternhaus und Heimatstadt begannen sich allmählich zu lösen. Brecht übersiedelte nach München, wo er zunächst in der Akademiestraße 15 ein Zimmer nahm. Die Tätigkeit am Augsburger ›Volkswillen‹, dem von WENDELIN THOMAS geleiteten Blatt der USPD, für das er seit

Herbst 1919 als äußerst aggressiver Theaterkritiker gearbeitet hatte, führte er noch eine Zeitlang fort; Anfang 1921 aber stellte er sie ebenfalls ein. Brechts Augsburger Jahre (aus denen übrigens ein 1919 geborener natürlicher Sohn Frank stammte, der in Rußland gefallen ist) waren zu Ende.

Biographisches. — *Selbstzeugnisse:* ST I; TH I, II; LK I; PG I; WA XV, XVII, XVIII, XX; BAAL II 95; Briefe an Caspar Neher: Süddt. Ztg 13.—15. 8. 66; Briefe an H. O. Münsterer: MÜNSTERER 21, 93. — *Literatur:* Adler: NDH 13 (66) 118; anon: Augsb. Allg. 10. 2. 68; Brüstle: ABB 6 (63) 1; K. Edschmid: Lebendiger Expressionismus. Auseinandersetzungen, Gestalten, Erinnerungen (61) 58; EISLER 156; EKMANN 13; ESSLIN I 3; EWEN 55; FASSMANN 6; Feuchtwanger: ERINNERUNGEN 11, LITERATURKRITIK 516; Frank: ÄRGERNIS 31; O. M. Graf: Gelächter von außen. Aus meinem Leben 1918—1933 (66) 152, Stuttg. Ztg 3. 3. 62; Grimm: ASPEKTE 133, TDR/2 22; Hauptmann: THEATER/2 7; Hecht: LEBEN UND WERK 5; HINCK II 119; HÖGEL 7; Högel: Augsb. Allg. 16. 4. 60; KÄCHELE 3; KESTING I 11; Lieblich: Stuttg. Nachr. 11. 8. 61; Maiberger: Hundert Jahre Realgymnasium Augsburg (64) 114; MAYER II 20; Müllereisert: ERINNERUNGEN 17; MÜNSTERER 7; Münsterer: ABB 7 (63) 1, ABB 26 (65) 10, ERINNERUNGEN 19, Panorama 3 (59) 8, 7; PEIXOTO 21; Rülicke-Weiler: NDL 14 (66) 8, 46; SCHMIDT 6; SCHUHMANN 7; [Suhrkamp:] BBs Gedichte u. Lieder (56) 5; SUVIN 31. — *Weitere Literaturangaben:* NUBEL 566.

»*Die Bibel*«: ‚Drama in einem Akt'. — *Entstehung:* Augsburg 1913. — *Handschrift:* vgl. RAMTHUN I 272. — *Druck:* Die Ernte. Schülerzschr. des Augsb. Realgymnasiums 6 (1914) Januar [hektographiert]; WA VII. — *Quellen, Vorbilder, Anregungen:* Hebbel »Judith«. — *Literatur:* BRANDT 81; Grimm: ASPEKTE 133, TDR/2 22; Jennrich: WB/S 101.

»*Baal*« (auch »Baal frißt! Baal tanzt!! Baal verklärt sich!!!«, »Lebenslauf des Mannes Baal«, »Der böse Baal der asoziale«, »Lebenslauf des asozialen Baal«): ‚Stück' (auch ‚Komödie', ‚Theaterstück', ‚Dramatische Biographie'). — *Entstehung:* Augsburg 1918/19 (mit späteren Umarbeitungen). — *Uraufführung:* Altes Theater Leipzig, 8. 12. 23; Regie A. Kronacher, Bühnenbild F. Thiersch, mit L. Körner als Baal. — *Handschrift:* vgl. RAMTHUN I 5, 350. — *Druck:* G. Müller, München 1920 (nicht ausgeliefert); PROGRAMM (drei Szenen); G. Kiepenheuer, Potsdam 1922; ST I; WA I; BAAL I, II; SCHUMACHER III 80 (Zitat). — *Verschiedene Fassungen.* — *Quellen, Vorbilder, Anregungen:* Johst »Der Einsame«; Grabbe; Büchner. — *Selbstzeugnisse:* BAAL II 95 (umfassende Zusammenstellung). — *Materialien:* BAAL I, II. — *Weitere Angaben:* Das Werk wurde später von Cäsar von Arx mit dem Stück »Moritat« (um 1926?) parodiert. — *Literatur:* Anders: RHTh 11 (59) 213; [anon:] Spectaculum

6. Sieben moderne Theaterstücke (63) 328; A. Arnold: Die Literatur des Expressionismus. Sprachliche u. thematische Quellen (66) 162; BAULAND 195; Baumgärtner: KINDLER Bd 1, 1217; Bentley: KR 26 (64) 83; [Bentley:] BB: Baal (Waltham, Toronto, London 69) 91, BB: Baal, A Man's a Man, and The Elephant Calf (New York 64) 3; K. BERGER Bd 2, 512; Bronsen: BLUME 348; Chiarini: Arena [Rom] 3 (55) 8/9, 60; CHIUSANO 12; CLURMAN 183; Csokor: NDL 3 (55) 8, 78; DEMANGE 10; H. Denkler: Drama des Expressionismus. Programm, Spieltext, Theater (67) p; DESUCHÉ 75; Diebold: NR 34 (23) 734; M. Dietrich: Europäische Dramaturgie im 19. Jh. (61) p; DORT I 35, II 149; EKMANN 17; Ekmann: OL 20 (65) 3; G. Erken: Hofmannsthals dramatischer Stil. Untersuchungen zur Symbolik u. Dramaturgie (67) 258; ESSLIN III 15; EWEN 94; Fechter: G. RÜHLE 684; FEUCHTWANGER II 556; Feuchtwanger: LITERATURKRITIK 516; GAEDE 15; Gaede: EXPRESSIONISMUS 595; GARTEN 201; Goldstein: BLUME 333; GRAY 37; GREGOR Bd 7, 68; GUERRERO 126; Harnisch: G. RÜHLE 689; Hauptmann: SF/2 241; HENNENBERG I 85; Hinck: DT. LITERATUR Bd 2, 362; HIND 132; Hofmannsthal: Lustspiele IV (56) 405 [szenischer Prolog zur Wiener Erstaufführung 1926]; Imamura: Doitsu Hyōgenshugi 2 (66) 121; Jacobs: G. RÜHLE 688; Jahnn: SF/2 424; JENS I 235; JHERING II Bd 1, 358, Bd 2, 174; Jhering: G. RÜHLE 487, 686, SuF 5 (53) 135; Jhering [u. a.]: BAAL II 169; KÄCHELE 8; KAUFMANN II 376; KENNEY 18; Kerr: LITERATURKRITIK 413, G. RÜHLE 490; H. Kindermann: Theatergeschichte Europas, Bd 8 (Salzburg 68) 606; KLOTZ II p.; Krispyn: RLV 31 (65) 211; Ley: GR 40 (65) 205; LUCAS 54; LUPI 61; LÜTHY 132; LYONS 3; Lyons: MD 8 (65) 311; MANN I 22; Müller: WZUJ 17 (68) 255; MÜNSTERER 21, 41, 105, 158; MUSCHG 337; W. Muschg: Pamphlet u. Bekenntnis. Aufsätze u. Reden (68) 367; NELSON; [Otten:] Schrei u. Bekenntnis. Expressionistisches Theater (59) 28; PEIXOTO 35; POHL 6, 17, 71; A. Polgar: Auswahl. Prosa aus vier Jahrzehnten (68) 299, Ja u. Nein. Darstellungen von Darstellungen (56) 82; H. Politzer: Das Schweigen der Sirenen. Studien zur dt. u. österr. Literatur (68) 100; Reißig: Aufbau 5 (49) 860; RISCHBIETER Bd 1, 28; Ross: Arcadia 3 (68) 262; G. RÜHLE 486, 683; J. RÜHLE I 195; Sander: Die Faszination des Bösen. Zur Wandlung des Menschenbildes in der modernen Literatur (68) 23; SCHÄRER 9; SCHMIDT 1, 11, 52, 60, 146; Schöne: Euph. 52 (58) 272; SCHUMACHER I 26; SHAW 123; Sokel: ZWANZIGER JAHRE 47, Anthology of German Expressionist Drama. A Prelude to the Absurd (Garden City 63) XXVI; SPALTER 157; STEER: GLL 19 (65/66) 40; STRELKA 6; Süßkind: DEUTSCHE 521; VIERTEL 174; WEBER 51; WEIDELI 12; WIESE 254; WILL 36; ZUCKMAYER 365. — *Weitere Literaturangaben:* NUBEL 582; KOSCH 981; PETERSEN 61; BAAL II 118.

» T r o m m e l n   i n   d e r   N a c h t « (urspr. »Spartakus«, auch »Das sterbende Gespenst oder Spartakus«; auch folgende [wohl par-

odistisch gemeinte] Titelreihung: »Das sterbende Gespenst oder Der Liebhaber auf der Barrikade oder Der Massenmörder aus Liebe oder Von der Barrikade ins Ehebett oder Per aspera ad astra«): ‚Drama‘, ‚Stück fürs Theater‘, ‚Komödie‘. — *Entstehung:* Augsburg 1919. — *Uraufführung:* Kammerspiele München, 29. 9. 22; Regie O. Falckenberg, Bühnenbild O. Reigbert, mit E. Faber als Kragler [zu »Die rote Zibebe«, einer Art Satyrspiel im Zusammenhang mit dieser Aufführung, vgl. MÜNSTERER 179]. — *Handschrift:* vgl. RAMTHUN I 6. — *Druck:* Drei-Masken-Verlag, München 1922; ST I; WA I; POHL 64, 78 (Zitate). — Verschiedene Fassungen. — *Quellen, Vorbilder, Anregungen:* Hebbel »Maria Magdalene« [?]; M. Feuchtwanger (für den Titel). — *Selbstzeugnisse:* ST I; TH I, II, III, IV, VII; WA I, XV, XVI, XVII; WILLETT 72, 234 (Arbeitsbuchnotiz). — *Literatur:* W. Anders: Der Heimkehrer aus zwei Weltkriegen im dt. Drama (Diss. Univ. of Pennsylvania 54); BAB 212; Bab: G. RÜHLE 403; BATHRICK; K. BERGER Bd 2, 513; Bronsen: BLUME 348; Chiarini: Arena [Rom] 3 (55) 8/9, 60; CHIUSANO 13; Csokor: NDL 3 (55) 8, 78; DEMANGE 17; Diebold: NR 34 (23) 734; A. Döblin: Die Vertreibung der Gespenster. Autobiographische Schriften, Betrachtungen zur Zeit, Aufsätze zu Kunst u. Literatur (68) 337; DORT I 43; Dort: ThP 33 (59) 104; EKMANN 28; ENGBERG Bd 1, 23; EWEN 103; Faktor: G. RÜHLE 405; FECHTER Bd 3, 96; FEUCHTWANGER II 556; Feuchtwanger: LITERATURKRITIK 516, SF/2 103; E. Fischer: Erinnerungen u. Reflexionen (69) 104; GAEDE 25; Gaede: EXPRESSIONISMUS 595; GARTEN 201; O. M. Graf: Gelächter von außen. Aus meinem Leben 1918—1933 (66) 152; GREGOR Bd 6, 30; GUERRERO 127; Hartmann: NEUE ZEIT 10; Hecht: LEBEN UND WERK 14; HIND 134; HINTZE 167; Igarashi: DB 31 (63) 115; Imamura: Doitsu Hyōgenshugi 2 (66) 121; S. Jacobsohn: Jahre der Bühne. Theaterkritische Schriften, hrsg. W. Karsch u. G. Göhler (65) 215, ABB 31 (65) 47, G. RÜHLE 404; JENS I 237; JHERING I, Bd 1, 272, 283, III 66; Jhering: ERINNERUNGEN 32, G. RÜHLE 408, SuF 5 (53) 135; [Jones:] BB: Jungle of Cities and Other Plays (New York 66) 93; KÄCHELE 7; KANTOROWICZ Bd 2, 300; KAUFMANN II 386; Kaufmann: WB 7 (61) 316; Kerr: LITERATURKRITIK 413; G. RÜHLE 406; H. Kindermann: Theatergeschichte Europas, Bd 8 (Salzburg 68) 603; Ley: GR 40 (65) 205; LÜTHY 142; Merin: IN 5 (35) 7, 79; K. MÜLLER 153; MÜNSTERER 103, 176; PEIXOTO 41; POHL 7, 75; RISCHBIETER Bd 1, 36; G. RÜHLE 400; J. RÜHLE I 198; SCHÄRER 15; SCHMIDT 39 p.; SCHUMACHER I 44; Semmer: ABB 63 (68) 85; SHAW 126 p.; Sinsheimer: G. RÜHLE 401; SPALTER 164; Stern: MH 61 (69) 241; STERNBERG 8; P. Suhrkamp: Briefe an die Autoren (63) 109; WEIDELI 16; WIESE 255. — *Weitere Literaturangaben:* NUBEL 618; SCHUMACHER I 512.

»Lux in tenebris«: *Entstehung:* Augsburg 1919. — *Uraufführung:* 1968 [?]. — *Handschrift:* vgl. RAMTHUN I 273. — *Druck:* ST XIII; WA VII. — *Quellen, Vorbilder, Anregungen:* K. Valentin;

bairisches Volkstheater; Cervantes »Entremeses«. — *Literatur:* CHIA-
RINI I 25; ESSLIN I 250; EWEN 131 p.; MÜNSTERER 140; PEIXOTO 45;
SCHNETZ p.; SCHUMACHER I 98; Völker: Akzente 7 (60) 321, Sinn
oder Unsinn? Das Groteske im modernen Drama, hrsg. R. Grimm
[u. a.] (62) 30, Smysl nebo nesmysl? Groteskno v moderním
dramatu (Prag 66) 27; WILLETT 26.

» D i e   H o c h z e i t « (auch »Die Kleinbürgerhochzeit«): *Entste-
hung:* Augsburg 1919. — *Uraufführung:* Schauspielhaus Frankfurt
am Main, 11. 12. 26; Regie M. Vischer. — *Handschrift:* vgl.
RAMTHUN I 272. — *Druck:* »Spiele in einem Akt. 15 exemplarische
Stücke«, hrsg. W. Höllerer in Zusammenarbeit mit M. Heyland u.
N. Miller (61); ST XIII; WA VII. — *Quellen, Vorbilder, Anregun-
gen:* K. Valentin; bairisches Volkstheater; Cervantes »Entremeses«. —
Literatur: ESSLIN I 249; EWEN 131 p.; Geißler: NDH 60 (59) 339;
[Höllerer:] Spiele in einem Akt [s. o.] (²63) 545; Jauslin: Zürcher
Student 41 (63) 5; Moscati: Sipario 24 (69) 280, 25; MÜNSTERER
140; Münsterer: ABB 26 (65) 10; PEIXOTO 45; Rühle: ThH 5 (64) 2,
13; SCHNETZ 36, 41, 64, 151, 180 p.; SCHUMACHER I 94; Völker:
Akzente 7 (60) 321, Sinn oder Unsinn? Das Groteske im modernen
Drama (62) 30, Smysl nebo nesmysl? Groteskno v moderním dramatu
(Prag 66) 27; WILLETT 26. — *Weitere Literaturangaben:* NUBEL
598; KOSCH 986.

» D e r   B e t t l e r   o d e r   D e r   t o t e   H u n d «: *Entstehung:*
Augsburg 1919. — Bisher noch nicht aufgeführt. — *Handschrift:*
vgl. RAMTHUN I 272. — *Druck:* ST XIII; WA VII. — *Quellen,
Vorbilder, Anregungen:* K. Valentin; bairisches Volkstheater; Cervantes »Entremeses«. — *Literatur:* ESSLIN I 250; EWEN 131 p.;
MÜNSTERER 140; PEIXOTO 45; SCHUMACHER I 96; Völker: Akzente 7
(60) 321, Sinn oder Unsinn? Das Groteske im modernen Drama
(62) 30, Smysl nebo nesmysl? Groteskno v moderním dramatu (Prag
66) 27; WILLETT 26.

» E r   t r e i b t   e i n e n   T e u f e l   a u s «: *Entstehung:* Augsburg
1919. — Bisher noch nicht aufgeführt. — *Handschrift:* vgl. RAMTHUN
I 273. — *Druck:* ST XIII; WA VII. — *Quellen, Vorbilder, Anregungen:* K. Valentin; bairisches Volkstheater; Cervantes »Entremeses«.
— *Literatur:* ESSLIN I 250; EWEN 131 p.; MÜNSTERER 140;
PEIXOTO 45; SCHNETZ 163; SCHUMACHER I 97; Völker: Akzente 7
(60) 321, Sinn oder Unsinn? Das Groteske im modernen Drama (62)
30, Smysl nebo nesmysl? Groteskno v moderním dramatu (Prag 66)
27; WILLETT 26.

» D e r   F i s c h z u g «: *Entstehung:* Augsburg 1919. — *Uraufführung:* Stadttheater Heidelberg, 1966/67, unter der Regie von
A. Lipp [?]. — *Handschrift:* vgl. RAMTHUN I 272. — *Druck:*
ST XIII; WA VII. — *Quellen, Vorbilder, Anregungen:* K. Valentin;
bairisches Volkstheater; Cervantes »Entremeses«. — *Literatur:* EWEN
131 p.; MÜNSTERER 140; PEIXOTO 45; Völker: Akzente 7 (60) 321,

Sinn oder Unsinn? Das Groteske im modernen Drama (62) 30,
Smysl nebo nesmysl? Groteskno v moderním dramatu (Prag 66) 27.

Prärie: ‚Oper nach Hamsun‘. — *Entstehung:* Augsburg
1919. — Bisher noch nicht aufgeführt. — *Handschrift:* vgl. RAMTHUN
I 273. — Ungedruckt. — *Quellen, Vorbilder, Anregungen:* Hamsun
»Zachäus« (Novelle).

Die zwanziger Jahre (1920—1933)

Kaum hatte Brecht sich in München niedergelassen, so unternahm er auch schon Versuche, in Berlin Fuß zu fassen. Er reiste seit 1920 mehrmals dorthin und verhandelte mit Verlegern. Bei einem dieser Besuche lernte er im Hause Otto Zareks, des Redakteurs des ›Berliner Tageblatts‹, den aus Wien stammenden spätexpressionistischen Dramatiker Arnolt Bronnen (eigentlich Bronner) kennen. Die beiden fanden offenbar rasch Gefallen aneinander; sie bildeten in den folgenden Jahren ein gern zitiertes Paar von literarischen enfants terribles. Letztlich jedoch reichte ihre innere Verwandtschaft nicht allzu tief. Was sie (vor allem in den Augen der Kritiker) miteinander verband, war ihre provokante, antibürgerliche Haltung: hektisch laut und überhitzt bei Bronnen, subtiler, krauser, mehr verschlüsselt bei Brecht. Die von Bronnen erzählte Geschichte jenes in einem Skandal endenden Vorfalls in Dresden vom Jahre 1926, an dem Brecht, Bronnen und Alfred Döblin beteiligt waren, läßt diese Verschiedenheit recht gut erkennen, vor allem wenn man noch Brechts Gedicht *»Matinee in Dresden«* dazu vergleicht. Die Freundschaft der beiden, so eng sie am Anfang erscheint, war nicht von Dauer.

Während Brecht 1922 in Berlin verhandelte — seit dem 8. März war er, mit kurzer Unterbrechung, in Berlin polizeilich gemeldet — hatte sich, wohl nicht zuletzt auf Veranlassung Feuchtwangers, Otto Falckenberg der *»Trommeln in der Nacht«* angenommen. Am 29. 9. 1922 fand die Uraufführung in den Münchener Kammerspielen statt. Sie wurde ein voller Erfolg und begründete Brechts Ruhm. Herbert Jhering, der ihm für das Stück (in Verbindung mit *»Baal«* und *»Im Dickicht«*) noch im selben Jahr den Kleistpreis zusprach, schrieb damals die Worte: „Der vierundzwanzigjährige Dichter Bert Brecht hat über Nacht das dichterische Antlitz Deutschlands verändert." In ihm, dem einflußreichen Theaterkritiker des ›Berliner Börsen-Couriers‹, hatte Brecht sich einen überzeugten Anhänger und unermüdlichen Förderer gewonnen. Dagegen blieb der andere große Berliner Theaterkritiker, Alfred Kerr

(Pseudonym für A. Kempner), von Anfang an zurückhaltend, ja wurde bald zu einem erklärten Gegner Brechts. Diese beiden Männer waren die Protagonisten in der die ganzen zwanziger Jahre hindurch andauernden, zum Teil sehr heftig geführten Auseinandersetzung um Brechts Dichtung, insbesondere um deren neue dramatische Form.

Bereits ein Jahr vorher, im Septemberheft 1921 des ›Neuen Merkur‹, erschien die erste bedeutende Erzählung von Brecht: »*Bargan läßt es sein. Eine Flibustiergeschichte*«. Die unerklärliche Verfallenheit eines Piratenkapitäns an einen widerlichen Kerl, die schließlich seinen Untergang hervorruft, steht hier als exotisches Gleichnis für die Unsicherheit des Lebens „auf diesem Stern" (so die Worte des fiktiven Erzählers). Damit war die Reihe der bisher viel zuwenig beachteten (und auch seinerzeit schon als Nebenarbeit abgewerteten) kleinen Erzählungen und Kurzgeschichten eröffnet, die sich bis ins Jahr 1928 fortsetzte und so bereits eine Verbindung zu späteren Erzählungen herstellt, wie sie in der Sammlung »*Kalendergeschichten*« enthalten sind. Die wichtigsten Titel seien genannt: »*Eine gemeiner Kerl*« (1922, mit der Bezeichnung ‚Novelle‘), »*Tod des Cesare Malatesta*« (1924), »*Der Kinnhaken*« (1926) und »*Eine Pleite-Idee*« (1926, als ‚Groteske‘ bezeichnet und wahrscheinlich von P. G. WODEHOUSE angeregt). Mit der Kurzgeschichte »*Die Bestie*« von 1928 gewann Brecht übrigens ein Preisausschreiben der ›Berliner Illustrierten Zeitung‹, das ihm 3000 Mark einbrachte.

Noch 1921 begann der Dichter ein drittes Drama, das er vorläufig »*Im Dickicht*« nannte. Er arbeitete auch im folgenden Jahr daran. Ebenfalls 1922 verfaßte Brecht ein »*Hannibal*«-Fragment, das er im ›Berliner Börsen-Courier‹ veröffentlichte, und zusammen mit Bronnen ein fünfaktiges Filmspiel »*Robinsonade auf Assuncion*« (ursprünglich »*Die zweite Sintflut*«, gedreht unter dem Titel »*Die Insel der Tränen*«), das auch schon einen Preis einbrachte. Am 3. 11. 1922 heiratete Brecht die Schauspielerin MARIANNE JOSEPHINE ZOFF, eine Schwester des Schriftstellers OTTO ZOFF; Trauzeugen waren Lion Feuchtwanger und Brechts Studienfreund Otto Müller, genannt MÜLLER-EISERT. Dieser Ehe entstammt eine Tochter, Hanne Marianne (geb. 1923), die heute unter dem Namen HANNE HIOB eine bekannte Schauspielerin ist. Sie spielte 1959 die Rolle der Joan Dark bei der Hamburger Uraufführung der »*Heiligen Johanna der Schlachthöfe*«.

Nachdem im Dezember 1922 »*Trommeln in der Nacht*« auch in Berlin, freilich mit sehr viel weniger Erfolg, über die Bühne gegangen war, brachte das Jahr 1923 zwei weitere Brecht-Uraufführungen. Anfang Mai inszenierte man am Residenztheater München das Stück »*Im Dickicht*«, das vor allem durch die Lektüre von RIMBAUDS »Une Saison en Enfer« (in der Übertragung Karl Klammers) und den JENSENschen Roman »Das Rad« angeregt worden war. In ihm wird die absolute Isoliertheit der Menschen zu demonstrieren versucht, ihre gegenseitige Entfremdung im Dschungel der Asphaltstädte, die so groß ist, daß sie nicht einmal mehr Feindschaft zuläßt. Das nicht leicht zugängliche Stück wurde 1924, unter dem abgekürzten Titel »*Dickicht*«, auch in Berlin gegeben; FRITZ KORTNER, der ebenfalls schon sehr früh zu Brechts Freundeskreis stieß, spielte den Shlink, eine der beiden Hauptrollen. 1927 schließlich brachte das Landestheater Darmstadt eine veränderte Fassung unter dem erweiterten Titel »*Im Dickicht der Städte*«, die im selben Jahr auch in Buchform erschien. Die zweite Uraufführung des Jahres 1923 war »*Baal*«; sie fand am 8. 12. 1923 im Alten Theater Leipzig statt und entfesselte den ersten jener lärmenden Skandale, wie sie Brechts Stücke noch oft begleiten sollten.

Als Brecht, zeitweise dramaturgischer Mitarbeiter bei Otto Falckenberg, einen Regieauftrag für »Macbeth« bekam, scheute er zurück. SHAKESPEARE erschien ihm noch zu schwierig. Statt dessen wandte er sich einem anderen Dramatiker der elisabethanischen Epoche, CHRISTOPHER MARLOWE, zu und begann dessen »Edward II«, wieder mit Lion Feuchtwangers Unterstützung, zu bearbeiten. Schon am 19. 3. 1924 konnte die Uraufführung an den Münchener Kammerspielen stattfinden. Erstmals führte Brecht selber Regie (ein früherer Versuch, in Berlin Bronnens »Vatermord« zu inszenieren, war gescheitert), und offenbar zeigten sich schon damals, wenn auch zum Teil erst keimhaft, die bestimmenden Eigenheiten seiner Theaterarbeit: jene Elemente also, die er später unter die Begriffe des Epischen und der Verfremdung gefaßt hat. Selbst der neue Titel weist darauf hin; er lautet: »*Leben Eduards des Zweiten von England*«. Das kraftvoll gestaltete Drama, mit dem Brecht sich zum ersten Male an einem (von ihm freilich „aufgerauhten", d. h. metrisch frei gehandhabten) klassischen Versmaß versucht hatte, wurde noch Ende desselben Jahres von LEOPOLD JESSNER in Berlin zur Aufführung gebracht und erschien auch gleich im Druck. Es war Brechts dritte selbständige Veröffentlichung, nachdem »*Baal*« und »*Trommeln in der Nacht*« bereits 1922 vorangegangen waren.

Im Herbst 1924 verlegte Brecht dann endgültig seinen Wohnsitz nach Berlin, und zwar mietete er sich im darauffolgenden Frühjahr in der Spichernstraße 16 ein. Bis zum Jahre 1926 wirkte er nun, freilich anscheinend nicht mit übermäßigem Eifer, neben CARL ZUCKMAYER als einer der Dramaturgen an MAX REINHARDTS Deutschem Theater. In Berlin, das ihm ja nicht mehr fremd war, scheint der Dichter sich schnell und ohne Schwierigkeiten, vielmehr geradezu mit Lust eingelebt zu haben. Bald hatte er wieder eine Anzahl von Anhängern und Freunden um sich gesammelt: zu den schon bekannten Namen kamen u. a. die Brüder JOHN HEARTFIELD (dessen Photomontagen für Brecht wichtig wurden) und WIELAND HERZFELDE, ferner GEORGE GROSS, der Zeichner des »Spießerspiegels«, der Dichter KLABUND (Alfred Henschke) mit seiner Frau, der Schauspielerin CAROLA NEHER (nicht verwandt mit Brechts Jugendfreund Caspar Neher), sowie der Berufsboxer PAUL SAMSON-KÖRNER, dessen Biographie Brecht zu schreiben begann, aber nach dem dritten Kapitel nicht mehr fortführte. Auch mit GEORG KAISER und Alfred Döblin, die Brecht nicht umsonst seine beiden „unehelichen Väter" genannt haben soll, kam er des öfteren zusammen. Wichtig ist auch die Bekanntschaft mit WALTER BENJAMIN, die vom Jahr 1929 datiert; sie wurde für diesen zu einer „einschneidenden Begegnung" (vgl. BENJAMIN III, Bd 2, S. 663). ELISABETH HAUPTMANN schließlich, die dem Dichter jahrzehntelang eine treue und zuverlässige Mitarbeiterin gewesen ist, war ihm bereits Ende 1924 begegnet.

Das Jahr 1925 war hauptsächlich von der Arbeit an einem schon in München begonnenen neuen Stück, dem Lustspiel »*Mann ist Mann*«, ausgefüllt. Am 26. 9. 1926 wurde es unter der Regie von Brechts Freund JAKOB GEIS am Landestheater Darmstadt uraufgeführt. Das Thema ist bereits rein soziologisch bestimmt: es geht um den Nachweis der Funktionalität des einzelnen in der modernen Gesellschaft. Jeder, demonstriert der Dichter, hier schon unverkennbar mit den Mitteln der Parabel arbeitend, ist beliebig austauschbar und ummontierbar; ein harmloser Packer kann im Handumdrehen in eine mörderische Kriegsmaschine verwandelt werden. Auch die Sprache des Stückes weist auf eine neue Entwicklung hin: sie wirkt nüchterner und kahler, doch zugleich gedrungener und präziser; das Lyrische tritt zugunsten des Gedanklichen zurück, und ein uneigentliches, parodistisch gefärbtes Sprechen, das freilich auch schon in früheren Werken vorgebildet ist, wird häufig. Zweifellos waren dies die Symptome eines weltanschaulichen Wandels, der schon länger eingesetzt hatte und nun nach und nach sichtbar wurde. Brecht — daher wohl seine besondere Neigung für Berlin — beobachtete mit besonderem Interesse und anfänglich auch mit beträchtlicher Zustimmung den Amerikanismus der roaring twenties, seine kaltschnäuzige Sachlichkeit, seinen Sport- und Wettbewerbcharakter. Die WATSONsche Lehre des Behaviorismus, die alles Psychologisieren ablehnt und sich ganz auf die Erforschung der menschlichen Handlungsweisen beschränkt, scheint ihm zeitweilig sehr entsprochen zu haben. Sie hat jedenfalls deutliche und dauerhafte Spuren im Werk hinterlassen. Entscheidend allerdings wurde das gründliche Studium des Marxismus, das spätestens 1926 (offenbar mit dem »Kapital« von KARL MARX) begann. Brecht besuchte Abendkurse, die Vorlesungen der Berliner Arbeiterschule; er studierte die Theorien über Geld und die Manöver an den Börsen. Besonderen Einfluß übten FRITZ STERNBERG und namentlich KARL KORSCH auf ihn aus, die beide bezeichnenderweise zwar bedeutende Theoretiker des Marxismus, aber zugleich kommunistische Häretiker waren. Der Vorgang dieser planmäßigen Bewußtseinsentwicklung im marxistischen Sinne brauchte Jahre und kam erst nach 1930 zu seinem (bei Brecht freilich immer nur vorläufigen) Abschluß.

Es ist kein Zufall, daß gegen Ende 1925 Brecht eine Folge kritischer Äußerungen über die Situation des Dramas und des Theaters zu veröffentlichen anfing. Diese Äußerungen sind, wenn man die frühen Augsburger Rezensionen bereits als vollwertige Zeugnisse gelten lassen will, die ersten ihrer Art nach über vierjähriger Unterbrechung und markieren schon allein dadurch einen Einschnitt. Manches erscheint hier zwar noch unklar und widersprüchlich; vor allem fehlt das systematisch Durchdachte, das die späteren Theorien kennzeichnet. Aber die ersten Schritte zu einer kritischen Durchdringung und theoretischen Grundlegung waren damit ohne Zweifel getan. Brecht, der während dieser Jahre von zahlreichen Zeitungen und Zeitschriften (z. B. ›Berliner Börsen-Courier‹, ›Vossische Zeitung‹, ›Tagebuch‹, ›Weltbühne‹) zur Mitarbeit aufgefordert wurde, hat damals auch über eine Reihe von bekannten Dichtern und Schriftstellern teils begeisterte, teils respektlose Artikel geschrieben, die uns in sein Verhältnis zu Robert Louis Stevenson, George Bernard Shaw, Thomas Mann, Stefan George, Georg Kaiser u. a. Einblick gewähren. Äußerungen über den Film, dessen Bedeutung Brecht auf Anhieb erkannt hatte, kommen hinzu. (Wir sind inzwischen in der glücklichen Lage, diese Zeugnisse durch eine Fülle von damals ungedruckt gebliebenen, die aus dem Nachlaß veröffentlicht wurden, zu ergänzen.)

Über STEFAN GEORGE — es handelte sich um eine Rundfrage des Jahres 1928 — urteilte Brecht besonders abfällig, was ihm einen scharfen Angriff von seiten RUDOLF BORCHARDTS eintrug. Aber noch viel lauter und einmütiger war die Entrüstung, als Brecht ein Jahr vorher im Rahmen eines von der Zeitschrift ›Die literarische Welt‹ veranstalteten Lyrikpreisausschreibens alle Einsender in Bausch und Bogen ablehnte, keinem von ihnen den Preis zuerkannte und statt dessen vorschlug, ein Gedicht über einen Sechstagefahrer zu prämiieren. Damals galt Brecht in weiten Kreisen als literarischer Rüpel, Plagiator und zynischer Nihilist, dem nichts heilig sei. (Wer freilich genauer zusah, bekam einen ganz anderen Eindruck.) Einmal hatte es sogar den Anschein, als sollte er — auf Grund des angeblich blasphemischen, in Wahrheit aber sehr zarten, ja ergreifenden Gedichts »Maria« — wegen Gotteslästerung angeklagt werden. Die Anklage wurde allerdings nie erhoben.

Das Jahr 1926 brachte noch zwei wichtige Aufführungen von »Baal«. Die eine fand am 14. Februar durch die Junge Bühne Berlin statt, deren Leiter MORIZ SEELER sich von jeher entschieden für Brecht eingesetzt hatte, und rief wieder einmal einen Skandal hervor; die andere ging am 21. März über die Bühne des Wiener Theaters in der Josephstadt. HUGO VON HOFMANNSTHAL, der auch im Fall Brecht Klarsichtige und Verständnisvolle, schrieb dazu ein ironisch-anerkennendes Vorspiel. Schließlich wurde am 11. 12. 1926 noch »Die Hochzeit« (der einzige der frühen Einakter, der zu Lebzeiten Brechts über die Bretter gegangen ist) am Frankfurter Schauspielhaus uraufgeführt.

Inzwischen war Brecht auch mit ERWIN PISCATOR und dessen politischem Theater in nähere Berührung gekommen. Die Zusammenarbeit mit diesem bedeutenden Regisseur und Experimentator, der die Bühne unerhört technisierte, Filme und Projektionen in die Aufführungen einschaltete und die Vorgänge stets ins Gesellschaftlich-Historische auszuweiten versuchte, wurde — ähnlich wie die Bekanntschaft mit Korsch und Sternberg — für Brechts Entwicklung von nachhaltigem Einfluß. Das Schlagwort vom epischen Drama bzw. Theater stammt ja entweder von Piscator selber oder wurde jedenfalls von ihm zuerst populär gemacht; es fand offenbar erstmals auf

ALFONS PAQUETS Drama »Fahnen« von 1924 Anwendung (das sich allerdings in der Druckfassung von 1923, wie auch Feuchtwangers »Thomas Wendt« von 1920, noch „dramatischer Roman" nannte). Mehrfach half Brecht mit, Stücke für die Piscator-Bühne einzurichten. Am einflußreichsten für ihn selbst scheint dabei die Bearbeitung von JAROSLAV HAŠEKS Roman »Die Abenteuer des braven Soldaten Schwejk« geworden zu sein, die er 1927 zusammen mit Piscator, GASBARRA und LEO LANIA vornahm. Der Text ist im Brecht-Archiv erhalten.

Aber 1927 ist ja vor allem das Jahr der »Hauspostille«, der ersten und wohl mit Recht berühmtesten Gedichtsammlung Brechts, der keineswegs nur Dramatiker war. Schon immer stand die Lyrik, und zwar eine sehr balladeske, singbare Lyrik, die der Dichter wirkungsvoll zur Klampfe vorzutragen pflegte, gleichberechtigt neben dem dramatischen Schaffen. Viele der Gedichte, die in der »Hauspostille« (bzw. der ein Jahr früher als Privatdruck erschienenen, nahezu identischen »Taschenpostille«) gesammelt sind, gehen bis in die ersten zwanziger Jahre und noch weiter zurück. Eines von ihnen, »Das Lied von der Eisenbahntruppe vom Fort Donald«, wurde sogar schon 1916 in den ›Augsburger Neuesten Nachrichten‹ veröffentlicht. Andere freilich nahm Brecht nie in einen Sammelband auf; sie blieben, wie die umstrittenen »Augsburger Sonette«, bis vor kurzem überhaupt ungedruckt. Obwohl erst 1927 erschienen, gehört die »Hauspostille« also durchaus in die Welt des frühen Brecht; sie war nicht umsonst schon 1922 angekündigt worden. Ähnlich wie an »Baal« frappiert auch an ihr das Elementare der dichterischen Kraft, die sich zuweilen unflätig, zuweilen in höchster lyrischer Zartheit äußert. Vagantentum, ein rauschhaft-animalisches Daseins- und Naturgefühl, die Leiden der geschundenen Kreatur und eine sehr skeptisch erlebte Liebe bilden die Hauptthemen des namentlich von VILLON, Rimbaud und KIPLING inspirierten Bandes, der nach Art eines lutherischen Erbauungsbuches aufgemacht ist. Die Aufnahme beim Publikum war geteilt: Begeisterung bei einigen wenigen, Entrüstung bei vielen, namentlich den Deutschnationalen aller Spielarten. Nur KURT TUCHOLSKY, der keineswegs ein blinder Verehrer war, sagte von Brecht schon damals: „Er und Gottfried Benn scheinen mir die größten lyrischen Begabungen zu sein, die heute in Deutschland leben" (vgl. ›Die Weltbühne‹ 1928, H. 24, S. 336).

Ende des Jahres wurde die erste Ehe des Dichters in Berlin geschieden. Brecht hatte allerdings schon vor Jahren seine spätere zweite Frau, die Schauspielerin HELENE (Helli) WEIGEL, kennengelernt. Sie kam aus Wien (geb. 12. 5. 1900), war gegen den Willen ihrer Eltern zur Bühne gegangen und von 1923 bis 1926 in Berlin engagiert gewesen, zuerst am Staatstheater, dann bei Max Reinhardt am Deutschen Theater. Ihre erste Brecht-Rolle hatte sie in der Aufführung von »Baal« an der Jungen Bühne; später spielte sie die Witwe Begbick in »Mann ist Mann«, und zwar sowohl in der Rundfunkfassung des Stückes, die 1927 gesendet wurde, als auch bei der Volksbühne 1928 und in der wichtigen Berliner Aufführung von 1931. Brecht und „die Weigel", wie er seine Frau immer nannte, heirateten am 10. 4. 1929. Ihrer Verbindung entstammen zwei Kinder: ein Sohn Stefan (Steff, geb. 3. 11. 1924), der heute als Philosoph und freier Schriftsteller in New York lebt, und eine Tochter Maria Barbara (geb. 28. 10. 1930), die Schauspielerin am Berliner Ensemble ist. Helene Weigel wurde Brechts bedeutendste Interpretin; viele seiner großen Frauenrollen sind ganz offensichtlich unter ihrem Einfluß konzipiert und für sie geschrieben.

1927 erschienen mit »Mann ist Mann« und »Im Dickicht der Städte« zwei weitere Dramen im Druck. Viel wichtiger ist jedoch, daß in diesem Jahr zum erstenmal ein Werk des Dichters von KURT WEILL (geb. 1900) vertont wurde. Der Komponist, ein Schüler Ferruccio Busonis, war zwar schon zu Anfang des Jahrzehnts mit Brecht zusammengetroffen; aber erst jetzt kam es zu einer gemeinsamen Arbeit, die sich rasch ausweitete und Weill binnen weniger Jahre zum Brecht-Komponisten schlechthin werden ließ. Das Werk, das die beiden auf den sommerlichen Musikfestspielen in Baden-Baden am 17. Juli zur Uraufführung brachten, war das ‚Songspiel' »Mahagonny« (auch das »Kleine Mahagonny« genannt), eine mit Orchesterzwischenspielen versehene Zusammenstellung von Songs zumeist aus der »Hauspostille«. Es bildet die Keimzelle der nachmaligen Oper »Aufstieg und Fall der Stadt Mahagonny«.

Schon im nächsten Jahr erlebten Brecht und Weill ihren größten Triumph. Am 31. 8. 1928 nämlich fand im Berliner Theater am Schiffbauerdamm (der späteren Heimstätte des Berliner Ensembles) die Uraufführung der »Dreigroschenoper« statt (bei der u. a. Weills Frau LOTTE LENJA mitwirkte) und wurde zu einem weltweiten Erfolg. Brecht hatte hier mit sicherem Griff die von Elisabeth Hauptmann übersetzte »Beggar's Opera« des JOHN GAY aus dem Jahre 1728 bearbeitet, aktualisiert und mit eigenen und Villonschen Balladenstrophen durchsetzt; Weill hatte eine zündende, bald freche, bald parodistisch gefühlige Musik dazu geschrieben. In der *»Dreigroschenoper«* geht es sowohl um eine kritisch-satirische Sittenschilderung der Gesellschaft (die Räuberwelt soll sich als Spiegelbild der bürgerlichen Welt erweisen) wie auch um einen Angriff auf die Institution der traditionellen und, wie Brecht sagte, „kulinarischen" Oper. Ähnlich verhält es sich mit der 1930 unter einem Riesenskandal in Leipzig uraufgeführten, aber schon eher entstandenen Oper *»Aufstieg und Fall der Stadt Mahagonny«*, die am Modell eines Amüsierbetriebs für Goldgräber, bei dem man, wenn man Geld hat, „alles dürfen darf", das Wesen der spätkapitalistischen Gesellschaft zu erläutern sucht. Kunstkritik und Gesellschaftskritik stehen beidemal nebeneinander. Dies ist auch genau der Punkt, von dem Brechts erste wirklich fundierte Überlegungen zur Theorie einer neuen Theaterform ihren Ausgang nehmen.

Im Gefolge der *»Dreigroschenoper«* kam es auch zu einer lärmenden Plagiataffäre. Ausgelöst wurde sie (wie schon 1924, als es um wörtliche, aber eben als solche kenntlich gemachte Rimbaud-Zitate in dem Stück *»Im Dickicht«* ging) durch Alfred Kerr, der in einem Aufsatz erklärte, Brecht habe zahlreiche Villon-Verse unverändert aus der 1907 erschienenen und 1921 neu aufgelegten Übertragung von KARL KLAMMER (Pseudonym: K. L. Ammer) entnommen. Aber dieser hämisch lancierte Vorwurf verfehlte das Problem weitgehend, und zwar in zweierlei Hinsicht: zum einen hatte Brecht tatsächlich doch geändert, oft nur geringfügig Erscheinendes, aber dichterisch Entscheidendes; zum anderen war die Haltung des Dichters gegenüber dem vielberufenen originalen Schöpfertum, die von Anfang an „lax" gewesen war (so sein eigener Ausdruck), nun zur rückhaltlosen Bejahung eines kollektiven Schaffensvorgangs geworden. Brecht hatte ja diese Haltung schon lange praktiziert: das *»Leben Eduards des Zweiten«*, an dem Feuchtwanger mitgearbeitet hatte (um nur ein Beispiel zu nennen), war unter seinem Namen erschienen; dafür trug das Stück »Kalkutta, 4. Mai« (1926), an dem Brecht mitgearbeitet hatte, den Namen Feuchtwangers. Nur ein kurzer Vermerk deutete jeweils auf die gemeinsame Autorschaft hin. In anderen Fällen, wie bei der für Elisabeth Bergner geschriebenen Bearbeitung von DUMAS' »Kameliendame« durch FERDINAND BRUCKNER (Pseudonym für Theodor Tagger), blieb Brechts Beteiligung völlig anonym. KARL KRAUS, der in seiner ›Fackel‹ in die

Auseinandersetzung eingriff, hat denn auch Kerrs Anwürfe mit scharfem Hohn zurückgewiesen.

Bald manifestierte sich Brechts Haltung noch auf eine andere und sinnfälligere Weise: nämlich in der besonderen Form der Publikation, die er damals entwickelte. Es ist die Reihe der »Versuche«. Sie beginnt 1930, wird 1933 zwar auf über ein Jahrzehnt unterbrochen, aber nach dem Kriege wieder aufgenommen und bringt insgesamt fünfzehn grau broschierte Hefte, die, mit Nummern versehen, anfangs sogar fortlaufend paginiert waren. Anmerkungen, Fußnoten usw. machten den experimentellen, wissenschaftlichen Charakter dieser neuen Dichtung sichtbar. Das Kollektive ihres Entstehens wurde durch die gleichberechtigte Nennung aller Mitarbeiter einschließlich des Dichters (der natürlich immer den maßgeblichen Anteil hatte) mit Nachdruck betont. (Zur Kennzeichnung des „Geistes" seiner »Versuche« berief sich Brecht auf Bacon, Galilei und Descartes; vgl. BBA 158/90.)

Die äußere Epoche, die das Erscheinen der »Versuche« markiert, erwuchs aus Brechts Hinwendung zum Didaktischen. Diese hatte sich schon Jahre hindurch vorbereitet und trat 1929 mit herausfordernder Schärfe an die Öffentlichkeit. Brecht wollte jetzt „Pädagogien" schaffen; er propagierte die entschiedene Ablehnung des Kunstgenusses und bloßen Vergnügens zugunsten der Lehre. In solcher Ausschließlichkeit ließ sich der hier aufgestellte Gegensatz freilich auf die Dauer nicht halten. Der Dichter ist später von seiner extremen Ausgangsposition Schritt für Schritt zurückgewichen und hat versucht, die beiden Begriffe dialektisch zu verbinden, d. h. das Lehrhafte, das er nie mehr aufgab, als genußvoll zu definieren. So leistete Brecht einen wichtigen Beitrag zu dem alten ästhetischen Problem des „prodesse" und „delectare" (Horaz).

Im Sommer 1929 wurden auf den Musikfestspielen in Baden-Baden als erste der sogenannten Lehrstücke »Der Flug der Lindberghs« (später »Der Ozeanflug«) und »Das Badener Lehrstück vom Einverständnis« uraufgeführt. Die Musik stammte von Kurt Weill und PAUL HINDEMITH, der hier zum ersten und einzigen Male mit Brecht zusammengearbeitet hatte. Beide Stücke sind thematisch eng miteinander verwandt. Aber während das erstgenannte einen fast mythisierenden Preis auf den technischen Menschen, der die Natur überwindet, darstellt, nimmt das zweite zwar die gleiche Thematik wieder auf, verlagert das Gewicht jedoch ganz aufs Gesellschaftliche und kreist, angesichts des Todes, allein um das Einverständnis mit dem Aufgehen des

Individuums in einer namenlosen Gemeinschaft. Die schauer-lich-groteske Clownszene, die das *»Badener Lehrstück«* inmitten exerzitienhafter Strenge enthält, erregte abermals einen Brecht-Skandal: Gerhart Hauptmann, der anwesend war, zeigte sich „entsetzt", ja „wie versteinert" (so RICHTER, S. 140 bzw. 142); manche behaupten sogar, er habe entrüstet das Auditorium ver-lassen.

Gegenüber diesen Werken fällt das im Spätsommer am Theater am Schiffbauerdamm uraufgeführte, angeblich aus dem Amerikanischen übersetzte Singspiel *»Happy End«* ziemlich ab (jedenfalls was seine Bedeutung für Brechts weitere Entwick-lung anlangt). Mit seiner Gangster- und Heilsarmeeromantik und der von Weill geschaffenen Musik sollte es offenbar den großen Publikumserfolg der *»Dreigroschenoper«* wiederholen; aber diese Erwartungen schlugen gründlich fehl. Hinzu kam, daß Brecht — was man rasch herausfand — die Übersetzung des in Wirklichkeit von Elisabeth Hauptmann geschriebenen Stückes nur fingiert hatte und zweifellos doch in stärkerem Maße daran beteiligt war, als der Programmzettel verriet. Mehr Erfolg hatte anscheinend das im Rundfunk gesendete *»Berliner Requiem«*, eine Reihe von Gedichten Brechts in der Vertonung von Kurt Weill.

1929 begann Brecht, das Motiv der Heilsarmee wieder auf-nehmend, mit der Arbeit an einem seiner bedeutendsten Stücke, der *»Heiligen Johanna der Schlachthöfe«*. Als sehr ähnlich in Form und Thematik erweist sich das Fragment *»Der Brotla-den«*, das im selben Jahr entstanden ist, aber erst postum teilweise veröffentlicht und am 13. 4. 1967 in einer Bearbeitung des Berliner Ensembles uraufgeführt wurde. Weitere Bruch-stücke bzw. Entwürfe, die in diesen Zusammenhang gehören, sind: *»Aus nichts wird nichts«*, *»Dan Drew«* (1925) und *»Joe Fleischhacker in Chicago«* (1926), das Piscator unter dem Titel *»Weizen«* inszenieren wollte. Auf ihre innere Verwandt-schaft weisen schon die Überschriften, wobei es für die Konti-nuität des Brechtschen Schaffens aufschlußreich ist, daß bereits 1924 die Gestalt eines Mortimer Fleischhacker begegnet (Mor-timer heißt ja der Gegenspieler des Königs in *»Leben Eduards des Zweiten von England«*). Dagegen gehört das in den *»Ver-suchen«* veröffentlichte Fragment *»Untergang des Egoisten Jo-hann Fatzer«* mehr in die Umgebung der beiden Lehrstücke von Baden-Baden.

Ein drittes Lehrstück, *»Der Jasager«*, entstand ebenfalls 1929. Es folgt sehr eng dem von ARTHUR WALEY ins Englische übertragene Stück »Taniko«, einem japanischen Nō-Drama aus dem 15. Jh., das die Opferung eines Knaben für das Wohl der Gemeinschaft behandelt. Das Stück, das die Bezeichnung ‚Schuloper‘ trägt, wurde von Weill vertont und von ihm und Brecht 1930 in Berlin zur Uraufführung gebracht. Nach Diskussionen mit Schülern veränderte der Dichter den »Jasager« und fügte ihm als dialektisches Gegenstück einen »Neinsager« an, wo nun mit dem überholten Brauch der Opferung gebrochen wird. Das Werk wurde dann 1930 mehrfach gedruckt und findet sich in seiner endgültigen Gestalt im Heft 4 der »Versuche«, die in den nächsten Jahren alle Neuveröffentlichungen Brechts aufnehmen sollten; nur eine frühe Fassung von »Aufstieg und Fall der Stadt Mahagonny« war 1929 noch selbständig im Druck erschienen.

Dasselbe Problem der Opferung des Einzelnen im Interesse der Gemeinschaft, das »Der Jasager« in weitgehender Abstraktheit behandelt, erfährt in dem Lehrstück »Die Maßnahme«, das als nächstes Werk herauskam, seine Konkretisierung an einem Stoff aus der unmittelbaren Gegenwart. HANNS EISLER, ein Schüler Arnold Schönbergs, schrieb die Musik; es war das erstemal, daß er mit Brecht an einem größeren Projekt zusammenarbeitete. (Der Beginn ihrer gemeinsamen Arbeiten datiert von 1928; vgl. EISLER 207.) Da das Stück nicht in das Programm der ›Neuen Musik Berlin‹ aufgenommen wurde, für die es bestimmt gewesen war — die Auseinandersetzung darüber führte zum endgültigen Bruch mit Hindemith —, besorgte der Arbeiterchor Groß-Berlin die Uraufführung, die am 10. 12. 1930 unter Mitwirkung der beiden bedeutendsten Darsteller des späteren ›Berliner Ensembles‹, ERNST BUSCH und HELENE WEIGEL, im Großen Schauspielhaus stattfand. »Die Maßnahme« gestaltet den tragischen Zwiespalt zwischen unmittelbarer Hilfe für den Nächsten und endgültiger Abhilfe für alle, an dem ein junger kommunistischer Agitator scheitert; es ist eine Art Oratorium (wie alle Lehrstücke mit Musik) und von düsterer Monumentalität. Mit ihm bekannte Brecht sich zum erstenmal öffentlich und uneingeschränkt zur Weltanschauung des Kommunismus. Man hat behauptet, daß der Dichter in diesem Jahr auch selber Mitglied der kommunistischen Partei geworden sei; dies trifft jedoch nicht zu. Brecht hat es auch 1947 bei dem Verhör in Washington mit aller Entschiedenheit verneint.

Der Dichter, der (wie schon früher) seinen Sommerurlaub in dem kleinen französischen Ort Le Lavandou am Mittelmeer verbracht und sich anschließend in einem Münchener Sanatorium aufgehalten hatte, schrieb 1930 noch ein weiteres Lehrstück. Es trägt den Titel »*Die Ausnahme und die Regel*« und zeigt mit bitterer Ironie, wie in einer Gesellschaft, wo die böse Tat die Regel ist, die gute nicht in Rechnung gestellt zu werden braucht; geschieht diese gute Tat (um die Brechts Denken und Schaffen so häufig kreiste) dennoch, so muß sie notwendig mißverstanden, das Mißverständnis aber, auch wenn es tödliche Folgen hatte, ohne weiteres entschuldigt werden. Das Stück kam damals nicht an die Öffentlichkeit. Es erschien erst 1937 im Druck; uraufgeführt wurde es nach den bisherigen Ermittlungen 1938 in Palästina.

Lebhaften Widerhall in der Öffentlichkeit hingegen fand der sogenannte ›Dreigroschenprozeß‹, den Brecht und Weill gegen die Nero-Filmgesellschaft, die ihnen die Filmrechte für 40 000 Mark abgekauft hatte, anstrengten. Wegen Brechts Änderungsvorschlägen, die das gesellschaftskritische Moment wesentlich verschärfen sollten, war es zum Streit gekommen. Aber während der Klage Weills stattgegeben wurde, wies das Gericht die des Dichters ab. Trotzdem wertete Brecht den verlorenen Prozeß (der ihn übrigens finanziell keineswegs schädigte) durchaus positiv: nämlich als gelungenes „soziologisches Experiment", wie er in seiner ausführlichen Darstellung in den »*Versuchen*« sagt. Er druckte dort auch seinen Drehbuchentwurf ab, der »*Die Beule*« überschrieben ist. Der Film selber wurde nun ohne Brechts Mitwirkung von G. W. PABST in zwei Fassungen (deutsch und französisch) gedreht und brachte, als er 1931 anlief, einen großen Erfolg. An einem anderen Film allerdings, der, unter Berliner Arbeitern spielend, nun wirklich sozialkritisch war, wirkte Brecht maßgeblich mit. Sein Titel ist »*Kuhle Wampe*«. Brecht schrieb, zusammen mit ERNST OTTWALT, das Drehbuch; die Musik komponierte Hanns Eisler; Regie führte ein junger Freund und Mitarbeiter des Dichters, der Bulgare SLATAN DUDOW. Der Streifen hatte Schwierigkeiten mit der Zensur, wurde aber dann doch, wenn auch mit einigen Kürzungen, freigegeben. Er lief am 30. 5. 1932 in Berlin an, nachdem er schon vorher im Beisein von Brecht, Dudow und Helene Weigel in Moskau gezeigt worden war.

Brechts Filmarbeit beschränkt sich indes nicht auf diese beiden Werke. »*Die Beule*« wurde zwar, als gedrucktes Exposé eines Dreigroschenfilms, am bekanntesten, und »*Kuhle Wampe*« war überhaupt der erste und einzige Film, an dem der Dichter „von Anfang an und in jeder Phase mitarbeiten konnte" (W. Gersch). Doch daneben entstanden — auch von der »*Ro-*

binsonade auf Assuncion« abgesehen, an der wohl ohnehin Bronnen den Hauptanteil hatte — bereits in den frühen zwanziger Jahren drei große Stummfilmdrehbücher. Sie lassen sich nicht mit völliger Sicherheit datieren, fallen aber vermutlich alle ins Jahr 1921. *»Drei im Turm«* verrät Einflüsse von STRINDBERGS »Totentanz«, während *»Der Brillantenfresser«* von HEBBELS »Diamant« angeregt sein dürfte. Der letzte, vielleicht erst 1922 abgeschlossene der drei Texte ist *»Das Mysterium der Jamaika-Bar«*. Man kann diese Drehbücher mit W. Gersch als eine ironisch-groteske Umwertung des Trivialgenres charakterisieren und wird auch schon, gerade bei der das Gestische betonenden Erzählweise des Stummfilms, Zusammenhänge mit dem Behaviorismus erwägen müssen. Allgemein gilt, daß Brecht, ein leidenschaftlicher Kinobesucher, nicht nur ein guter Kenner der Filmgeschichte war, sondern auch frühzeitig das Eigenrecht und den Nutzwert des Films erkannt hat. Der Dichter stand dem Film, den er als selbständige Kunstform empfand, nicht herablassend, sondern positiv kritisch gegenüber.

Das Jahr 1931 brachte (sieht man von einer Bearbeitung des SHAKESPEARESchen »Hamlet« für den Rundfunk ab) keine neuen Stücke, wohl aber zwei bedeutsame Berliner Aufführungen. Anfang Februar inszenierte Brecht, zusammen mit ERNST LEGAL, am Staatstheater eine Neufassung seines *»Mann ist Mann«* mit PETER LORRE in der Hauptrolle; hier wurde die Theorie des epischen Theaters bereits mit voller Bewußtheit in die Praxis umgesetzt. Im Dezember kam, unter der Regie von Brecht und Neher, im Theater am Kurfürstendamm die Oper *»Aufstieg und Fall der Stadt Mahagonny«* heraus. Im übrigen arbeitete der Dichter an einer Dramatisierung des Romans »Die Mutter« von MAXIM GORKI, die er bereits 1930 begonnen hatte; sie wurde im Januar 1932 mit Helene Weigel in der Titelrolle uraufgeführt, und zwar im Berliner Komödienhaus. Im Gegensatz zu Gorki, dessen Roman ja schon 1907 erschien, führt Brecht die Handlung bis zur Oktoberrevolution von 1917 weiter und gewinnt dadurch eine viel größere historische Zwangsläufigkeit und Schlagkraft. Auch *»Die Mutter«*, in der die Entwicklung einer russischen Arbeiterfrau zur Revolutionärin geschildert wird, ist ein Lehrstück. Freilich erfordert es, wie Brecht selbst anmerkt, Schauspieler und weicht insofern vom reinen Typus ab; denn die Lehrstücke sollen ja, darin dem humanistischen Schuldrama des 16. und 17. Jh.s verwandt, in erster Linie für die Aufführenden selber lehrreich sein.

Neben den Dramen veröffentlichte Brecht in den *»Versuchen«*

verschiedene kleinere, aber nicht minder wichtige Werke. Vor allem fanden die Theorien, als Anmerkungen namentlich zur *Dreigroschenoper* und zu *Mahagonny* geschrieben, ihre erste grundsätzliche Formulierung. Aber auch eine neue, jedoch wenig umfangreiche Lyriksammlung erschien innerhalb der *Versuche*: *Aus dem Lesebuch für Städtebewohner*. In ihren reimlosen Versen mit unregelmäßigen Rhythmen (wie Brecht sich später ausdrückte) ist die wuchernde, strotzende Sprachkraft der frühen Gedichte durch äußerste Disziplin, Prägnanz und eine trockene Sachlichkeit ersetzt, aber zugleich aufgewogen. Erstmals tauchen auch schon *Geschichten vom Herrn Keuner* auf, jener seltsam fernöstlich anmutenden Gestalt des dialektischen Weisen, der ihr Dichter so viel Persönliches in den Mund gelegt hat. Sogar ein Kinderbuch, *Die drei Soldaten*, enthalten die *Versuche*. Es ist von GEORGE GROSZ mit Zeichnungen versehen und soll — ein Satz, der über Brechts Gesamtwerk stehen könnte — die Kinder dazu veranlassen, Fragen zu stellen.

Die heilige Johanna der Schlachthöfe, die bereits 1930 abgeschlossen vorlag, gelangte nicht mehr auf die Bühne; nur eine stark gekürzte Hörspielfassung wurde Anfang 1932 noch von Radio Berlin gesendet. Seine Uraufführung erlebte das Stück erst nahezu drei Jahrzehnte später, nämlich am 30. 4. 1959, unter GUSTAV GRÜNDGENS in Hamburg. Jeanne d'Arc (ein Stoff, der den Dichter tief beschäftigt haben muß, so daß er immer wieder zu ihm zurückkehrte) heißt bei Brecht Joan Dark und ist ein Heilsarmeemädchen, das versucht, mit den Börsenjobbern von Chicago den Kampf um das Los der ausgesperrten Schlachthofarbeiter aufzunehmen. Selbstverständlich verliert auch die moderne Johanna ihren Kampf; aber im Untergang kommt sie zu der entscheidenden Erkenntnis: „Es helfen nur Menschen, wo Menschen sind." Sterbend will sie dieses neue Wissen nun anstelle des Gottesworts verkünden, doch der opernhafte Lärm ihrer „Kanonisierung" übertönt, was sie ruft. Brecht verwendete hier in ausgedehntem Maße parodistische Züge und uneigentliches Sprechen; das Drama ist in seiner Gesamtheit vielfach an SCHILLERS *Jungfrau von Orleans*, in seinem Finale deutlich an den Schlußszenen von GOETHES *Faust II* modelliert.

Inzwischen kam das Jahr 1933 heran, und Hitler rüstete sich, die Macht zu ergreifen. Die Zeichen mehrten sich auch für Brecht: seine *Heilige Johanna*, die am Landestheater Darmstadt aufgeführt werden sollte, wurde von den Stadtverordneten abgelehnt, und im Januar 1933 unterbrach die Polizei in Erfurt eine Aufführung der »Maßnahme«. Am 27. 2. 1933 brannte der Reichstag. Brecht, der diese Zeichen wohl zu deuten wußte, verließ am Tag danach mit seiner Frau Deutschland; die Kinder folgten kurz darauf.

Biographisches. — *Selbstzeugnisse:* ST I; TH I, II; LK I; PG I; WA XV, XVII, XVIII, XX; BAAL II 96; Briefe bzw. Briefauszüge an A. Bronnen: BRONNEN I 108, 117, II 53, 85, 93, 112 p., ‚Briefe der Expressionisten‘, hrsg. K. Edschmid (1964) 49; Brief an Efraim Frisch: ‚Konstellationen. Deutsche Prosa von 1914—1924. Erzählungen aus dem ›Neuen Merkur‹, hrsg. G. Stern (1968) 132 [Teildruck]; Briefe bzw. Briefauszüge an Ernst Hardt: Schiller-Jb. 12 (1968) 112, ‚Gestalten u. Begegnungen. Deutsche Literatur seit dem Ausgang des 19. Jh.s. Sonderausstellung im Schiller-Nationalmuseum‘ [Katalog] (1964) 37; Briefe an H. Jhering: SuF 10 (1958) 30, ‚Deutsche Briefe des 20. Jh.s‘, hrsg. W. Heynen (1962) 108; Briefe an Dora Mannheim: Die Zeit 19. 8. 66, Frankf. Neue Presse 3. 2. 68, Luzerner Tagbl. 9. 2. 68; Briefe an H. O. Münsterer: MÜNSTERER 156, 175; Brief an Hellmut Schlien: NEUE ZEIT 24; [Brief:] ‚25 Jahre Frankfurter Schauspielhaus‘ (1927) 86; [Billett an Rudolf Forster:] R. Forster: ‚Das Spiel mein Leben‘ (1967) 330 u. Faksimile vor 169; ‚Bertolt Brecht — Caspar Neher‘ [Ausstellungskatalog] (1963) 5 [Tagebuchnotiz; vgl. ferner DICKICHT, EDUARD, JASAGER/NEINSAGER sowie den Materialien-Bd. ‚Mutter‘ (s. u.)].
Literatur: ANDERS 33; anon: Uhu 6 (29) 2, 62; AUFRICHT 60, 91; Aufricht: Melos 33 (66) 359; Bahr: ABB 51 (67) 65; BENJAMIN III Bd 2, 518 p.; R. Borchardt: Prosa I (57) 493; BRONNEN I 97, 158 p., II 5; A. Bronnen: Begegnungen mit Schauspielern. Zwanzig Porträts (67) 83, ERINNERUNGEN 29; CARLSSON 295; Deutsch: Sonntag 4 (67) 10; EISLER 156; Eisler: ERINNERUNGEN 126, SF/2 439; Eisner: EUROPE 111; Erdmann: Filmtechnik [Halle] 6 (31) 26, 7; ESSLIN I 9; EWEN 143, 182; Expressionismus. Aufzeichnungen u. Erinnerungen der Zeitgenossen, hrsg. P. Raabe (65) p.; FASSMANN 26; FEUCHTWANGER I Bd 1, 169, 177, 289, 303, 318, 372, 422, 469, 500, 553 p., Bd 2, 51, 124, 134, 265, 333 [BB = Kaspar Pröckl], II 556; Feuchtwanger: Weltbühne 24 (28) 372, SF/2 103, ERINNERUNGEN 11; G. FISCHER 244; R. Fischer: Stalin and German Communism (Cambridge/Mass. 48) p.; FLEISSER 7; Fleisser: Akzente 13 (66) 239; GINSBERG 144 p.; O. M. Graf: Gelächter von außen. Aus meinem Leben 1918—1933 (66) 152; Guillemin: ERINNERUNGEN 43; HAAS I p., II 133, 168; Haas: Magnum 26 (59) 31; Hasenfratz: Frankf. Neue Presse 3. 2. 68; Hauptmann: SF/2 241, ERINNERUNGEN 49, Das Magazin 13 (66) 8, 18 p.; Hay: Schiller-Jb. 12 (68) 112; Hecht: LEBEN UND WERK 20; H. Herlinghaus: Slatan Dudow (65) 11; Herzfelde: ERINNERUNGEN 129; HÖGEL 28; HULTBERG p.; Jahnn: SF/2 424; JHERING I 9, II Bd 3, 241; Jhering: SF/2 230; F. Jung: Der Weg nach unten.

Aufzeichnungen aus einer großen Zeit (61) 352; KÄCHELE 10; KANTO-
ROWICZ Bd 1, p.; H. Graf Kessler: Tagebücher 1918—1937 (61) 577,
Merkur 15 (61) 650; KESTEN 279, 299; KESTING I 35; KORTNER 384,
414 p.; Kortner: Chronik (63) 42; E. Krull: Herbert Jhering (64) 19;
Lenya: DREIGROSCHENBUCH 220, ERINNERUNGEN 53; [Lenya:] BB:
The Threepenny Opera (New York 64) V; N. Lunačarskaja-Rozenel':
Pamjat' serdca (Moskau 62) 153, ABB 4 (62) 1; T. Mann: Die For-
derung des Tages. Reden u. Aufsätze aus den Jahren 1925—1929 (30)
403; MARCUSE 131 p.; MAYER III 93, IV 24; Mayer: SuF 10 (58)
276; Melchinger: Universitas 23 (68) 589; W. MITTENZWEI I 7; MÜN-
STERER 7; Otto: BRECHT BÜHNEN [o. S.]; W. Panofsky: Protest in
der Oper. Das provokative Musiktheater der zwanziger Jahre (66)
192; PEIXOTO 75, 144; Pelzner: Filmspiegel [Berlin] 6 (59) 8, 9;
PISCATOR Bd 1, p.; RADECKI 80; RASCH 243; Reich: SF/2 431,
ERINNERUNGEN 36, ThZ 21 (66) 14 Beilage, ABB 39 (66) 32, BZ
am Abend 13. 8. 66; RICHTER 140, 186; Rischbieter: Chronik (63)
47; H. Sahl: Die Wenigen u. die Vielen. Roman einer Zeit (59) 98
[BB = Jürgen Scharf]; F. Schlawe: Literarische Zeitschriften 1910
bis 1933 (62) p.; Schlien: NEUE ZEIT 8; SCHMIDT 40; M. Schulte:
Karl Valentin in Selbstzeugnissen u. Bilddokumenten (68) 130 p.;
SCHWITZKE 54; J. M. Spalek: Ernst Toller and His Critics. A Bibliography (Charlottesville 68) p.; STERNBERG 7; Sternberg: ABB 8
(63) 1; SUVIN 31; Tretjakow: COLLECTION 16, ERINNERUNGEN 69;
TUCHOLSKY II 194 p.; Völker: ThH 6 (65) 7, 20; R. Wagner-
Régeny: Begegnungen. Biographische Aufzeichnungen, Tagebücher u.
sein Briefwechsel mit Caspar Neher (68) 62; WEISENBORN 240, 255,
265; Weitz: Darmstädter Echo 30. 3. 63; B. E. Werner: Die Zwanziger Jahre. Von morgens bis mitternachts (62) p.; ZUCKMAYER 365,
374, 387, 390, 403, 416. — *Weitere Literaturangaben:* NUBEL 566;
SCHMIDT 157.

»*Im Dickicht der Städte*« (urspr. »Garga« bzw. »Im
Dickicht«, »Dickicht«, »Das Dickicht«): ,Der Kampf zweier Männer
in der Riesenstadt Chicago', auch ,Schaustück', ,Schauspiel', später
,Stück'. — *Entstehung:* München 1921/24. — *Uraufführung:* Resi-
denztheater München, 9. 5. 23; Regie E. Engel u. J. Geis, Bühnen-
bild C. Neher, mit O. Wernicke als Shlink u. E. Faber als Garga. —
Handschrift: vgl. RAMTHUN I 7. — *Druck:* Propyläen-Verlag, Berlin
1927; ST I; WA I; DICKICHT; POHL 64, 166 (Zitate). — *Quellen,
Vorbilder, Anregungen:* Verlaine; Rimbaud »Ein Sommer in der
Hölle«; J. V. Jensen »Das Rad«; C. Westermann »Knabenbriefe«;
Platon »Phaidon« (vgl. auch DICKICHT 145). — *Selbstzeugnisse:*
DICKICHT 117, 138, 164 (Zusammenstellung); WILLETT 72, 234 (Ar-
beitsbuchnotiz). — *Materialien:* DICKICHT. — *Literatur:* BAB 214;
Bab: G. RÜHLE 569; BAHR; Bahr: ABB 51 (67) 65; BAULAND 187;
Baumgärtner: KINDLER Bd 3, 2443; BENTLEY IV XIV; Bentley:
COLLECTION 51; BRANDT 29 p.; BRONNEN II p.; Bronsen: BLUME 348;
BRUSTEIN I 241 p.; R. Brustein: Seasons of Discontent. Dramatic

Opinions 1959—1965 (New York 65) 39; CHIUSANO 14; CLURMAN 56; DEMANGE 23; DORT I 48, II 163; K. Edschmid: Lebendiger Expressionismus. Auseinandersetzungen, Gestalten, Erinnerungen (61) 292; EKMANN 39; Emrich: Akzente 1 (54) 371; ESSLIN I p., II 365, 389; EWEN 113; GAEDE 36; Gaede: EXPRESSIONISMUS 595; GARTEN 203; Geißler: G. RÜHLE 450; Grimm: WISSENSCHAFT 377, GRM N. F. 10 (60) 448; GUERRERO 128; Hakim: Left 2 (61) 2, 59; Harrer: Neue Kritik [Frankfurt] 6 (65) 32, 42; HEIDSIECK 47 p.; HINTZE 167; [Hollo:] BB: Jungle of Cities and Other Plays (New York 66) 9; HÜFNER 207; Imamura: Doitsu Hyōgenshugi 2 (66) 121; H. Jacob: Kind meiner Zeit. Lebenserinnerungen (62) 73; Jacobs: G. RÜHLE 564; S. Jacobsohn: Jahre der Bühne. Theaterkritische Schriften (65) 240, ABB 31 (65) 49, G. RÜHLE 571; Jahnn: SF/2 424; Jenny: UMBRUCH 101; JHERING II Bd 1, 312, Bd 2, 57, 263; Jhering: G. RÜHLE 447, SuF 5 (53) 135; KÄCHELE 9; KAUFMANN II 391; KENNEY 26; Kerr: G. RÜHLE 566; H. Kindermann: Theatergeschichte Europas, Bd 8 (Salzburg 68) 604; KLOTZ I 34; Ley: GR 40 (65) 205; LÜTHY 140; LYONS 25 p.; Lyons: DS 4 (65) 121; MÜNSTERER 150, 183; PEIXOTO 51; Pfrimmer: MF 354 (65) 155; POHL 10, 81; RISCHBIETER Bd 1, 43; Rodrigues: Jornal de Letras e Artes [Lissabon] 69 (63); G. RÜHLE 446, 564; J. RÜHLE I 204; Saurel: TM 18 (62) 897; SCHÄRER 23; SCHMIDT 45 p.; SCHUMACHER I 64; Servaes: G. RÜHLE 568; SHAW 128 p.; SPALTER 165; Stolzing: G. RÜHLE 452; VIERTEL 242; Wegmann: Aufstieg [Berlin] 7 (31) 22; WEIDELI 19; Wirth: SF/2 346; Wolf: G. RÜHLE 449. — *Weitere Literaturangaben:* NUBEL 584; KOSCH 982; PETERSEN 62; SCHUMACHER I 514; DICKICHT 165.

» L e b e n   E d u a r d s   d e s   Z w e i t e n   v o n   E n g l a n d «: ‚Historie'. — *Entstehung:* München 1923/24. — *Uraufführung:* Kammerspiele München, 19. 3. 24; Regie B. Brecht, Bühnenbild C. Neher, mit E. Faber als Eduard. — *Handschrift:* vgl. RAMTHUN I 10. — *Druck:* Der neue Merkur 7 (1924) [Teildruck]; G. Kiepenheuer, Potsdam 1924; ST II; WA I. — Verschiedene Fassungen. — *Quellen, Vorbilder, Anregungen:* freie Bearbeitung von Marlowes Historie »Edward II« (unter Benutzung des englischen Originals u. der Übersetzung von A. W. Heymel [Insel-Verlag, Leipzig 1912]); Goethe »Harzreise im Winter«. — *Mitarbeiter:* L. Feuchtwanger. — *Selbstzeugnisse:* EDUARD 267 (Zusammenstellung). — *Materialien:* EDOARDO; EDUARD. — *Literatur:* anon: Film Selezione [Rom] 4 (63) 106; Beckley: GLL 15 (61/2) 274; Behrend: G. RÜHLE 508; BENJAMIN II 129; [Bentley:] BB: Edward II. A Chronicle Play (New York 66) VII, 95; Braun: G. RÜHLE 506; Bronsen: BLUME 348; Chiarini: EDOARDO IX, 235; CHIUSANO 15; DEMANGE 33; DORT I 53, II 98; DREIMANIS; EKMANN 56; EWEN 123; Faktor: G. RÜHLE 588; Fetz: Dt. Woche 9 (59) 41, 9; [Fleisser:] 50 Jahre Schauspielhaus München (51), EDUARD 264; Görne: THEATER/2 11; GRAY 43; GRIMM II 29; Grüninger: CL 21 (69) 252; HAHNLOSER 53; [Hattaway:]

Christopher Marlowe, ed. B. Morris (London 68) 95; S. Jacobsohn: Jahre der Bühne. Theaterkritische Schriften (65) 242, ABB 31 (65) 50; Jahnn: SF/2 424; Jennrich: WB/S 101; JHERING II Bd 2, 19; Jhering: G. RÜHLE 509; KÄCHELE 10; Kerr: G. RÜHLE 592; Klaar: G. RÜHLE 590; W. Krauss: Das Schauspiel meines Lebens (58) 193; Laboulle: MLR 54 (59) 214; [Leech:] Marlowe. A Collection of Critical Essays, ed. C. Leech (Englewood Cliffs 64) p.; Ley: GR 40 (65) 205; [Merchant:] Edward II, ed. M. Merchant (London 67) p.; MÜNSTERER 177, 186; PEIXOTO 59; Reich: DICKICHT 242, ER-INNERUNGEN 36, SF/2 431, ThZ 21 (66) 14 Beilage; RISCHBIETER Bd 1, 51; G. RÜHLE 506, 587; SCHÄRER 21; SCHMIDT 50; SCHULTZ 59; SCHUMACHER I 78; SPALTER 168; Svendsen: TDR 10 (66) 3, 160; Szydłowski: Dialog [Warschau] 8 (62) 112; TORBERG II Bd 1, 109; WEIDELI 24; Weisstein: MH 60 (68) 235, JEGP 69 (70) 193. — *Weitere Literaturangaben:* NUBEL 602; KOSCH 988; SCHUMACHER I 516; EDUARD 268.

» Mann ist Mann « (Vorstufe »Der dicke Mann auf der Schiffschaukel« bzw. »Galgei« u. »Klamauk«): ‚Die Verwandlung des Packers Galy Gay in den Militärbaracken von Kilkoa im Jahre neunzehnhundertfünfundzwanzig'; ‚Lustspiel' (in der Vorstufe ‚Ko-mödie'). — *Entstehung:* München u. Berlin 1924/26, aber in den Vorstufen bis 1918 zurückreichend. — *Uraufführung:* Landestheater Darmstadt, 25. 9. 26; Regie J. Geis, Bühnenbild C. Neher, mit E. Legal als Galy Gay. — Als Hörspiel: Radio Berlin, 27. 3. 27, mit H. Weigel als Begbick. — *Handschrift:* vgl. RAMTHUN I 10, 275. — *Druck:* Propyläen-Verlag, Berlin 1926; GW I; ST II; WA I; POHL 31, 36, 39, 90 (Zitate). — Verschiedene Fassungen. — *Quellen, Vorbilder, Anregungen:* Kipling; Döblin »Die drei Sprünge des Wang-lun«; wohl auch, im Sinne eines Gegenentwurfs, expressionisti-sche Wandlungsdramen wie Tollers »Wandlung«, ferner Golls Ge-dichtzyklus »Der Panamakanal« und L. Rubiners Schrift »Der Mensch in der Mitte« [?]; für die als Anhang bzw. Zwischenspiel bezeichnete Farce »Das Elefantenkalb« vor allem Klabunds »Kreide-kreis« und das Rüpelspiel aus Shakespeares »Sommernachtstraum«. — *Mitarbeiter:* E. Burri, S. Dudow, E. Hauptmann, C. Neher, B. Reich. — *Musik:* K. Weill 1931 [angeblich verloren] u. P. Dessau 1951 [4 von 8 Stücken in »Lieder und Gesänge«, 1957]. — *Selbstzeugnisse:* GW I; ST I, II; TH I, II, III, V, VI; WA XV, XVI, XVII, XVIII. — *Literatur:* ABUSCH 123; anon: G. RÜHLE 1071; BAU-LAND 189; BENJAMIN II 15 p.; BENTLEY IV XVII; [Bentley:] BB: Baal, A Man's a Man, and The Elephant Calf (New York 64) 103, 200, COLLECTION 51; K. BERGER Bd 2, 515; Bronsen: BLUME 348; R. Brustein: Seasons of Discontent. Dramatic Opinions 1959 to 1965 (New York 65) 71; Buskens: VlG 52 (68) 4, 17; CHIARINI I 173; CHIUSANO 16; CHRIST 148; CLURMAN 58; Colombo: Letture [Mailand] 12 (57) 1, 45; DEMANGE 36; Diebold: G. RÜHLE 728; DORT I 56; DUWE I Bd 2, 382, II 141, III 49; EKMANN 59; ESSLIN

28

II 366; Ewen 134; Feuchtwanger II 556; Feuchtwanger: Litera-
turkritik 516; Garten 203; Gisselbrecht: Europe 95; Gray 44;
Gregor Bd 7, 69; Guerrero 130; Hauptmann: SF/2 241; Hecht
154; Hecht: Leben und Werk 30; Heidsieck 65 p.; Hennenberg
I 85, 104; Hüfner 48; Jenny: Chronik (67) 30; Jens I 239;
Jhering I 14, II Bd 2, 230, 263, 305, Bd 3, 135; Jhering: G.
Rühle 733, 1069, 1072; Kächele 13; Kaufmann II 396; Kerr:
G. Rühle 731, 1074; [Kesting:] Das deutsche Lustspiel II, hrsg. H.
Steffen (69) 180; Klotz III 29; Klotz: Das neue Forum [Darm-
stadt] 8 (58/9) 193; Ley: GR 40 (65) 205; Lupi 84; Lüthy
141; Lyons 45 p.; Mantle: MH (71) [in Vorber.]; Müller: OL 24
(69) 182; Münsterer 166 p.; Nievers: Kindler Bd 4, 1984;
Peixoto 67; Pfrimmer: Jacquot II 461; Pohl 90; Radecki 80;
Reich: SF/2 435, ThZ 21 (66) 14 Beilage; Rischbieter Bd 1, 46;
G. Rühle 728, 1068; J. Rühle I 206; Schärer 28; Schumacher I
100; Schumacher: NDL 4 (56) 10, 20; Shaw 131; Spalter 170;
Treiber: GuZ 3 (58) 2, 192; Weideli 30; Weigel 106; Wegmann:
Aufstieg [Berlin] 7 (31) 22; Wiese 257; Wirth: SF/2 349. — *Weitere
Literaturangaben:* Nubel 608; Kosch 988; Petersen 62; Schu-
macher I 521; Hill/Ley 59.

» Die Dreigroschenoper « (auch »Die Luden-Oper«;
urspr. »Gesindel« [nach Aufricht 64]): urspr. ‚Stück mit Musik'. —
Entstehung: Berlin 1928. — *Uraufführung:* Theater am Schiffbauerdamm Berlin, 31. 8. 28; Regie E. Engel, Bühnenbild C. Neher, mit
H. Paulsen als Macheath u. E. Ponto als Peachum. — *Rundfunkfassung:* BBC London, 8. 2. 35; Bearbeitung u. Regie C. D. Freeman. — *Handschrift:* vgl. Ramthun I 15. — *Druck:* Universal-
Edition, Wien 1929; VS III; GW I; ST III; WA II; Dreigroschenbuch (dazu Schallplatte, von BB besungen); »Songs aus der Drei-
groschenoper«, Gebr. Weiß, Berlin 1949; ›Die Musik‹ 25 (1932) Nr 2
[unterdrückte Arie der Lucy]; vgl. auch GD VI, IX; Pohl 19
(Zitat). — Verschiedene Fassungen sowie Ergänzungen bzw. Aktuali-
sierungen bei den Songs. — *Quellen, Vorbilder, Anregungen:* Gay
»Beggar's Opera«; Villons Balladen (in der Übersetzung von K.
Klammer); Kipling; Gilbert u. Sullivan »The Pirates of Penzance«
[?]; L. Feuchtwanger (für den Titel [vgl. Weisenborn 270]). —
Mitarbeiter: E. Hauptmann, K. Weill. — *Musik:* K. Weill [Klavier-
auszug: Universal-Edition, Wien 1928]. — *Verfilmung:* Nero-Film
1931; Regie G. W. Pabst, mit R. Forster (in der dt. Fassung) bzw.
A. Préjean (in der französ. Fassung) als Macheath [nicht verwende-
tes Drehbuch von Brecht: »Die Beule. Ein Dreigroschenfilm«, gedr.
VS III, TF II]. Zur Neuverfilmung vgl. »Die Dreigroschenoper 63.
Staudte u. Heckroth u. Raguse. Werkbuch zum Film«, 1964. —
Selbstzeugnisse: VS III; ST III; TH I, II, III, IV, VI, VII; LK
I, II; PG II; WA XV, XVI, XVII, XVIII, XIX, XX; Dreigro-
schenbuch 130 (Gespräch mit Giorgio Strehler). — *Literatur:*
Adorno [u. a.]: Dreigroschenbuch 183, G. Rühle 888; anon:

G. Rühle 887; Arendt: NR 61 (50) 53; Aufricht 60, 149, 275; Aufricht: Melos 33 (66) 359; Bauland 128, 177; Baumgärtner: Kindler Bd 2, 1608; E. Bentley: The Dramatic Event. An American Chronicle (London 56) 209, Varieties 60; K. Berger Bd 2, 517; Bloch II 392; Bloch: Aufbau 12 (56) 809; Borneman: SF/2 142; Brandt 17 p.; Brustein I 259 p., II 136; [Castellani:] BB: L'opera da tre soldi (Turin ⁴68) 5; Chiusano 17; H. Clurman: Lies Like Truth. Theatre Reviews and Essays (New York 58) 113; Colombo: Letture [Mailand] 12 (57) 1, 45; P. Czerny: Opernbuch (Berlin [o. J.]) 783; Dahlke 18 p.; [Daiber:] Reclams Schauspielführer (¹⁰68) 811; Demange 50; Die Dreigroschenoper 63 [s. o.]; Dort I 68, II 171; Dort: ThP 33 (59) 113, Veltro 7 (63) 2, 247; Dukore: DS 4 (65) 51; Duwe I Bd 2, 384; Eisner: CC 6 (54) 36, 33; Ekmann 85; Engberg Bd 1, 28, Bd 2, 91, 111; Ewen 166; Fechner 83; G. Fischer 246; [Formosa:] BB: La ópera de perra gorda (Barcelona 65) 27; [Fotez:] BB: Opera za tri groža (Zagreb 64) 133; Frey: EL II/4 (61) 3, 114; Gajek: Germanica Wratislaviensia 13 (69) 67; Garten 205; Gisselbrecht: Aufbau 13 (57) 571; Gorelik 391; Gorelik: Theatre Workshop 1 (37) 2, 29; Gray 45; Gregor Bd 1, 329; [Grevenius:] BB: Fem dramer (Stockholm 68) 8; Grimm II 33, III 135; Grimm: Neoph. 44 (60) 20; Großmann: Das Tagebuch 9 (28) 37, 1546; Grossvogel 42 p.; Guerrero 133; Haas I 44, II 135; Hahnloser 54; Harper: FMLS 1 (65) 191; Hartung: WZUH 8 (58/9) 665; Hecht: Leben und Werk 46, ThZ 13 (58) 5 Beilage; Hennenberg I 102; [Hennenberg:] BB: Die Dreigroschenoper (Leipzig ²68) 109; Heselhaus 321; Hüfner 7; Hunt: MH 49 (57) 273; Ivernel: Jacquot I 178; Jacobs: G. Rühle 886; Jens I 245; Jhering II Bd 2, 349, 414; Jhering: SF/2 232, Aufbau 3 (47) 339 u. 4 (48) 777, G. Rühle 881; Kächele 17; T. Kaiko: Japanische Dreigroschenoper (67); Kantorowicz Bd 1, 145, Bd 2, 504; Kanyó: Acta Universitatis Szegediensis [dt.] 2 (64) 23; Kenney 38, 108; Kery 63, 237; Kerr: G. Rühle 884; H. Graf Kessler: Tagebücher 1918—1937 (61) 569; Kjellin: Ord 48; Kotschenreuther 29; Kraus: Erinnerungen 64; Lange: Duo 5 (52) 232; Lazzari: Europe 119, GuZ 4 (57) 39; Leiser: SF/2 442; Lenssen: Worte u. Werte [Festschrift Markwardt] (61) 193; Lenya: Erinnerungen 53; [Lenya:] BB: The Threepenny Opera (New York 64) V; [Linde:] BB: Tolvskillingsoperan (Stockholm 50) 5; Luft 362; A. Lunačarskij: O teatre i dramaturgii (Moskau 58) Bd 2, 368; Lüthy 142; Mayer III 110, IV 46; Mayer: Aufbau 4 (48) 463; S. Melchinger: Sphären u. Tage. Städte, Spiele, Musik (62) 161; J. Mittenzwei 435; [Moglescu:] BB: Opera de trei parale (Bukarest 67) V; A. Müller [u. a.]: ABB 57 (68) 35; J. Müller: WZUJ 8 (58/9) 373; Muralt: Schweizer Rundschau 52 (52/3) 24; Musio: Belfagor [Turin] 12 (57) 315; T. Otto: Meine Szene (65) 67, Brecht Bühnen [o. S.]; Peixoto 83; J. Pfeiffer: Was haben wir an einem Gedicht? Drei Kapitel über Sinn u. Grenze der Dichtung (55)

48; Piccolo Teatro 200; Podszus: Akzente 1 (54) 143; Pohl 40; Quasimodo 236; Radecki 80; Riha 115; Rischbieter Bd 1, 76; Rischbieter: ThH 9 (68) 3, 26; Rotermund 157; G. Rühle 879; J. Rühle I 208; W. V. Ruttkowski: Das literarische Chanson in Deutschland (66) 151; Salomon: KR 24 (62) 542; Saxtorph: Dialog [Kopenhagen] 8 (58) 8, 18; Schärer 32; O. Schneidereit: Operettenbuch (⁷60) 511 p.; Schnetz 154; Schumacher I 218; [Senda:] BB: Die Dreigroschenoper (Tokio 61) 193; Servaes: G. Rühle 887; Sherwin: Virginia Quarterly Review 35 (59) 258; P. M. Spacks: John Gay (New York 65) p.; Spalter 173; Sternberg 21; Strehler: Bref [Paris] 35 (60) 3, Chronik (67) 138; H. Swados: A Radical's America (Boston u. Toronto 62) 184; Tolksdorf; Torberg II Bd 1, 114; Tucholsky I Bd 3, 415; [Vajda:] Studien zur Geschichte der deutsch-ungarischen literarischen Beziehungen, hrsg. L. Magon (69) 472; Weideli 36; [Weigel:] Piccolo Teatro 204; Weill: Anbruch [Wien] 1 (29) 24; Weisenborn 264; Werner: Sprachpflege 13 (64) 2, 37; Wiegler: G. Rühle 883; Willett I 240 [New Yorker Fassung von M. Blitzstein]; Williams I 191; Wirth: NDL 5 (57) 8, 121; H. C. Worbs: Welterfolge der modernen Oper (67) 56; [Zweifel:] Studi e ricerche di letteratura inglese e americana, ed. A. Lombardo (Mailand 67) 75. — *Weitere Literaturangaben:* Nubel 585; Kosch 983; Petersen 63; Schumacher I 555; Hill/Ley 59.

» D e r O z e a n f l u g « (urspr. »Der Flug der Lindberghs« oder »Der Lindberghflug«): ‚[Ein] Radiolehrstück für Knaben und Mädchen'. — *Entstehung:* Berlin 1928/29. — *Uraufführung:* Deutsche Kammermusik Baden-Baden, 27. 7. 29; Regie E. Hardt. — Rundfunksendung: Südwestdt. Rundfunk, 28. 7. 29; Westdt. Rundfunk, 29. 7. 29. — *Handschrift:* vgl. Ramthun I 19. — *Druck:* »Lindbergh. Ein Radio-Hörspiel für die Festwoche in Baden-Baden« in: ›Uhu‹ [Berlin] 5, 7 (April 1929); VS I; WA II. — Verschiedene Fassungen. — *Mitarbeiter:* E. Hauptmann, K. Weill. — *Musik:* P. Hindemith, K. Weill [Klavierauszug: Universal-Edition, Wien 1930]. — *Selbstzeugnisse:* VS I [Erst- u. Neudruck]; TH III; LK I; WA II, XV, XVIII. — *Literatur:* Chiusano 27; Demange 61; Dort I 83; Ekmann 125; Ewen 238; Hay: Schiller-Jb. 12 (68) 112; Jendreiek 55; J. Mittenzwei 441; Münsterer 76; Pohl 99; Rischbieter Bd 1, 86; J. Rühle I 214; Schärer 45; Schumacher I 297; Schwitzke 74, 93, 104 p. — *Weitere Literaturangaben:* Nubel 591, 604; Hill/Ley 59.

» H a p p y E n d «: ‚Komödie' [?]; ‚Stück mit Musik' [nach Angabe Schumachers]. — *Entstehung:* Berlin 1929. — *Uraufführung:* Theater am Schiffbauerdamm Berlin, 31. 8. 29; Regie E. Engel u. B. Brecht, Bühnenbild Caspar Neher, mit Carola Neher als Halleluja-Lilian. — *Handschrift:* vgl. Ramthun I 401. — Ungedruckt; Bühnenmanuskript bei Felix Bloch Erben, Berlin [vgl. jedoch GD II u. IX sowie die etwa 1930 entstandene Filmstory »Happy-End«; TF II]. — Verschiedene Fassungen. — *Quellen, Vorbilder, Anregun-*

gen: Anglo-amerikanische Detektiv- u. Kriminalgeschichten; Shaw [?]; fingierte Verfasserin: Dorothy Lane [Brecht schrieb das Stück später überhaupt seiner Mitarbeiterin E. Hauptmann zu u. hat nur die Verfasserschaft der Songs anerkannt]. — *Mitarbeiter:* E. Hauptmann. — *Musik:* K. Weill [Klavierauszug einzelner Songs: Universal-Edition, Wien 1929]. — *Inhaltsübersicht:* ESSLIN I 253; SCHUMACHER I 256; WILLETT 30 [dort auch weitere Angaben]. — *Literatur:* AUFRICHT 96; BENJAMIN III Bd 2, 502; EWEN 185; Hilpert: Dt. Woche 9 (59) 2, 9; JHERING II Bd 2, 422; KOTSCHENREUTHER 53; Lyon: MLN 84 (69) 802; PEIXOTO 91; RADECKI 80; Reich: ThZ 21 (66) 14 Beilage; RISCHBIETER Bd 1, 85; SCHUMACHER I 256; WEIGEL 108. — *Weitere Literaturangaben:* NUBEL 595; SCHUMACHER I 557; HILL/LEY 59.

» A u f s t i e g   u n d   F a l l   d e r   S t a d t   M a h a g o n n y «: ‚Oper' bzw. ‚epische Oper' u. ‚Sittenschilderung'. — *Entstehung:* Berlin 1928/29. — *Uraufführung:* Opernhaus Leipzig, 9. 3. 30; Regie W. Brügmann, Bühnenbild C. Neher, mit P. Beinert als Ackermann. — *Handschrift:* vgl. RAMTHUN I 20. — *Druck:* Universal-Edition, Wien 1929; VS II; GW I; ST III; WA II; vgl. auch GD IX. — Verschiedene Fassungen. — *Mitarbeiter:* E. Hauptmann, C. Neher, K. Weill. — *Musik:* K. Weill [Klavierauszug: Universal-Edition, Wien 1929]. — *Selbstzeugnisse:* VS II; ST III; TH II, III; WA XV, XVII. — *Literatur:* [d'Amico:] BB: Ascesa e rovina della città di Mahagonny (Turin [2]67) 5; AUFRICHT 124; BAUER 134; Baumgärtner: KINDLER Bd 1, 1101; BENJAMIN I Bd 2, 353; K. BERGER Bd 2, 518; Bloch: Forum 14 (67) 647; Bondy: Preuves 191 (67) 78; CHIUSANO 25; CHRIST 155; Colombo: Letture [Mailand] 12 (57) 1, 45; DEMANGE 49, 55; DORT I 75; EKMANN 106; ENGBERG Bd 1, 40, 61; EWEN 191; GAEDE 44, 100; Gaede: EXPRESSIONISMUS 595; Gisselbrecht: Aufbau 13 (57) 571; GREGOR Bd 7, 72; GROSSVOGEL 14; GUERRERO 131; GUGGENHEIMER 57; Håkanson: OB 77 (68) 582; Harrer: Neue Kritik [Frankfurt] 6 (65) 32, 42; Hartung: WZUH 8 (58/9) 669; HEIDSIECK 69; HENNENBERG I 16; Ivernel: JACQUOT I 180; F. Jung: Der Weg nach unten. Aufzeichnungen aus einer großen Zeit (61) 349; KÄCHELE 16; KOTSCHENREUTHER 25, 55; Löfgren: ORD 56; Melchinger: Chronik (64) 143; J. MITTENZWEI 438; PEIXOTO 93; A. Polgar: Ja u. Nein. Darstellungen von Darstellungen (56) 298; Rabsch: Melos 28 (61) 241; RISCHBIETER Bd 1, 69; J. RÜHLE I 210; SCHÄRER 38; SCHUMACHER I 262; SCHUMACHER: NDL 4 (56) 10, 18; SPALTER 177; WEIDELI 46; Weill: Die Musik 22 (30) März; H. C. Worbs: Welterfolge der modernen Oper (67) 68. — *Weitere Literaturangaben:* NUBEL 581; KOSCH 981; PETERSEN 63; SCHUMACHER I 599; Hartung [s. o.] 659.

Ein kurzer „Songsketch" wurde als Songspiel *» M a h a g o n n y «* (auch »Das kleine Mahagonny« genannt) am 17. 7. 27 bei den Musikfestspielen in Baden-Baden uraufgeführt; vgl. WILLETT 28.

»*Das Berliner Requiem*«, eine 1928 entstandene Vertonung von Brecht-Gedichten durch K. Weill, wurde am 22. 5. 29 vom Südwestfunk (Radio Frankfurt) uraufgeführt; vgl. WILLETT 33.

»*Das Badener Lehrstück vom Einverständnis*«. — *Entstehung:* Berlin u. Baden-Baden 1929. — *Uraufführung:* Musikfestspiele Baden-Baden, 28. 7. 29; Regie B. Brecht, mit J. Witt, T. Lingen. — Rundfunkfassung: Radio Brüssel 1934. — *Handschrift:* vgl. RAMTHUN I 21. — *Druck:* VS II; ST III; WA II. — Geringfügige Abweichungen. — *Mitarbeiter:* S. Dudow, E. Hauptmann. — *Musik:* P. Hindemith [Klavierauszug: Schott, Mainz 1928]. — *Selbstzeugnisse:* VS II; ST III, V; TH II, III, IV; LK I; WA II, XV, XVII, XVIII. — *Literatur:* Baxandall: TDR 4 (60) 4, 113; CHIUSANO 27; CHRIST 149; DEMANGE 62; DORT I 85; Eisler: SF/2 439, ERINNERUNGEN 126; EKMANN 132; W. Emrich: Polemik. Streitschriften, Pressefehden u. kritische Essays um Prinzipien, Methoden u. Maßstäbe der Literaturkritik (68) 158 p., ASPEKTE 24; EWEN 241; Hay: Schiller-Jb. 12 (68) 112; HEIDSIECK 71; LÜTHY 164; MAYER II 70; MÜNSTERER 76; PEIXOTO 104; RICHTER 140; RISCHBIETER Bd 1, 87; J. RÜHLE I 215; SCHÄRER 46; SCHUMACHER I 305. — Vgl. auch Hindemiths ,Anmerkungen' in der Ausgabe von 1928 [s. o.], auszugsweise zitiert bei Brecht, VS II; ST III. — *Weitere Literaturangaben:* NUBEL 582, 604; SCHUMACHER I 563.

»*Die heilige Johanna der Schlachthöfe*«: ,Schauspiel', später ,Stück'. — *Entstehung:* Berlin u. Le Lavandou 1929/31. — *Uraufführung:* Schauspielhaus Hamburg, 30. 4. 59; Regie G. Gründgens, Bühnenbild C. Neher, mit H. Hiob-Brecht als Johanna u. H. Schomberg als Mauler. — Rundfunkfassung: Radio Berlin, 11. 4. 32; Regie A. Braun, mit Carola Neher als Johanna u. F. Kortner als Mauler. — *Handschrift:* vgl. RAMTHUN I 23. — *Druck:* »Szene aus ,Die heilige Johanna der Schlachthöfe'«: ›Der dt. Rundfunk‹ [Berlin] 10 (1932) H. 15; VS V; GW I; ST IV; WA II; POHL 109, 111, 114 (Zitate). — Verschiedene Fassungen. — *Quellen, Vorbilder, Anregungen:* Schiller (vor allem »Die Jungfrau von Orleans«), Goethe (vor allem Schluß von »Faust II«), Hölderlin [alle zumeist parodistisch]; E. Hauptmann »Happy End« [vgl. jedoch S. 31]; U. Sinclair »Der Sumpf«; Shaw. — *Mitarbeiter:* H. Borchardt, E. Burri, E. Hauptmann. — *Musik:* P. Dessau »Lied der Schwarzen Strohhüte« (in »Lieder u. Gesänge« 1957). — *Selbstzeugnisse:* VS V; ST IV; TH II, III, VI; WA II, XV, XVII; BBA 277/62 [zitiert bei SCHUMACHER III 253]; vgl. auch den Filmplan »Die Jungfrau von Orleans« [TF II]. — *Literatur:* T. W. Adorno: Noten zur Literatur III (65) 118; Baumgärtner: KINDLER Bd 3, 1566; BENTLEY IV XXII; Bentley: COLLECTION 51; K. BERGER Bd 2, 520; BRANDT 19, 34 p.; CHIUSANO 29; CHRIST 164; Cook: The Catholic World [New York] 196 (63) 250; [Croiset:] BB: Die heilige Johanna van de slachthuizen (Amsterdam 66) 142; DEMANGE 66; [Demetz:] Die heilige Johanna (64) 9; DORT I 109; Dukore: QJS 50 (64) 136; Eickhorst: Arizona Quarterly 17 (61) 323; EKMANN 148; EWEN 260; GARTEN 209; Goodman: MEDIEVAL EPIC 219; [Grab:] BB: Saint Joan of the Stockyards (Bloomington u. London 69) 7; GRAY 52; GREGOR Bd 7, 74; GUERRERO 148; E. Gürster: Tabus unserer Zeit. Rundfunkvorträge (64) p.; Harrer: Neue Kritik [Frankfurt] 6 (65) 32, 42; Hartung: SuF 18 (66) 743; Hecht: LEBEN UND WERK 56; HENNENBERG I 385; HOLTHUSEN 34; JENDREIEK 94; JENS I 247; JHERING III 66; KÄCHELE 24; KAISER 95; KARSCH 360; KENNEY 49; Lissner: ABB 15 (64) 1, Frankf. Rundschau 14. 12. 63; E. Lothar: Ausgewählte Werke VI (68) 194; LÜTHY 176; MAYER IV 97; [Melchinger u. a.:] Spectaculum 2. Sechs moderne Theaterstücke (62) 384; J. MITTENZWEI 456; G. Müller: OL 24 (69) 182; K. MÜLLER 211; PEIXOTO 137; PETERMANN; POHL 107; PONGS I 205; PROLET 268; RISCHBIETER I 103; RÜLICKE 137; [Rülicke-Weiler:] BB: Die heilige Johanna der Schlachthöfe (66) 117, BRAUNECK 119, SuF 11 (59) 429, ThZ 16 (61) 1, 22; SCHÄRER 54; SCHULTZ 59; Schumacher: Soz. HUMANISMUS 44; H. Sierig: Narren u. Totentänzer. Eine theologische Interpretation moderner Dramatik (68) 191, 265; SPALTER 178; G. Storz: Figuren u. Prospekte. Ausblicke auf Dichter u. Mimen, Sprache u. Landschaft (63) 181, Schiller-Jb. 6 (62) 107; TORBERG II Bd 1, 113; URBANEK II 365; VIERTEL p.; Wagner: Schiller-Jb. 12 (68) 493; WEIDELI 69; WEIGEL 110, 116; WEKWERTH II 185, 193; WIESE 262. — *Weitere Literaturangaben:* NUBEL 596; KOSCH 985; SCHUMACHER I 574; PETERSEN 66.

» D e r J a s a g e r [u n d] D e r N e i n s a g e r «: ,Schulopern'. — *Entstehung:* Berlin 1929/30. — *Uraufführung:* Zentralinstitut für Erziehung u. Unterricht Berlin, 23. 6. 30; Regie B. Brecht u. K. Weill, mit O. Hopf als Lehrer. — *Handschrift:* vgl. RAMTHUN I 36. — *Druck:* »Lehrstück vom Jasager«: Die Musikpflege [Leipzig] 1 (1930) H. 1; »Der Jasager«: Kiepenheuer, Berlin 1930 [zwei verschiedene Ausgaben!]; »Der Jasager [und] Der Neinsager«: VS IV; GW II; ST IV; WA II. — *Verschiedene Fassungen:* Brecht hatte ursprünglich nur den »Jasager« in enger Anlehnung an sein Vorbild [s. u.] geschrieben; Diskussionen mit Schülern veranlaßten ihn dazu, das Stück abzuändern, ja einen Gegenentwurf, den »Neinsager«, zu schreiben, so daß nun *beide* Stücke zusammen *ein* Werk darstellen [vgl. auch Szondi: JASAGER/NEINSAGER 101]. — *Quellen, Vorbilder,* Anregungen: Das — vermutlich von Zenchiku (1405—1468) verfaßte — japanische Nō-Drama »Taniko« (»Der Wurf ins Tal«) in der englischen Übersetzung von A. Waley »The Nō Plays of Japan« [London 1921]. — *Mitarbeiter:* E. Hauptmann, K. Weill. — *Musik:* K. Weill [Klavierauszug: Universal-Edition, Wien 1930]. — *Selbstzeugnisse:* VS IV; ST IV, V; TH III; LK I; WA II, XV, XVII, XVIII; [vgl. auch S. 35]. — *Materialien:* JASAGER/NEINSAGER. — *Literatur:* anon: KINDLER Bd 3, 2833; BAULAND 129; H. Brock: Musiktheater in der Schule (60); CHIUSANO 28; DEMANGE

63; Dort I 95, II 158; Ekmann 140; Engberg Bd 1, 39, 48; Ewen 244; G. Fischer 247; Gisselbrecht: Europe 91; Guerrero 135; Hind 136 p.; Immoos: Hochland 61 (69) 84; Jones: Pacific Coast Philology 1 (66) 56; Kächele 20; Kotschenreuther 64; Krusche: Jb. der Lit. Fakultät der Univ. Okayama 29 (69) 1; Luft 20; J. Mittenzwei 442; Nellhaus: Accent [Urbana, Ill.] 7 (46) 2, 14; Nündel: DU 16 (64) 3, 54; Peixoto 106; L. C. Pronko: Theater East and West. Perspectives Toward a Total Theater (Berkeley u. Los Angeles 67) 100; Rischbieter I 92; Ryan: Aspects 93; Schärer 48; Schumacher I 329; Siebenmann: Proceedings. Pacific Northwest Conference on Foreign Languages. 18th Annual Meeting, ed. R. W. Baldner (Victoria, B. C. 67) 225; Uhse 197; Voss: DU 21 (68) 2, 54. — *Weitere Literaturangaben:* Nubel 599; Schumacher I 564; Jasager/Neinsager 80.

» D i e   M a ß n a h m e «: ,Lehrstück'. — *Entstehung:* Berlin 1929/ 30. — *Uraufführung:* Großes Schauspielhaus Berlin, 10. 12. 30; Regie S. Dudow, mit E. Busch u. H. Weigel. — *Handschrift:* vgl. Ramthun I 37. — *Druck:* VS IV [abweichender Vorabdruck unter dem Titel »Versuche 9«]; GW II; ST IV; WA II; Pohl 103 (Zitat). — Verschiedene Fassungen, wie auch aus Textzitaten bei Thieme [s. u.] ersichtlich; ein Entwurf [BBA 826/27] trägt sogar die Überschrift »Der Jasager (Konkretisierung)« [vgl. ferner W. Mittenzwei I 368 p.]. — *Mitarbeiter:* S. Dudow, H. Eisler. — *Quellen, Vorbilder, Anregungen:* Lenin »Der „Linksradikalismus", die Kinderkrankheit des Kommunismus«; vermutlich auch S. Netschajew [u. M. Bakunin] »Katechismus des Revolutionärs«. — *Musik:* H. Eisler [Klavierauszug: Universal-Edition, Wien 1931]. — *Selbstzeugnisse:* VS IV; ST IV, V; TH II, III, IV; LK I; WA II, XV, XVII, XVIII; Brief an das Studententheater in Uppsala [BBA 708/137, abgedruckt bei W. Mittenzwei I 376]; Gespräch mit Pierre Abraham: Europe 173. — *Literatur:* Abel 90 p.; H. Achternbusch: Hülle (69) o. S.; Adling: Junge Kunst 2 (58) 8, 9; Arendt 240; Arendt: NR 61 (50) 53; Bab 224; Beckmann: Zeitwende. Die neue Furche 27 (56) 855; E. Bentley: The Theatre of Commitment and Other Essays on Drama in our Society (New York 67) p., BB: The Jewish Wife and Other Short Plays (New York 65) 7; Brustein 250; Chiusano 28; Christ 151; Colombo: Letture [Mailand] 12 (57) 1, 45; Demange 64; Desuché 77; Dort I 97; Ekmann 176; Esslin I 138 p.; Ewen 248; Gisselbrecht: Aufbau 13 (57) 571; Gray 50; Grimm III 248; Grimm: Ärgernis 103, Brauneck 130, Schillemeit Bd 2, 309, ZfdPh. 78 (59) 394; Grossvogel 16; Guerrero 136; E. Gürster: Der Schriftsteller im Kreuzfeuer der Ideologien (62) 71, Tabus unserer Zeit. Rundfunkvorträge (64) 141; Hecht: Leben und Werk 64; Hinck: Dt. Literatur Bd 2, 369; Hind 135; Hoffmann: Forum 13; Immoos: Hochland 61 (69) 84; Ivernel: Jacquot I 181; Jaensch: Polemos [Basel] 5 (66) 11; Kächele 22; Kaiser 201; Kantorowicz Bd 2, 275; Kenney 55; Kipphardt: Aufbau 7 (51) 954; Kohlhase

140; G. Lukács: Schriften zur Literatursoziologie (61) 152; LÜTHY 156 p.; LYONS 68 p.; MAYER II 73; Merin: IN 5 (35) 7, 79; J. MITTENZWEI 443; W. MITTENZWEI 49; W. Mittenzwei: NDL 8 (60) 10, 90; Nievers: KINDLER Bd 4, 2191; Otto: BRECHT BÜHNEN [o. S.]; Patera: Svensk Linje [Stockholm] 15 (56) 6, 24; PEIXOTO 113; PFÜTZNER 78; Pfützner: Schriften zur Theaterwissenschaft 1 (59) 466, Junge Kunst 3 (59) 8, 19; POHL 102; PONGS I 443; PROLET 269; RASCH 257; REICH-RANICKI 12, 22; RINSER 141; RISCHBIETER Bd 1, 95; Rismondo: WuW 11 (56) 861; ROSENFELD 167; J. RÜHLE I 218; SCHÄRER 49; SCHUMACHER I 344; Schuster: PP 15 (61) 495; SPALTER 179; STERNBERG 27; Tarot: TYPOLOGIA 351; Thieme: Hochland 29 (32) 411; WEIGEL 108; WIESE 260; WILLIAMS I 195. — *Weitere Literaturangaben:* NUBEL 609; SCHUMACHER I 565; HILL/LEY 59; W. MITTENZWEI I 411; außerdem s. u. *Literatur zu einzelnen Gedichten.*

» *D i e M u t t e r* «: ‚Leben der Revolutionärin Pelagea Wlassowa aus Twer'; ‚Schauspiel' bzw. ‚im Stil der Lehrstücke geschrieben, aber Schauspieler erfordernd' [im Entwurf auch ‚Drama']. — *Entstehung:* Berlin 1931/32. — *Uraufführung:* Komödienhaus Berlin, 16. [17.?] 1. 32[1]; Regie [B. Brecht u.] E. Burri, Bühnenbild C. Neher, mit H. Weigel als Mutter [seit 12. 1. 32 jedoch schon in geschlossenen Vorstellungen am Wallner-Theater gespielt]. — *Handschrift:* vgl. RAMTHUN I 39 [der Ortsname erscheint konsequent als „Twersk"]. — *Druck:* VS VII; GW II; ST V; WA II; dazu »Bühnenfassung des Berliner Ensembles« [redigiert von J. Tenschert] Henschelverlag, Berlin 1970. — Verschiedene Fassungen [vgl. auch W. MITTENZWEI I 374]. — *Quellen, Vorbilder, Anregungen:* M. Gorkis Roman »Die Mutter«, unter Benutzung einer Dramatisierung von G. Stark u. G. Weisenborn [vgl. Zusätze wie „nach Gorki", „nach dem Gorkischen Roman", „nach dem Roman (von) Maxim Gorki(s)", „frei nach Motiven aus Gorkis Roman"]; Brecht u. Helene Weigel zufolge wurde die Bearbeitung von Gorki sogar autorisiert. — *Mitarbeiter:* S. Dudow, H. Eisler, G. Weisenborn. — *Musik:* H. Eisler (Klavierauszug: Berlin 1932[?]; teilweise auch in THEATERARBEIT). — *Verfilmung:* Filmdokumentation der Aufführung des Berliner Ensembles von 1957; Regie M. Wekwerth, in Zusammenarbeit mit dem DEFA-Studio für Wochenschau u. Dokumentarfilm; Uraufführung 7. 11. 58. — *Modell:* vgl. THEATERARBEIT 332 [Modell von 1932] sowie Materialien-Band [s. u.]. — *Selbstzeugnisse:* VS VII; ST V; TH II, III, IV, V, VI, VII; LK II; PG I; WA II, XV, XVI, XVII, XIX, XX; Brief an E. Piscator, 8. 12. 35 [abgedruckt bei Brüning (s. u.) 61]; Materialien-Band [s. u.]. — *Materialien:* »Materialien zu

---

[1] Nach Hecht [vgl. Materialien-Band] fand die öffentliche Uraufführung des Stückes am 17. 1. 1932 statt. PFÜTZNER 235 hingegen erklärt: „Aus einer Tagebucheintragung Gerhard Bienerts geht [. . .] der 16. 1. 1932 eindeutig hervor. Diese Vorstellung war auch die Pressevorstellung."

Bertolt Brechts „Die Mutter"« [zusammengestellt u. redigiert von W. Hecht] (Suhrkamp)*, Frankfurt 1969 u. (Henschelverlag)*, Berlin 1970 [fast identisch]. — *Literatur:* ADAMOV 200; Adamov: ThZ 15 (60) 10, 26; anon: G. RÜHLE 1107; AUFRICHT 126; BARTHES 143; BAULAND 130; [Baxandall:] BB: The Mother (New York 65) 9, TDR/2 69; BENJAMIN II 39; Benjamin: SF/2 235; BENTLEY III 139; K. BERGER Bd 2, 523; E. Brüning: Das amerikanische Drama der dreißiger Jahre (66) 60; CHIUSANO 30; DEMANGE 68; DESUCHÉ 68; DORT I 103; [Dreizehn Bühnentechniker erzählen:] SF/2 465; EBERT 124; EISLER 231; EKMANN 186; ENGBERG Bd 2, 43; EWEN 270, 316; Frey: EL II/6 (63) 2, 125; Garbe: THEATERARBEIT 168; B. Gascoigne: Twentieth-Century Drama (London 62) 124; Gisselbrecht: EUROPE 97 p., Aufbau 13 (57) 571; GORELIK 395; [Götting:] BB: Die Mutter (Basel 46) 9; GRAY 57; GRIMM II 56; HECHT 156; Hecht: LEBEN UND WERK 74; Heidicke: ThZ 16 (61) 3, 34; M. Y. Himelstein: Drama Was a Weapon. The Left-Wing Theatre in New York 1929—1941 (New Brunswick 63) 65 p.; HÜFNER 161; JHERING II Bd 3, 226, 241; JHERING-FETTING 88; Jhering: G. RÜHLE 1103; F. Jung: Der Weg nach unten. Aufzeichnungen aus einer großen Zeit (61) 353; KÄCHELE 27; Kerr: G. RÜHLE 1104; KERY 102; Kleinig: WZUH 8 (58/9) 219; M. Mildenberger: Film u. Projektion auf der Bühne (61/5) 226; J. MITTENZWEI 445; W. MITTENZWEI I 72; C. R. Müller: MEDIEVAL EPIC 203; K. MÜLLER 157; Nievers/Grunert: KINDLER Bd 4, 2958; [Oelsner:] H. Lauter: Der Kampf gegen den Formalismus in Kunst u. Literatur, für eine fortschrittliche dt. Kultur (51) 51; PEIXOTO 129; PFÜTZNER 82, 155; Pfützner: Schriften zur Theaterwissenschaft 1 (59) 466, Junge Kunst 2 (58) 5, 8 u. 3 (59) 8, 19, KuL 15 (67) 1320; A. Polgar: Ja u. Nein. Darstellungen von Darstellungen (56) 342, Auswahl. Prosa aus vier Jahrzehnten (68) 326, G. RÜHLE 1106; PROLET 272; Qualmann: WZUH 17 (68) 5, 135; G. Rabkin: Drama and Commitment. Politics in the American Theatre of the Thirties (Bloomington u. London 64) 62 p.; Reich: KuL 11 (63) 849; RISCHBIETER Bd 1, 117; G. RÜHLE 1102; J. RÜHLE I 238; RÜLICKE 33, 38, 131; Rülicke: SuF 10 (58) 641; SCHÄRER 64; Schönewolf: THEATERARBEIT 152; SCHRÖDER 111; Schröder: Aufbau 13 (57) 1, 88; SCHUMACHER I 381; Sternaux: G. RÜHLE 1106; THEATERARBEIT 121, 332 p.; SZONDI 98; TYNAN I 470; WEIGEL 108, 113; WILLETT 176 p.; WINTZEN 96; WIRTH II 67; Wirth: EP. THEATER 197, SF/2 356. — *Weitere Literaturangaben:* NUBEL 610; SCHUMACHER I 570; HILL/LEY 59; W. MITTENZWEI I 414; ADELMAN/ DWORKIN 67; PETERSEN 67; Materialien-Band [s. o.] 183 bzw. 200.

»*Die Ausnahme und die Regel*«: (urspr. »Wer wen?«, dann »Die Geschichte einer Reise«): ‚Lehrstück'. — *Entstehung:* Berlin 1929/30. — *Uraufführung:* Nach den bisherigen Ermittlungen Anfang August 1938 in hebräischer Sprache am palästinensischen ‚Givath Chajim'; Regie A. Wolf, Bühnenbild A. Gurevitsch, Musik N. Nissimov. — *Handschrift:* vgl. RAMTHUN I 44. —

Druck: Internationale Literatur 7 (1937) Nr 9; VS X; GW II; ST V; WA II. — Verschiedene Fassungen. — *Quellen, Vorbilder, Anregungen:* Kipling [für Song]. — *Mitarbeiter:* E. Burri, E. Hauptmann. — *Musik:* P. Dessau. — *Selbstzeugnisse:* ST V; WA XVII. — *Weitere Angaben:* Brecht plante und entwarf einen zweiten Teil, der auf einem von E. Hauptmann aus dem Französischen übersetzten chinesischen Stück »Nördliche und südliche Provinzen« [erwogene Variante »Wer wen?«] basieren sollte; vgl. RAMTHUN I 335. — *Literatur:* Adamov: ThP 17 (56) 1; Adling: DUO 12 (59) 212; anon: Arab Observer [Kairo] 193 (64) 42, BB: Regeln och undandaget / Fru Carrars gevär (Stockholm 59) 91; BAULAND 195; [Bentley:] BB: The Jewish Wife and Other Short Plays (New York 65) 7; K. BERGER Bd 2, 525; Besson: THEATERARBEIT 395; CHIUSANO 28; [Codignola:] BB: L'eccezione e la regola (Turin 60) 7; Colombo: Letture [Mailand] 12 (57) 1, 45; [Corazza:] BB: Die Ausnahme u. die Regel. Das Verhör des Lukullus (Mailand 62) 5; DEMANGE 65; DORT I 100; EKMANN 172; EWEN 255; FECHNER 11, 14; Fechner: Veltro 7 (63) 278; Formosa: Primer Acto [Madrid] 86 (67) 35; Gisselbrecht: Aufbau 13 (57) 571; GUERRERO 138; Hecht: LEBEN UND WERK 68, DUO 11 (58) 502; HENNENBERG I 304; HINTZE 224; HÜFNER 24; Juin: NDL 6 (58) 4, 150; Lazarowicz: Görres-Jb. NF 1 (60) 237; Longree: South Central Bulletin 26 (66) 4, 51; PEIXOTO 123; RISCHBIETER Bd 1, 100; Ryan: ASPECTS 92; SCHÄRER 62; SERREAU 60; SPALTER 181.

Im Exil (1933—1948)

Brecht hatte allen Grund, sich dem Machtbereich Hitlers zu entziehen. Schon 1923, bei dem mißglückten Münchener Putsch, hatte ja sein Name auf der Liste der zu Verhaftenden gestanden, sogar an prominenter fünfter Stelle. Zehn Jahre später dürfte es nicht viel anders gewesen sein. Da man Brechts Person nicht habhaft werden konnte, wandte sich die Wut in der bekannten Weise gegen seine Werke: am 10. 5. 1933 loderten seine Bücher auf dem großen Scheiterhaufen vor der Berliner Oper, fünf Jahre später erschienen sie in der Ausstellung ,Der ewige Jude'. Am 8. 6. 1935 wurde Brecht die deutsche Staatsbürgerschaft aberkannt. Offenbar war es vor allem die *»Legende vom toten Soldaten«* gewesen, die ihn von Anfang an bei den Nationalsozialisten verhaßt gemacht hatte.

Der Dichter wandte sich 1933 von Berlin zunächst nach Prag und ging dann über Wien nach Zürich. Dort hielt sich bereits eine Gruppe von Emigranten auf, unter denen sich ANNA SEGHERS, HEINRICH MANN, WALTER BENJAMIN und LEONHARD FRANK befanden. Vor allem aber traf Brecht bei dieser Gelegenheit mit KURT KLÄBER, dem ehemaligen Mitherausgeber der Zeitschrift ›Die Linkskurve‹, wieder zusammen. Kläber und dessen Frau LISA TETZNER veranlaßten den Dichter, mit seiner Familie vorläufig zu ihnen in das Dörfchen Carona am Luganer See zu ziehen.

Die nächste Station in Brechts Emigrantendasein („öfter als die Schuhe die Länder wechselnd", wie er später schrieb) war die Insel Thurö in Dänemark, wo Brecht — eingeladen von der mit Helene Weigel befreundeten Schriftstellerin KARIN MICHAELIS — Ende Juni oder Anfang Juli 1933 eintraf. Vorher, im Juni 1933, hielt sich Brecht eine Zeitlang in Paris auf. Von einem Zusammentreffen mit Feuchtwanger, ARNOLD ZWEIG, ERNST TOLLER, Heinrich und THOMAS MANN sowie dessen Sohn KLAUS in Sanary-sur-Mer (Südfrankreich) wird berichtet. In Paris wurde Brechts von Kurt Weill vertontes Ballett *»Die sieben Todsünden«* unter dem Titel *»Anna-Anna ou les Sept Péchés*

Capitaux« mit Lotte Lenja in der Hauptrolle von GEORGES BALANCHINE uraufgeführt. Dieses Werk, das die Pervertierung der Moralbegriffe in einer vom Gelderwerb beherrschten Gesellschaft darstellt, ist die letzte größere Gemeinschaftsarbeit der beiden. Auch Caspar Neher, der eigens nach Paris kam, um ein kongeniales Bühnenbild zu entwerfen, sollte von nun an auf Jahre, ja Jahrzehnte hinaus nicht mehr mit Brecht zusammenarbeiten können. Das Ballett (das einzige, das Brecht je geschrieben hat) brachte freilich weder in Paris noch in London, wo es im selben Jahr gegeben wurde, einen nennenswerten Erfolg. Im Königlichen Theater Kopenhagen mußte es 1936 gar nach der ersten Vorstellung gleich wieder abgesetzt werden: der König hatte bei der Premiere demonstrativ seine Loge verlassen.

»Die sieben Todsünden« wurde 1933 in Paris in französischer Sprache gedruckt. Dagegen erschien 1934 der Band *»Lieder, Gedichte, Chöre«* (mit Melodien von Hanns Eisler), Brechts zweites Gedichtbuch, zwar ebenfalls in Paris, jedoch in deutscher Sprache. Das gleiche gilt für den *»Dreigroschenroman«,* der 1934 im Amsterdamer Emigrantenverlag Allert de Lange herauskam (und übrigens schon 1937 von Desmond Vesey und Christopher Isherwood unter dem Titel *»A Penny for the Poor«* ins Englische übersetzt wurde). In dieser dritten Fassung des Gayschen Stoffes hat Brecht die sozialkritischen Elemente zu beißender, blutiger, in manchen Zügen an Swift gemahnender Satire verschärft. Den Höhepunkt des Romans bildet der Traum des Soldaten Fewkoombey, in dem Jesus, weil er die Armen zu falschen Hoffnungen verführt hat, angeklagt und verurteilt wird. 1934 entstand auch noch ein letztes Lehrstück, *»Die Horatier und die Kuriatier«,* das dazu dienen soll, Modellfälle des Verhaltens in wechselnden Lagen einzuüben; es wurde aber erst 1938 gedruckt.

Brecht wohnte nun seit dem Jahresende 1933 — im September hatte er einen Urlaub in Dragør bei Kopenhagen verbracht — mit seiner Familie in einem an der Küste gelegenen Bauernhaus in Skovsbostrand auf der Insel Fünen (die Eintragung im Einwohnerregister ist vom 28. 12. 1933); dänische Freunde, vor allem wohl Karin Michaelis, hatten ihm dazu verholfen. Ein alter Ziegenstall, geweißt und mit einem langen Tisch ausgestattet, diente als Arbeitsraum. Von gelegentlichen Reisen und (freilich zahlreichen) Besuchen der Freunde — insbesondere Walter Benjamins — abgesehen, lebte der Dichter hier in großer Zurückgezogenheit und widmete sich ganz seiner Arbeit. Sie galt dem Stück *»Die Rundköpfe und die Spitzköpfe«*, das am 4. 11. 1936 in Kopenhagen uraufgeführt wurde, sowie der Szenenfolge *»Furcht und Elend des Dritten Reiches«*. Beide Werke richteten sich unmittelbar gegen den Nationalsozialismus. *»Die Rundköpfe und die Spitzköpfe«* (schon 1932 in Arbeit) waren aus einer ursprünglich geplanten Bearbeitung von SHAKESPEARES »Maß für Maß« erwachsen, die Ludwig Berger in Auftrag gegeben hatte; sie versuchen, in Form einer Parabel, Hitlers Rassentheorie als kapitalistisches Manöver zu entlarven. Die Szenen aus *»Furcht und Elend des Dritten Reiches«* — der Titel schließt sich an BALZACS »Splendeur et misère des courtisanes« an — beruhen auf Zeitungsmeldungen und Augenzeugenberichten und geben den Blick hinter die großmächtige Fassade des nazistischen Staates frei: Bilder des Terrors, der Not und der Feigheit — eine „Gestentafel", wie Brecht sagte. Beidemal wirkte die Berliner Kommunistin MARGARETE (Grete) STEFFIN, die in den ersten dreißiger Jahren zur engsten Mitarbeiterin des Dichters geworden war, an der Ausgestaltung mit. Außer ihr gehörte die Dänin RUTH BERLAU, die später als Photographin die Grundlagen für die Modellbücher schuf, zu dem kleinen Kreis von Anhängern, der sich trotz der widrigen Umstände aufs neue um Brecht zu bilden begann. Auch MARTIN ANDERSEN-NEXÖ, der dänische Schriftsteller, zählte nach einiger Zeit zu diesem Kreis; seine Kindheitserinnerungen — sowie, nach einer Mitteilung Engbergs, der Roman »Die Fischer« von Hans Kirk — wurden von dem Dichter in Zusammenarbeit mit Margarete Steffin ins Deutsche übertragen. (Sie erschienen erstmals 1940 im Druck.) Nach H. H. Jacobsen übersetzte Brecht damals auch J. V. JENSENS Roman »Das Rad«.

Brechts Reisen hatten in der Regel entweder Inszenierungen seiner Werke oder Emigrantentreffen, mit denen sich meist auch antifaschistische Kundgebungen verbanden, zum Anlaß. Wir finden ihn in Paris, London (Okt./Dez. 1934), New York (Winter 1935/36) und Moskau (April/Mai 1935). Mehrmals, wie z. B. auf dem Internationalen Schriftstellerkongreß in Paris im Juni 1935, trat der Dichter dabei auch mit Reden hervor. Für ihn stand damals die politische Tätigkeit eindeutig im Vordergrund. So wurde seine wichtige Schrift *»Fünf Schwierigkeiten beim Schreiben der Wahrheit«* (1935), die zunächst (und in kürzerer Fassung) als Antwort auf eine Rundfrage verfaßt worden war, in einer Tarnausgabe unter dem Titel *»Satzungen* *des Reichsverbandes deutscher Schriftsteller«* in Hitler-Deutschland verbreitet. („Die ‚Fünf Schwierigkeiten beim Schreiben der Wahrheit' haben die Trockenheit und daher die unbegrenzte Konservierbarkeit durchaus klassischer Schriften", schrieb Benjamin am 20. 5. 1935 an Brecht.) Die politische Aktivität des Dichters manifestierte sich u. a. auch in Gedichten und Satiren, die er für den deutschen Freiheitssender verfaßte, und in zahlreichen Veröffentlichungen in den von Emigranten gegründeten Publikationsorganen. Brecht arbeitete u. a. an Klaus Manns Amsterdamer ›Sammlung‹ mit, außerdem an den Prager ›Neuen deutschen Blättern‹, dem ›Gegen-Angriff‹ und der ›Neuen Weltbühne‹ (beide zunächst ebenfalls in Prag) sowie der in Paris erscheinenden Zeitschrift ›Unsere Zeit‹. Von 1936 bis 1939 war er, zusammen mit LION FEUCHTWANGER und WILLI BREDEL, Herausgeber der Monatsschrift ›Das Wort‹ die in Moskau erschien; in ihr sowie in der Moskauer ›Internationalen Literatur‹ veröffentlichte Brecht am häufigsten.

Mit dieser Entwicklung scheint zusammenzuhängen, daß Theorie und Praxis des Theaters in diesen Jahren bei Brecht mitunter merklich auseinanderklaffen. Zwar wandte der Dichter sich bei der New Yorker Aufführung der *»Mutter«* im Nov. 1935 (wo er den bedeutenden Bühnenbildner MORDECAI GORELIK kennenlernte) durchaus gegen die Rückverwandlung seines epischen Dramas in ein naturalistisches; aber die einzelnen Szenen von *»Furcht und Elend des Dritten Reiches«* sind, für sich betrachtet, doch zweifellos von Anfang an naturalistisch-traditionell konzipiert und können nur durch die Art ihrer Zusammenstellung und Verknüpfung (ein Beispiel dafür bietet Brechts Arrangement in der amerikanischen Fassung) einigermaßen episiert werden. Vollends bei dem von John Millington Synges *»Riders to the Sea«* angeregten Einakter *»Die Gewehre der Frau Carrar«*, der, eine Episode aus dem spanischen Bürgerkrieg gestaltend, 1937 in Paris geschrieben und in deutscher Sprache mit Helene Weigel uraufgeführt wurde, gibt der Dichter das Aristotelische, auf Einfühlung in die Personen des Stückes Abzielende ganz offen zu. Auf der anderen Seite jedoch wurde zur selben Zeit, etwa in dem Aufsatz *»Vergnügungstheater oder Lehrtheater?«*, die Theorie des epischen, nicht-aristotelischen, statt auf Einfühlung auf Distanz abzielenden Theaters immer klarer und folgerichtiger entwickelt. Brecht trug sich damals sogar mit dem Gedanken, eine Gesellschaft für Theaterwissenschaft zu gründen; indem er sie ›Diderot-Gesellschaft‹ nannte (so z. B. in einer Notiz in den *»Svendborger Gedich-*

ten« von 1939), wies er auf einen bedeutenden Vorläufer seiner theatertheoretischen Überlegungen hin, dessen »Paradoxe sur le comédien« 1773/78 entstanden ist. Noch in seinem Todesjahr beschäftigte sich der Dichter, wie aus einer Mitteilung E. Leisers hervorgeht, mit diesem Plan.

Dieser Widerspruch zwischen Theatertheorie und Theaterpraxis ist offensichtlich zunächst so zu verstehen, daß Brecht Mitte der dreißiger Jahre alles den drängenden politischen Erfordernissen unterordnete: aus den Lehrstücken wurden Kampfstücke. Aber der Vorgang reicht noch tiefer. Der Dichter gab das strenge Lehrstück nicht nur deshalb auf, weil ihn der Tageskampf dazu zwang, sondern wohl auch weil er die Einseitigkeit dieser Gattung in ihrer reinen Form erkannt hatte. Dadurch daß er seine Theorie noch gründlicher durchdachte und zur gleichen Zeit eine sehr wirklichkeitsnahe Dramatik schrieb, bereitete er jene endgültige Synthese vor, der wir seine bedeutendsten Bühnenwerke verdanken.

Hinzu kam, daß Brecht bei seinem Aufenthalt in Moskau 1935 entscheidende neue Eindrücke empfing, die seine Gedanken bestätigen und erweitern mußten. Vor allem begegnete er der Welt des chinesischen Theaters, die ihn allerdings schon zu Anfang der dreißiger Jahre in Berlin, ja vermutlich noch eher beschäftigt hatte. (Elisabeth Hauptmann weist auf Brechts frühe Kenntnis der Übersetzungen des Sinologen RICHARD WILHELM hin.) In dem Schauspieler MEI LAN-FANG, der damals in Rußland gastierte, sah der Dichter jedenfalls in vollendeter Weise sein eigenes, langsam gereiftes Idealbild einer epischen, distanzierten und distanzierenden Darstellung verwirklicht[1]. Zugleich scheint er von der russischen formalistischen Literaturkritik den bereits 1917 von VIKTOR ŠKLOVSKIJ geprägten Begriff der ‚Entfremdung‘ (ostranenije) übernommen und als ‚Verfremdung‘ in sein Theoriengebäude eingefügt zu haben. Mit ihm hatte der Dichter die erlösende Formel für jenes zentrale Anliegen gefunden, das er schon längst unter der Bezeichnung ‚episch‘ propagiert und erprobt hatte; wiederum war er hier auch auf ein ästhetisches Grundproblem gestoßen, das vor ihm schon NOVALIS, SHELLEY, SCHOPENHAUER u. a. erkannt hatten und das sich letztlich bis auf PLATO zurückführen läßt. Der Aufsatz *»Verfremdungseffekte in der chinesischen Schau*

---

[1] Ob persönliche Beziehungen bestanden, muß offenbleiben. Mei Lan-fangs Biograph erwähnt Brecht jedenfalls nicht; vgl. A. C. Scott, Mei Lan-fang. Leader of the Pear Garden (Hong Kong 1959), S. 116 ff.

spielkunst« (1936) vereinigt, wie schon der Titel zeigt, erstmals die Ergebnisse der doppelten Moskauer Begegnung und wendet sie auf Brechts bisherige Überlegungen an: seine Thesen wurden in den folgenden Jahren durch den Vortrag *»Über experimentelles Theater«* (1939/40) und eine Reihe weiterer theoretischer Schriften, unter ihnen *»Die Straßenszene«* und *»Kurze Beschreibung einer neuen Technik der Schauspielkunst, die einen Verfremdungseffekt hervorbringt«* (beide 1940 entstanden), ergänzt und fanden endlich ihre krönende Formulierung im *»Kleinen Organon für das Theater«*, das 1948 erschien.

Das *»Kleine Organon«* ist freilich nur ein knapper Auszug aus einer viel umfangreicheren und anspruchsvolleren Arbeit, die leider Fragment blieb. Sie, der von den Dialogen GALILEIS angeregte *»Messingkauf«*, der nach Brechts Tod vom Berliner Ensemble bearbeitet und in einer gekürzten Fassung mit großem Erfolg auf die Bühne gebracht wurde, hätte das eigentliche theoretische Hauptwerk werden sollen. Der *»Messingkauf«* war offenbar als eine Art kanonischer Sammlung sämtlicher theoretischer Texte gedacht. Den Rahmen und die tragende Form dieses „Vierergesprächs über eine neue Art, Theater zu spielen", wie der Dichter später sagte, bilden die auf vier Nächte verteilten Diskussionen zwischen Theaterleuten und einem (marxistischen) Philosophen; doch sind verschiedene andere Formen in das Gespräch eingesprengt. „Aus einer Kritik des Theaters", erklärte Brecht zusammenfassend, „wird neues Theater. Das Ganze einstudierbar gemacht, mit Experiment und Exerzitium. In der Mitte der V-Effekt."[1]

Die Verfremdung, deren Zusammenhang mit dem Dialektischen der Dichter wiederholt bestätigt hat, ist das beherrschende Grundprinzip, auf dem nicht nur das Brechtsche Theater ruht, sondern Brechts Schaffen überhaupt. Sie wirkt in sämtlichen Bereichen „des Dramenbaus, des Bühnenbaus und der Schauspielweise". Immer ist sie zugleich ein „Kunstmittel" und eine „soziale Maßnahme"; von reiner Wissenschaftlichkeit oder gar prinzipieller Kunstfeindschaft, die man hier zu entdecken glaubte, kann keine Rede sein. Dinge, Vorgänge oder Gestalten verfremden heißt für Brecht ganz einfach, ihnen das Selbstverständliche, Bekannte, Einleuchtende zu nehmen und über sie Staunen und Neugierde zu erzeugen. Die philosophische Legitimation dafür liefert HEGEL, die künstlerische der russische For-

---

[1] V-Effekt = Verfremdungseffekt.

malismus. Brechts Notizen zum »*Messingkauf*« lassen daran keinen Zweifel. „Die Selbstverständlichkeit", lesen wir, „welche die Erfahrung im Bewußtsein angenommen hat, wird wieder aufgelöst, wenn sie durch den V-Effekt negiert und dann in eine neue Verständlichkeit verwandelt wird. Eine Schematisierung wird hier zerstört." Diese Eintragung vom 2. 8. 1940 variiert nicht nur ganz offensichtlich einen Satz aus Hegels »Phänomenologie des Geistes«, wonach das Bekannte ebendarum, weil es bekannt ist, nicht erkannt ist; sie enthält auch in nuce die Kunstlehre der russischen Formalisten. Brecht hielt die Verfremdung weder für seine Erfindung noch für sein Monopol. Selbst JOYCE, CÉZANNE oder die Dadaisten und Surrealisten benutzten, wie er nachdrücklich betont, solche Effekte. Den Ausschlag gibt jedoch stets das sozialkritische Moment. Während die Gegenstände der Dadaisten und Surrealisten nach Brecht in ihrer Fremdheit verharren, vollzieht sein eigener V-Effekt, der die Jetztzeit „historisiert", indem er sie zur merkwürdigen Begebenheit stempelt, die Negation der Negation und erzeugt so „erhöhtes Verständnis". Die Welt enthüllt sich als etwas Veränderliches, Änderbares und — im Sinne von Marx — zu Veränderndes.

Nicht nur das Theater der Chinesen, sondern überhaupt ihre und die gesamte asiatische Geistigkeit und Kultur fangen Mitte der dreißiger Jahre an, eine immer bestimmendere Rolle in Brechts Leben, Denken und Schaffen zu spielen. Am augenfälligsten manifestiert sich dies in jenem bekannten Rollbild eines chinesischen Weisen, das der Dichter zwar schon in Berlin besessen hatte, das aber erst jetzt seine eigentliche Bedeutung erlangte. Das christlich verwurzelte, doch nun von der Welt des KONFUZIUS, LAO-TSE und BUDDHA modifizierte Thema der Güte, Freundlichkeit und Hilfsbereitschaft, das übrigens schon ganz früh, nämlich am Schluß der Erzählung »*Bargan läßt es sein*«, überraschend aufgeklungen war und auch sonst vereinzelt Spuren hinterlassen hatte, gewinnt beherrschende Bedeutung; desgleichen das Problem der Überwindung der Gewalt, wie es an den späteren Figuren des Schweyk und des kleinen chinesischen Glückgottes (der im Mittelpunkt einer von Brecht und PAUL DESSAU begonnenen, aber nicht vollendeten Oper steht) besonders deutlich sichtbar wird. Fremdes und Einheimisches, philosophische Lehre und volkstümliche Weisheit fließen hier zusammen.

Themen, aber auch Formen wurden aus dem (ost)asiatischen Bereich übernommen. Schon 1933 hatte Brecht den sogenannten »*Tui-Roman*«[1] begonnen; nun begann er ein »*Buch der Wendungen*«. Beide Werke, sozialkritische bzw. sozialethische Studien und in der Art der lose verknüpften, ziemlich selbständigen Betrachtung den Keunergeschichten verwandt, lehnen sich eng an chinesische Vorbilder an. Namentlich das Werk des Sozialethikers MÊ-TI (in der 1922 erschienenen Übertragung von ALFRED FORKE) hat den Dichter nachhaltig beeinflußt. 1938 erschienen dann im ›Wort‹ sechs Gedichte aus dem Chinesischen, die Brecht frei nachgeformt hatte; seine Vorlage bildete die englische Übertragung von Arthur Waley, der ihm ja seinerzeit auch den Text des »*Jasagers*« geliefert hatte und dessen Schriften, vor allem sein Buch »The Nō Plays of Japan«, mit am Anfang dieser ganzen Entwicklung stehen. 1939 wurde die berühmte »*Legende von der Entstehung des Buches Taoteking auf dem Wege des Laotse in die Emigration*« veröffentlicht. In den »*Svendborger Gedichten*«, die Brecht ebenfalls 1939 im Londoner Malik-Verlag Wieland Herzfeldes erscheinen ließ (gedruckt wurden sie in Kopenhagen), kündigt sich auch schon die Beeinflussung im Formalen an. Die reimlosen, unregelmäßig rhythmisierten Kurzzeilen und der gedrängt-epigrammatische Bau vieler damals und später entstandenen Strophen rufen die Erinnerung etwa an die japanischen Gedichtformen des Haiku und Tanka wach. Ihre reinste Verwirklichung fand diese Art der Brechtschen Lyrik vielleicht in einigen der aus den letzten Lebensjahren des Dichters stammenden »*Buckower Elegien*« (veröffentlicht 1954).

1938 begann im Malik-Verlag (mit dem Druckort Prag) die zweite Sammelausgabe von Brechts Schriften nach den »*Versuchen*«. Sie war unter dem Titel »*Gesammelte Werke*« auf vier Bände berechnet; aber nur die beiden ersten konnten erscheinen. Der dritte Band, bereits ausgedruckt, ging beim Einmarsch von Hitlers Truppen in die Tschechoslowakei verloren; der vierte war noch nicht vorhanden[2]. Bd I dieser Ausgabe enthält »*Die Dreigroschenoper*«, »*Aufstieg und Fall der Stadt Mahagonny*«, »*Mann ist Mann*« und »*Die heilige Johanna der*

---

[1] Zusammengesetzt aus den Anfangsbuchstaben von „Telekt-uel-in", das aus in-telekt-uel(l) umgebildet ist. Mit „Tuismus" bezeichnete Brecht eine Haltung, die die gesellschaftlichen Prozesse nicht überwiegend ökonomisch, sondern intellektuell zu erklären versucht.

[2] So die Angaben des Brecht-Archivs; vgl. jedoch W. Herzfelde in MALIK, 48: „Ernst Fühmann erzählt, er hat [sic] wenige Tage vor der Besetzung in der Arbeiterbuchhandlung von Reichenberg alle vier Bände im Schaufenster gesehen."

Schlachthöfe«, Bd II *»Die Rundköpfe und die Spitzköpfe«*, *»Die Mutter«*, *»Der Jasager und Der Neinsager«*, *»Die Ausnahme und die Regel«*, *»Die Horatier und die Kuriatier«*, *»Die Maßnahme«* und *»Die Gewehre der Frau Carrar«* sowie zu allen Stücken jeweils die zugehörigen Anmerkungen. *»Die Gewehre der Frau Carrar«* und *»Die Dreigroschenoper«* erschienen 1938 im selben Verlag auch gesondert.

Während die Kriegsgefahr immer drohender heraufzog, nahm Brecht, der am 23. 4. 1939 nach Schweden übergewechselt und in Lidingö bei Stockholm untergekommen war, in London an dem Treffen ‚Schaffende Emigration' (12. Mai) teil, wo er u. a. dem Maler OSKAR KOKOSCHKA, dem Regisseur BERTHOLD VIERTEL, mit dem er schon in den frühen zwanziger Jahren zusammengearbeitet hatte, Hanns Eisler und dem Dramaturgen HEINRICH FISCHER, dem seinerzeitigen Mitdirektor des Theaters am Schiffbauerdamm, begegnete. Am 20. 5. 1939 starb der Vater des Dichters. Aber diese äußeren Ereignisse treten zurück, wenn man Brechts gleichzeitiges Schaffen betrachtet. Sein großes Schauspiel *»Leben des Galilei«*, angeblich unter dem Eindruck der Uranspaltung, die dem deutschen Physiker Otto Hahn gelungen war, konzipiert und begonnen, wurde 1938 in einer ersten Fassung fertiggestellt; *»Mutter Courage und ihre Kinder«* und das Hörspiel *»Das Verhör des Lukullus«* wurden 1939 begonnen und im selben Jahr abgeschlossen. Vor allem in *»Mutter Courage«* (von vielen als das Meisterwerk des Dichters bezeichnet) stellt sich Brechts realistisches episches Drama auf der Höhe seiner Entwicklung dar: das Lehrhafte und das Artistische sind zu einer Einheit verschmolzen. Locker gereihte Szenen, die über ein Jahrzehnt umspannen, erzählen das Schicksal der von GRIMMELSHAUSEN entlehnten Gestalt (die freilich mit ihrem Urbild kaum mehr als den Namen gemeinsam hat) und ihre immer wieder zum Scheitern verurteilten Versuche, mit dem Krieg eine profitable Partnerschaft einzugehen: an ihm, wie Brecht sagt, „ihren Schnitt" zu machen. Das Hörspiel, in einer gehobenen, aber vielfältiger Abtönung fähigen Verssprache geschrieben, zeigt den berühmten römischen Feldherrn und Schlemmer vor dem Gericht der Unterwelt, das seine guten und bösen Taten gegeneinander abwägt. Beide Stücke wurden in der Schweiz uraufgeführt: *»Lukullus«* am 12. 5. 1940 vom Radio Beromünster, *»Mutter Courage«* ein Jahr später, am 19. 4. 1941, vom Zürcher Schauspielhaus, das während des Krieges die einzige Bühne war, die Brecht in Europa noch zur Verfügung stand. LEOPOLD LINDTBERG, ein ehemaliger Schüler Piscators, hatte das Stück inszeniert; die Titelrolle spielte THERESE GIEHSE.

»*Der gute Mensch von Sezuan*«, 1938 begonnen und 1941 in Finnland fertiggestellt (aber schon vor 1930 unter dem Titel »*Die Ware Liebe*« konzipiert), ist das letzte der großen Dramen aus dem skandinavischen Exil und wohl dasjenige von Brechts Parabelstücken, in dem das Dichterische ganz ungetrübt bewahrt ist. In ihm will der Dichter den Nachweis erbringen, daß der Mensch in einer rein kapitalistischen Gesellschaft dazu gezwungen ist, in totaler Bewußtseinsspaltung zu leben, um überhaupt existieren zu können. Die Doppelfigur der guten Dirne Shen Te, die sich immer wieder in den bösen Vetter Shui Ta verwandeln muß, setzt diese These in überzeugender Weise ins Sinnfällig-Szenische um. Ebenfalls in die endenden dreißiger Jahre gehören noch einige bedeutsame Aufsätze, mit denen Brecht sich zu allgemeinen ästhetischen Problemen (vor allem in — wenn auch versteckter — Auseinandersetzung mit der Kunsttheorie des sozialistischen Realismus) äußert. Sie kreisen um »*Volkstümlichkeit und Realismus*«, wie der Titel des einen lautet (1938 entstanden, aber erst postum veröffentlicht), und wenden sich vielfach „gegen die Tendenz, der realistischen Schreibweise vom Formalen her Grenzen zu setzen". So formuliert es Brecht selber in der Vorbemerkung zu dem Aufsatz »*Weite und Vielfalt der realistischen Schreibweise*« (1938), der am Beispiel von Shelleys »The Mask of Anarchy« (1819 entstanden und von Brecht 1947 als Vorlage für sein Gedicht »*Freiheit und Democracy*« benutzt) diesen Gedanken entwickkelt. Ein dritter Aufsatz »*Über reimlose Lyrik mit unregelmäßigen Rhythmen*« (1939) nimmt im selben Zusammenhang zu metrischen Fragen Stellung, ein vierter »*Anmerkungen zum Volksstück*« (1940) wertet bereits Brecht nächstes Stück aus: »*Herr Puntila und sein Knecht Matti*«.

Der Dichter schrieb es in Finnland, wohin er am 17. 4. 1940 ausgewichen war[1], für einen Wettbewerb. Den Stoff lieferten ihm Erzählungen der finnischen (eigentlich estnischen) Schriftstellerin HELLA WUOLIJOKI, die ihn mit seiner Familie bei sich aufgenommen hatte. Auch Puntila, der Gutsbesitzer, lebt eine gespaltene Existenz; nur ist diesmal das Phänomen gewissermaßen nicht von unten, wie im »*Guten Menschen*«, sondern von oben gesehen, so daß sich das Verhältnis umkehrt: Puntila ist unmenschlich-ausbeuterisch, wenn er nüchtern, und leutselig-

---

[1] Zeitweilig wollte er auch, wie berichtet wird, durch Vermittlung von Haldor Laxness nach Island emigrieren.

menschlich, wenn er betrunken ist. Die Figur des Millionärs aus
CHARLIE CHAPLINS »City Lights« hat hier offenbar anregend
gewirkt; Brechts Interesse für die neue Kunstform des Films
und besonders für den großen amerikanischen Clown, den er
schon immer verehrt hatte und später sogar zum Freund gewann, reicht ja weit zurück. Neben der Arbeit an »Puntila« wurde in Finnland der Ausbau der Theatertheorie fortgesetzt: die
schon genannten Aufsätze »Die Straßenszene« und »Neue Technik der Schauspielkunst«, in denen die Verfremdung bzw. der
Verfremdungseffekt weitere Bedeutung erlangen, entstanden
damals; außerdem schrieb Brecht eine Reihe von »sozialkritischen Sonetten« (so seine eigene Definition) über DANTE,
SHAKESPEARE, KANT, J. M. R. LENZ, SCHILLER, GOETHE und
KLEIST sowie die Fragment gebliebenen »Flüchtlingsgespräche«,
die das Thema des »Buches der Wendungen« wieder aufnehmen,
aber nun im humoristischen Schweyk-Ton behandeln. Hintergrund der »Flüchtlingsgespräche« ist die aktuelle Situation
Brechts (wie überhaupt das Werk manches verhüllt Autobiographische enthält).

Schon im Frühjahr 1941 sah der Dichter — der zunächst auf
Hella Wuolijokis Gut Marlebaek, später in Helsinki gelebt
hatte — sich gezwungen, erneut seine Abreise zu betreiben.
Hitler bereitete seinen Angriff auf die Sowjetunion vor. Während Brecht sich um ein amerikanisches Einreisevisum bemühte,
arbeitete er hartnäckig an einem neuen Parabelstück, der Gang-
sterhistorie »Der aufhaltsame Aufstieg des Arturo Ui«. Mit
ihr, die in wenigen Wochen fertiggestellt wurde, griff Brecht
noch einmal die Thematik des Stücks »Die Rundköpfe und die
Spitzköpfe« auf: den Weg Hitlers zur Macht, den er jetzt bis
zum Jahr 1938 fortführte. Die Nazigrößen erscheinen als
Chicagoer Gangster und reden in den (von Brecht verabscheu-
ten) glatten Jamben des deutschen klassischen Dramas: durch
diese „Doppelverfremdung", wie er in seinem Arbeitsbuch
notierte, hoffte der Dichter, die Vorgänge in Deutschland in
ihrem wahren Wesen enthüllen zu können. Das Stück wurde
erst nach Brechts Tod uraufgeführt, und zwar durch seinen
Schüler PETER PALITZSCH 1958 in Stuttgart.

Am 15. 5. 1941 verließ Brecht Finnland und reiste über
Moskau, wo Margarete Steffin starb, nach Wladiwostok. Am
13. Juni schiffte er sich auf einem schwedischen Frachter ein,
der ihn nach mehrwöchiger Fahrt am 21. Juli nach San Pedro
in Kalifornien brachte. Hier fand er in Santa Monica, einem
Vorort von Los Angeles, mit seiner Familie eine Zuflucht und

bald sogar ein eigenes Heim: ein altes Haus, das billig zu haben war. Über sechs Jahre sollte der Dichter nun in den Vereinigten Staaten bleiben.

Hollywood hatte damals eine Unzahl von emigrierten deutschen Künstlern angezogen. Viele von ihnen, Schauspieler, Regisseure, Musiker und Dichter, waren von Berlin her mit Brecht bekannt oder befreundet. Seine Gabe, Menschen um sich zu versammeln, und das Bedürfnis der Emigranten, Gleichgesinnte zu treffen, wirkten zusammen, um Brecht auch in Santa Monica wieder einen Kreis von Freunden oder jedenfalls an ihm und seiner Arbeit Interessierten zu verschaffen. Folgende Namen werden u. a. genannt: FRITZ KORTNER (ihm und mehr noch der amerikanischen Journalistin DOROTHY THOMPSON verdankte Brecht vor allem die Einreise, wie Kortner schreibt), Peter Lorre und OSKAR HOMOLKA, drei Brecht-Darsteller aus den zwanziger Jahren; die Regisseure WILLIAM DIETERLE, FRITZ LANG und Berthold Viertel; Hanns Eisler und THEODOR WIESENGRUND-ADORNO; schließlich Thomas und Heinrich Mann sowie Leonhard Frank. Auch mit ARNOLD SCHÖNBERG traf der Dichter zusammen; Eisler, der ja ein Schüler des Komponisten war, vermittelte die Begegnung. Und Brechts Freundeskreis blieb keineswegs auf deutsche Emigranten beschränkt: außer CHARLIE CHAPLIN kamen im Lauf der Zeit der bedeutende Schauspieler CHARLES LAUGHTON sowie WYSTAN HUGH AUDEN (mit dem Brecht WEBSTERS »Duchess of Malfi« bearbeitete) hinzu; der junge Literaturkritiker und spätere Universitätsprofessor ERIC (RUSSELL) BENTLEY wurde zu Brechts eifrigem Propagator und übersetzte auch einige seiner Stücke. Einer seiner wichtigsten amerikanischen Freunde war FERDINAND REYHER, den er vermutlich schon 1935 in New York kennengelernt hatte, dessen Bedeutung aber bisher völlig übersehen worden ist (vgl. dazu S. 105).

Vor allem aber traf Brecht in Kalifornien LION FEUCHTWANGER, seinen alten Mitarbeiter, Förderer und Freund. 1942 machten sich die beiden wieder an eine (von Brecht angeregte) gemeinsame Arbeit, aus der Feuchtwangers Roman »Simone« und Brechts Stück *»Die Gesichte der Simone Machard«* hervorgingen. Mit ihm knüpft der Dichter noch einmal an die Thematik seiner *»Heiligen Johanna«* an. Es ist die Geschichte eines kleinen französischen Mädchens (Brecht fordert für die Rolle ausdrücklich ein Kind), in der sich die Ereignisse des Sommers 1940, als Frankreich zusammenbrach, mit dem Schicksal der Jeanne d'Arc und deren Kampf gegen die Engländer traumhaft verschränken. Die Gegenwart wird so aus der Vergangenheit erhellt. Ebenfalls in die späten zwanziger Jahre griff der Dichter mit dem Stück »*Schweyk im zweiten Weltkrieg*« zurück, das er allerdings erst 1943 zu schreiben begann und 1944 vollendete (endgültig redigiert wurde es, wie alle postum veröffentlichte Stücke, überhaupt nicht). Obwohl die Figur des Schweyk und viele Einzelheiten unmittelbar von Hašek stammen, ist unverkennbar, daß Brecht, als er das Stück verfaßte, Piscators berühmte Inszenierung von 1927 vor Augen hatte; damals war er ja unter den Bearbeitern gewesen. Weder die »*Simone Machard*« noch der »*Schweyk*« wurden zu Lebzeiten des Dichters jemals aufgeführt.

Brecht arbeitete in den folgenden Jahren, besonders 1942, verschiedentlich an Filmentwürfen für Hollywood. Unterstützt wurde er dabei u. a. von Lang, Dieterle, Kortner, Lorre, Ferdinand Reyher und Vladimir Pozner, mit dem er damals ebenfalls Freundschaft schloß. Aber nur ein einziges größeres Projekt wurde augenscheinlich verwirklicht: der von Fritz Lang mit reißerischen Effekten inszenierte Film »*Hangmen Also Die*«, der die Tötung Heydrichs in der Tschechoslowakei und den Widerstand und die Solidarität des tschechischen Volkes gegen die Unterdrücker behandelt. Ein fragmentarisches „Idealscript" dieses Films, das Brecht, in Zusammenarbeit mit JOHN WEXLEY und unter Verzicht auf die Mitwirkung Langs, gewissermaßen als Gegenentwurf zu der tatsächlich verwendeten Filmstory herstellte, schätzte der Dichter so hoch, daß er zumindest Teile davon in seine »*Versuche*« aufnehmen wollte. Leider hat es aber trotz intensiver Nachforschungen den Anschein, als sei dieser Text endgültig verschollen.

Die amerikanischen Bühnen vollends verschlossen sich Brechts Werk vorerst gänzlich. Zwar spielten in New York emigrierte Schauspieler unter Viertels Regie ein paar Szenen aus »*Furcht und Elend des Dritten Reiches*«, aber diese Teilaufführung — noch vor dem Krieg waren in Paris erstmals sieben Szenen unter dem Titel »*99 %*« uraufgeführt worden — erfolgte in deutscher Sprache. Mehrere Jahre mußten noch vergehen, bis im Sommer 1945 jene beiden Inszenierungen stattfinden konnten, die man als die eigentliche Uraufführung ansprechen darf. Sie liefen unter dem Titel »*The Private Life of the Master Race*« und umfaßten siebzehn von Bentley übersetzte Szenen. Mit ihnen gelangte Brecht in San Francisco und — was noch wichtiger war — in New York auf die Bühne; aber der Erfolg blieb gleichwohl gering.

Dafür brachte das Zürcher Schauspielhaus 1943 zwei richtige Uraufführungen: am 4. Febr. den »*Guten Menschen von Sezuan*«, am 9. Sept. das »*Leben des Galilei*«, beides unter der Regie von LEON(H)ARD STECKEL, der wie Lindtberg aus der Schule Piscators stammte. Was den »*Guten Menschen*« betrifft, so zeigte sich z. B. Georg Kaiser, der seit 1938 im Schweizer Exil lebte, voller „Entzückung über dies vollkommene Werk". „Haben Sie sich", so schrieb er an seinen Freund Julius Marx, „im Schauspielhaus Brechts Stück angesehen? Ich las es hier und bin bezaubert. Das ist eine Dichtung, die mit Vertrauen erfüllt. Wenn man das könnte. Oder sehen Sie sich die Aufführung nicht an — Sie würden nie wieder einen Federstrich tun. Ein großer Dichter lebt in dieser Nachtzeit — und das ist Bert Brecht. Amen." Beim »*Galilei*« handelt es sich um die 1938/39 in Svendborg geschriebene Erstfassung, in der es in erster Linie um das Problem der Durchsetzbarkeit des Wissens und Fortschritts gegen die Autorität der Kirche und des Staates geht; sie spiegelt deutlich die Verhältnisse zur Zeit ihrer Entstehung wider. Seit 1945 dann arbeitete Brecht, den die Atombombenexplosion von Hiroshima tief erschüttert hatte, an einer zweiten Fassung, in der er seine früheren Gedanken einer gründlichen Kritik unterzog und (vor allem durch die Verschiebung des Problems aufs Soziale) zu einer wesentlich anderen Deutung der Galilei-Gestalt gelangte. Diese zweite Fassung (in englischer Sprache) entstand in enger Zusammenarbeit mit Charles Laughton, der auch bei der amerikanischen Uraufführung im Jahre 1947 die Titelrolle spielte. Obwohl Brecht dieser Inszenierung später Modellcharakter zuerkannt hat, kam es hier bestenfalls zu einem Achtungserfolg, da das gesamte amerikanische Theater noch viel zu sehr unter dem Einfluß einer namentlich von Ibsen geprägten naturalistisch-psychologischen, auf Spannung, Illusion und Einfühlung gerichteten Dramatik stand.

Brecht, der zwischen 1941 und 1947 mehrmals Reisen nach New York unternahm, traf dort u. a. mit ERWIN PISCATOR wieder zusammen; folgenreicher aber wurde bereits in Hollywood seine Wiederbegegnung mit PAUL DESSAU 1942 (beide hatten sich 1927 in Baden-Baden kennengelernt). Mit ihm, der nach Kurt Weill und Hanns Eisler der dritte bedeutende Brecht-Komponist wurde, arbeitete der Dichter zwischen 1943 und 1947 längere Zeit an einer Oper »*Die Reisen des Glücksgotts*«, die an einem chinesischen Motiv das unzerstörbare Glücksverlangen der Menschen darstellen sollte. Das Werk blieb jedoch

Fragment. Ebenfalls aus dem Chinesischen stammt der Stoff des letzten großen Bühnenstücks, das Brecht in Amerika geschrieben hat: »*Der kaukasische Kreidekreis*« (entstanden 1943 auf Grund eines von Luise Rainer vermittelten Auftrags, abgeschlossen 1945). Der Dichter stützte sich hier wahrscheinlich auf die deutschen Versionen von Klabund[1] und Alfred Forke, gestaltete sie aber entscheidend um. Nicht mehr die leibliche Mutter, wie in der Vorlage, sondern die mütterliche Magd besteht nun die Kreidekreisprobe und erhält das Kind zugesprochen; über den blutsmäßigen Bindungen, so will Brecht zeigen, stehen die zwischenmenschlichen, die sozialen. Neben der Geschichte der Magd Grusche läuft weitgehend unabhängig die des Armenrichters Azdak einher (erst am Schluß treffen sich die beiden Handlungsstränge), und das ganze Stück wird von einem Sänger vorgetragen, um den Streit zweier Kolchosen um ein Tal zu illustrieren: in solcher epischen Ausfaltung und vielfachen Realitätsbrechung stellt der »*Kaukasische Kreidekreis*« zweifellos eines der konsequentesten, aber zugleich dichterisch gelungensten Beispiele des epischen Theaters dar. Er fand seine Uraufführung (in englischer Sprache) durch ein Studententheater in Northfield (Minnesota) am 4. 5. 1948. Brecht hat übrigens denselben Stoff, unter dem Titel »*Der Augsburger Kreidekreis*« und in die Zeit des Dreißigjährigen Krieges verlegt, lange vor dem Stück auch als Erzählung gestaltet (beendet in Schweden, Januar 1940).

Das wenigste von dem, was Brecht während dieser Jahre schrieb, wurde freilich gedruckt. Außer den Stücken, die in der Schweiz über die Bühne gingen, wurde kaum etwas einer größeren Öffentlichkeit bekannt. Brecht pflegte damals seine Gedichte maschinenschriftlich zu vervielfältigen oder auch zu photokopieren, um sie an die Freunde verteilen zu können. In einigen amerikanischen Emigrantenzeitschriften, vor allem im ›German-American‹, dem in Buenos Aires erscheinenden ›Anderen Deutschland‹ und der New Yorker ›Austro-American Tribune‹, veröffentlichte der Dichter gelegentlich, zumeist Gedichte; vereinzelt wurde er auch in der Moskauer ›Internationalen Literatur‹ gedruckt. Soweit sich die emigrierten Schriftsteller nicht in irgendeiner Form in der Landessprache durchsetzen konnten (wie dies etwa Thomas Mann in glanzvoller Weise gelungen war), befanden sie sich alle in einer ähnlichen Lage. Von daher ist die 1945 erfolgte Gründung von Wieland Herz-

---

[1] Nach N. Lunačarskaja-Rozenel' war Klabunds »Kreidekreis« für Brecht „eine wahre Offenbarung" gewesen.

feldes Aurora-Verlag in New York zu verstehen, an der neben Feuchtwanger, Viertel, Heinrich Mann, Alfred Döblin, F. C. Weiskopf, Ernst Bloch, Ferdinand Bruckner u. a. auch Brecht beteiligt war. Hier erschien noch im selben Jahr *»Furcht und Elend des Dritten Reiches«*, 24 Szenen umfassend, endlich im Druck; Einzelszenen waren aber bereits in den dreißiger Jahren in Emigrantenzeitschriften veröffentlicht worden.

1947 verließ Brecht die USA wieder. Daß er, wie behauptet wird, erst durch seine Vorladung vor das ‚Committee on Un-American Activities' in Washington — Mitglieder des Komitees waren außer Thomas (s. u.) John McDowell, Richard B. Vail und Richard M. Nixon — dazu veranlaßt wurde, trifft nicht zu. Brecht wollte schon 1946 nach Europa zurück, hatte aber als Staatenloser Schwierigkeiten mit der Ausreiseerlaubnis, die ihm erst im April 1947 erteilt wurde. Am 30. Oktober fand das Verhör in Washington unter dem Vorsitz von Representative J. Parnell Thomas statt. Brecht, der sich äußerst geschickt dabei verhielt, wurde von dem Verdacht prokommunistischer Betätigung freigesprochen. Er nahm am nächsten Tag ein Flugzeug nach Europa .

Brechts Ziel war die Schweiz, wo er am 5. 11. 1947 „frisch, wie immer mit großartigen Ideen" (so Caspar Neher in einem Brief an Rudolf Wagner-Régeny vom 14. 3. 1948) eintraf. Sie wurde die letzte Station in seinem fünfzehnjährigen Emigrantendasein, so wie sie 1933 die erste gewesen war. In Herrliberg bei Zürich bezog er den Oberstock eines Gartenhauses, von dem der Blick weit über den See ging. In der Schweiz traf er u. a. mit Caspar Neher, Peter Suhrkamp sowie dem ihm befreundeten Dramatiker Günther Weisenborn zusammen und lernte den jungen Schweizer Autor Max Frisch kennen. Bald hatte sich abermals ein Kreis von Anhängern um Brecht geschlossen. Bei Frisch und Friedrich Dürrenmatt zeigt sich sein Einfluß am spürbarsten. Von den Werken, die in der Schweiz entstanden, ist das *»Kleine Organon für das Theater«* (1948) das wichtigste: in ihm faßte Brecht seine bisherigen Gedanken über eine neue Theatertheorie und Theaterpraxis thesenhaft zusammen; der Anklang des Titels an Aristoteles, mit dem sich die Schrift ja z. T. auseinandersetzt, und an Bacon ist deshalb kein Zufall. Außerdem bearbeitete Brecht (und zwar anhand der Übertragung Hölderlins) die *»Antigone des Sophokles«*, wobei er, durch einschneidende Änderungen, den politisch-sozialen Gehalt des Dramas kräftig hervorzuheben und (nicht zuletzt durch das *»Berlin, April 1945«* überschriebene

Vorspiel) zu aktualisieren versuchte. Im Februar kam das Stück im Stadttheater Chur (Graubünden) unter der Regie von Brecht und Caspar Neher zur Uraufführung; die Titelrolle spielte Helene Weigel, die damit nach anderthalb Jahrzehnten zum erstenmal wieder auf einem Berufstheater stand. Die Churer Aufführung lieferte das erste der Modellbücher, das 1949 in Berlin erschien: »Antigonemodell 1948«.

Am 5. 6. 1948 folgte noch eine weitere Uraufführung, das Volksstück »Herr Puntila und sein Knecht Matti«: diesmal in Zürich, das damit die Periode seiner großen Brecht-Inszenierungen beendete. Wenig später, im Oktober, verließ Brecht die Schweiz (in die er 1949 noch einmal kurz zurückkehrte) und ging nach Berlin. Ursprünglich freilich hatte er nach Österreich gewollt. Schon im Juli 1945 waren mit Berthold Viertel Pläne für die Salzburger Festspiele erörtert worden, und noch 1949 schrieb Brecht an GOTTFRIED VON EINEM, der in dieser Angelegenheit für ihn tätig war: „Nach wie vor habe ich vor, als meinen ständigen Wohnsitz Salzburg zu betrachten und mir einen künstlerischen Aufgabenkreis in Österreich zu verschaffen" (vgl. HARTMANN, S. 79). Auch nach München versuchte Brecht damals, wie BENNO FRANK berichtet, zu gelangen; doch die amerikanische Militärregierung mußte die bereits ausgefertigte Einreiseerlaubnis in letzter Minute auf höhere Weisung zurückziehen. Brechts Wunschziel scheint aber eindeutig Österreich gewesen zu sein; denn in einem anderen Brief von 1949 heißt es: „Ich kann mich ja nicht in irgendeinem Teil Deutschlands setzen und damit für den anderen Teil tot sein" (vgl. HARTMANN, S. 78).

Biographisches. — *Selbstzeugnisse:* TH III; LK I, II; PG II; TF II [Anmerkungen]; WA XV, XVIII, XIX, XX; Materialien-Bd »Mutter« [s. o.]; Materialien-Bde »Der gute Mensch von Sezuan«, »Der kaukasische Kreidekreis« u. »Antigone« [s. u.]; Briefe an G. von Einem: HARTMANN 78, Stuttg. Ztg 5. 1. 63; Brief an L. Feuchtwanger: SuF 11 (1959) 12; Brief an M. Frisch: FRISCH III 8; Brief an W. Herzfelde: MALIK 155; Briefe an K. Kläber: KESTING I 70 [Auszüge]; Briefe an K. Korsch: RASCH 249, 265 p. [Auszüge]; Brief an Thomas Mann: SuF 16 (1964) 691; Brief an Caspar Neher: »Bertolt Brecht — Caspar Neher« (1963) [Ausstellungskatalog] 5; Brief an E. Piscator: E. Brüning »Das amerikanische Drama der dreißiger Jahre« (1966) 61; Briefe an B. Viertel: PFÄFFLIN 41, 48; Briefe an Helene Weigel: WEIGEL 59, 87; Briefe, Arbeitsbuchnotizen usw. [meist auszugsweise]: »Bilder u. Graphiken zu Werken Bertolt Brechts« (1964) 79, BRECHT DAMALS 20, 29, 104, 114 p., BUNGE 95, 121, 160 p., EISLER 13, 19, 21, LEBEN UND WERK

p., W. Mittenzwei I 131 p., NDL 11 (1963) H. 6, 180, Schumacher
III 75, 82, 91, 98, 115, 123, 136, 140, 178, 189, 207, 217, 219, 405,
SF/2 100, Spectaculum 3. Sieben moderne Theaterstücke (1960) 337;
Interviews [ganz oder auszugsweise] in dänischen Zeitungen: Eng-
berg p., Hultberg 204; Verhör in Washington: »Hearings Re-
garding the Communist Infiltration of the Motion Picture Industry«
(Washington 1947), ABB 10 (1963) 1 [dt. Übersetzung], Collection
30, Ewen 497 [Teildruck]; Abmachung zwischen Hella Wuolijoki u.
B. Brecht: Theater Mosaik [Berlin] 3 (1965) 10; vgl. ferner die
Materialien-Bde »Leben des Galilei« u. »Mutter Courage und ihre
Kinder«. — *Literatur:* Abusch 204, 214; Anders 7; Anders: Merkur 11 (57) 838; anon: Neue Zürcher Ztg 16. 12. 61; Aufricht
139, 150, 256, 276; Baxandall: TDR/2 69; Benjamin II 117, III Bd
2, 602, 608, 641, 669, 692, 712, 720, 767, 818; [Bentley:] BB: The
Good Woman of Setzuan (New York 66) 5, BB: The Caucasian
Chalk Circle (New York 66) 5, DS 4 (65) 101; Berlau: Erinnerun-
gen 122, Neues Deutschland 13. 8. 60; Borneman: SF/2 142; B. v.
Brentano: Du Land der Liebe. Bericht von Abschied u. Heimkehr
eines Deutschen (52) 15, 271; Brockhaus: Junge Kunst 2 (58) 7, 65;
Bronsen: Die Zeit 8. 11. 68; Bunge: Leben und Werk 79, Brecht
damals 7, Ord 6, NDL 10 (62) 3, 36, Mainstream 16 (63) 4, 15,
ABB 1 (60) 2; Burton: Daily Worker [New York] 11. 4. 39; C.
Chaplin: My Autobiography (New York 64) 434; Curjel: Gespräch
9; Dessau: Erinnerungen 176; [Dessau:] BB/Dessau: Lieder u. Ge-
sänge (57) p.; Ege: Theater Mosaik [Berlin] 2 (64) 6, 3 u. 7/8, 3;
Eisler 13, 58, 192, 203, 231; Eisler: Erinnerungen 126, SF/2 439;
Engberg Bd 1, 7, Bd 2, 5; Esslin I 54; Ewen 312, 380, 415, 425;
Fassmann 73; Fetscher: Salmagundi 10/11 (69/70) 246; Feuchtwan-
ger: SuF 11 (59) 12; G. Fischer 251; R. Fischer: Stalin and German
Communism (Cambridge/Mass. 48) p.; Frisch I p., II 40, III 3;
Frisch: Erinnerungen 139, Kursbuch 7 (66) 54, TDR/1 33; Gins-
berg 144 p.; Gorelik: QJS 47 (61) 113; Hennenberg I 541 p.
Herzfelde: Malik 48 p.; Hilscher: NDL 5 (57) 11, 145; Högel 57
Hook: New Leader [New York] 10. 10. 60; R. J. Humm: Bei uns
im Rabenhaus. Aus dem literarischen Zürich der Dreißigerjahre (63)
120; Huntford: Industria International [Stockholm] (63) 152; Jacob-
sen: OL 15 (60) 247; Kächele 29; G. Kahn: Hollywood on Trial
(New York 48) p.; Kantorowicz Bd 1, 186 p.; A. Kantorowicz
Deutsche Schicksale. Intellektuelle unter Hitler u. Stalin (64) 179
Kesten 299, 307; Kesting I 70; K. Korsch: Karl Marx (67) 214
Kortner 499 p.; Kortner: Chronik (63) 42; E. Krull: Herbert Jhe
ring (64) 37; A. Lazar: Arabesken. Aufzeichnungen aus bewegte.
Zeit (57) 168; Leiser: Gespräch 42; Leschnitzer: NDL 4 (56) 11, 59
Losey: Cahiers 21, The Encore Reader 195; Thomas Mann 339
Matthis: Ord 15; Melchinger: Stuttg. Ztg 5. 1. 63; W. Mittenzwe
I 131; Nag: Friheten [Oslo] 15. 7. 64; Otto: Brecht Bühnen
[o. S.]; Parmet: Schweizer Musikztg. 97 (57) 465; Peixoto 231
Pfäfflin p.; Pozner: Erinnerungen 267; Radecki 80; Rasch 243

Rasch: Merkur 17 (63) 988; Reich: ThZ 21 (66) 14 Beilage; RIESS 323; Rülicke-Weiler: NDL 16 (68) 2, 7; Salzmann: NDL 4 (56) 4, 88; M. Scheer: So war es in Paris (64) 186; Schewill: TDR/1 98; SCHUMACHER III 70, 97, 114, 122, 135, 142, 207, 227, 418; Schwarz: WW 19 (69) 267; J. M. Spalek: Ernst Toller and His Critics. A Bibliography (Charlottesville 68) p.; STERNBERG 38; SUVIN 60, 94; Tabori: STUDIEN/2 14; Tretjakow: COLLECTION 16; Verho: Juhlakirja Kauko Kyyrön täyttäessa 60 vuotta 24. 11. 67 (Tampere 67) 286; R. Wagner-Régeny: Begegnungen. Biographische Aufzeichnungen, Tagebücher u. sein Briefwechsel mit Caspar Neher (68) p.; WEISENBORN 90, 94, 108, 138, 242; Weisenborn: ERINNERUNGEN 148, SF/2 430; F. C. Weiskopf: Unter fremden Himmeln. Ein Abriß der dt. Literatur im Exil 1933—1947 (48) p.; Weisstein: MLN 78 (63) 373; Willett: Tel Quel [Paris] 23 (65) 94; ZUCKMAYER 537. — *Weitere Literaturangaben:* NUBEL 566; PETERSEN 25; ADELMAN/ DWORKIN 61.

»Die sieben Todsünden« (auch »Die sieben Todsünden der Kleinbürger« und »Anna-Anna«) ‚Ballett'. — *Entstehung:* Berlin u. Paris 1933. — *Uraufführung:* Théâtre des Champs Élysées Paris, 7. 6. 33; Choreographie G. Balanchine, Bühnenbild C. Neher, mit L. Lenja als Anna I. — *Handschrift:* vgl. RAMTHUN I 48. — *Druck:* »Les Ballets 1933 de Georges Balanchine«, Paris 1933 [in franz. Sprache]; »Die sieben Todsünden der Kleinbürger« 1959; GD III; WA VII. — Verschiedene Fassungen. — *Musik:* K. Weill. — *Weitere Angaben:* NUBEL 481; WILLETT 42. — *Literatur:* anon: Dancemagazine [New York] 33 (59) 2, 40; BAULAND 186; ENGBERG Bd 1, 14, Bd 2, 61; EWEN 303 p.; GRIMM I p.; Grosch: Erlanger Tagbl. Jg 99, Nr. 217; GUGGENHEIMER 98; Jacobi: Die Zeit 13 (58) 8, 4; Jahnsson: ORD 54; KÄCHELE 29; H. Graf Kessler: Tagebücher 1918—1937 (61) 723; Kirk: Tiden [Kopenhagen] 4 (36) 372; H. Koegler: Balanchine u. das moderne Ballett (64); KOTSCHENREUTHER 71; C. Lambert: Music Ho (London 37) p.; Loomis: Univ. of Kansas City Review 27 (60) 51; PEIXOTO 152; E. Rebling: Ballett von A—Z (66) 387 p.; SCHÄRER 41; Storjohann: Fonoforum [Köln] 5 (57) 4. — *Weitere Literaturangaben:* NUBEL 617; KOSCH 990; PETERSEN 67.

»Die Horatier und die Kuriatier«: ‚Schulstück', auch ‚Lehrstück' u. ‚Lehrstück über Dialektik für Kinder' [nach Bunge „im Auftrag der Roten Armee" geschrieben; vgl. LEBEN UND WERK 96]. — *Entstehung:* Svendborg 1934. — *Uraufführung:* Theater der jungen Garde Halle (durch das Institut für Musikwissenschaft der Universität Halle), 26. 4. 58. — *Handschrift:* vgl. RAMTHUN I 48. — *Druck:* GW II; VS XIV; ST V; WA III; POHL 105 [Zitat]; vgl. auch GD IX. — *Quellen, Vorbilder, Anregungen:* Livius; chinesisches Theater. — *Mitarbeiter:* M. Steffin. — *Musik:* K. Schwaen. — *Selbstzeugnisse:* VS XIV; ST V; TH IV; WA III, XVII. — *Literatur:* ABEL 92; BENJAMIN III Bd 2, 699; H. Brock:

Musiktheater in der Schule (60), Musik u. Gesellschaft [Berlin] 8 (58) 270, WZUH 8 (58/9) 479; Chiusano 29; Engberg Bd 2, 15; Ewen 311; Guerrero 157; Kohlhase 165; Mayer II 93; Peixoto 153; Pohl 104; Rischbieter Bd 1, 124; Uhse 197; Witzmann 44.

» D i e R u n d k ö p f e u n d d i e S p i t z k ö p f e oder Reich und Reich gesellt sich gern« (auch »Die Spitzköpfe und die Rundköpfe oder Reich und reich gesellt sich gern«, ferner »Reich und reich gesellt sich gern« u. »Die Spitzköpfe und die Rundköpfe«; urspr. »Maß für Maß oder Die Salzsteuer«): ,Ein Greuelmärchen'; urspr. ,Schauspiel', auch ,Satirisches Schauspiel' u. ,Parabel' [mit Zusätzen wie „nach Shakespeare" oder „nach Motiven aus Shakespeare »Maß für Maß« "]. — Entstehung: Berlin, Carona (Tessin), Svendborg, Moskau 1931/35. — Uraufführung: Theater ,Riddersalen' Kopenhagen, 4. 11. 36; Regie P. Knutzon, mit A. Andersen als Iberin u. L. Ziegler als Nanna [in dänischer Sprache]. — Handschrift: vgl. Ramthun I 56. — Druck: VS VIII; GW II; ST VI; WA III; Pohl 46 [Zitat]. — Verschiedene Fassungen [vgl. auch W. Mittenzwei I 384 p.]. — Quellen, Vorbilder, Anregungen: Shakespeare »Maß für Maß« (das ursprünglich von Brecht für die Bühne bearbeitet werden sollte); französ. Konversationsstück des späten 18. Jhs.; Kleist »Michael Kohlhaas«; Voltaires Calas-Prozeß; Aretino; Swift; Villon [»Nannas Lied«]; Bauernlied aus Julius Bittners Oper »Der Bergsee« [»Sichellied«]; Fernando de Rojas »La Celestina« [?]. — Mitarbeiter: E. Burri, H. Eisler, E. Hauptmann, M. Steffin. — Musik: H. Eisler [einzelnes in »Lieder u. Kantaten« I, 1956]. — Verfilmung: Plan [vgl. TF II]. — Selbstzeugnisse: VS VIII; ST VI; TH III, IV, V; TF II; WA III, XV, XVII; Materialien-Bd »Die Mutter« [s. o.] 103; Leben und Werk 98; Schumacher III 273. — Literatur: Abusch 205; Benjamin III Bd 2, 606; [Bentley:] BB: Jungle of Cities and Other Plays (New York 66) 281; Bunge: Leben und Werk 98; [Catholy:] Festschrift de Boor (66) 193; Chiusano 32; Dort I 148, II 95; Engberg Bd 2, 31, 34, 45, 77; Ewen 307; Gisselbrecht: Aufbau 13 (57) 571; Goldhahn 40, 120; Grimm II 35; Kirk: Tiden [Kopenhagen] 4 (36) 372; Lüthy 162; W. Mittenzwei I 154; Mittenzwei: ABB 46 (67) 9; K. Müller 76; Peixoto 143; J. Pfeiffer: Was haben wir an einem Gedicht? (55) 83; Pohl 45; Rischbieter Bd 1, 125; Schärer 56; Weideli 77; Weisstein: GR 43 (68) 24. — Weitere Literaturangaben: Kosch 990; Petersen 68.

» F u r c h t u n d E l e n d d e s D r i t t e n R e i c h e s « (urspr. »Deutschland — ein Greuelmärchen«): ,24 Szenen'. — Entstehung: Svendborg 1934/38. — Uraufführung: ,Salle Iéna' Paris, 21. 5. 38, unter dem Titel »99 %«; Regie S. Dudow, mit H. Weigel u. E. Busch [7 Szenen, dazu zwei bisher unveröffentlichte Songs als Prolog u. Epilog]. In USA unter dem Titel »The Private Life of the Master Race« [17 Szenen] aufgeführt. — Handschrift: vgl. Ramthun I 75. — Druck: Malik-Verlag, London 1938 (27 Szenen;

jedoch nicht ausgedruckt); Moskau, Meždunarodnaja Kniga 1941 (13 Szenen; in deutscher Sprache); Aurora-Verlag, New York 1945; ST VI; WA III [jeweils 24 Szenen]; vgl. auch GD IX. — Verschiedene Fassungen [vgl. auch W. MITTENZWEI I 387 p.]. — *Quellen, Vorbilder, Anregungen:* Balzac, Heine [für die Titel]; H. Eisler, Fritz Lang, Clifford Odets [für „Filmrahmen"; vgl. EISLER 235]. — *Mitarbeiter:* M. Steffin. — *Musik:* P. Dessau; H. Eisler. — *Selbstzeugnisse:* ST VI; TH III, IV; LK II; WA III, XV, XVI, XVII, XVIII; PFÄFFLIN 41, 48; SCHUMACHER III 16; WEKWERTH II 57. — *Literatur:* Arendt: NR 61 (50) 53; BAULAND 154 p.; Baumgärtner: KINDLER Bd 3, 389; BENJAMIN II 44, III Bd 2, 818; [Bentley:] BB: The Jewish Wife and Other Short Plays (New York 65) 7; K. BERGER Bd 2, 526; Butzlaff: DU 16 (64) 3, 25; CHIUSANO 32; DEMANGE 80; DORT I 137; EISLER 235; ENGBERG Bd 2, 10; EWEN 321; Frisch: Schweizer Annalen 3 (47) 479; GASSNER 87, 93; GINSBERG 145; Goldhahn: DUO 12 (59) 306; Grimm: WISSENSCHAFT 378; [Grossman:] BB: Strach a bída Třetí říše (Prag 58) 122; GUERRERO 145; GUGGENHEIMER 136; Hegner/Kunkel: Volkskunst [Leipzig] 4 (55) 7, 6; HILFSMATERIAL 12; Hoogland/ Ollén: Vår tid i dramat (Stockholm 54) 18; HÜFNER 11; KANTOROWICZ Bd 2, 425; KAUFMANN I 113; KERY 63; Lange: DUO 5 (52) 232; LUFT 25; W. MITTENZWEI I 193; Mittenzwei: ThZ 16 (61) 3, 38; G. J. Nathan: The Theatre Book of the Year 1945/46 (New York 46) 27; Norden: Berliner Palette 2 (48) 7, 3; PEIXOTO 159; POHL 51; RISCHBIETER Bd 1, 136; M. Scheer: So war es in Paris (64) 185; SPALTER 182; [Teodorescu:] BB: Groază si mizerie în cel de al III-lea Reich (Bukarest 58) 61; VIERTEL 216 p.; Völker: Kursbuch 7 (66) 80; WEIDELI 82; WEIGEL 111, 115. — *Weitere Literaturangaben:* W. MITTENZWEI I 415; NUBEL 591; HILL/LEY 60; ADELMAN/ DWORKIN 65; KOSCH 984; PETERSEN 68.

» Die Gewehre der Frau Carrar« (urspr. »Generäle über Bilbao«): ,Stück'. — *Entstehung:* Paris 1937. — *Uraufführung:* ,Salle Adyar' Paris, 16. 10. 37; Regie S. Dudow, Bühnenbild H. Lohmar, mit H. Weigel als Carrar. — *Handschrift:* vgl. RAMTHUN I 84. — *Druck:* Malik-Verlag, London 1937; GW II; VS Sonderheft; ST VII; WA III; vgl. auch GD IX. — Verschiedene Fassungen, vor allem auch eine 1939 entstandene, aus Prolog u. Epilog bestehende Rahmenhandlung [vgl. LEBEN UND WERK 95; W. MITTENZWEI I 390 p.]. — *Quellen, Vorbilder, Anregungen:* J. M. Synge »Riders to the Sea«. — *Mitarbeiter:* M. Steffin. — *Modell:* Verlag der Kunst, Dresden 1952. — *Selbstzeugnisse:* GW II; VS Sonderheft; ST VII; TH III, IV, V, VI, VII; LK I; PG II; WA III, XV, XVI, XVII, XVIII; RASCH 249. — *Literatur:* ABUSCH 215; [Adling:] BB: Die Gewehre der Frau Carrar (⁹67) 63; [anon:] BB: Regeln och undandaget / Fru Carrars gevär (Stockholm 59) 91; Baumgärtner: KINDLER Bd 3, 774; K. BERGER Bd 2, 350; [Berlau:] Die Gewehre der Frau Carrar (61) 41; Bunge: LEBEN UND WERK 94; CHIUSANO 33;

DEMANGE 79; DORT I 135; EKMANN 225; ENGBERG Bd 2, 81, 96;
EWEN 318; Fiedler: DUO 12 (59) 103; Gisselbrecht: Aufbau 13 (57)
571; GRIMM II 37; Hartwig: DUO 12 (59) 527; HILFSMATERIAL 11;
[Hoffmann:] Beiheft zum Magnettonband MB-A 140/41 des Dt. Zen-
tralinstituts für Lehrmittel (59); KÄCHELE 32; KAUFMANN I 170; LUFT
19; MAYER II 110; W. MITTENZWEI I 219, II 368; PEIXOTO 160;
Pintzka-Birnbaum: ThZ 11 (56) Beilage 1, 4; PONGS I 470; RASCH
269; [Rektorisová:] BB: Pušky paní Carrarové (Prag 55) 31;
RISCHBIETER Bd 1, 140; RÜLICKE 81; M. Scheer: So war es in Paris
(64) 186; WEIDELI 85; WEIGEL 110; WEKWERTH I 117; Wekwerth:
SuF 10 (58) 34. — *Weitere Literaturangaben:* W. MITTENZWEI I 417;
NUBEL 593; HILL/LEY 60; KOSCH 984.

   » L e b e n d e s G a l i l e i « (urspr. »Die Erde bewegt sich«; er-
wogen wurden auch »Leben des Galileo Galilei« u. »Held und
Welt«, vielleicht sogar [vgl. EISLER 249] »Die Schlauheit des
Überlebens«): ‚Schauspiel‘; auch ‚Fassung für Arbeiter‘. — *Entstehung:* Svendborg 1938 (1. Fassung); Santa Monica 1944/47 (2. Fassung) [in englischer Sprache]; Berlin 1953/56 (3. Fassung). — *Uraufführung:* Schauspielhaus Zürich, 9. 9. 43; Regie L. Steckel, Bühnenbild T. Otto, mit L. Steckel als Galilei (1. Fassung); Coronet Theatre
Los Angeles, 30. 7. 47; Regie J. Losey, Bühnenbild R. Davison, mit
C. Laughton als Galilei (2. Fassung); Theater am Schiffbauerdamm
Berlin, 15. 1. 57; Regie [B. Brecht u.] E. Engel, Bühnenbild C. Neher,
mit E. Busch als Galilei (3. Fassung). — *Handschrift:* vgl. RAMTHUN I
87. — *Druck:* VS XIV; ST VIII; WA III (3. Fassung); VS XV [eine
Szene]; From the Modern Repertoire II, ed. E. Bentley, Bloomington
u. London 1952 (2. Fassung); SZCZESNY [3 Szenen aus der 1. Fas-
sung]; POHL 14, 32, 59, 123, 126, 130 [Zitate]; SCHUMACHER III 20,
42, 79, 108, 111, 118, 143, 148, 179, 189, 201, 243, 285, 309, 387,
390, 414, 422, 444 [Zitate]; dazu ‚Bühnenfassung des Berliner Ensembles‘ [redigiert von J. Tenschert], Henschelverlag, Berlin 1970. —
Verschiedene Fassungen [vgl. auch W. MITTENZWEI I 394 p.]. —
Quellen, Vorbilder, Anregungen: Galileis eigene Schriften, insbesondere die »Discorsi« in der Übersetzung A. von Oettingens; Bacon;
Montaigne; Horaz; als Anregung für Szene 10 (Moritatensänger)
werden Brueghels »Streit des Carneval mit den Fasten« sowie die
»Mahnworte eines Propheten« [aus dem Band »Die Literatur der
Ägypter«, übersetzt von A. Erman, 1923] genannt; historische Haupt-
quelle: E. Wohlwill »Galilei u. sein Kampf für die copernikanische
Lehre«, 2 Bde 1909 u. 1926 [vgl. im übrigen SCHUMACHER III]. —
Mitarbeiter: M. Steffin; C. Laughton [für die englische Fassung]; R.
Berlau, B. Besson, E. Hauptmannn [für die 3. Fassung]. — *Musik:*
H. Eisler (VS XV [Teildruck]; »Lieder u. Kantaten IV« [vollstän-
dig]). — *Modell:* »Aufbau einer Rolle. Galilei«, Henschelverlag, Ber-
lin 1956, ²1962.* — *Selbstzeugnisse:* VS XIV; ST VIII; TH IV, V,
VI, VII; WA III, XVI, XVII; Materialien »Leben des Galilei«
[s. u.]; JHERING/FETTING 138; SCHUMACHER III 18, 171, 204, 247,

60

275, 299, 302, 361, 383, 401, 408, 465 [vgl. dazu Abb. gegenüber 129]; SF/2 269; Tonbandaufnahmen von Brechts Proben mit dem Berliner Ensemble. — *Materialien:* »Materialien zu Brechts „Leben des Galilei" « [zusammengestellt von W. Hecht] Suhrkamp, Frankfurt 1963* u. Henschelverlag, Berlin 1970* [nicht völlig identisch]. — *Literatur:* ABEL 98; [Adling:] BB: Leben des Galilei ([10]68); Amoretti: L'Italia che scrive 46 (63) 128; Bachmann: Physikalische Blätter (57) 525; Bartolucci: Sipario [Mailand] 18 (63) 8; BAULAND 164; BECKMANN 133; Beckmann: Zeitwende. Die neue Furche 27 (56) 855; BENTLEY II 34, IV XXIV; [Bentley:] BB: Galileo (New York 66) 9, 153, Evergreen Review 10 (66) 41, 29 u. 71; K. BERGER Bd 2, 531; BLAU 93; H. Böll: Frankfurter Vorlesungen (66) 93; BRANDT 23 p.; Brashko: KuL 6 (58) 835; [Brookes/Fraenkel:] BB: Leben des Galilei (London-Melbourne-Toronto [5]68) 1, 148; Brunetti: Belfagor 19 (64) 103; Brunetti/Lunari: Sapere [Mailand] 54 (63) 639, 123; Bunge: LEBEN UND WERK 187 p.; H. O. Burger: Renaissance, Humanismus, Reformation. Deutsche Literatur im europäischen Kontext (69) 166; Carat: Preuves 145 (63) 66; [Castellani:] Vita di Galileo (Turin 67) 5; Chiarini: WB/S 195, Film Selezione 4 (63) 18, 79; CHIUSANO 34; CHRIST 156; CLURMAN 146, 206; Cohen: PR 34 (67) 436; Dahl: Samtiden 76 (67) 539; [Daiber:] Reclams Schauspielführer ([10]68) 820; DEMANGE 111; Demetz: GQ 37 (64) 239; I. Deutscher: The Prophet Outcast. Trotsky: 1929—1940 (London 63) 370; DORT I 170, II 188; Dort/Regnaut: ThP 24 (57) 63; Drew: New Statesman and Nation 57 (59) 542; DUWE I Bd 2, 398; EBERT 153; Eggebrecht: Aufbau 14 (58) 380; EISLER 35, 244; EKMANN 246; ENGBERG Bd 2, 112; ERCK; Erck: WZHI 9 (63) 435; EWEN 331, 386, 420; Eylau: Dt. Lehrerztg [Berlin] 4 (57) 5; Farner: SF/2 112; FECHNER 85; Fischer/Chapulsky/Hoy: DUO 13 (60) 149; FRADKIN I 267; Fradkin: Aufbau 13 (57) 286; FRISCH/HÖLLERER p.; GAEDE 122; GARTEN 213; GEISSLER 49; Gisselbrecht: EUROPE 91 p., Aufbau 13 (57) 571; Glade: TDR/2 137; Gouhier: Table ronde 183 (63) 127; GRAY 82; [Gray:] BB: The Life of Galileo (London 67) V; GREGOR Bd 6, 32; [Grevenius:] BB: Fem dramer (Stockholm 68) 75; GRIMM III 255, 263; Grimm: WISSENSCHAFT 374, SCHILLEMEIT Bd 2, 309, ÄRGERNIS 103, ZfdPh. 78 (59) 394; Grossclose: MH (71) [in Vorber.]; GROSSVOGEL 39; GUERRERO 164; Hafen: DU 13 (61) 4, 71; [Herrmann:] Archenhold-Sternwarte Berlin-Treptow. Vorträge u. Schriften 17, 37; Hinck: DT. LITERATUR Bd 2, 373; HIND 139; HOFFMANN 117; HOLTHUSEN 80 p.; Holthusen: BRAUNECK 141; HÜFNER 103, 214; [Jacobsen/Lange:] BB: Leben des Galilei (Kopenhagen 65) 9; Jaensch: Polemos 5 (66) 11; Jahnn: SF/2 424; JENDREIEK 248; JHERING III 67; JHERING-FETTING 10, 138; KÄCHELE 36, 43; KANTOROWICZ Bd 1, 186, Bd 2, 27; KARSCH 362; KÄSTNER; KAUFMANN I 172; Keisch: PP 17 (63) 274; KENNEY 67, 110; KERY 110; Klein: WWo 12 (57) 231; [Klipp:] BB: Leben des Galilei (Den Haag [o. J.]); E. Koelwel: Von der Art zu schreiben. Essays über philosophische u. dichterische Ausdrucksmittel (62) 180; Koestler: Der Spiegel 13 (59) 16, 69 [vgl. auch 20, 10]; KOHLHASE 167; Kolařik: Divadlo 17 (66) 4; Kraemer: DUO 12 (59) 262; Kraft: URBANEK I 233; W. Krauss: Das Schauspiel meines Lebens (58) 193; Ley: CL 18 (66) 313; Losey: CAHIERS 21; Lucke: DU 20 (68) 3, 67; LUFT 259; LUMLEY 85; LÜTHY 179; LYONS 110 p.; Lyons: GR 41 (66) 57; Marotti: Veltro 7 (63) 288; Massberg: DU 17 (65) 6, 58; Maulnier: Revue de Paris 70 (63) 3, 125; MAYER IV 21, 58; H. Mayer: Dürrenmatt u. Frisch. Anmerkungen (²65) 5, Der unbequeme Dürrenmatt, hrsg. R. Grimm [u. a.] (62) 97, SuF 14 (62) 667; Melchinger: Chronik (63) 54; Merchant: SCOTT 68; W. MITTENZWEI I 253, II 326 p.; Mittenzwei: Sozialismus u. Frieden (61) 199; Mondrone: Civiltà Cattolica 114 (63) 3, 26; J. Müller: EP. THEATER 154; K. MÜLLER 209; G. J. Nathan: The Theatre Book of the Year 1947/48. A Record and an Interpretation (New York 48) 117; Nestler: DUO 11 (58) 559; Nievers: KINDLER Bd 4, 1078; Obst: Divadlo 9 (58) 210; PEIXOTO 219; Pfeiffer: SuF 7 (55) 546; Pfrimmer: JACQUOT II 464, MF 354 (65) 155; POHL 14, 119; PONGS I 447, II 664; RAFFA 145; Rank: Stand. A Quarterly Review of Literature and the Arts 5 [o. J.] 1, 36; [Reich:] BB: Žizn Galileja (Moskau 57) 160; Rényi; Nagyvilág [Budapest] 3 (58) 249; RIESS 276; RISCHBIETER Bd 2, 7; Rohrmoser: COLLECTION 117, DT. DRAMA Bd 2, 400; [Rozner:] BB: Život Galileiho (Preßburg 62) 205; J. RÜHLE I 235; RÜLICKE 125; Rülicke: GOEDHART 53, ERINNERUNGEN 287; Ryan: ASPECTS 103; V. Sander: Die Faszination des Bösen. Zur Wandlung des Menschenbildes in der modernen Literatur (68) 42; G. de Santillana [u. a.]: Fortuna di Galileo (Bari 64) 199 p.; Saurel: TM 18 (63) 1710; Schottlaender: WB 10 (64) 860; Schulz: Pädagog. Wegweiser 17 (64) 5, 1; SCHUMACHER III 15; E. Schumacher: Der Fall Galilei. Das Drama der Wissenschaft (64), BRAUNECK 156, BRECHT DAMALS 90, Literatur im Zeitalter der Wissenschaft, hrsg. I. Kretzschmar (60) 9, SuF 12 (60) 510, NDL 8 (60) 2, 115, GuZ 2 (60) 16, WB 11 (65) 846, Marxistische Blätter 3 (65) 6, 42, TDR 12 (68) 2, 124; SCHWIMMER 59; Seifert: Mathematik u. Physik in der Schule 5 (58) 289; H. Sierig: Narren u. Totentänzer. Eine theologische Interpretation moderner Dramatik (68) 233, 267; Sorensen: MD 11 (69) 410; SPALTER 189; STERNBERG 38; SUVIN 272; Szczesny 47, 57; J. H. Talbot: Themes of the ›Scientist's Responsibility in the Nuclear Age‹ in Contemporary German Drama (Diss. Boston Univ. 68); TOUCHARD 189; Tumler: NDH 44 (58) 1060; TYNAN I 468, II 23; URBANEK II 367; Valazzi: Revista del Pacífico 4 (67) 4, 90; Veca: Aut Aut 81 (64) 89; Völker: Kursbuch 7 (66) 80; Weimar: MLQ 27 (66) 431; WIESE 269; WILLIAMS I 199, II 277; R. Williams: Drama in Performance (London 68) 148; Wood: STUDIES 136; ZIMMERMANN II 5. — *Weitere Literaturangaben:* W. MITTENZWEI I 418; NUBEL 603; KOSCH 986; HILL/LEY 58; Materialien-Bd [s. o.] 173 u. 184 bzw. 186.

»*Mutter Courage und ihre Kinder*«: ‚Eine Chronik aus dem Dreißigjährigen Krieg'; auch ‚Schauspiel in zwölf Bildern'. — *Entstehung:* Lidingö bei Stockholm 1939. — *Uraufführung:* Schauspielhaus Zürich, 19. 4. 41; Regie L. Lindtberg, Bühnenbild T. Otto, mit T. Giehse als Courage. — *Handschrift:* vgl. RAMTHUN I 126. — *Druck:* Internationale Literatur 10 (1940) H. 12 [Szene 6]; VS IX; ST VII; WA IV; POHL 28, 37, 53 [Zitate]; dazu ‚Bühnenfassung des Berliner Ensembles' [redigiert von J. Tenschert] Henschelverlag, Berlin 1968. — Verschiedene Fassungen, darunter auch Bruchstück eines Prologs. — *Quellen, Vorbilder, Anregungen:* Grimmelshausen »Lebensbeschreibung der Erzbetrügerin u. Landstörzerin Courage«, ferner die Herzbrudergestalt im »Simplizissimus« [für Eilif; vgl. LK II 251]; O. M. Fontanas Erzählung »Im Dorfe Kossnetz« [für Szene 3]; mittelalterliches Stundenlied bzw. M. Weiße »Christus der uns selig macht« [für das »Horenlied«]; J. L. Runeberg »Lotta Svärd« (in »Samlade Arbeten« Bd III, Stockholm 1921, 113) [vermittelt durch die schwedische Schauspielerin Naima Wifstrand]. — *Musik:* S. Parmet; P. Burkhard; P. Dessau [Partitur: Henschelverlag, Berlin 1958; Klavierauszug: »9 Songs«, Thüringer Volksverlag, Weimar 1949; teilweise auch in THEATERARBEIT; vgl. im übrigen HENNENBERG I 447]; D. Milhaud [für Broadway-Aufführung]. — *Verfilmung:* Ein Drehbuch, von dem mehrere Fassungen existieren, entstand 1951/55; gedruckt TF I. Erste Verfilmung: DEFA, begonnen 1955, unvollendet; Regie W. Staudte, mit H. Weigel als Courage. Zweite Verfilmung: DEFA 1960; Regie P. Palitzsch, M. Wekwerth, mit H. Weigel als Courage; Uraufführung 10. 2. 61. — *Modell:* »Couragemodell 1949«, Henschelverlag, Berlin 1958.* — *Selbstzeugnisse:* VS IX; ST VII; TH IV, V, VI, VII; TF I; WA IV, XVI, XVII; THEATERARBEIT; Modell [s. o.]; Materialien-Bd [s. u.]. — *Materialien:* »Materialien zu Brechts „Mutter Courage und ihre Kinder"« [zusammengestellt von W. Hecht] Suhrkamp, Frankfurt 1964, ⁵1968* u. Henschelverlag, Berlin 1968°. — *Literatur:* ABEL 95; Adler: Hallesches Monatsheft für Heimat u. Kultur 2 (55) 10; T. W. Adorno: Noten zur Literatur III (65) 122; BAB 228; BARTHES 48; [Barthes:] BB: Mère Courage et ses enfants (Paris 60) 209, ThP 35 (59) 17, TDR/2 44; BAULAND 190; BENTLEY III 141, IV XXXIX; [Bentley:] BB: Mother Courage and Her Children (New York 66) 9, VARIETIES 45, Theatre Arts 46 (62) 6, 19; K. BERGER Bd 2, 534; Bergstedt: WZHP 9 (65) 71; Biermann: DUO 12 (59) 119; BLAU 89, 192; Blau: ETJ 9 (57) 1, TDR 5 (61) 3, 119; Boeddinghaus: AG 2 (68) 81; BRANDT 21 p.; BRINKMANN I 18, 23, 45; [Brookes/Fraenkel:] BB: Mutter Courage u. ihre Kinder (London 60); BRUSTEIN 267; R. Brustein: Seasons of Discontent. Dramatic Opinions 1959—1965 (New York 65) 152; Bunge: LEBEN UND WERK 104, 181; J. Chiari: Landmarks of Contemporary Drama (London 65) 172; Chiarini: WB/S 195; CHIUSANO 36; CHRIST 168; CLURMAN 61; DAHLKE 8; [Daiber:] Reclams Schauspielführer (¹⁰68) 814; [Debus:] Almanach für Lite-

ratur u. Theologie 2 (68) 169; DEMANGE 84; Dessau: THEATERARBEIT
274; DESUCHÉ 55, 64; DORT I 126, 150 p.; Dort: ThP 20 (56)
80; DUWE I Bd 2, 392; EBERT 152; Ege: Theater Mosaik [Berlin]
2 (64) 7/8, 3; EISLER 227; EKMANN 233; EMMEL 36; ENGBERG Bd 2,
129; Erpenbeck: Weltbühne 4 (49) 101; EWEN 353; FERGUSSON 45;
Fergusson: Sewanee Review [Tennessee] 64 (56) 544; Fradkin: KuL
4 (56) 359; FRISCH/HÖLLERER p.; GAEDE 113; GARTEN 212; GEISS-
LER 24; Gisselbrecht: EUROPE 71 p., Aufbau 13 (57) 571; Glade:
TDR/2 137; GRAY 96; [Gray u. a.:] BB: Mutter Courage u. ihre
Kinder (New York 64) 121; Gray: Oxford Review 2 (66) 44;
GREGOR Bd 2, 78; [Grevenius:] Fem dramer (Stockholm 68) 156;
GRIMM III 23; Guder: GLL N. S. 7 (53/4) 28; GUERRERO 152;
GUGGENHEIMER 67, 137; Harich: Weltbühne 4 (49) 215; Hebel: PP 11
(57) 372; Hecht: ABB 17 (64) 17; B. v. Heiseler: Gesammelte Essays
(67) Bd 2, 141; Heinitz: NDL 5 (57) 4, 49; HENNENBERG I 85, 91,
109, 211, 225, 232; Hiller: GR 39 (64) 137; HINCK I 37, 42, 80;
HIND 138; HOFFMANN 117; HOLTHUSEN 97; [Holthusen:] Moderne
Literatur u. christlicher Glaube, hrsg. F. Henrich (68) 89, BRAUNECK
141; HÜFNER 15, 37; Huntford: Industria International [Stockholm]
(63) 152; Jacobi: DU 10 (58) 3, 46; JENDREIEK 153; JHERING III
218, 226, 234; Juin: NDL 6 (58) 4, 150; KÄCHELE 34; KAISER 187;
Kask: Teatri Märkmeid (Reval 63) 54; KAUFMANN I 104; KENNEY
57, 109; KERY 63; KNUDSEN 215; Komiya: DB 36 (65) 103;
Kopelev: Kultura i žizn 5 (61) 4, 38; J. Kott: Theatre Notebook
1947—1967 (London 68) 102; Kusche: Weltbühne 14 (59) 87;
Lange: DUO 5 (52) 232; E. Lothar: Ausgewählte Werke VI (68)
185; LUFT 88; LUMLEY 85; LUPI 151; Lupi: SG 3 (65) 39; Luthardt:
WZUJ 7 (57/8) 119; LYONS 59 p.; Lyons: CD 1 (67) 56; MAYER
III 110, IV 7, 46, 98; Mayer: THEATERARBEIT 249; Mennemeier: DT.
DRAMA Bd 2, 383, COLLECTION 138; Merchant: SCOTT 66; J. MITTEN-
ZWEI 448; W. MITTENZWEI II 153, 214; A. Müller: NDL 6 (58) 7,
151; J. Müller: WZUJ 8 (58/9) 373; K. MÜLLER 211; [Müller-
Seidel:] Klassische dt. Dichtung XV (64) 530; Muralt: Schweizer
Rundschau 52 (52/53) 24; Nievers: KINDLER Bd 5, 80; Otto: BRECHT
BÜHNEN [o. S.]; Parmet: Schweizer Musikztg 97 (57) 465, ABB 23
(64) 63; PEIXOTO 179; [Płaczkowska:] BB: Matka Courage i jej
dzieci (Warschau 67) 5, 159; POHL p.; [Pokorný:] BB: Matka
Kuráž a její děti (Prag 57) 103; PONGS I 452, II 177 p.; RAFFA 147;
RASCH 256; [Reich:] Mamaža Kuraž i ee detti (Moskau 57) 118;
Reichert: GQ 34 (61) 439; RIESS 269; RISCHBIETER Bd 2, 20; Ris-
mondo: WuW 11 (56) 855; Roche: DU 17 (65) 3, 96; ROSENFELD 169;
ROTERMUND 161; RÜLICKE 92; Rülicke: Materialien-Bd [s. o.] 126;
Ryan: ASPECTS 100; [Sabourín:] BB: Madre Coraje y sus hijos
(Santiago de Cuba 61) 3; Saillet: MF 1071 (52) 496; [Sander:]
BB: Mutter Courage u. ihre Kinder (New York 64) IX; Schäfer:
WW 14 (64) 407; SCHÄRER 95; Schöne: Euph. 52 (58) 272; Schröder:
Aufbau 13 (57) 81; SERREAU 9, 81; Siebert: AUS 1 (61) 15; H. Sierig:

Narren u. Totentänzer. Eine theologische Interpretation moderner Dramatik (68) 264; Spalter 184; Steiner 345, 353; Szántó: Szinhaz és Filmmüvészet (56) 731; Theaterarbeit 227, 315; Thieme: Schweizer Rundschau 46 (46/7) 61; Torberg I 179; Treiber: GuZ 3 (58) 2, 192; Tynan I 99, II 136; Urbanek II 369; Vajda II p.; Weideli 96; Weigel 112, 115; Wekwerth: Theater DDR [o. S.]; Wiese 265; Willett: Adam and Encore 8; Williams I 196, II 277; Wirth: Ep. Theater 197, SF/2 364; [Witt:] BB: Mutter Courage u. ihre Kinder (⁵62) 89; Wolf 203; Wölfel: Wege Bd 2, 537. — *Weitere Literaturangaben:* Nubel 611; Kosch 988; Petersen 71; Hill/Ley 59; Adelman/Dworkin 67; Materialien-Bd [s. o.] 159, 172.

» D a s   V e r h ö r   d e s   L u k u l l u s « (später *»Die Verurteilung des Lukullus«*): urspr. ‚Radiostück', dann ‚Hörspiel' bzw. ‚Oper in 2 x 7 Szenen', ‚Oper in zwölf Bildern', ‚Oper'. — *Entstehung:* Schweden 1939 [nach Bunge urspr. als Auftragsarbeit für den Sender Stockholm; vgl. Leben und Werk 106]; bzw. Berlin 1949/51 [für Libretto]. — *Uraufführung:* vielleicht schon Ende 1939 als Schattenspiel [vgl. Brechts Arbeitsbuch, 7. 12. 39]; Radio Beromünster (unter dem Titel »Lukullus vor Gericht«), 12. 5. 40; Regie E. Bringolf [Hörspiel]; University of California at Berkeley, 18. 4. 47; Regie H. Schnitzler, mit D. Trevor als Lukullus [Oper; Musik von R. Sessions]; Staatsoper Berlin, 17. 3. 51; Regie W. Völker, musikalische Leitung H. Scherchen, Bühnenbild C. Neher, mit A. Hülgert als Lukullus [Oper, jedoch noch unter dem Titel »Das Verhör des Lukullus«; Musik von P. Dessau]; neue Fassung »Die Verurteilung des Lukullus« seit 12. 10. 51. — *Handschrift:* vgl. Ramthun I 132. — *Druck:* Internationale Literatur 10 (1940) H. 3; VS XI; ST VII; WA IV. — Verschiedene Fassungen [vgl. auch die Erzählung »Die Trophäen des Lukullus« (1939); PR I]. — *Mitarbeiter:* M. Steffin. — *Musik:* R. Sessions; P. Dessau (verschiedene Fassungen) [Klavierauszug: Henschelverlag, Berlin 1961, ferner 10 Arien u. Gesänge in »Lieder u. Gesänge« 1957]. — *Selbstzeugnisse:* VS XI; ST VII; TH VI; WA IV, XVII; Witzmann 48. — *Literatur:* Balluseck 72; Bunge: Leben und Werk 105; Castellani: Arena 1 (53) 1/2, 141; Chiusano 38; Colombo: Letture [Mailand] 12 (57) 1, 45; [Corazza:] BB: Die Ausnahme u. die Regel. Das Verhör des Lukullus (Mailand 62) 5; P. Czerny: Opernbuch (Berlin [o. J.]) 717; Dahlke 11; Demange 82; Dessau: Erinnerungen 176, Leipziger Theater 19 (56/7); Dort I 123, 129 p.; Ekmann 254; Ewen 350; Fassmann 89, 110; Gisselbrecht: Europe 71 p.; Graf: Musikblätter 5 (51) 85; Hennenberg I 21, 43, 212, 271, 439; [F. Hennenberg:] BB: Die Verurteilung des Lukullus (61) 36; J. Hennenberg: ThZ 12 (57) Beilage 4; Hilfrich: PP 21 (67) 273; Hintze 226; Jäkel: Die Sammlung 13 (58) 495; Kächele 35; Köhler: Musik u. Gesellschaft 8 (58) 12, 5; E. Krause: Oper von A—Z (62) 90; H. Lauter: Der Kampf gegen den Formalismus in Kunst u. Literatur, für eine fortschrittliche dt. Kultur (51) p.; Lüthy 164 p.; Mendelssohn: New Statesman and

Nation 41 (51) 444; K. MÜLLER 142; PEIXOTO 171; RISCHBIETER Bd 2, 32; J. RÜHLE I 241; SCHÄRER 77; Schroeder: Aufbau 13 (57) 81; SCHWITZKE 108, 113; TORBERG I 150; WEIDELI 85; [Weigel:] H. Lauter: Der Kampf [usw., s. o.]; Wintzen: Document [Straßburg] 7 (52) 113; WITZMANN 47. — *Weitere Literaturangaben:* NUBEL 620; KOSCH 991; HILL/LEY 61; PETERSEN 76; HENNENBERG I 442.

»*D a n s e n*«*:* *Entstehung:* Lidingö [vielleicht auch schon Dänemark?] 1939. — Bisher noch nicht aufgeführt. — *Handschrift:* vgl. RAMTHUN I 273. — *Druck:* ST XIII; WA VII [mit Bruchstücken]. — Verschiedene Fassungen. — *Quellen, Vorbilder, Anregungen:* Valentin, Chaplin, Groteskfilm [?]. — *Selbstzeugnisse:* ST XIII; WA VII. — *Literatur:* Bunge: LEBEN UND WERK 103; EWEN 131 p.; Müller: THEATER/2 31.

»*W a s   k o s t e t   d a s   E i s e n ?*« (urspr. »Kleine Geschäfte mit Eisen«) [unter dem Pseudonym John Kent]: *Entstehung:* Lidingö 1939. — *Uraufführung:* Stockholm 1939, durch eine Gruppe junger Arbeiterschauspieler. — *Handschrift:* vgl. RAMTHUN I 274 [das Pseudonym dort in der (irrtümlichen?) Schreibung „Ken"]. — *Druck:* ST III; WA VII [mit Bruchstücken]. — Verschiedene Fassungen. — *Quellen, Vorbilder, Anregungen:* Valentin, Chaplin, Groteskfilm [?]. — *Selbstzeugnisse:* ST XIII; WA VII. — *Literatur:* Bunge: LEBEN UND WERK 103; EWEN 131 p.; Müller: THEATER/2 31.

»*D e r   g u t e   M e n s c h   v o n   S e z u a n*« (auch »Sezuan«; urspr. »Die Ware Liebe«): ‚Parabelstück', auch ‚Parabel' [Zusatz: „Der Weigel gewidmet"]. — *Entstehung:* [Berlin,] Dänemark, Schweden, Finnland 1938/41 [aber bereits Ende der zwanziger Jahre konzipiert u. 1930 begonnen]. — *Uraufführung:* Schauspielhaus Zürich, 4. 2. 43; Regie L. Steckel, Bühnenbild T. Otto, mit M. Becker als Shen Te. — *Handschrift:* vgl. RAMTHUN I 135. — *Druck:* VS XII; ST VIII; WA IV; POHL 116 [Zitat]; dazu ‚Bühnenfassung des Berliner Ensembles' [redigiert von J. Tenschert] Henschelverlag, Berlin 1969. — Verschiedene Fassungen. — *Quellen, Vorbilder, Anregungen:* Nietzsche [für »Lied vom Rauch«]; Baudelaire [einzelnes in Szene 4]; Po Chü-yi [Vierzeiler in Szene 2]. — *Mitarbeiter:* R. Berlau, M. Steffin. — *Musik:* P. Dessau [36 Stücke, davon 5 in »Lieder u. Gesänge« 1957; Handschrift z. T. in SF/2 344; Klavierauszug: Henschelverlag, Berlin 1958]; J. G. Flittie; K. Grossman. — *Selbstzeugnisse:* VS XII; ST VIII; TH IV; WA IV, XVII; Materialien-Bd [s. u.]. — *Materialien:* »Materialien zu Brechts „Der gute Mensch von Sezuan" « [zusammengestellt u. redigiert von W. Hecht] Suhrkamp, Frankfurt 1968* bzw. »Der gute Mensch von Sezuan. Materialien« [zusammengestellt u. redigiert von W. Hecht] Henschelverlag, Berlin 1969*. — *Weitere Angaben:* Der urspr. Titel taucht auch in dem wesentlich späteren Entwurfkomplex »Coelestina oder Die Ware Liebe« wieder auf; vgl. RAMTHUN I 389. — *Literatur:* anon: Primer Acto [Madrid] 84 (67) 16; U. Bartholomae: Die Doppelpersönlichkeit im Drama der Moderne (Diss. Erlangen-Nürnberg 67); BAULAND 184; Baumgärtner:

KINDLER Bd 3, 1311; BECKMANN 19, 133; Beckmann: Zeitwende. Die neue Furche 27 (56) 855; BENTLEY I 222, IV XXX; [Bentley:] The Good Woman of Setzuan (New York 66) 5, DS 4 (65) 101; K. BERGER Bd 2, 537; Bosma-Banning: Drachtster Courant [Holland] 29. 8. 69; BRANDT 24 p.; BRÄUTIGAM 7; Bunge: LEBEN UND WERK 111; [Castellani:] L'anima buona del Sezuan (Turin 65) 5; Chiarini: WB/S 195; CHIUSANO 38; CHRIST 170; Colombo: Letture [Mailand] 12 (57) 1, 45; CRUMBACH 203; H. Daiber: Theater. Eine Bilanz (65) 175; [Daiber:] Reclams Schauspielführer (^{10}68) 816; DEMANGE 123; Dirks: FH 8 (53) 65; DORT I 154; DUWE I Bd 2, 400, II 143; EMMEL 46; ENGBERG Bd 2, 107; EWEN 362; Fahlbusch: Monatsschrift für Pastoraltheologie 48 (59) 39; FECHNER 83; Feuchtwanger: SF/2 103; GAEDE 109; GARTEN 215; GASSNER 88; J. Gassner: Theatre at the Crossroads. Plays and Playwrights of the Mid-Century American Stage (New York 60) 264 p., ETJ 9 (57) 38; GEISSLER 39; Gisselbrecht: EUROPE 93 p., Aufbau 13 (57) 571; Glade: TDR/2 137; GRAY 76; GREGOR Bd 7, 77; [Grevenius:] BB: Fem dramer (Stockholm 68) 290; GRIMM III 255; Grimm: BRAUNECK 150, SCHILLEMEIT Bd 2, 309, WISSENSCHAFT 373, ZfdPh. 78 (59) 394; [Grimm:] Germanistik in Forschung u. Lehre (65) 184; GUERRERO 155; Hakim: Left 2 (61) 2, 59; Hampe: Bücherei u. Bildung 11 (59) 521; HENNENBERG I 91, 114 p.; HESSE 179; HINCK I 49, 64, 72, 85 p.; HINTZE 206; Hodge: THEATER TODAY 83; HOLTHUSEN 101 p.; HÜFNER 27, 173; JENDREIEK 209; H. Jhering: Schauspieler in der Entwicklung (56) 49; Jusowski: SF/2 204; KÄCHELE 37; KAUFMANN I 96, 104; KENNEY 18, 111; Kjellin: ORD 48; KLOTZ I 9; KNUDSEN 216; Küsel: Die Gegenwart 7 (52) 806; Lau: Luther-Jb. 29 (62) 92; A. Lewis: The Contemporary Theatre. The Significant Playwrights of Our Time (New York 62) 218; Loeb: MLQ 22 (61) 283; LUMLEY 85; LUPI 25; LYONS 143 p.; [Mare:] BB: Der gute Mensch von Sezuan (London 60) 9, 243; MAYER III 103, IV 43, 100; Meinert: AG 2 (68) 35; S. Melchinger: Sphären u. Tage. Städte, Spiele, Musik (62) 65; J. MITTENZWEI 459; W. MITTENZWEI II 149; Monleon: Primer Acto [Madrid] 84 (67) 5; Mueller: MEDIEVAL EPIC 203; K. MÜLLER 64 p.; Otto: BRECHT BÜHNEN [o. S.]; PEIXOTO 165; Pfrimmer: MF 354 (65) 155; PICCOLO TEATRO 231; Podszus: Akzente 1 (54) 143; POHL 115; PONGS I 184, 489, II 690; [Pongs:] Sprachkunst als Weltgestaltung. Festschrift für H. Seidler (66) 191; RIESS 275; RINSER 115 p.; RISCHBIETER Bd 2, 34; Rismondo: WuW 11 (56) 855; ROSENFELD 169; Schottlaender: WB 10 (64) 860; A. Schulze-Vellinghausen: Theaterkritik 1952/60 (61) 128; Schumacher: NDL 4 (56) 10, 18; Sokel: COLLECTION 127; SPALTER 193; P. Suhrkamp: Briefe an die Autoren (63) 90; Thieme: Schweizer Rundschau 46 (46/47) 61; TORBERG II Bd 1, 107; TYNAN I 146; UHSE 197; URBANEK II 371; WEIDELI 112; Werner: Die Stimme der Gemeinde 6/7 (54/5) 424; WIESE 272; WILLIAMS I 196, II 277; WIRTH II 80; Wirth: EP. THEATER 197, SF/2 368, Akzente 4 (57) 237; [Witt:] BB: Der gute Mensch von Sezuan (63) 135; [Witte:] Vergleichen u. Verändern. Festschrift für H. Motekat (70) 259. — *Weitere Literaturangaben:* NUBEL 593; KOSCH 984; HILL/LEY 59; PETERSEN 72; Materialien-Bd 158, 163 bzw. 176 [s. o.].

»*Herr Puntila und sein Knecht Matti*« (auch »Puntila oder Der Regen fällt immer nach unten«, ferner »Puntila« u. »Herr Puntila und sein Knecht«): ,Volksstück', auch ,Finnisches Volksstück', ferner ,Komödie in neun Bildern'. — *Entstehung:* Marlebaek (Finnland) 1940. — *Uraufführung:* Schauspielhaus Zürich, 5. 6. 48; Regie K. Hirschfeld, Bühnenbild T. Otto, mit L. Steckel als Puntila. — Als Hörspiel: BBC London, 3. 6. 56; Regie J. Gibson, mit D. Wolfit als Puntila [Übersetzung von R. Grenier u. G. Nellhaus]. — *Handschrift:* vgl. RAMTHUN I 145. — *Druck:* VS X; ST IX; WA IV; POHL 26 [Zitat]; vgl. außerdem GD IX sowie Hella Wuolijoki u. Bertolt Brecht »Iso-Heikkilän isäntä ja hänen renkinsä Kalle«, Helsinki, Tammi 1946 [»Der Gutsherr Iso-Heikkilä und sein Knecht Kalle«, mit dem Untertitel ,Komödienerzählung über die tavastländische Trunkenheit'; dt. Übersetzung von R. Semrau in BBA (Kalle = urspr. Name für Matti)]. — Verschiedene Fassungen. — *Quellen, Vorbilder, Anregungen:* H. Wuolijoki [vgl. Zusätze wie „nach den Erzählungen und einem Stückentwurf von Hella Wuolijoki" oder „nach Erzählungen der Hella Wuolijoki"]; Diderot »Jacques le fataliste et son maître«; M. Gorkis Erzählung »Der Brotherr« (»Der Prinzipal«); Chaplins Film »City Lights«. — *Mitarbeiter:* gelegentlich [s. o.] wird H. Wuolijoki sogar im Titel als Mitautor aufgeführt. — *Musik:* P. Dessau [z. T. in VS X u. THEATERARBEIT veröffentlicht]; eine auf einem Libretto von P. Palitzsch u. M. Wekwerth beruhende, 1957/59 entstandene Oper wurde am 15. 11. 66 unter der Regie von R. Berghaus an der Dt. Staatsoper Berlin uraufgeführt [Klavierauszug: Henschelverlag, Berlin 1959 (2 Bde)]. — *Verfilmung:* Wien-Film Rosenhügel 1955; Drehbuch u. Regie A. Cavalcanti, Musik H. Eisler, mit C. Bois als Puntila [Farbfilm]; vgl. auch TF II. — *Selbstzeugnisse:* VS X; ST IX; TH IV, V, VI, VII; TF II; WA IV, XVI, XVII; THEATERARBEIT; Programmheft zur Uraufführung der Oper [s. o.]; vgl. auch: Theater Mosaik [Berlin] 3 (1965) H. 4, 10. — *Literatur:* ABEL 95; BAB 228; BAUER 80; Baumgärtner: KINDLER Bd 3, 1700; K. BERGER Bd 2, 540; Bergstedt: WZHP 6 (63) 97; Boucht: Horisont 13 (66) 3, 75; BRANDT 46 p.; Bunge: LEBEN UND WERK 109; Butzlaff: DU 16 (64) 1, 93; [Castellani:] BB: Il signor Puntila e il suo servo Matti (Turin 67) 5; CHIUSANO 40; Colombo: Letture [Mailand] 12 (57) 1, 45; CRUMBACH 40; [Daiber:] Reclams Schauspielführer (^{10}68) 818; DEMANGE 118 p.; Dessau [u. a.]: Programmheft zur Uraufführung der Oper; DESUCHÉ 48, 84; DORT I 140, 145 p.; Ege: Theater Mosaik [Berlin] 2 (64) 6, 3 u. 3 (65) 4, 9 p. u. 3 (65) 7/8, 5; EWEN 368; Fradkin: KuL 4 (56) 359; FRISCH III 10; GARTEN 214; Gisselbrecht: EUROPE 75, 81 p., Aufbau 13 (57) 571; Glade: TDR/2 137; GRAY 88;

68

GREGOR Bd 7, 79; [Grevenius:] BB: Fem dramer (Stockholm 68) 219; Guder: GLL N.S. 7 (53/4) 28; GUERRERO 162; HENNENBERG I 33, 44, 54, 284, 443; HINCK I 32, 82; HOLTHUSEN 104 p.; JENDREIEK 69; KÄCHELE 38; KAISER 184; KAUFMANN I 104; S. Kienzle: Modernes Welttheater (66) 95; KOFLER 228; KORTNER 95; Kruus: Keel ja Kirjandus [Reval] 12 (69) 2, 65; Linna: Horisont 13 (66) 3, 73; LUFT 91; LÜTHY 178; Martini: EP. THEATER 246, DU 5 (53) 5, 93; Melchinger/Dürrenmatt: UMBRUCH 76; W. MITTENZWEI II 326 p.; Müller: WZUJ 17 (68) 255; Nellhaus: Accent [Urbana/Ill.] 14 (54) 2, 122; PEIXOTO 189; POHL p.; PONGS I 486; Pozner: SF/2 444; RIESS 323; RILLA I 62, II 404; RISCHBIETER Bd 2, 44; Rismondo: WuW 11 (56) 863; ROSENFELD 169; J. RÜHLE I 234; SCHÄRER 103; A. Schulze-Vellinghausen: Theaterkritik 1952/60 (61) 130; Schwanborn: Horisont 13 (66) 3, 77; Simon: Esprit 33 (65) 336, 542; Sokel: COLLECTION 127; SPALTER 195; Temkine: Europe 441/2 (66) 76; THEATERARBEIT 9, 289 p.; WALSER II 78; WEIDELI 101; WIESE 261; WILL 37; [Witt:] BB: Herr Puntila u. sein Knecht Matti (62) 117; [Wuolijoki:] H. Wuolijoki u. BB: Iso-Heikkilän isäntä ja hänen renkinsä Kalle (Helsinki 46) 5. — *Weitere Literaturangaben:* NUBEL 596; KOSCH 990; PETERSEN 69.

»Der aufhaltsame Aufstieg des Arturo Ui«
(auch »Der Aufstieg des Arturo Ui« u. »Arturo Ui«, ferner »Das Gangsterstück« u. »Das Gangsterspektakel«): ‚Parabelstück‘, auch ‚Dramatisches Gedicht‘ [mit der Verfasserangabe „K. Keuner"]. — *Entstehung:* Finnland, März/April 1941. — *Uraufführung:* Württembergisches Staatstheater Stuttgart, 10. 11. 58; Regie P. Palitzsch, mit W. Kieling als Ui. — *Handschrift:* vgl. RAMTHUN I 152. — *Druck:* SF/2; ST IX; WA IV; POHL 31 [Zitat]. — Verschiedene Fassungen [urspr. Prosasatire »Die Geschichte des Giacomo Ui«, entstanden vermutlich 1938, aber zumindest als Entwurf „im Stile der Historiographen der Renaissance" bereits 1934 bezeugt; vgl. PR I sowie BENJAMIN II 125]. — *Quellen, Vorbilder, Anregungen:* Shakespeare [vor allem »Richard III.« u. »Julius Caesar«]; Goethe [vor allem »Faust I«, Gartenszene]. — *Mitarbeiter:* M. Steffin. — *Musik:* H. D. Hosalla. — *Selbstzeugnisse:* SF/2; ST IX; TH IV; WA IV, XVII. — *Literatur:* T. W. Adorno: Noten zur Literatur III (65) 119; anon: FH 14 (59) 77; Auer: NDL 5 (57) 8, 132; BAULAND 193; Baumgärtner: KINDLER Bd 1, 1097; BENJAMIN II 125; Benn: AUMLA 11 (59) 48; K. BERGER Bd 2, 542; BRUSTEIN II 133; R. Brustein: Seasons of Discontent. Dramatic Opinions 1959—1965 (New York 65) 144; Bunge: LEBEN UND WERK 116; Butzlaff: DU 16 (64) 3, 25, Ponte 22 (66) 370; C. Cases: Saggi e noti di letteratura tedesca (Turin 63) 191; [Cases:] BB: La resistibile ascesa di Arturo Ui (Turin 61) 9; Casini: Il Contemporaneo 6 (62) 46; Chiarini: Angelus Novus 3 (65) 91; CHIUSANO 41; CLURMAN 64; DEMANGE 92; DORT I 132, II 94, 177; ENGBERG Bd 2, 33; EWEN 373; Glade: TDR/2 137; GOLDHAHN 73; GRIMM III 227; Grimm: RLC 35 (61) 207, Universitas 18

(63) 1077; Guggenheimer 91; Hahnloser 59; Heidsieck 72 p.; Hüfner 154, 166; Ivernel: Esprit 291 (61) 160; Jacobi: Die politische Meinung [Köln] 33 (59) 89; Jhering: SuF 11 (59) 313; Kächele 39; Karsch 364; Kaufmann I 131; S. Kienzle: Modernes Welttheater (66) 92; Kostić: Pozorište [Sarajewo] 7 (65) 576; J. Kott: Theatre Notebook 1947—1967 (London 68) 106; Kusche: Weltbühne 14 (59) 390; Luft 318; Peixoto 195; Pohl 42, 46; Raffa 195; Reifferscheidt: Weltbühne 14 (59) 17; Rischbieter Bd 1, 143; Schärer 56; Torberg II Bd 1, 109; Tynan I 471; Wekwerth II 38, 89. — *Weitere Literaturangaben:* Kosch 980; Petersen 77.

» D i e   G e s i c h t e   d e r   S i m o n e   M a c h a r d « (auch »Die Visionen der Simone Machard«, »Die heilige Johanna von Vitry«, »Jeanne d'Arc 1940« u. »Die Stimmen«; als englische Titelentwürfe »Simone Hears Voices«, »Saint Joan in Vichy« u. »The Nights of St. Joan«): ‚Stück‘, auch ‚Stück in acht Szenen‘ u. ‚Stück in zwei Akten‘. — *Entstehung:* New York u. Santa Monica 1942/43 [aber schon 1940 konzipiert u. 1941, noch in Finnland, entworfen]. — *Uraufführung:* Städtische Bühnen Frankfurt, 8. 3. 57; Regie H. Buckwitz, Bühnenbild T. Otto, mit D. Jecht als Simone. — *Handschrift:* vgl. Ramthun I 156. — *Druck:* SuF 8 (1956) H. 5/6; ST IX; WA V; Pohl 134 [Zitate]. — Verschiedene Fassungen. — *Quellen, Vorbilder, Anregungen:* Schiller »Jungfrau von Orleans«. — *Mitarbeiter:* L. Feuchtwanger, der mehrmals sogar im Titel als Mitautor genannt wird; er verwertete den Stoff später auch für seinen Roman »Simone«. — *Musik:* H. Eisler [Photokopien der Partitur in BBA]. — *Selbstzeugnisse:* TH IV; WA XVII; ‚Schauspiel‘ (Frankfurt) 1956/7, Nr 9 [Arbeitsbuchnotizen]; SuF 11 (1959) H. 1 [Briefe]; Theater im Gespräch 320; vgl. auch den Filmplan *»Die Jungfrau von Orleans«* [TF II]. — *Literatur:* Aufricht 257; Baumgärtner: Kindler Bd 3, 720; K. Berger Bd 2, 545; Berlau: Neues Deutschland 6.—7. 4. 57, Beilage 83/4; Bunge: Leben und Werk 128 p.; S. Burkhart: Die Behandlung des zweiten Weltkrieges im deutschen Drama (Diss. Univ. of Cincinnati 68); Butzlaff: DU 16 (64) 3, 25, Ponte 22 (66) 370; Chiusano 41; Cook: The Catholic World 196 (63) 250; Demange 101; Dort I 133, 144 p.; Eickhorst: Arizona Quarterly 17 (61) 323; Eisler 181; Ewen 396; Feuchtwanger: NDL 5 (57) 6, 56, SuF 11 (59) 15; Fradkin: KuL 4 (56) 359; Gastev: Teatr 21 (60) 186; Gisselbrecht: Europe 75 p., Aufbau 13 (57) 571; Guerrero 146; Jacobi: Die politische Meinung [Köln] 11 (57) 91; Kächele 41; Kaufmann I 174; S. Kienzle: Modernes Welttheater (66) 94; [Mueller:] BB u. L. Feuchtwanger: The Visions of Simone Machard (New York 65) 9; Müller: Theater/2 31; Peixoto 203; Petermann; Pohl 133; Pongs I 457; Rischbieter Bd 1, 160; G. Storz: Figuren u. Prospekte. Ausblicke auf Dichter u. Mimen, Sprache u. Landschaft (63) 181, Schiller-Jb. 6 (62) 107; Unikower: Dt. Lehrerztg [Berlin] 4 (57) 48; Weideli 105; Weigel 116. — *Weitere Literaturangaben:* Kosch 984; Petersen 77.

» *Schweyk im zweiten Weltkrieg* « (urspr. »Schweyk«):
ohne nähere Bezeichnung. — *Entstehung:* [New York u.] Santa
Monica 1943. — *Uraufführung:* Polnisches Armee-Theater War-
schau, 17. 1. 57; Regie L. René, Bühnenbild J. Kosinski [in polnischer
Sprache]. — *Handschrift:* vgl. RAMTHUN I 168. — *Druck:* ST X; WA
V. — Verschiedene Fassungen. — *Quellen, Vorbilder, Anregungen:*
Hašek »Die Abenteuer des braven Soldaten Schwejk während des
Weltkrieges«; Kraus »Die letzten Tage der Menschheit« [?]. —
Musik: H. Eisler; aber urspr. als Oper für K. Weill geplant. —
Selbstzeugnisse: ST X; TH IV, VII; WA V, XVI, XVII; Spectacu-
lum 3. Sieben moderne Theaterstücke (1960) 337 [Tagebuchnotizen]
(vgl. auch TH III, V; WA XV [zur Schweyk-Bearbeitung für E.
Piscator]). — *Literatur:* anon: Divadlo 8 (57) 533; AUFRICHT 256;
BECKMANN 242; K. BERGER Bd 2, 547; Blau: TDR 5 (61) 3, 119;
BRANDT 48 p.; Bunge: LEBEN UND WERK 132; S. Burkhart: Die Be-
handlung des zweiten Weltkrieges im deutschen Drama (Diss. Univ.
of Cincinnati 68); Butzlaff: DU 16 (64) 3, 25, Ponte 22 (66) 370;
[Castellani:] Schweyk nella seconda guerra mondiale (Turin 64) 5;
CHIUSANO 42; Cube: FH 14 (59) 609; DEMANGE 97; DORT I 149;
DUWE III 81; EISLER 70; EWEN 401; FECHNER 84; Frey: EL II/9 (66)
3, 125; Fuegi/Hoffmann: Festschrift für D. W. Schumann zum
70. Geb. (70) 337; GRIMM II 50; Guglielmino [u. a.]: ABB 4 (61) 3;
HEIDSIECK 73 p.; HOLTHUSEN 93; HÜFNER 196; KÄCHELE 41;
KESTEN 221; S. Kienzle: Modernes Welttheater (66) 98; Kjellin: ORD
48; KOHLHASE 164; Koplowitz: Weltbühne 3 (48) 119; [Lunari:]
Schweyk nella seconda guerra mondiale (Turin ²61) 9; MAYER II 84,
IV 7; Melchinger: Veltro 7 (63) 275; PEIXOTO 79, 205; PETR 143 p.;
PISCATOR p.; POHL 50; Rebora: Sipario 179 (61) 5; H. Reimann:
Mein blaues Wunder. Lebensmosaik eines Humoristen (59) 412;
RISCHBIETER Bd 1, 154; RUS; Schaller: Dt. Woche 9 (59) 24, 10;
A. Schulze-Vellinghausen: Theaterkritik 1952/60 (61) 132; Stern: CL
20 (68) 193; STERNBERG 12; TAËNI 88; WEKWERTH II 67; WILL 36 p.
— *Weitere Literaturangaben:* ADELMAN/DWORKIN 67; KOSCH 982;
PETERSEN 78.

» *Der kaukasische Kreidekreis* « (hervorgegangen
aus einem urspr. geplanten »Odenser Kreidekreis« [auch »Der Kreidekreis«; 1938/39]): ohne nähere Bezeichnung [vgl. jedoch Entwurf BBA 239/5: „Der kaukasische Kreidekreis mag als Versuch gel-
ten. Er gehört zum Typus der Parabelstücke"; dagegen Materialien-
Bd (s. u.) 18: „ »Der kaukasische Kreidekreis« ist keine Parabel"]. —
Entstehung: Santa Monica 1944/45. — *Uraufführung:* Nourse Little
Theatre (Carleton College) Northfield/Minn., 4. 5. 48; Regie H.
Goodman, mit F. Heim als Grusche u. A. L. Tinnin als Azdak [in
englischer Sprache]. — *Handschrift:* vgl. RAMTHUN I 171. — *Druck:*
SF/1; VS XIII; ST X; WA V; POHL 13, 28, 143 [Zitate]; dazu
Bühnenfassung des Berliner Ensembles' [redigiert von J. Tenschert]
Henschelverlag, Berlin 1968°; vgl. auch GD IX. — Verschiedene Fas-

sungen [vgl. auch die 1940 entstandene Erzählung »Der Augsburger Kreidekreis«: PR II; WA XI]. — *Quellen, Vorbilder, Anregungen:* Li Hsing-tao »Der Kreidekreis«, auch in der Bearbeitung von Klabund; 1. Buch der Könige 3,16—28 [„Salomons Schwertprobe"; vgl. Materialien-Bd (s. u.) 18]; K. M. Simonow; slowakische Volkslieder u. estnische Volksepen; »Mahnworte eines Propheten«, aus dem Band »Die Literatur der Ägypter«, übersetzt von A. Erman, 1923 [für »Lied vom Chaos«]; Brueghel »Die tolle Gret« [für Grusche]. — *Mitarbeiter:* R. Berlau. — *Musik:* P. Dessau [48 Stücke; Klavierauszug: 12 Gesänge in »Lieder u. Gesänge« 1957]; K. Griffith; M. Bucci; M. Fink. — *Verfilmung:* Notiz für Plan TF II. — *Selbstzeugnisse:* VS XIII; TH V, VI, VII; LK II; TF II; WA V, XVI, XVII, XIX; SF/2; Brief an H. Buckwitz: »Frankfurt u. sein Theater«, hrsg. H. Heym (1963) 158; Materialien-Bd [s. u.]; Tonbandaufnahmen von den Proben mit dem Berliner Ensemble in BBA [nicht jedoch der von H. Bunge stammende, irrtümlich in TH VI veröffentlichte Text ,Vorspiel']. — *Materialien:* »Materialien zu Brechts „Der kaukasische Kreidekreis" « [zusammengestellt von W. Hecht] Suhrkamp, Frankfurt 1966* u. Henschelverlag, Berlin 1968°. — *Literatur:* ABEL 97; Abraham: Éducation et Théâtre 7 (56) 7, 15; Alter: College Language Association Journal [Baltimore] 8 (64) 60; Baumgärtner: KINDLER Bd 4, 413; BECKMANN 133 p.; Beckmann: Zeitwende. Die neue Furche 27 (56) 855, MuK 8 (62) 43; Beer: WZUJ 17 (68) 269; Beinlich: Hochland 57 (64/5) 545; BENTLEY I 255, IV XLV; [Bentley:] BB: The Caucasian Chalk Circle (New York 66, ²67) 5, 129, BB: The Good Woman of Setzuan (New York 66) 5, SF/2 159, TDR/1 39, TDR 10 (66) 4, 64, DS 4 (65) 101; K. BERGER Bd 2, 550; BRANDT 24 p.; Brashko: KuL 6 (58) 835; BRINKMANN I 33, 62; BRUSTEIN I 276 p., II 168; Bunge: LEBEN UND WERK 139, SF/2 322, TDR 4 (59) 2, 50; [Byrne:] BB: The Caucasian Chalk Circle (London u. Glasgow 67) 120; Chiarini: WB/S 195; CHIUSANO 43; CHRIST 175; H. Clurman: Lies Like Truth. Theatre Reviews and Essays (New York 58) 228; Colombo: Letture [Mailand] 12 (57) 1, 45; [Daiber:] Reclams Schauspielführer (¹⁰68) 823; Dasté: EUROPE 127, GuZ 4 (57) 31, ThP 29 (58) 1; DEMANGE 127; DORT I 185, II 197; DUWE I Bd 2, 405; EISLER 237; EMMEL 51; EWEN 409; Falkenberg: Blätter des Deutschen Theaters in Göttingen 8 (57/8) 127, 190; Feuchtwanger: SF/2 103; GARTEN 125; Gaskell: MD 10 (67) 195; Geißler: WW 9 (59) 93; Gisselbrecht: EUROPE 75, 85, 92, 105 p. Aufbau 13 (57) 571; Glade: TDR/2 137; [Götz:] BB: Kavkazský křídový kruh (Prag ²62) 119; Gray: COLLECTION 151 GREGOR Bd 7, 81; GRIMM II 19; Grimm: SCHILLEMEIT Bd 2, 309 ZfdPh. 78 (59) 423; Grözinger: Hochland 43 (50) 80; GUERRERO 159; HENNENBERG I 89, 121, 215, 219; HINCK I 35, 47, 54, 84 p. Hinck: DT. LITERATUR Bd 2, 375; HOLTHUSEN 117; HÜFNER 62, 112 HURWICZ [o. S.]; Jacobs: Euph. 62 (68) 421; JENDREIEK 295; Juin NDL 6 (58) 4, 150; KÄCHELE 43; KAISER 188; KARSCH 365; KAUF-

MANN I 241; Keisch: NDL 6 (58) 2, 6; KENNEY 92, 111; W. Kerr: Thirty Plays Hath November. Pain and Pleasure in the Contemporary Theater (New York 69) 277; KESTING II 52; S. Kienzle: Modernes Welttheater (66) 96; Klotz: Akzente 3 (56) 31; Koester: GQ 43 (70) 376; Königshof: SuF 7 (55) 578; [Kundera:] BB: Kavkazský křídový kruh (Prag 64) 119; Kupke: THEATER DDR [o. S.]; Ley: CL 18 (66) 312; E. Lothar: Ausgewählte Werke VI (68) 190; LUCAS 117 p.; Ludowyk: Comparative Literature. Proceedings I, ed. W. P. Friederich (Chapel Hill 59) 249; LUMLEY 87; LYONS 132 p.; Lyons: CD 1 (67) 56; [Marland:] BB: The Caucasian Chalk Circle (London u. Glasgow) VII, 115, 127; W. MITTENZWEI II 215; K. MÜLLER 205; J. Müller: WZUJ 8 (58/9) 378; PEIXOTO 212; Pfrimmer: JACQUOT II 467; PISCATOR Bd 2, 208; POHL 12, 138; PONGS I 473; L. C. Pronko: Theater East and West. Perspectives Toward a Total Theater (Berkeley u. Los Angeles 67) 61; RAFFA 151; A/W van Rinsum: Dichtung u. Deutung. Eine Geschichte der dt. Literatur in Beispielen (63) 294 p.; RISCHBIETER Bd 2, 50; ROSENFELD 169; J. RÜHLE I 245; W. V. Ruttkowski: Die literarischen Gattungen. Reflexionen über eine modifizierte Fundamentalpoetik (68) 77; Sabourín: Revista de la Universidad de Oriente [Santiago de Cuba] 1 (62) 2, 56; Sagar: MD 9 (66) 11; SCHÄRER 80; Schöne: Euph. 52 (58) 278 p.; A. Schulze-Vellinghausen: Theaterkritik 1952/60 (61) 131; K. Schulz: Das „politische Theater" Piscators (Diss. Göttingen 56); SCHWIMMER 42; SPALTER 196; Steinbach: DU 18 (66) 1, 34; Steer: GLL N.S. 21 (67/8) 1; P. Suhrkamp: Briefe an die Autoren (63) 108; Szántó: Szinhaz és Filmmüvészet [Budapest] (56) 731; TORBERG I 181, II Bd 1, 112; TSCHARCHALASCHWILI 93; Tscharchalaschwili: WB/S 171; Tumler: NDH 44 (58) 1060; TYNAN I 389, 452, II 121; UHSE 197; URBANEK II 374; VAJDA II p.; WEIDELI 118; WIESE 266; WILL p.; WILLIAMS II 277; Wirth: SF/2 378, EP. THEATER 197; [Witt:] Der kaukasische Kreidekreis (60, ⁴62) 112; [Witte:] Vergleichen u. Verändern. Festschrift für H. Motekat (70) 259; Zimmermann: DU 10 (58) 6, 86. — *Weitere Literaturangaben:* NUBEL 599; KOSCH 986; PETERSEN 70; HILL/LEY 58; Materialien-Bd [s. o.] 162, 180.

»*The Duchess of Malfi*« *[by John Webster]:* ,Adaptation for the Modern Stage'. — *Entstehung:* Santa Monica u. New York 1943/45. — *Uraufführung:* Boston, Sept. 1946; Regie G. Rylands, mit E. Bergner als Herzogin. — *Handschrift:* vgl. RAMTHUN I 181 [dort auch die Schreibungen „Malvi" u. „Malfy"] (nur in englischer Fassung, doch z. T. mit dt. Entwürfen). — *Ungedruckt* [vgl. jedoch GD VI, IX]. — *Quellen, Vorbilder, Anregungen:* Bearbeitung von J. Websters gleichnamigem Drama [s. o.]. — *Mitarbeiter:* H. R. Hays [mehrmals im Titel als Mitautor aufgeführt]; W. H. Auden. — *Selbstzeugnisse:* TH IV. — *Literatur:* Driscoll: DS 6 (67) 42; Reich: ThZ 21 (66) 14 Beilage.

»*Die Antigone des Sophokles*«: ,Nach der Hölderlinschen Übertragung [für die Bühne bearbeitet]'. — *Entstehung:* Zürich Nov./Dez. 1947 [dazu neuer Prolog 1951]. — *Uraufführung:* Stadttheater Chur, 15. 2. 48; Regie B. Brecht u. C. Neher, Bühnenbild C. Neher, mit H. Weigel als Antigone u. H. Gaugler als Kreon. — *Handschrift:* vgl. RAMTHUN I 205. — *Druck:* ST XI; WA VI; Modellbuch u. Materialien-Bd [s. u.]; dazu ‚Fassung der Churer Aufführung' [hrsg. von W. Hecht] Henschelverlag, Berlin 1969; vgl. auch GD IX. — Verschiedene Fassungen. — *Quellen, Vorbilder, Anregungen:* Die sophokleische »Antigone« in Hölderlins Übertragung [s. o.; die beiden Texte in Paralleldruck bei BUNGE]; einzelnes aus Pindars Oden, ebenfalls in Hölderlins Übertragung; das von Goethe in den »Noten u. Abhandlungen zum West-östlichen Divan« mitgeteilte arabische Preislied [vgl. Abschnitt »Araber«]. — *Mitarbeiter:* C. Neher. — *Modell:* »Antigonemodell 1948«, Henschelverlag, Berlin 1949, ²1955. — *Selbstzeugnisse:* ST XI; TH V, VI; WA XVII; Modellbuch [s. o.]; Materialien-Bd [s. u.]; »Bertolt Brecht — Caspar Neher« [Ausstellungskatalog] (1963) 5 [Brief an C. Neher]; Briefe u. Arbeitsbuchnotizen, abgedruckt bei BUNGE, z. T. auch bei GRIMM II u. WITZMANN. — *Materialien:* B. Brecht »Die Antigone des Sophokles. Materialien zur „Antigone"« [zusammengestellt von W. Hecht] Suhrkamp, Frankfurt 1965*; »Die Antigone des Sophokles. Materialien« [zusammengestellt u. redigiert von W. Hecht] Henschelverlag, Berlin 1969* (nur z. T. identisch). — *Literatur:* BUNGE; Bunge: LEBEN UND WERK 151; CHIUSANO 49; Curjel: GESPRÄCH 9; DEMANGE 104; EWEN 427; Fradkin: KuL 4 (56) 359 u. 16 (68) 159; Froment-Meurice: Preuves 18 (68) 212, 70; Gansel/Ivernel: ThP 54 (64) 130; GINSBERG 149; GRIMM II 38; K. Hamburger: Von Sophokles zu Sartre. Griechische Dramenfiguren antik u. modern (62) 208; Hebel: DU 17 (65) 3, 58; Jhering: Aufbau 4 (48) 777; F. Jones: TDR 2 (57) 1, 39, ACTES I Bd 2, 1079; [J. R. Jones:] Studies in Honour of Francis Letters (Melbourne 66) 103; KAUFMANN I 197; [Neher:] Bertolt Brecht — Caspar Neher [s. o.] 5; PEIXOTO 228; Phelps: TDR/2 125; POHL 163; RINSER 144 p.; RISCHBIETER Bd 2, 67; Schmid: Bündner Jb. N. F. 10 (68) 69; Schumacher: Dt. Woche 9 (59) 16, 9; VIERTEL 186; We, the Living Theater, hrsg. A. Rostagno (New York 70) 137; WEIGEL 112; WEISENBORN 108; WITZMANN 75. — *Weitere Literaturangaben:* NUBEL 580; KOSCH 980; PETERSEN 79; Materialien-Bd (Frankfurt) 140, 143, (Berlin) 90, 93.

Am 22. 10. 1948 traf Brecht, über die Tschechoslowakei kommend, in Berlin ein. Seine Rückkehr erfolgte also auf demselben Weg wie seinerzeit seine Flucht ins Exil. Nachdem sich der Dichter 1949 endgültig eingerichtet hatte, verbrachte er — von zahlreichen Reisen abgesehen — fortan den Rest seines Lebens in Berlin, wo er anfangs in Weißensee, seit 1953 im Rückgebäude des Hauses Chausseestraße 125 wohnte.

Brechts erste Arbeit war seine berühmte, später auch in Buchform vorgelegte Modell-Inszenierung von *»Mutter Courage«*, die mit Helene Weigel in der Titelrolle am 11. 1. 1949 im Deutschen Theater herauskam. Aus dieser Inszenierung erwuchs das Berliner Ensemble, das dann im September gegründet wurde. Übrigens hatte nicht der Dichter selber, sondern seine Frau die verantwortliche Leitung inne; Brecht begnügte sich mit der Bezeichnung „Mitglied des künstlerischen Beirats des Theaters". Nachdem das Ensemble längere Zeit Gast im Deutschen Theater gewesen war, erhielt es im März 1954 im traditionsreichen Theater am Schiffbauerdamm, das in den zwanziger Jahren Brechts große Triumphe erlebt hatte, ein eigenes Haus. Von 1949 an, als die neue Truppe mit einer Aufführung des *»Puntila«* zum erstenmal an die Öffentlichkeit trat, bis zu seinem Tode im Jahre 1956 konzentrierte der Dichter, als Regisseur und Bearbeiter, seine Theaterarbeit auf das Berliner Ensemble.

Die Tätigkeit Brechts wurde vom Staat großzügig subventioniert: 60 Darsteller, ein Gesamtpersonal von 250 Kräften, dazu fast unbegrenzte Proben- und Experimentiermöglichkeiten standen ihm zur Verfügung. Bewährte Brecht-Schauspieler aus der Zeit vor der Emigration, wie ERNST BUSCH, GERHART BIENERT, FRIEDRICH GNASS, sowie eine Reihe von begabten Nachwuchsdarstellern, von denen wohl ANGELIKA HURWICZ und EKKEHARD SCHALL am bekanntesten wurden, bildeten den Kern des Ensembles; gastweise kamen aus der Schweiz Therese Giehse, Leon(h)ard Steckel und HANS GAUGLER, der Kreon der Churer *»Antigone«*, hinzu. Die alten Freunde und Mitarbeiter, vor allem Jhering, Eisler, Dessau, Neher, Elisabeth Hauptmann und Ruth Berlau, scharten sich um Brecht, der in diesen Jahren zweifellos nicht nur als Künstler, sondern auch als Mensch den weitesten Wirkungskreis gewann, der ihm je beschieden war. Der beste Beweis dafür sind die zahlreichen jungen Mitarbeiter, die der Dichter heranzog und prägte: etwa BENNO BESSON, HANS-JOACHIM BUNGE, CLAUS HUBALEK, EGON MONK, PETER PALITZSCH, KÄTHE RÜLICKE oder MANFRED WEKWERTH, um nur einige Namen zu nennen. Brechts langgehegter Gedanke einer experimentell-schöpferischen Theatergemeinschaft, den er von Piscator übernommen und mit seiner ›Diderot-Gesellschaft‹ erstmals zu realisieren gesucht hatte, war hier endlich Wirklichkeit geworden.

Das Jahr 1949 brachte eine Anzahl wichtiger Veröffentlichungen. Zunächst nahm Brecht mit Heft 9 die Publikation der »Versuche« wieder auf; sie erschienen im Suhrkamp-Verlag, Frankfurt, und gleichzeitig im Berliner Aufbau-Verlag. PETER SUHRKAMP, dem Brecht die Verlagsrechte übertragen hatte, war ein langjähriger Freund des Dichters; in den zwanziger Jahren hatte er als Dramaturg am Landestheater Darmstadt sich eifrig für ihn eingesetzt und zum Teil sogar mit ihm zusammengearbeitet. Außerdem veröffentlichte Brecht in einem ihm gewidmeten Sonderheft der Zeitschrift ›Sinn und Form‹ (dem ersten; ein zweites erschien 1957) u. a. den »Kaukasischen Kreidekreis«, das »Kleine Organon« sowie Teile eines Romans »Die Geschäfte des Herrn Julius Caesar«, der den Aufstieg des römischen Diktators als eine Kette von Intrigen, schmutzigen Geschäften und Betrügereien schildert; das Werk, das dann postum in einer erweiterten Fassung gedruckt wurde, blieb jedoch Fragment.

Bedeutsamer sind die »Kalendergeschichten«, Erzählungen und Gedichte enthaltend und ebenfalls noch 1949 im Druck erschienen. Hier zeigt Brecht sich als Meister einer knappen, nüchternen Erzählprosa. Der Band enthält, außer dem schon früher erwähnten »Augsburger Kreidekreis«, folgende sieben Erzählungen: »Die zwei Söhne«, eine Episode aus dem letzten Krieg; »Das Experiment« und »Der Mantel des Ketzers« (über Francis Bacon bzw. Giordano Bruno); »Der verwundete Sokrates«, das von Georg Kaisers Drama »Der gerettete Alkibiades« angeregt ist; »Die unwürdige Greisin«, ein Denkmal für seine Großmutter; »Der Soldat von La Ciotat« (ursprünglich »L'homme statue«) und die aus dem Umkreis des Caesar-Romans stammende Geschichte »Caesar und sein Legionär«; darüber hinaus enthält er neue »Keuner-Geschichten«. Vieles, auch von den Gedichten, war bereits früher und zum Teil in abweichenden Fassungen veröffentlicht worden. Schließlich vollendete Brecht 1949 auch sein letztes selbständiges Stück, »*Die Tage der Commune*«, das er ein Jahr vorher begonnen hatte. Es gestaltet den Aufstand der Pariser Kommunarden im Jahr 1871 und ist ein „Gegenentwurf", wie Brecht in solchen Fällen zu sagen pflegte, zu NORDAHL GRIEGS Drama »Niederlage«, dessen Übersetzung seinerzeit noch Margarete Steffin besorgt hatte. Sowohl im Druck als auch auf der Bühne erschien das Werk erst nach Brechts Tode.

Das Jahr 1950 brachte im April die Inszenierung des von Brecht bearbeiteten Sturm und Drang-Dramas »*Der Hofmeister*« nach J. M. R. LENZ. Kurz vorher hatte der Dichter die österreichische Staatsbürgerschaft erworben (12. 4. 1950). Im übrigen arbeitete Brecht mit Paul Dessau (der u. a. auch die Musik zu den Stücken »*Mutter Courage und ihre Kinder*«, »*Der gute Mensch von Sezuan*« und »*Der kaukasische Kreidekreis*« geschrieben hat) an einer Opernfassung seines Hörspiels »*Das Verhör des Lukullus*«, die im März des folgenden Jahres an der Staatsoper uraufgeführt, aber nach der ersten Vorstellung wieder vom Spielplan abgesetzt wurde. Am 12. 10. 1951 fand unter dem Titel »*Die Verurteilung des Lukullus*« eine Wiederholung statt, die sowohl musikalische als auch textliche Änderungen aufwies. Die letzteren betrafen namentlich die ursprünglich absolut pazifistische Tendenz des Werkes, die in der Neufassung durch eine verschärfte Ablehnung des Angriffskrieges bei nunmehr positiver Bewertung des Verteidigungskrieges modifiziert ist. (Bekanntlich hatte Brecht sich immer wieder mit der marxistischen Ästhetik und deren Vertretern auseinanderzusetzen.) Dessaus »*Lukullus*«-Vertonung war übrigens bereits die zweite, die geschrieben wurde; als erster hatte 1947 in Amerika ROGER SESSIONS das Hörspiel (in der englischen Übersetzung von H. R. HAYS) vertont.

Brecht (der auch für den Nobelpreis vorgeschlagen worden war) empfing in seinen letzten Lebensjahren vielerlei Ehrungen: 1950 wurde er zum Mitglied der Akademie der Künste, 1953 zum Vorsitzenden des PEN-Zentrums gewählt; am 7. 10. 1951 verlieh ihm die Regierung einen Nationalpreis 1. Klasse und am 21. 12. 1954 erhielt er den Internationalen Stalin-Friedenspreis. Aus diesem Anlaß reiste er auch im Mai 1955 nach Moskau, wo er im Kreml den Preis aus den Händen des Vorsitzenden des sowjetischen Friedenskomitees, N. S. TICHONOW, entgegennahm. Weitere Reisen führten Brecht u. a. im

Febr. 1952 nach Warschau, wohin ihn das polnische Komitee für kulturelle Auslandsbeziehungen eingeladen hatte, und im Febr. 1956 nach Mailand zur Aufführung der von GIORGIO STREHLER inszenierten »Dreigroschenoper«. Von entscheidender Bedeutung jedoch wurden die beiden Gastspiele des Berliner Ensembles auf dem Internationalen Theaterfestival in Paris: im Sommer 1954 mit »Mutter Courage«, die den ersten Preis errang, ein Jahr darauf mit dem »Kaukasischen Kreidekreis«, der ebenfalls ausgezeichnet wurde (allerdings nur mit dem 2. Preis; den ersten erhielt damals die Pekinger Oper). Die beiden großen internationalen Erfolge in Paris, bei denen Brecht stürmisch gefeiert wurde, begründeten seinen Weltruhm als Dichter und Regisseur.

Auch nach Westdeutschland reiste Brecht verschiedentlich: sei es um zu inszenieren, wie 1951 die »Mutter Courage« an den Münchener Kammerspielen, sei es um an Diskussionen teilzunehmen, wie im März 1955 in Hamburg, wo er u. a. mit WEISENBORN und HANS HENNY JAHNN, den er ebenfalls aus den frühen zwanziger Jahren kannte, zusammentraf. Die Teilnahme des Dichters an den Gesamtdeutschen Gesprächen in West-Berlin wie seine gegen die Pariser Verträge gerichtete Rede auf der Dresdener Tagung des Deutschen Friedensrates (12. 2. 1955) waren Ausdruck einer politischen Aktivität, die sich in erster Linie gegen die Wiederaufrüstung in der Bundesrepublik wandte. Zu diesen Fragen äußerte er sich auch mehrfach in Offenen Briefen: so am 26. 9. 1951 (an die deutschen Künstler und Schriftsteller), am 8. 11. 1951 (an den Weltfriedensrat), am 4. 7. 1956 (an den Bundestag in Bonn). Über Brechts Haltung während der Vorgänge vom 17. 6. 1953 ist schon viel geschrieben worden; mit Sicherheit läßt sich bis jetzt nur sagen, daß er am Morgen dieses Tages einen Brief an Walter Ulbricht sandte, von dem seinerzeit allein der Schlußsatz, eine Versicherung seiner Loyalität, am 21. 6. 1953 in der Zeitung ›Neues Deutschland‹ abgedruckt wurde. (Der vollständige Wortlaut dieses Briefes ist inzwischen zugänglich.) Ein zweiter Brief, geschrieben am 21. Juni, wurde zwei Tage später in derselben Zeitung veröffentlicht. In Westdeutschland erhob sich eine heftige politische Reaktion, die sich u. a. auch darin äußerte, daß Brechts Stücke nun für längere Zeit von den Spielplänen der Bühnen abgesetzt wurden.

Unterdessen hatte der Dichter seine »Theaterarbeit« (so der Titel eines 1952 veröffentlichten Bildbandes) mit dem Berliner Ensemble fortgesetzt. Die wichtigsten Aufführungen seien kurz genannt: am 13. 1. 1951 wurde von Brecht »*Die Mutter*«, am 16. 11. 1952 von Egon Monk der Einakter »*Die Gewehre der Frau Carrar*« inszeniert, beides mit Helene Weigel in der Hauptrolle. »*Die Mutter*« wurde wegen „Formalismus" heftig angegriffen; es bedurfte der ganzen List und Autorität Brechts — u. a. durch den Hinweis, Gorki selbst habe die Fassung „autorisiert" —, um das Stück auf dem Spielplan zu halten. Es folgte am 23. 5. 1953 die Komödie »Katzgraben« von ERWIN STRITTMATTER, die Brecht, der auch Regie führte, zusammen mit dem Autor bearbeitet und in verfremdende Jamben umgeschrieben hatte. Die letzte große Brecht-Inszenierung und eine seiner eindrucksvollsten Leistungen überhaupt brachte schließlich die deutsche Uraufführung des »*Kaukasischen Kreidekreises*«, die am 7. 10. 1954 stattfand. (Schon am 15. Juni hatte die erste „Voraufführung" vor Publikum stattgefunden. Solche „Voraufführungen", gewöhnlich eine Woche vor der eigentlichen Premiere beginnend, waren beim Berliner Ensemble die Regel; Brecht bediente sich ihrer u. a., um die Wirkung von Spiel und Inszenierungsweise auf die Zuschauer zu studieren und zu korrigieren.) Seine nicht minder berühmte *Galilei*-Inszenierung von 1956 freilich konnte der Dichter nicht mehr selber vollenden; sie wurde schon bald von Erich Engel übernommen und nach Brechts Tod zu Ende geführt.

Neben den »*Versuchen*«, die zumeist Dramen und theoretische Schriften bringen, veröffentlichte Brecht 1951 noch einen Band seiner Lyrik (ausgewählt von Wieland Herzfelde): »*Hundert Gedichte*«, der das Schaffen von 1918 bis 1950 umfaßt. Neu in ihm ist u. a. das 1951 entstandene (übrigens von Dessau auch vertonte) erzählende Gedicht »*Die Erziehung der Hirse*«, das von der Verbesserung des Hirseanbaus in der Sowjetunion handelt. Im gleichen Jahr wurde von Suhrkamp die »*Hauspostille*« neu aufgelegt, allerdings ohne den in der Erstausgabe enthaltenen »*Gesang des Soldaten der roten Armee*«. Eine Kantate, »*Herrnburger Bericht*« betitelt, erschien 1951 ebenfalls im Druck. Sie wurde im August bei den Weltjugendfestspielen in Berlin uraufgeführt und behandelt einen Zwischenfall, der sich an der Zonengrenze bei Herrnburg ereignet hatte; Dessau schrieb dazu die Musik. Postum hingegen wurde Brechts Stück »*Turandot oder Der Kongreß der Weißwäscher*« gedruckt, das Motive von SCHILLER bzw. GOZZI verwendet, um die Thematik des »*Tui-Romans*« zu illustrieren.

1953 entstand mit den »*Buckower Elegien*« (nach dem Landhaus des Dichters in Buckow benannt) die letzte größere Gedichtsammlung. Im selben Jahr begann die dritte großen Sammelausgabe der Brechtschen Werke zu erscheinen: die zwölfbändige, zunächst bei Suhrkamp, dann auch im Aufbau-Verlag veröffentlichte Reihe der *»Stücke«*, in der fast das gesamte dramatische Schaffen vereinigt ist. Sie wurde erst 1959, drei Jahre nach dem Tod des Dichters, mit zwei Bänden *»Bearbeitungen«* vorläufig abgeschlossen, die außer den schon erwähnten Stücken noch MOLIÈRES *»Don Juan«*, SHAKESPEARES *»Coriolan«*, GEORGE FARQUHARS »The Recruiting Officer« (unter dem Titel *»Pauken und Trompeten«*) und das Hörspiel *»Der Prozeß der Jeanne d'Arc zu Rouen 1431«* von Anna Seghers enthalten. Man hat hier allerdings Grund zu fragen, ob es sich bei diesen Stücken noch um echte Werke Brechts handle; eher dürfte wohl die Bezeichnung ‚Bearbeitungen des Berliner Ensembles' angebracht sein. Mit einem Seitenblick auf die Kunstgeschichte könnte man auch von Werken „aus der Schule" Brechts sprechen. Auf die beiden Nachzügler, durch die die Ausgabe der *»Stücke«* nunmehr auf vierzehn Bände angewachsen ist, trifft diese Einschränkung jedoch nicht zu. Bd XIII enthält die frühen Einakter; ferner zwei politische Einakter, die 1939, unter dem Pseudonym John Kent, im skandinavischen Exil entstanden: *»Dansen«* und *»Was kostet das Eisen?«* (nur dieses eine Stück wurde 1939 in Stockholm auch aufgeführt). Bd XIV schließlich bringt das schon behandelte *»Turandot«*-Stück sowie den thematisch verwandten *»Tui-Roman«*.

Das letzte selbständige Werk, das der Dichter zum Druck gebracht hat, ist die *»Kriegsfibel«*. Nach Dessau war sie ursprünglich in zwei Teilen, einer *»Deutschen«* und einer *»Internationalen Kriegsfibel«*, angelegt, die aber dann vereinigt wurden. Die langsam gewachsene Sammlung besteht aus einer Folge von abschreckenden Zeitungsausschnitten, die Brecht mit vierzeiligen Knittelversunterschriften versehen hat, und entspricht teilweise den Texten eines von Paul Dessau 1944/47 vertonten mehrteiligen Oratoriums *»Deutsches Miserere«*. (Die Bilder, die vor allem aus dem letzten Kriege stammen, sollen bei der Aufführung auf eine Leinwand projiziert werden.) Veröffentlicht wurde das konsequent pazifistische Werk, das sich als ein marxistisches Emblembuch definieren ließe, erst 1955; die als Pendant angekündigte *»Friedensfibel«* erschien nie.

Einige theoretische Äußerungen, die verstreut in den Sammelausgaben erschienen sind, fallen zwar weniger ins Auge, geben aber über Brechts Entwicklung in den letzten Jahren interessante Aufschlüsse; hierher gehört vor allem die auch autobiographisch bedeutsame Vorrede im ersten Band der *»Stücke«* (*»Bei Durchsicht meiner ersten Stücke«*), außerdem die Anmerkungen zum *»Hofmeister«*, der (postum veröffentlichte) *»Nachtrag zum Kleinen Organon«* sowie *»Die Dialektik auf dem Theater«* (in den *»Versuchen«*). Hinzu kommen *»Übungsstücke für Schauspieler«*, in denen Brecht u. a. versucht, durch Verfremdung den Grundvorgang klassischer Szenen zu ermitteln (etwa wenn die Begegnung der beiden Königinnen aus Schillers »Maria Stuart« als Streit zweier Fischweiber erscheint). Bedeutsamer als all dies sind freilich die über zehn Bände *»Schriften zum Theater«*, *»Schriften zur Literatur und Kunst«* und *»Schriften zur Politik und Gesellschaft«*, die in den letzten Jahren aus dem Nachlaß veröffentlicht worden sind. Sie bieten eine schier unglaubliche Fülle an neuem Material, dessen Erschließung bisher noch kaum begonnen hat.

Einige von Brechts Stücken wurden auch verfilmt. 1955 drehte ALBERTO CAVALCANTI in Österreich den Farbfilm *»Herr Puntila und sein Knecht Matti«*, mit Curt Bois in der Titelrolle; 1954 begann man in Berlin unter der Regie von WOLFGANG STAUDTE mit den Aufnahmen zu einem Farbfilm *»Mutter Courage«*. Aber Staudtes Versuch muß als gescheitert gelten; die Verfilmung ist ein Torso. Das ist um so bedauerlicher, als die letzte, vom Juli 1955 datierende Drehbuchfassung für diesen Film (der übrigens schon 1949 vereinbart worden war und dessen Regie ursprünglich Erich Engel führen sollte) eine interessante Variante zum Stück darstellt: Mutter Courage wird hier nachdrücklicher verurteilt; die positive Gestalt der stummen Kattrin ist verstärkt; ja, sogar eine ganz neue Figur, den Müller, hat der Dichter eingefügt. Brechts Schüler haben später eine zwar bescheidenere, aber dafür dokumentarisch höchst wertvolle Neuverfilmung (schwarzweiß) des Stückes *»Mutter Courage und ihre Kinder«* hergestellt. Eine entsprechende Verfilmung erfuhr auch das Stück *»Die Mutter«*. Beide Streifen stützen sich auf die Inszenierungen des Berliner Ensembles. Bemerkenswert ist ferner eine russische Filmversion von *»Furcht und Elend des Dritten Reiches«*, die jedoch bereits aus dem Jahre 1942 stammt und von PUDOWKIN gedreht wurde. Der jüngste Brecht-Streifen dürfte die französische Verfilmung der Kalendergeschichte *»Die unwürdige Greisin«* sein.

Mitten aus seiner rastlosen Tätigkeit, die ganz ohne Zweifel — davon zeugen die vielen Entwürfe und Fragmente, die sich im Nachlaß gefunden haben, — noch zahlreiche und bedeutende Ergebnisse gezeitigt hätte, riß den Dichter der Tod. Brecht, dessen Gesundheit nie sehr fest gewesen war, hatte schon 1955 gekränkelt; im Frühjahr 1956, nachdem er noch am 12. Januar auf dem deutschen Schriftstellerkongreß in Berlin gesprochen hatte, wurde er ernsthaft krank. Er mußte die Proben an »Leben des Galilei« — dieses Stück sollte als nächstes vom Berliner Ensemble aufgeführt werden — Erich Engel überlassen und für mehrere Wochen zur Behandlung ins Krankenhaus. Dennoch beteiligte sich Brecht nach einer Erholungszeit in Bukkow an der Vorbereitung des Berliner Ensembles für das Gastspiel in London, das Ende August beginnen sollte. Noch am 10. August erschien er auf einer Probe. Danach verschlimmerte sich plötzlich sein Zustand aufs neue; vier Tage später, am 14. 8. 1956, erlag der Dichter einem Herzinfarkt. Seinem Wunsch gemäß wurde Bertolt Brecht ohne vorherige Aufbahrung oder sonstige Feierlichkeiten am 17. 8. 1956 auf dem Dorotheenfriedhof, unmittelbar neben seiner letzten Wohnung, beigesetzt. Er liegt in der Nähe Hegels und Fichtes begraben.

Biographisches. — *Selbstzeugnisse:* VS XV; TH VI, VII; LK II; PG II; TF II; WA XVI, XVII, XIX, XX; Brief an J. R. Becher: Aufbau 7 (1951) 389; Brief an H. Buckwitz: »Frankfurt u. sein Theater«, hrsg. H. Heym (1963) 158; Brief an E. Busch: JHERING-FETTING 138 [auch: Junge Kunst 3 (1959) Nr. 5, 32]; Brief an K. Desch: »Aus der Römerstraße. Ein Almanach 1945 bis 1953« (1953) 83; Briefe an G. von Einem: HARTMANN 78 [auch: Stuttg. Ztg 5. 1. 63]; Brief an I. Fradkin: RÜLICKE 64 p.; Brief an M. Frisch: FRISCH III 16; Brief an A. Hurwicz: »Die Schauspielerin Angelika Hurwicz. Ein Fotobuch«, hrsg. W. Pintzka (1960) 44; Brief an E. Leiser: Inter Nationes 22; Brief an W. Pieck: »Unsere Republik 1949—1964« (Berlin) 18; Briefe an W. Pieck u. W. Ulbricht: ABB 36 (1966) [nebst weiteren Selbstzeugnissen]; Briefe an B. Reich: ThZ 21 (1966) Studien 3 [Beilage zu H. 14] 16, 19; Brief an W. Ulbricht: ABB 26 (1965) 9 [17. 6. 53]; Brief an B. Viertel: PFÄFFLIN 59; Briefe an H. Weigel: WEIGEL 63, 88; Briefe an F. Wolf: Das Magazin [Berlin] 10 (1963) H. 10, 21; EISLER 50; RÜLICKE p. [Gespräche]; France-Observateur [Paris] 30. 6. 55 [Interview]; London Magazine 3 (1956) 11, 49 [Interview]; Erklärung gegen die Pariser Abmachungen [mit W. Friedrich]: SuF 7 (1955) 138; WILLETT 202; vgl. ferner die Materialien-Bde »Die Mutter«, »Leben des Galilei«, »Mutter Courage u. ihre Kinder«, »Der kaukasische Kreidekreis« u. »Antigone«. — *Literatur:* anon: ABB 26 (65) 9; Bächler: Düsseldorfer Nachr. 8. 2. 68; BALLUSECK 153 p.; Becher [Glückwunsch]: Sonntag [Berlin] 2. 1. 55; Bunge: ABB 1 (60) 14; Cwojdrak: NDL 6 (58) 6, 122; [Dreizehn Bühnentechniker erzählen:] SF/2 465; Dymschitz: THEATER/1 14; Einem: Melos 31

(64) 113; Eisler-Fischer: Neues Forum 16 (69) 561; ESSLIN I 75; Esslin: Encounter 19 (58) 11, 73, LN 7 (59) 7, 18; EWEN 442; FASSMANN 100; FRISCH III 16; Frisch: Kursbuch 7 (66) 54; GINSBERG 148; GRASS I, II 27; Grimm: ABB 6 (63) 3; Gysi: Aufbau 4 (48) 940; HAAS I 87; HARTMANN 21; Hayman: London Magazine 3 (56) 11, 47; W. Herzfelde: John Heartfield. Leben u. Werk (62) 82; HÖGEL 73; KÄCHELE 46; KANTOROWICZ Bd 1, 627 p., Bd 2, 53, 174, 405, 649 p.; Keisch: NDL 3 (55) 1, 8 u. 2, 6; Kellner: Monat 106 (57) 84; H. Kersten: Der Aufstand der Intellektuellen. Wandlungen in der kommunistischen Welt (57) 139 p.; KESTEN 299; KESTING I 119; Kesting: Frankf. Allg. Ztg 5. 9. 59, Evergreen Review 5 (61) 21, 56; KOHLHASE 230; Kusche: Weltbühne 21 (66) 1013; Kuczynski: Weltbühne 23 (68) 215; Leiser: SF/2 442, INTER NATIONES 15, Tagebuch [Wien] 21 (66) 4, 5, Stockholms Tidningen 8. 2. 66; LÜTHY 186; Mantel: Weltbühne 15 (60) 335; Melchinger: Stuttg. Ztg 5. 1. 63; W. MITTENZWEI I 349; A. MÜLLER 67; MÜNSTERER 189; Muralt: Schweizer Rundschau 52 (52/3) 24; Neher: SF/2 437, ERINNERUNGEN 250, HARTMANN 75, 77; R. Neumann: Ein leichtes Leben. Bericht über mich selbst u. Zeitgenossen (63) 423; Noll: Aufbau 7 (51) 512; Oschilewski: Telegraf [Berlin] 25. 9. 62; Otto: BRECHT BÜHNEN [o. S.]; Paul: NDH 52 (58) 710; PEIXOTO 255; POZNER: SF/2 444, ERINNERUNGEN 267; RASCH 272; RADECKI 80; Reich: ThZ 21 (66) 14 Beilage; Rülicke: LEBEN UND WERK 162; Rülicke-Weiler: ERINNERUNGEN 183, NDL 16 (68) 2, 7; Schneider: GOEDHART 45; SCHUMACHER III 227, 233; Schumacher: Soz. HUMANISMUS 41, ERINNERUNGEN 326; Süßkind: DEUTSCHE 516; STERNBERG 42; Strehler: Chronik (67) 138; STRITTMATTER 18, 37, 106, 119, 142, 282, 292; [Strittmatter:] DDR-Reportagen. Eine Anthologie, hrsg. H. Hauptmann (69) 83, ERINNERUNGEN 240, Wochenpost [Berlin] 9. 8. 58; P. Suhrkamp: Briefe an die Autoren (63) 90, 108; SUVIN 94; UHSE 197; Uhse: ERINNERUNGEN 255; R. Wagner-Régeny: Begegnungen. Biographische Aufzeichnungen, Tagebücher u. sein Briefwechsel mit Caspar Neher (68) p.; Weber: TDR/2 101; WEISENBORN 139, 160, 242; Weisenborn: Die Zeit 27. 12. 63, ABB 18 (64) 24; WEKWERTH I 25; Wekwerth: GOEDHART 25, SF/2 260, Kürbiskern 2 (68) 188; Wendt: ThH 6 (65) 1, 12; Wiegler: Aufbau 4 (58) 1077; Zöger: Dt. Univ. Ztg 16 (61) 9, 32; Zwerenz: ThH 7 (66) 3, 24. — *Weitere Literaturangaben:* NUBEL 566.

» Die Tage der Commune « (auch »Die Zeit der Kommune« u. »Zur Zeit der Kommune« [Brecht schreibt stets „Kommune"]; ferner, als Arbeitstitel, »Die 73 Tage« [nach Ruth Berlau]): ‚Stück' (urspr. bestand auch die Absicht, eine Übersetzung „aus dem Französischen des Jaques *[sic]* Malorne [bzw.] Duchesne" zu fingieren). — *Entstehung:* Herrliberg u. Berlin 1948/49 [doch könnte die Beschäftigung mit Griegs Stück (s. u.) bis 1937 zurückgehen; vgl. BBA 2141/22—24]. — *Uraufführung:* Städtisches Theater Karl-Marx-Stadt, 17. 11. 56; Regie B. Besson u. M. Wekwerth, Bühnen-

bild nach Entwürfen von C. Neher, mit W.-D. Voigt als Jean Cabet u. H. Hoff als „Papa". — *Handschrift:* vgl. RAMTHUN I 207. — *Druck:* VS XV; ST X; WA V. — Verschiedene Fassungen. — *Quellen, Vorbilder, Anregungen:* N. Grieg »Die Niederlage« [als „Gegenentwurf"]; Grabbe »Napoleon« [?]. — *Mitarbeiter:* R. Berlau. — *Musik:* H. Eisler. — *Selbstzeugnisse:* VS XV; ST X; LK II; WA V, XIX; Briefe an H. Weigel: WEIGEL 59; WEKWERTH I [s. u.]. — *Literatur:* ADAMOV p.; Adamov: Nouvelle Critique 123 (61) 9 [vgl. auch Adamovs Stück »Le Printemps 71«, das seinerseits als eine Art Gegenentwurf zu den »Tagen der Commune« gedacht ist]; anon: Der Spiegel 10 (56) 50, 71; K. BERGER Bd 2, 553; CHIUSANO 48; DEMANGE 106; DORT I 193, II 216; EKMANN 266; Etkind: Svezda 3 (58) 153; EWEN 434; Friese: EG 22 (67) 449; Gisselbrecht: EUROPE 67; GRIMM II 40; Grimm: ZfdPh. 78 (59) 394; GUERRERO 163; [Hummel:] Nordahl Grieg og vår tid (Oslo 62) 138, WZUG 12 (63) 49; KAUFMANN I 13, 240 p.; S. Kienzle: Modernes Welttheater (66) 99; KOHLHASE 66, 155; [Lucignani:] BB: I Giorni della Commune (Mailand 54) VII; PEIXOTO 239; PONGS I 468; RISCHBIETER Bd 2, 59; SERREAU 122; Studien zur Theorie u. Praxis des sozialistischen Theaters [= Beilage zu ThZ] 1963, Nr 1: Zur Inszenierung von BBs »Die Tage der Commune« am Berliner Ensemble; Tenschert [u. a.]: ThZ 17 (62) 9, 11; WEIDELI 107; WEKWERTH I 25, II 81; Wekwerth: ERINNERUNGEN 213; GOEDHART 25, SF/2 260; WIESE 264; WITZMANN p. — *Weitere Literaturangaben:* NUBEL 618; HILL/LEY 58; KOSCH 990; PETERSEN 79.

» D e r   H o f m e i s t e r « von Jacob Michael Reinhold Lenz (auch »Lenz: Der Hofmeister«): ‚Bearbeitung' bzw. ‚In der Bearbeitung des Berliner Ensembles'. — *Entstehung:* Berlin 1949/50. — *Uraufführung:* Theater am Schiffbauerdamm Berlin, 15. 4. 50; Regie B. Brecht u. C. Neher, Bühnenbild C. Neher, mit H. Gaugler als Läuffer. — *Handschrift:* vgl. RAMTHUN I 224. — *Druck:* VS XI; ST XI; WA VI. — Verschiedene Fassungen. — *Quellen, Vorbilder, Anregungen:* J. M. R. Lenz »Der Hofmeister« [s. o.]; Klopstock; Kant. — *Mitarbeiter:* R. Berlau, B. Besson, E. Monk, C. Neher. — *Selbstzeugnisse:* VS XI; ST XI; TH VI; WA VI, XVI, XVII; vgl. auch THEATERARBEIT. — *Literatur:* EWEN 465; E. Genton: J. M. R. Lenz et la scène allemande (Paris 66) 199 p.; HINCK I 30; Hurwicz: THEATERARBEIT 369; KAUFMANN I 206; KOHLHASE 171; Kuhn: MD 7 (65) 454; Löfdahl: ORD 61, ORBIS 19; LUFT 94; MAYER II 55; Moscati: Sipario 24 (69) 280, 25; K. MÜLLER 89; Petr: Časopis pro moderni filologii 39 (57) 221; POHL 157; RISCHBIETER Bd 2, 69; Rülike: LEBEN UND WERK 196; Schroeder: Aufbau 13 (57) 81; THEATERARBEIT 68. — *Weitere Literaturangaben:* NUBEL 598; KOSCH 985; Genton [s. o.] 281.

» H e r r n b u r g e r   B e r i c h t «: ‚Ein Bericht'. — *Entstehung:* Berlin 1951. — *Uraufführung:* [Radio Leipzig, unter der Leitung von

H. Sandig bzw.] Deutsches Theater Berlin, Aug. 1951; Regie E. Monk, musikalische Leitung H. Sandig, mit dem Rundfunk-Jugendchor u. dem Rundfunk-Kinderchor Leipzig. — *Handschrift:* BBA. — *Druck:* Neues Deutschland 22. 7. 51; vgl. jedoch auch GD VII. — Verschiedene Fassungen. — *Quellen, Vorbilder, Anregungen:* Neues Deutschland 3. 6. 50 (Jg 5, Nr 126, 3) [Artikel]. — *Musik:* P. Dessau (Klavierauszug: Zentralrat der F[reien] D[eutschen] J[ugend], Berlin 1951). — *Inhaltsübersicht:* ESSLIN I 274; WILLETT 57. — *Weitere Angaben:* HENNENBERG I 466; WILLETT 58. — *Literatur:* anon: Musik u. Gesellschaft 1 (51) 222; BALLUSECK 74; CHIUSANO 48; ESSLIN 274 p.; HENNENBERG I 128, 234; Rülicke: LEBEN UND WERK 170; SCHÖNE 35; WILLETT 57 p. — *Weitere Literaturangaben:* NUBEL 596.

» Der Prozeß der Jeanne d'Arc zu Rouen « (auch »Anna Seghers: Der Prozeß der Jeanne d'Arc zu Rouen 1431«): ,Nach dem Hörspiel von Anna Seghers' bzw. ,In der Bearbeitung des Berliner Ensembles' u. ,Bühnenfassung des „Berliner Ensembles" '. — *Entstehung:* Berlin 1952. — *Uraufführung:* Deutsches Theater Berlin, 23. 11. 52 [nach »Der Regisseur Benno Besson", hrsg. A. Müller (1967) erst am 16. 1. 53]; Regie B. Besson, Bühnenbild H. Hill, mit K. Reichel als Jeanne. — *Handschrift:* vgl. RAMTHUN I 232. — *Druck:* St XII WA VI. — Verschiedene Fassungen. — *Quellen, Vorbilder, Anregungen:* Bearbeitung des gleichnamigen Hörspiels von Anna Seghers [s. o. sowie BBA 370/1: „Das Hörspiel »Der Prozeß der Jeanne d'Arc« wurde von Anna Seghers auf Grund der Originalprotokolle des Prozesses verfaßt. Es wurde von Bert Brecht für die Bühnenfassung durch das BE (= Berliner Ensemble) bearbeitet"]; »Ballade der Christine de Pisan aus dem Hundertjährigen Krieg« [in der Übersetzung von Martin Pohl]. — *Mitarbeiter:* B. Besson. — *Musik:* K. Schwaen. — *Selbstzeugnisse:* TH VI, VII; WA XVI, XVII; Spectaculum 5 [s. u.] 273; vgl. auch den Filmplan »Die Jungfrau von Orleans« [TF II]. — *Literatur:* Barlow: GLL 17 (63/4) 250; Cook: The Catholic World [New York] 196 (63) 250; [Karasek:] Spectaculum 5. Sechs moderne Theaterstücke (62) 274, Stuttg. Ztg 4. 9. 61; S. Kienzle: Modernes Welttheater (66) 97; PETERMANN; Seghers: ST XII, WA VI [Vorspruch]; G. Storz: Figuren u. Prospekte. Ausblicke auf Dichter u. Mimen, Sprache u. Landschaft (63) 181, Schiller-Jb. 6 (62) 107. — *Weitere Literaturangaben:* KOSCH 990.

» Coriolan von Shakespeare « (auch »Coriolanus« u. »Coriolan. Ein Trauerspiel von Shakespeare«): ,Bearbeitung'. — *Entstehung:* Berlin 1951/52 [gelegentlich auch noch 1953; unvollendet]. — *Uraufführung:* Schauspielhaus Frankfurt, 22. 9. 62; Regie H. Koch, Bühnenbild F. Mertz, mit H. Laubenthal als Coriolan. — Bühnenfassung des Berliner Ensembles [s. u.]: Uraufführung 25. 9. 64; Regie M. Wekwerth u. J. Tenschert, Musik P. Dessau, mit E. Schall als Corio-

lan. — *Handschrift:* vgl. RAMTHUN I 238. — *Druck:* THEATER-ARBEIT [Szene 1]; ST XI; WA VI; dazu ,Bühnenfassung des Berliner Ensembles': Spectaculum 8 [s. u.] bzw. THEATER/1; POHL 146, 148, 155 [Zitate]. — Verschiedene Fassungen. — *Quellen, Vorbilder, Anregungen:* Bearbeitung von Shakespeares »Coriolanus« [Vorlagen: engl. Original u. dt. Übersetzung von Dorothea Tieck (Reclam-Ausgabe 1944)]. — *Selbstzeugnisse:* TH VI; WA XVIII. — *Literatur:* Baumgärtner: KINDLER Bd 2, 241; Bondy: Preuves 181 (66) 68; BROOK 74; BRUSTEIN II 137; Chiarini: WB/S 195; Coriolar in der Inszenierung des Berliner Ensembles. Pressestimmen, Briefe Analysen, Interviews, Aufsätze, hrsg. vom Berliner Ensemble (65) Dieckmann: SuF 17 (65) 463; DORT II 99, 205; Dort: RHTh 1((65) 69; EWEN 472; GRASS I, II 27 [die Verbindung mit »Coriolan-entspricht nicht den Tatsachen]; GRIMM II 47; Grimm: Erlange. Tagbl. 99 (57) 211; GUGGENHEIMER 157; Hoffmeister: Shakespeare Jb. 103 (67) 177; Hummel: WZUG 12 (63) 49; [Ide:] Festschrif für H. Jessen, hrsg. vom Göttinger Arbeitskreis (67) 121; KAISEI 177; KAUFMANN I 220; KERY 257; Kleinstück: Görres-Jb. 9 (68) 319 J. Kuczynski: Gestalten u. Werke. Soziologische Studien zur dt Literatur (69) 387, Zur westdt. Historiographie (66) 122; [Kuczyns ki:] Forschen u. Wirken. Festschrift zur 150-Jahr-Feier der Hum boldt-Univ. zu Berlin 1810—1960 (60) Bd 3, 585, ThZ 16 (61) 4 43; Lerner: Shakespeare Newsletter 17 (67) 56; McCANN; [Major: Shakespeare—Brecht: Coriolanus (Budapest 66) 103; MAYER II 95 Müller: Moderna Språk 61 (67) 274; Nössig [u. a.]: THEATER/1 18 POHL 146; RISCHBIETER Bd 2, 74; RÜLICKE 147; Strehler: ABB (61) 11; [Tenschert:] Spectaculum 8. Sechs moderne Theaterstück (65) 332; TYNAN II 160; WEIGEL 116; Weigel [u. a.]: TDR/2 112 WEKWERTH II 103; [Wekwerth:] Spectaculum 8 [s. o.] 334; WITZ MANN 100. — *Weitere Literaturangaben:* KOSCH 982.

»Don Juan von Molière«: ,Bearbeitung' bzw. ,In der Bear beitung des Berliner Ensembles'. — *Entstehung:* Berlin 1952/5 [offenbar zunächst als Bearbeitung durch B. Besson u. E. Haupt mann, die dann ihrerseits wieder von Brecht überarbeitet wurde; vgl auch Aufführungsdaten]. — *Uraufführung:* [Volkstheater Rostods 25. 5. 52; Regie B. Besson, Bühnenbild H. Hill, mit J. Noerden al Don Juan; bzw.] Deutsches Theater Berlin, 16. 11. 53 [sonst wi oben]. — *Handschrift:* vgl. RAMTHUN I 245. — *Druck:* ST XII WA VI. — Verschiedene Fassungen. — *Quellen, Vorbilder, Anregun gen:* Molière »Dom Juan ou Le festin de pierre« [ziemlich freie Be arbeitung, die sich aber sehr stark an die Übersetzung von Euge. Neresheimer anlehnt]. — *Mitarbeiter:* B. Besson, E. Hauptman: [s. o.]. — *Musik:* J.-B. Lully, arrangiert von P. Dessau. — *Selbst zeugnisse:* ST XII; TH VI; WA XVIII. — *Weitere Angaben:* HEN NENBERG I 461. — *Literatur:* Goldsmith: ACTES I Bd 2, 875; GRIM II 41; HENNENBERG I 98; KAUFMANN I 215 p.; Kupke: THEATE DDR [o. S.]; RISCHBIETER Bd 2, 72.

»*Turandot oder Der Kongreß der Weißwä-
scher*« (auch »Turandot«, »Turandot und ihre Tuis«, »Turandot
und die Tuis«): ,Stück'. — *Entstehung:* Buckow 1953/54; aber bereits
1930 als Stück für Carola Neher konzipiert [viele Notizen u. Entwürfe stammen aus den dreißiger bzw. vierziger Jahren]. — *Uraufführung:* Schauspielhaus Zürich, 5. 2. 69; Regie B. Besson, Bühnenbild H. Sagert, mit E. Prollius als Turandot. — *Handschrift:* vgl.
RAMTHUN I 246. — *Druck:* Spectaculum 10. Sieben moderne Theaterstücke (1967); ST XIV; WA V. — *Verschiedene Fassungen*, vor
allem durch Kontamination mit »Tui-Roman« [s. u. sowie Brechts
Anmerkung: „Das Stück »Turandot oder Der Kongreß der Weißwäscher« gehört zu einem umfangreichen literarischen Komplex, der
zum größten Teil noch in Plänen und Skizzen besteht. Zu ihm gehören ein Roman »Der Untergang der Tuis«, ein Band Erzählungen
»Tuigeschichten«, eine Folge kleiner Stücke »Tuischwänke« und ein
Bändchen von Traktaten »Die Kunst der Speichelleckerei und andere
Künste« "]. — *Quellen, Vorbilder, Anregungen:* Schiller bzw. Gozzi;
vgl. ferner „,Turandot' oder ,Die Macht des Geistes' ", mit dem
Zusatz „[Hermann] Borchardts Geschichte von seinem Vater" [Ent-
wurf; BBA 560/95]. — *Musik:* H. Eisler. — *Selbstzeugnisse:* Spectaculum 10 [s. o.]; ST XIV; TH VI; LK II; WA V, XIX. — *Literatur:* ESSLIN I 274; Jacobs: NR 80 (69) 241; Karasek: Die Zeit
18. 2. 69; Kostić: WB/S 185; RISCHBIETER Bd 2, 62; Schumacher:
NDL 4 (56) 10, 18; WILLETT 58; ŽMEGAČ 32.

»*Pauken und Trompeten [von George Farquhar]*« (auch
»Pauken und Trompeten. Farquhar's Komödie „Der Werbeoffizier"«,
ferner »Pauken und Trompeten / Viktoria / oder / Wer will unter
die Soldaten«): ,Bearbeitung [von George Farquhar's »The Recruiting
Officer«]' bzw. ,In der Bearbeitung des Berliner Ensembles'. — *Entstehung:* Berlin 1954/55. — *Uraufführung:* Theater am Schiffbauerdamm Berlin, 19. 9. 55; Regie B. Besson, Bühnenbild K. von Appen,
mit R. Lutz als Viktoria. — *Handschrift:* vgl. RAMTHUN I 259. —
Druck: ST XII; WA VI; POHL 19 [Zitat]. — *Quellen, Vorbilder,
Anregungen:* Bearbeitung von G. Farquhar »The Recruiting Officer«
[s. o.]. — *Mitarbeiter:* B. Besson, E. Hauptmann. — *Musik:* R.
Wagner-Régeny. — *Literatur:* GRIMM II 49; HAHNLOSER 58;
TYNAN I 452.

»*Der Brotladen*« (auch »Die Macht der Religion« [nach
JHERING II Bd 3, 46]): ,Stückfragment'. — *Entstehung:* Berlin 1929/
30 [unvollendet]. — *Uraufführung:* Theater am Schiffbauerdamm
Berlin, 13. 4. 67 [Bühnenfassung des Berliner Ensembles, zusammen-
gestellt von M. Karge u. M. Langhoff; s. u.]; Regie M. Karge u.
M. Langhoff, Bühnenbild K. von Appen, mit A. Kraus als Niobe
Queck u. P. Eisel als Washington Meyer. — *Handschrift:* vgl.
RAMTHUN I 332. — *Druck:* SuF 10 (1958) H. 1; GD IX [Teildrucke];
WA VII; »Der Brotladen. Ein Stückfragment. Bühnenfassung und

Texte aus dem Fragment«, Frankfurt 1969*. — Verschiedene Fassungen; offenkundiger Zusammenhang (u. a. durch das Heilsarmee-Motiv) mit »Happy End« [s. o. sowie BBA 1354/37 u. 1355/49, wo sogar dieser Titel erscheint] u. »Die heilige Johanna der Schlachthöfe« [s. o. Titelvariante]; dagegen scheint keine Verbindung zwischen der Gestalt der Falladah u. Brechts gleichnamigem Gedicht zu bestehen [vgl. BBA 1353/64 (u. ö.); GD III; WA VIII]. — *Quellen, Vorbilder, Anregungen:* Griechisches Drama. — *Mitarbeiter:* E. Hauptmann, H. Borchardt, E. Burri. — *Musik:* H.-D. Hosalla. — *Selbstzeugnisse:* BBA 1355/9 [nebst ähnlichen Entwürfen]; Der Brotladen [s. o.] 135; WA VII. — *Materialien:* Der Brotladen [s. o.]. — *Literatur:* BABRUSKINAS; [Baierl:] Programmheft des Berliner Ensembles; BRANDT 35; CHIARINI I 247; Chiarini: Il Contemporaneo 1 (58) 3, 69; EWEN 258; [Karge/Langhoff:] BB: Der Brotladen [s. o.] 63; [Müller:] Programmheft [s. o.]; SCHUMACHER III 254; WEKWERTH II 191; WITZMANN 20.

»*Der Messingkauf*« [in der Einrichtung des Berliner Ensembles]: ‚Viergespräch über eine neue Art, Theater zu spielen'. — *Entstehung:* Dänemark, Schweden, Finnland 1939/40 [aber postum ausgewählt u. zusammengestellt vom Berliner Ensemble; der Text entstammt den »Schriften zum Theater« (s. u.) u. enthält, außer Material aus den »Messingkauf-Dialogen«, Szenen aus »Der aufhaltsame Aufstieg des Arturo Ui«, »Die Mutter«, »Mutter Courage und ihre Kinder« (Film) u. »Die Rundköpfe und die Spitzköpfe«, ferner das Übungsstück »Der Wettkampf des Homer und Hesiod« (s. u.)]. — *Uraufführung:* Theater am Schiffbauerdamm Berlin, 12. 10. 63; Regie U. Birnbaum, G. de Chambure, W. Hecht, M. Karge, M. Langhoff u. H.-G. Simmgens, Bühnenbild M. Grund, mit E. Schall als Philosophen. — *Handschriften:* Material in BBA. — *Druck:* TH V; WA XVI [urspr. Text]. — Verschiedene Fassungen. — *Quellen, Vorbilder, Anregungen:* Galileis Dialoge. — *Selbstzeugnisse:* TH V; WA XVI. — *Literatur:* Rühle [u. a.]: ABB 40 (66) 45; S. Zweig [u. a.] THEATER/1 27; außerdem vgl. KOSCH 988 sowie »Schriften zum Theater« [s. u.].

Theatertheorie: Entstehung: Augsburg 1919 bis Berlin 1956 [zu erwähnen sind insbesondere: »Augsburger Theaterkritiken« (1919/21); »Anmerkungen zur Oper „Aufstieg und Fall der Stadt Mahagonny" « (1930); »Anmerkungen zur „Dreigroschenoper" « (1931); »Die dialektische Dramatik« (1931, aber schon seit 1929 angekündigt; unvollendet); »Anmerkungen zur „Mutter" « (1932 u. 1935/36); »Vergnügungstheater oder Lehrtheater?« (1936); »Verfremdungseffekte in der chinesischen Schauspielkunst« (wahrscheinlich 1937); »Die Straßenszene« (1938); »Über experimentelles Theater« (1939/40); »Kurze Beschreibung einer neuen Technik der Schauspielkunst, die einen Verfremdungseffekt hervorbringt« (1940); »Der Messingkauf« (zumeist 1939/40; „angestiftet", wie Brecht schrieb, „von Galileis Dialogen" u. als übergreifendes Hauptwerk gedacht, in das u. a. auch mehrere der schon genannten Texte sowie die »Übungsstücke für Schauspieler« eingefügt werden sollten); »Kleines Organon für das Theater« (1948; nach Brechts eigenen Worten eine „Zusammenfassung des »Messingkaufs« "); »Katzgraben-Notate« (zumeist 1953; s. u. Bearbeitungen); »Die Dialektik auf dem Theater« (1951/ 56)]. — Handschrift: Material in BBA. — Druck: zunächst in Zeitungen u. Zeitschriften [vgl. dazu HECHT 7, 161; HULTBERG 24; NUBEL 539]; sodann meist in Zusammenhang mit den Stücken u. der Theaterpraxis [VS; ST; vgl. auch SF/1, THEATERARBEIT u. die Modellbücher (soweit erschienen)]; schließlich gesammelt [»Schriften zum Theater. Über eine nicht-aristotelische Dramatik«, hrsg. S. Unseld, 1957, [8]1968 (knappe, aber wichtige Auswahl); TH I—VII (relativ vollständig); WA XV—XVII (ebenso; jedoch mit Kürzungen u. Abweichungen gegenüber TH)]; zur Ergänzung vgl. LK u. PG sowie die Modellbücher u. Materialien-Bde, ferner die Tonbandaufnahmen von Proben mit dem Berliner Ensemble [in BBA]; vgl. außerdem: FRISCH III 8; Rülicke-Weiler: WB/S 5; SCHUMACHER III 7, 69, 108, 250, 252, 272, 487; WEKWERTH II 57; ThZ 16 (1961) H. 10, 71 [Gespräch mit I. Fradkin]; WZUH 10 (1961) 1013; SuF 12 (1960) 510 [Arbeitsbuchnotizen]. — Verschiedene Fassungen. — Quellen, Vorbilder, Anregungen: Aristoteles; Bacon; C. Chaplin; Diderot [vor allem sein »Paradoxe sur le comédien«]; A. Döblin; L. Feuchtwanger; Galilei [s. o.]; G. Kaiser; K. Korsch; E. Piscator; Schiller; Shakespeare; Shaw; F. Sternberg; K. Valentin; F. Wedekind; chinesisches Theater [vor allem durch den Schauspieler Mei Lan-fang]; russischer Formalismus; Stanislawski [auch über N. Gortschakow »Regie. Unterricht bei Stanislawski« 1951]; Mao Tse-tung »Über den Widerspruch«; F. Spielhagen »Neue Beiträge zur Theorie u. Technik der Epik u. Dramatik« 1898 [Ex. in BBA]; O. Wilde »The Soul of Man under Socialism«; W. Schadewaldt (Übersetzer) »Legende von Homer, dem fahrenden Sänger« 1942 [für »Der Wettkampf des Homer und Hesiod«] u. a., auch im Sinne von Gegenentwürfen). — Mitarbeiter: vereinzelt [z. B. P. Suhrkamp u. R. Berlau; vgl. jedoch die Gespräche u. Diskussionen]. — Selbstzeugnisse: vgl. die Anmerkungen zu TH u. WA (XV—XVII); verstreut auch in den Arbeitsbüchern [unveröffentlicht]. — Dramatisierung: s. o. »Messingkauf«. — Literatur: D. M. Van Abbé: Image of a People. The Germans and their creative writing under and since Bismarck (London 64) 138 p.; ABEL 105, 111; Actors on Acting. The Theories, Techniques, and Practices of the Great Actors of All Times as Told in their Own Words, ed. T. Cole and H. K. Chinoy (New York 49) 240, 280, 285; ADAMOV 208 p.; Adamov/Planchon/Allio: ERINNERUNGEN 341; Adler: ADAM AND ENCORE 4; Adling: Junge Kunst 2 (58) 8, 9, RHTh 16 (64) 128; Alexander: ADAM AND ENCORE 12; Alter: College Language Association Journal [Baltimore] 8 (64)

60; ANDERS 7 p.; Anders: Merkur 11 (57) 838; Anderson: New Theatre Magazine [Bristol] 7 (67) 2, 19 u. 3, 25; ANEKDOTEN I p., II p.; anon: WORLD THEATRE 194; Arntzen: DU 21 (69) 3, 67; Asquini [u. a.]: WORLD THEATRE 216; BAB 216 p.; Barthes: TDR/ 2 44; BAULAND 124 p.; Baum: NDL 13 (65) 3, 78; BAUMGART 109; Baxandall: TDR/2 69; Behrmann/Kohlhase: Schweizer Monatshefte 49 (69) 393; A. Beiß: Das Drama als soziologisches Phänomen. Ein Versuch (54) 48; BENJAMIN I Bd 2, 259, II 7, 22 p.; [Benjamin:] Deutsche Dramaturgie vom Naturalismus bis zur Gegenwart, hrsg. B. v. Wiese (70) 162, EP. THEATER 88; Bense: DT. LITERATUR Bd 1, 370; BENTLEY I 209, 254, II 138, 366, III 161, IV XXI; Bentley: SF/2 159, Accent [Urbana/Ill.] 4 (46) 110, Programma [Rom] (52) 12, TDR 9 (64) 1, 69; BERGSTEDT; Bergstedt: WZUH 10 (61) 1013, WZHP 9 (65) 71, WB 11 (65) 318; BIHALJI-MERIN 146; Blau: ETJ 9 (57) 1; BLOCH I Bd 1, 480 p., II 277; BÖCKMANN 7; W. C. Booth: The Rhetoric of Fiction (Chicago 61) 122; G. A. Bornheim: O Sentido e a Máscara (São Paulo ²69) 111; Bosc: Études 288 (56) 79; BRINKMANN I 8; E. Brock-Sulzer: Theater. Kritik aus Liebe (54) 113; BRONNEN I 144; BROOK 64 p.; BRUSTEIN I p.; Büdel: COLLECTION 59, EP. THEATER 413, PMLA 76 (61) 277; BUNGE; Busacca: MEDIEVAL EPIC 185; Busse: FH 5 (50) 446; CARLSSON 306, 350; [Castellani:] BB: Scritti teatrali (Turin 62) XI; J. Chiari: Landmarks of Contemporary Drama (London 65) 161; CHIARINI I 114 p., II 39, III 133, 152; [Chiarini:] BB: Saggi sul teatro (Bari 67) I, QUADERNO 7, WB/S 195, L'Europa letteraria 1 (60) 1, 26, SG 4 (66) 60; CHIUSANO 19, 51; Clancy: ETJ 13 (61) 157; CRUMBACH 9; Crumbach: EP. THEATER 348; DAHLKE 196; H. Daiber: Theater. Eine Bilanz (65) 85 p.; DEBIEL; Demetz: COLLECTION 1; DESUCHÉ 15; Dickson: MD 11 (68) 111; Dietrich: EP. THEATER 94, MuK 11 (55) 97, 301; Doménech: Cuadernos hispanoamericanos [Madrid] 65 (66) 550; DORT I 60, 120, 162, II 159; Dort: THEATRE 27, RHTh 16 (65) 69, Yale-Theatre 2 (68) 24; DOWNER; W. Drews: Die Schauspielerin Therese Giehse (65) p.; Duhamel: RLV 34 (68) 373; R. A. Duprey: Just off the Aisle. The Ramblings of a Catholic Critic (Westminster/ Md. 62) 95 p.; DÜRRENMATT 110 p.; F. Dürrenmatt: Theaterprobleme (Zürich 55) 31, Akzente 4 (57) 251; DUWE I Bd 2, 414, II 137; EBERT 150; EISLER 149, 181; EKMANN 125 p.; Elemente des modernen Theaters. Vorträge von A. Schulze-Vellinghausen [u. a.] (61) p.; W. Emrich: Protest u. Verheißung. Studien zur klassischen u. modernen Dichtung (²63) 130, Akzente 1 (54) 371; ENGBERG Bd 1, 55, Bd 2, 40; Erval: TM 7 (52) 1708; ESSLIN II p., III 33 p.; [Esslin:] The Genius of the German Theater (New York 68) 632, Lettres nouvelles 14 (61) 9; [Etkind:] BB: O teatre (Moskau 60) 5; EWEN 160, 199 p.; FASSMANN 19; Fede: Drammaturgia 5 (58) 125; Fedorov/Lapšin: Filologičeskije Nauki 9 (66) 1, 41; FERGUSSON 44; FEUCHTWANGER II 556; Feuchtwanger: LITERATURKRITIK 516; Fiebach: WB 12 (66) 512; Fischer: SuF 10 (58) 99; [Fradkin:] Neue Texte 3. Almanach für dt. Literatur (63) 205, Voprosy literaturi (58) Dez., Teatr 5 (57) 158, KuL 4 (56) 359, COLLECTION 97; FRANK p.; FRANZEN I 77, II 97; Franzen [u. a.]: THEATER IM GESPRÄCH 306, EP. THEATER 231; FRISCH III 18 p.; FRISCH/HÖLLERER p.; K. v. Fritz: Antike u. moderne Tragödie. Neun Abhandlungen (62) X, XXI; Fugger: GuZ 3 (56) 151; Fuller: One Act Play Magazine 1 (38) 1124; B. Gascoigne: Twentieth-Century Drama (London 62) 123; GASSNER 89; J. Gassner: Form and Idea in Modern Theatre (New York 56) 112; [Gassner:] A Treasury of the Theatre II (New York 51) 457, EP. THEATER 397, CL 7 (55) 129; GEISSLER 18; Geißler: WW 11 (61) 209; GINSBERG 149, 200; [Girnus:] Natur u. Idee. [Festschrift Wachsmuth] (66) 85; Gisselbrecht: EUROPE 80, 101 p.; Glodny-Wiercinski: DVjs. 42 (68) 662; Goodman: MEDIEVAL EPIC 219; GORELIK 378; Gorelik: Theatre Workshop 1 (37) April/July 29, TDR 4 (59) 1, 90, QJS 47 (61) 113; GRAY 60; [Grevenius:] BB: Liten hjälpreda för teatern och andra skrifter i samma ämne (Stockholm 66) 5; GRIMM I 11, II 20 p., III 23, 198, 226; [Grimm:] D. Diderot: Paradox über den Schauspieler (64) 71, ÄRGERNIS 45, DT. DICHTER 528, EP. THEATER 9, 13, RLC 35 (61) 207, Universitas 18 (63) 1077, ZfdPh. 84 (65) Sonderheft 90; Grimm [u. a.]: ABB 3 (61) 2; [Grossman:] BB: Spisy (Prag 59) Bd 1, 323, Bd 2, 289, Bd 3, 341, Divadlo 8 (57) 454; GROSSVOGEL 6; Grözinger: Hochland 43 (50) 80; Guerreri: Programma [Rom] (52) 17; GUERRERO 140, 451; Gunkle: ETJ 15 (63) 15; HAAS I 15; Habart: THEATRE 15, Critique (53) 1023; Hacks: NDL 4 (56) 9, 122 u. 5 (57) 4, 127, ThZ 12 (57) Studien 3, 2; HAHNLOSER 24; HANDKE 303; Hartung: WZUH 8 (58/9) 661; Hauptmann: ERINNERUNGEN 49, SF/2 241; HECHT 7, 91, 126 p.; [Hecht:] BB: Dialoge aus dem Messingkauf (64) 173, BRECHT DAMALS 36, EP. THEATER 50, TDR/1 40, ThZ 13 (58) Studien 9, 2 u. 14 (59) Studien 10, 3; Hecht [u. a.]: LEBEN UND WERK 28; 43, 153, 214; Heinitz: NDL 5 (57) 4, 49; Heller: Merkur 9 (55) 1095; H. Helmers: Sprache u. Humor des Kindes (65) 144; Helmers: Oldenburger Hochschulbrief 13 (65) 1, DU 20 (68) 4, 86; HENEL: EP. THEATER 383, NR 74 (63) 235; HENNENBERG I 193, 204; Herburger [u. a.]: UMBRUCH 20; Hermann: Nagyvilág [Budapest] 11 (66) 1239; Heselhaus: IMMANENTE ÄSTHETIK 307, 518; Hill: Symposium 15 (61) 245; G. Hillard: Recht auf Vergangenheit. Essays, Aphorismen, Glossen (66) 113; H. Hilpert: Das Theater ein Leben. Erfahrungen u. Erinnerungen (St. Gallen 61) 34; HINCK I 16; Hinck: EP. THEATER 316, GESTALTUNGSGESCHICHTE 583, DT. LITERATUR Bd 2, 371; HIND 126; HOFFMANN 117; HOLTHUSEN 40; Holthusen: Merkur 15 (61) 520, COLLECTION 106; Holz: Dt. Woche 7 (57) 21, 13; HÜFNER 32, 50, 94, 139; HULTBERG 24; Hultberg: ORD 36, OL 19 (64) 229; Hütt: WZUH 7 (57/8) 821; Ivernel: JACQUOT I 182; Jaensch: Polemos [Basel] 5 (66) 11; Jahnn: SF/2 424; Jarmatz: KRITIK 52; JARVIS; Jauslin: Schweizer Monatshefte 47 (68) 1075; JENDREIEK 11, 31, 61; JENS I 242, 253; W. Jens: Die Götter sind sterblich (59) 135;

JHERING III 216; Jhering: SF/1 5; Juin: ADAM AND ENCORE 30;
Kähler: WB/S 135; KÄNDLER p.; Kapp: Mainstream 15 (62) 4, 31;
KAUFMANN I 103, 127, 227; KENNEY 12; Kern: Symposium 16 (62)
28; A. Kerr: Was wird aus Deutschlands Theater? Dramaturgie der
späten Zeit (32) 14; KERY 95; KESTING II 57, III 62; M. Kesting:
Entdeckung u. Destruktion. Zur Strukturumwandlung der Künste
(70) p., EP. THEATER 299, Augenblick 2 (56) 4, 4, Akzente 3 (56) 29,
Merkur 10 (56) 1127; Kilger [u. a.]: BRECHT-DIALOG 131; W. W.
Kirchesch: Das Verhältnis von Handlung u. Dramaturgie. Fragwürdige Theorien zum modernen Drama (Diss. München 62); KLOTZ I
99, III 29; Klotz: EP. THEATER 378, Akzente 3 (56) 37; KNUDSEN
208; H. Knudsen: Dt. Theatergeschichte (²70) 359; KOFLER 63, 232;
KOHLHASE 26, 51, 223; Kohn: EG 11 (56) 342; Komiya: DB 36 (65)
103; Königshof: EP. THEATER 279, SuF 7 (55) 578; KOPETZKI;
Kostić: Život [Sarajewo] 12 (63) 2, 3; KOTSCHENREUTHER 22; KRAU-
SOVÁ 197; Kritik — von wem / für wen / wie. Eine Selbstdarstel-
lung dt. Kritiker, hrsg. P. Hamm (68) p.; J. Kuczynski: Gestalten u.
Werke. Soziologische Studien zur dt. Literatur (69) 65; LABOULLE;
Langfelder: Teatrul [Bukarest] 2 (57) 10, 8; [Lenssen:] Worte u.
Werte. [Festschrift Markwardt] (61) 193; Ley: CL 18 (66) 312;
M. Ley-Piscator: The Piscator Experiment. The Political Theatre
(New York 67) p.; A. Lewis: The Contemporary Theatre. The
Significant Playwrights of Our Time (New York 62) 218; P. C.
Ludz: Kommunität [Berlin] 5 (61) 18, 64; LUKÁCS 7, 207; G.
Lukács: Die Eigenart des Ästhetischen (63) 2. Halbbd, 185, 773;
LUMLEY 78 p.; LUPI 45; LUTHARDT; LÜTHY 131 p.; Lutze: Yearbook
1962. Max Mueller Bhavan Publications. German Cultural Institute
(New Delhi 62) 29, 47; LYONS 57, 71; D. Mack: Ansichten zum
Tragischen u. zur Tragödie. Ein Kompendium der dt. Theorie im
20. Jh. (70) 57 p.; [Magaldi:] Aspectos da Dramaturgia Moderna
(São Paulo 63); MANN I 69; Marcorelles: CAHIERS 44; B. Markwardt:
Geschichte der dt. Poetik (37) I—V, p.; Martini: EP. THEATER 246,
DU 5 (53) 5, 73; MAURINA 7; MAYER II 7 p., IV 68; MELCHINGER I
143, 178, II 112; Melchiorre: Rivista di Estetica 9 (64) 248; Mennemeier: DT. DRAMA Bd 2, 383; Merchant: SCOTT 60; Merin:
IN 5 (35) 7, 79; M. Mildenberger: Film u. Projektion auf der
Bühne (61/5) 222; MITRU 167; MITTENZWEI II 28, 122, 220, 238,
418; Mittenzwei: BRECHT-DIALOG 26, KRITIK 786; Monecke: ORBIS
32; Morel: Yale French Studies 39 (68) 160; G. L. Mosse: The Culture of Western Europe. The XIX and XX Centuries (New York
65) 390; [Mulder:] BB: Der kaukasische Kreidekreis (Amsterdam
²64) Beilage; G. Müller: Moderna Språk 61 (67) 274, OL 24 (69)
182; H. Müller: PP 21 (67) 586; J. Müller: EP. THEATER 154,
WZUJ 8 (58/9) 365; K. MÜLLER 28, 53, 148, 155, 163 p.; MÜNSTE-
RER 41 p.; Mykita-Glensk: Kwartalnik Opolski 13 (67) 132; Nef:
ABB 12 (63) 1, Neue Zürcher Ztg 13. 7. 63, ZfdPh. 83 (64) 191;
Pandolfi: Letteratura 5 (57) 27/8, 51; V. Passeri Pignoni: Teatro

contemporaneo (Florenz 67) 57; PEIXOTO 95, 151, 271 p.; PFÜTZNER 159, 180; Piens: ThZ 14 (59) Studien 1, 11; PISCATOR Bd 1, 57, 275, Bd 2, 162 p.; [Piscator:] R. Hochhuth: Der Stellvertreter (63) 9; Plat: BRECHT DAMALS 61; Podszus: Akzente 1 (54) 143; POHL p.; [Politzer:] Modern Drama. Essays in Criticism (New York 65) 54, MLQ 23 (62) 99, Forum 8 (61) 284; PONGS I 20, 437, II p.; PROLET 266; QUASIMODO 236; RAFFA 88, 154; RASCH 259; L. F. Rebello: Imagens do teatro contemporâneo (Lissabon 61) 211; Reich: ThZ 21 (66) 14 Beilage; Richter: WB 12 (66) 765; C. Riess: Theaterdämmerung oder Das Klo auf der Bühne (70) 78 p.; RINSER 119, 196 p.; A. M. Ripellino: Majakowskij u. das russische Theater der Avantgarde (64) p.; Ripley: Twentieth Century Literature 14 (68) 143; RISCHBIETER Bd 1, 25; Rischbieter: BRECHT BÜHNEN [o. S.]; Rismondo: WuW 11 (56) 865; Rohrmoser: DT. DRAMA Bd 2, 400; Rollka: Dt. Beiträge zur geistigen Überlieferung 6 (70) 184; ROSENFELD 145; Rosenfeld: ITA Humanidades [São Paulo dos Campos] 3 (67) 47; [Rozner:] BB: O Divadelnom Umení (Preßburg 59) 301; Rufer: Stimmen 1 (47/8) 193; J. RÜHLE I 220; RÜLICKE 5, 21, 48, 161, 189; Rülicke: ThZ 14 (59) Studien 12, 31 u. 16 (61) Studien 9, 64 u. 10, 64; Rülicke-Weiler: NDL 13 (65) 3, 54, ABB 45 (67) 1, Einheit 23 (68) 1360; Ryan: ASPECTS 76, 82, 96; Sartre: World Theatre [Brüssel] 7 (58) 1, 11; SCHAEFER; SCHÄRER 26, 66, 75; R. Schechner: Public Domain. Essays on the Theatre (Indianapolis u. New York 69) 10; Schiller: Estetyka [Krakau] 2 (61) 179; Schmied: Die Furche [Wien] 12 (56) 40, 10; SCHMIDT 51, 147; Schöne: Euph. 52 (58) 272; Schraud: KINDLER Bd 4, 559; SCHRIMPF 7, 26 p.; [Schrimpf:] Collegium philosophicum. [Festschrift J. Ritter] (Basel 65) 351; SCHUMACHER I 125, 290, III 67, 191, 247, 282; Schumacher: BRAUNECK 156, BRECHT DAMALS 90, BRECHT-DIALOG 175, ERINNERUNGEN 326, Soz. HUMANISMUS 46, NDL 4 (56) 10, 18, SuF 11 (59) 615 u. 12 (60) 510, Kommunität [Berlin] 5 (61) 18, 67; SHAW 135; Shaw: THEATER TODAY 11; Simon: Esprit (58) 1; Singerman: KuL 9 (61) 633; SPALTER p.; Steer: MLR 63 (68) 636; STEINER p.; STERNBERG 58; STRELKA 28; E. Strittmatter: NDL 6 (58) 5, 110; Studien zur Theorie u. Praxis des sozialistischen Theaters I: Zur Inszenierung von BBs »Die Tage der Commune« am Berliner Ensemble (63); J. L. Styan: The Dark Comedy. The Development of Modern Comic Tragedy (Cambridge 62) 187; Subiotto: GLL N. S. 18 (64) 233; Surkow: KuL 13 (65) 1133, 1290; SUVIN 272; D. Suvin: Dva vida dramaturgije (Zagreb 64) p., TDR/2 56; [Suvin:] BB: Dijalektika u teatru (Belgrad 66) 9; SZCZESNY 69, 76; SZONDI 98; Szondi: EP. THEATER 290; [Szydłowski:] BB: Dramaty (Warschau 62) Bd 1, 5; Tarot: TYPOLOGIA 351; Tenschert [u. a.]: BRECHT-DIALOG 77; THEATER IM GESPRÄCH 79, 306; THEATERARBEIT 94 p.; Thomas: Revista de la Universidad de Oriente [Santiago de Cuba] 1 (62) 2, 61; Tindemans: Streven 16 (62) 156; TOUCHARD 185; [Tracy:] Essays on German Literature in Honour of G. J. Hallamore (Toronto 68)

218; Tscharchalaschwili 78, 93; Tscharchalaschwili: WB/S 171;
Tynan I p., II 157; [Ungvári:] Littérature et réalité (Budapest 66)
311; Urbanek II 317, 350; Uscatescu: Atlántida 5 (67) 376; Vajda
II 277, 351; Valazzi: Revista del Pacífico 4 (67) 4, 90; Viertel
174, 195 p.; Vilaça: Vértice [Lissabon] 271/2 (66); Villiers: Revue
d'esthétique 13 (60) 42; Völker: Inter Nationes 27, Kursbuch 7
(66) 80; G. della Volpe: Crisi dell'estetica romantica (Rom ²63)
111; [Voss:] J. J. Engel: Über Handlung, Gespräch u. Erzählung
(64) 2, 144 p.; Wagner: Sonntag [Berlin] 14 (59) 25, 11; Walser I
80, II 72; Weales: Ideas 125; Weber 57; Weideli 90 p.; Weisenborn
158; Weisstein: Ep. Theater 36, GR 38 (63) 257; Wekwerth I 11,
152, II 22, 28; Wekwerth: Brecht-Dialog 42, Erinnerungen 213,
Theater DDR [o. S.], TDR/2 118, ThZ 11 (56) Studien 2, 6 u.
12 (57) Studien 4, 28; Wiemken: Dt. Universitätsztg 11 (56) 11, 14;
Willett 168; [Willett:] Brecht on Theatre. The Development of an
Aesthetic (London 64, ²65) p., Tel Quel 23 (65) 94; Williams I 190,
II 277; Wintzen: Documents [Straßburg] 7 (52) 130; Wirth II 94;
[Wirth:] BB: Dramaty (Warschau 62) Bd 3, 461, Ep. Theater 197,
SF/2 377, Akzente 4 (57) 237; Wolf 203; Žmegač 9; [Žmegač:]
Deutsche Romantheorien. Beiträge zu einer historischen Poetik des
Romans in Deutschland, hrsg. R. Grimm (68) 297, Umjetnost riječi
[Zagreb] 1 (57) 231, SuF 17 (65) 517; [Zoltai:] A Magyar Tudo-
mányos Akadémia Nyelv-és Irodalomtudományi Osztályának Közle-
ményei 25 (68) 60; Zwerenz I 25. — *Weitere Literaturangaben:*
Gorelik 518; Nubel 589, 620; Petersen 48; Hultberg 223;
Adelman/Dworkin 61; Esslin I [dt. Ausgabe] 402; Volgina.

Theaterpraxis: Berlin 1922 bis Berlin 1956. — *Mitar-
beiter:* R. Berlau, B. Besson, H. Borchardt, E. Burri, P. Dessau, S.
Dudow, H. Eisler, E. Engel, L. Feuchtwanger, G. Grosz, E. Haupt-
mann, L. Lania, C. Laughton, E. Monk, C. Neher, T. Otto, V.
Pozner, B. Reich, F. Reyher, P. Suhrkamp, B. Viertel, K. Weill, G.
Weisenborn [u. a.]. — *Musik:* M. Bucci, P. Dessau, H. Eisler, M.
Fink, J. G. Flittie, K. Griffith, K. Grossman, P. Hindemith, H.-D.
Hosalla, K. Schwaen, R. Sessions, R. Wagner-Régeny, K. Weill
[u. a.]. – *Quellen, Vorbilder, Anregungen:* s. o. Theatertheorie. –
Selbstzeugnisse: Die theoretischen Schriften u. Anmerkungen zu den
einzelnen Stücken, die Modellbücher u. Materialien-Bde (soweit vor-
handen), der Band Theaterarbeit, die Tonbandaufnahmen von Pro-
ben mit dem Berliner Ensemble sowie verschiedene Berichte von
Brechts Mitarbeitern Bunge, Rülicke[-Weiler], Wekwerth u. a. [am
vollständigsten gesammelt in TH I—VII; doch vgl. auch WA XV bis
XVII]; vgl. ferner Piscator Bd 2, 228; Rülicke-Weiler: WB/S 5. —
Literatur: Adamov 208; Adamov/Planchon/Allio: Erinnerungen
341; Adler: Twentieth Century 160 (56) 954, 114; [Aktürel:] BB:
Bir derleme — Bir oyun (Istanbul 63) 7; Alter: College Language
Association Journal [Baltimore] 8 (64) 60, MD 11 (68) 122; Anek-
doten I 13 p., II p.; Anikst: Teatr 18 (57) 170, KuL 5 (57) 1371;

anon: Directing the Play. A Source Book of Stagecraft (Indianapolis 53) 291, WORLD THEATRE 194; Appen: ERINNERUNGEN 252, THEATER/1 21; V. Arpe: Knaurs Schauspielführer. Eine Geschichte des Dramas [o. J.] 349; Asquini [u. a.]: WORLD THEATRE 216; AUFRICHT p.; Badia: Pensée [Paris] N. S. 63 (55) 61; A. H. Ballet: DS 3 (63) 145; J. Balvin: Divadlo 8 (57) 486; Barthes: ThP 35 (59) 17, TDR/2 44; BAULAND 124 p.; Baxandall: TDR/2 69; Beams: Theatre Arts 46 (62) 6, 10, 66; Behrmann/Kohlhase: Schweizer Monatshefte 49 (69) 393; BENJAMIN I Bd 2, 265, II 17 p.; [Benjamin:] Dt. Dramaturgie vom Naturalismus bis zur Gegenwart, hrsg. B. v. Wiese (70) 162, EP. THEATER 88; Bennewitz [u. a.]: BRECHT-DIALOG 147, THEATER DDR [o. S.]; BENTLEY I 220, II 135, III 161 p.; Bentley: ADAM AND ENCORE 22, SF/2 159, TEATERKONST 36, KR 11 (49) 633, TDR 9 (64) 1, 69; Bentzien: ThZ 17 (62) Studien 7, 59; Bergstedt: WZHP 6 (63) 97; Berlau: ERINNERUNGEN 122, SF/2 337, Neues Deutschland 13. 8. 60; Bicha: Literatura mirovoi revolucii [Moskau] 7 (32) 109; O. Bihalji-Merin: Graditelji moderne misli (Belgrad 65); Blanchot: Nouvelle revue française 5 (57) 50, 282; Blau: TDR 5 (61) 3, 119; Bloch: Aufbau 12 (56) 809; BÖCKMANN 5; BRONNEN II p.; A. Bronnen: Begegnungen mit Schauspielern. Zwanzig Porträts (67) 83, ERINNERUNGEN 29; BROOK 64 p.; J. R. Brown: Effective Theatre. A Study with Documentation (London 69) 55; Buckwitz: BRECHT BÜHNEN [o. S.], THEATER IM GESPRÄCH 318, GuZ 4 (57) 9; Büdel: COLLECTION 59, EP. THEATER 413, PMLA 76 (61) 277; BUNGE; Bunge: SF/2 322, ABB 1 (60) 14; Bunge [u. a.]: LEBEN UND WERK 144, 177, 223; Busacca: MEDIEVAL EPIC 185; [Byrne:] BB: The Caucasian Chalk Circle (London u. Glasgow 67) 120; Chaikin TDR 12 (68) 2, 147; CHIARINI III 133; Chiarini: Teatro d'oggi 2 (54) 2, 4, Arena [Rom] 1 (53) 1/2, 150; CHIUSANO 46; Coriolan in der Inszenierung des Berliner Ensembles. Pressestimmen, Briefe, Analysen, Interviews, Aufsätze, hrsg. Berliner Ensemble (65); Curjel: GESPRÄCH 9; Darmstädter Gespräch 1955: Theater, hrsg. E. Vietta (55) 276 p.; Demetz: COLLECTION 1; DESUCHÉ 49, 59; S. Dhomme: La mise en scène contemporaine d'André Antoine à Bertolt Brecht (Paris 59) 189; Doménech: Cuadernos hispanoamericanos [Madrid] 65 (66) 550; Dort: TM 15 (59/60) 67, Veltro 7 (63) 247, Yale-Theatre 2 (68) 24, Magazine littéraire 2 (68) 15; [Dreizehn Bühnentechniker erzählen:] SF/2 465; DREWS 63, 105 p.; R. A. Duprey: Just off the Aisle. The Ramblings of a Catholic Critic (Westminster/Md. 62) 95 p.; DUWE II 137; Dymion: Aufbau 4 (48) 396; Dymschitz: THEATER/1 14; Eicke: Urania-Universum (59) Bd 5, 52; Ek/Erikson/Sjöberg: ORD 39; EKMANN 188 p.; Elemente des modernen Theaters. Vorträge von A. Schulze-Vellinghausen [u. a.] (61) p.; ENGBERG Bd 1, 55; ENSEMBLE; ERPENBECK p.; Esslin: TDR 11 (66) 2, 63; EWEN 128, 225 p.; FECHNER 14; Fechner: Veltro 7 (63) 278; Fede: Humanitas 14 (59) 126, 202; Fedorov/Lapšin: Filologičeskije Nauki 9 (66) 1, 41; FERGUSSON 41; Fergusson: Sewanee

Review [Tennessee] 64 (56) 544; Feuchtwanger: SF/2 103; Filipe: Primer Acto [Madrid] 46 (63) 19; Fleisser: Akzente 13 (66) 239; FRADKIN I 367; [Fradkin:] Neue Texte 3. Almanach für dt. Literatur (63) 205, Teatr 5 (57) 158, KuL 6 (58) 189; FRISCH III 10 p.; FRISCH/HÖLLERER p.; E. Gaipa: Giorgio Strehler (Bologna 59, dt. 63) p., QUADERNO 27; Gargi: Illustrated Weekly of India 81 (60) 1, 44; J. Gassner: Form and Idea in Modern Theatre (New York 56) 112, EP. THEATER 397, CL 7 (55) 129, QJS 37 (52) 63; Geißler: WW 11 (61) 209; GINSBERG 149, 200; Glade: TDR/2 137; Gorelik: TDR 4 (59) 1, 90; GRAY 29, 60 p.; P. Gray: TDR 9 (64) 1, 136; GRIMM III 207; [Grimm:] D. Diderot: Paradox über den Schauspieler (64) 71, ÄRGERNIS 45, Universitas 18 (63) 1077, ZfdPh. 84 (65) Sonderheft 90; Grossman: Divadlo 8 (57) 454 u. 9 (58) 409; Guazzotti: Veltro 7 (63) 250; GUERRERO 451; Guglielmino [u. a.]: ABB 4 (61) 3; Gunkle: ETJ 15 (63) 15; HAHNLOSER 24; HECHT 29, 65, 101, 147; Hecht: EP. THEATER 50, WORLD THEATRE 201, TDR/1 40, ThZ 20 (65) 19, 13, Theatre Research 8 (67) 165; Heidicke: ThZ 16 (61) 3, 34; Henel: EP. THEATER 383, NR 74 (63) 235; HENNENBERG I 201; Herburger [u. a.]: UMBRUCH 20; Herzfelde: SuF 4 (52) 5, 54; G. Hillard: Recht auf Vergangenheit. Essays, Aphorismen, Glossen (66) 113; HINCK I 91; Hinck: EP. THEATER 316, FH 9 (54) 938; HINTZE 167, 223; Hochgesang: Merkur 6 (52) 696; HOFFMANN 117; Hoffmeister: Shakespeare-Jb. 103 (67) 177; Holthusen: Merkur 15 (61) 520; Hope-Wallace: Time and Tide [London] 37 (56) 1070; HÜFNER 125, 192; Hurwicz [o. S.]; Hurwicz: ERINNERUNGEN 172, GOEDHART 34, Sonntag [Berlin] 10 (55) 45, 5; Ivernel: JACQUOT I 175; Jacobbi: Biennale di Venezia 49 (63); JENDREIEK 41, 66, 74, 79; Jenny [u. a.]: Chronik (67) 30 p.; JENS I 239; JHERING I 5, III 216; H. Jhering: Schauspieler in der Entwicklung (56) 53 p., SF/1 5, Aufbau 4 (48) 778; [Jhering:] Bertolt Brecht-Caspar Neher [Ausstellungskatalog] (63) 6; JHERING/FETTING: 128, 135 p.; R. Junior: Pano de Ferro. Crítica, Polémica, Ensaios de Estética teatral (Lissabon 55) p.; KAISER 174, 189; Kapp: Mainstream 15 (62) 4, 31; KARSCH 360 p.; KENNEY 12; W. Kerr: Thirty Plays Hath November. Pain and Pleasure in the Contemporary Theater (New York 69) 68, 277; KESTING III 62; Kesting: Augenblick 2 (56) 1, 29, Akzente 3 (56) 29; Kilger [u. a.] BRECHT-DIALOG 131; Kilian: Junge Kunst 3 (59) 5, 27; Kjellin: ORD 48; H. Knudsen: Dt. Theatergeschichte (²70) 359; KOHLHASE 51; Komiya: DB 36 (65) 103; KORTNER 482; L. Kundera: Německé portretý (Prag 56) 9; Kupke: THEATER DDR [o. S.]; LABOULLE; LACIS 240; Lacis: Padomju Latvijas Sieviete [Riga] 11 (63) 9; G. W. Lambert: Drama [London] 43 (56) 18; Langfelder: Teatrul 2 (57) 10, 8; Lazzari: TDR/2 149; Leiser: Tiden 48 (56) 603; Leiser/Wekwerth: ABB 30 (65) 38; Lenssen: Worte u. Werte. [Festschrift B. Markwardt] (61) 193; M. Ley-Piscator: The Piscator Experiment. The Political Theatre (New York 67) p.; Longree: South Central Bulletin 26 (66) 4, 51; Losey: CAHIERS 21;

Lumer: STUDIEN/2 17; Lunari: Sipario 21 (66) 241, 67; LUTHARDT; [Lutze:] Yearbook 62. Max Mueller Bhavan Publications. German Cultural Institute (New Delhi 62) 29, 47; Major: STUDIEN/2 13; Marcorelles: CAHIERS 44; Marotti: Veltro 7 (63) 2, 243, 288; MAYER II 7 p.; Mayer: ThH 6 (65) 12, 1; MELCHINGER I 35; [Melchinger:] Welttheater. Bühnen, Autoren, Inszenierungen (62) 491, Caspar Neher. Bühne u. Bildende Kunst im 20. Jh. (66) 7, Veltro 7 (63) 275; Mens en Taak [Antwerpen] 5 (62) 3 [= Ernst Busch-Heft]; F. Michael: Geschichte des dt. Theaters (69); W. Michener: Queens Quarterly 67 (60) 360; M. Mildenberger: Film u. Projektion auf der Bühne (61/5) 224; MITRU 167; W. MITTENZWEI II 238; W. Mittenzwei: BRECHT-DIALOG 26; [Mulder:] BB: Der kaukasische Kreidekreis (Amsterdam ²64) Beilage; A. Müller: Der Regisseur Benno Besson. Gespräche, Notate, Aufführungsfotos (67) 7, 17, ABB 16 (64) 9; Nahke: Junge Kunst 2 (58) 9, 39; Nef: ZfdPh. 83 (64) 191; NIESSEN p.; [Niessen:] Caspar Neher. Zeugnisse seiner Zeitgenossen (60); Nössig [u. a.]: THEATER/1 18; Obst: Divadlo 9 (58) 210; T. Otto: Meine Szene. Mit Vorwort von F. Dürrenmatt (65), BRECHT BÜHNEN [o. S.]; Palitzsch: ThZ 11 (56) 10, 39; Palmstierna-Weiss: STUDIEN/2 15; W. Panofsky: Protest in der Oper. Das provokative Musiktheater der zwanziger Jahre (66) 188; PEIXOTO 271; PFÜTZNER 159; PICCOLO TEATRO 200, 231 p.; Pintzka/Grund: THEATER DDR [o. S.]; PISCATOR Bd 1, 57, Bd 2, 236 p.; [Politzer:] Modern Drama. Essays in Criticism, ed. T. Bogard and W. I. Oliver (New York 65) 54, Forum 8 (61) 284, MLQ 23 (62) 99; J. Pomianowski: Więcej Kurażu! (Krakau 56) 78; Popkin: TDR/2 155; PROLET 266; RAFFA 156, 198; RASCH 269; Reich: ERINNERUNGEN 36, SF/2 431, ThZ 21 (66) 14 Beilage; [Rektorisová:] BB: Pušky paní Carrarové (Prag 55) 31; RIESS 323; C. Riess: Theaterdämmerung oder Das Klo auf der Bühne (70) 78 p., Zürcher Woche 15 (63) 8. 2. / 15. 2. / 8. 3.; Rilla: ERINNERUNGEN 167; A. M. Ripellino: Majakowskij u. das russische Theater der Avantgarde (64) p.; RISCHBIETER Bd 1, 25, Bd 2, 77; Rischbieter: BRECHT BÜHNEN [o. S.]; Rollka: Dt. Beiträge zur geistigen Überlieferung 6 (70) 184; ROSENFELD 158 p.; Rovatti: Aut Aut 81 (64) 74; J. RÜHLE I 228; RÜLICKE 22, 48, 170; Rülicke-Weiler: ERINNERUNGEN 183, 255, GOEDHART 53, SF/2 269, SuF 7 (55) 564; Ryan: ASPECTS 71; Sachawa: Snamja [Moskau] 8 (57), KuL 5 (57) 1364; Salvat: Serra d'Or [Barcelona] 6 (64) 9, 43; [Sander:] BB: Baal (Waltham, Toronto, London 69) 88; R. Schechner: Public Domain. Essays on the Theatre (Indianapolis 69) 10; Schechner: TDR 9 (64) 1, 117; Schiller: Estetyka [Krakau] 2 (61) 179; SCHMIDT 138; Schmückle: STUDIEN/2 15; G. Schneerson: Ernst Busch (Moskau 62); [Schnell:] Theater der Welt. Ein Almanach, hrsg. H. Jhering (49) 195; Schöne: Euph. 52 (58) 283; G. Schoop: Das Zürcher Schauspielhaus im zweiten Weltkrieg (Zürich 57) p.; SCHRIMPF 24; SCHROEDER 100; Schroeder: ERINNERUNGEN 149, Aufbau 13 (57) 81; Schuh: Monat 14

(62) 160, 71; A. Schulze-Vellinghausen: Theaterkritik 1952—60 (61) p.; SCHUMACHER II p., III 122, 200; H. Schwarz: Regie. Idee und Praxis moderner Theaterarbeit (65) 133; Schweickart: WWo 16 (61) 1, 1; Seyfarth: THEATER/1 31; Singerman: KuL 9 (61) 523, 626; Sjöberg: TDR/2 143; Sperber: Teatrul 1 (56) 5, 15; Squarzina: Arena 2 (54) 5; Steer: MLR 63 (68) 636; Sternbach-Gärtner: Dt. Rundschau 84 (58) 836; STERNBERG 12, 32; Strasberg at the Actors Studio, ed. R. H. Hethmon (New York 65) 383 p.; Strehler: ABB 3 (61) 11, Chronik (67) 138; STRELKA 28; Strittmatter: ERINNERUNGEN 240, THEATER DDR [o. S.], Wochenpost [Berlin] 9. 8. 58; Studien zur Theorie u. Praxis des sozialistischen Theaters I: Zur Inszenierung von BBs »Die Tage der Commune« am Berliner Ensemble (63); J. L. Styan: The Dark Comedy. The Development of Modern Comic Tragedy (Cambridge 62) 187; Surkow: KuL 13 (65) 1133, 1290; [Suvin:] BB: Dijalektika u teatru (Belgrad 66) 9; [Szydłowski:] BB: Dramaty (Warschau 62) Bd 1, 5; [Taner:] BB: Bir oyun — Üç öykü (Istanbul 57) III; THEATER IM GESPRÄCH 79, 306 p.; Theater hinter dem Eisernen Vorhang, hrsg. R. Grimm [u. a.] (64) 14, 60 p.; Theater im Umbruch. Eine Dokumentation aus ›Theater heute‹, hrsg. H. Rischbieter (70); TSCHARCHALASCHWILI 78, 93; Twentieth Century German Literature, hrsg. A. Closs (London 69) 63, 81 p.; Tynan: New Yorker 12. 9. 59, 88; VAJDA II 327; VIERTEL 167 p.; E. Vietta: Katastrophe oder Wende des dt. Theaters? (55) 134; Vilar [u. a.]: Magazine littéraire 2 (68) 20; Vinaver: ThP 32 (58) 17; Vostrý: Divadlo 8 (57) 449; [Weber:] J. R. Brown: Effective Theatre. A Study with Documentation (London 69) 233, TDR/2 101; Weideli: THEATRE 37; Weigel [u. a.]: TDR/2 112; Weisstein: GR 38 (63) 257; WEKWERTH I 11, 93, II 7, 28; M. Wekwerth: Über Regiearbeit mit Laienkünstlern (²62) p., ERINNERUNGEN 213, TDR/2 118, THEATER DDR [o. S.], ThH 6 (65) 1, 64 [vgl. auch 2, 50], SuF 20 (68) 542; [Wekwerth:] Spectaculum 8. Sechs moderne Theaterstücke (65) 334; Welttheater. Bühnen, Autoren, Inszenierungen, hrsg. S. Melchinger u. H. Rischbieter (62) 17, 491 p.; Wendt: INTER NATIONES 5; Wiemken: Dt. Universitätsztg 11 (56) 11, 14; WILLETT 144; WILLIAMS II 277; WIRTH I 280; [Wirth:] BB: Dramaty (Warschau 62) Bd 3, 461; WOLF 203; Žmegač: Umjetnost riječi 1 (57) 231; K. Zobel: Die Darstellung des Sterbens im Drama u. auf der Bühne seit der Jahrhundertwende (Diss. Wien 67). — *Weitere Literaturangaben:* ADELMAN/DWORKIN 61; FRADKIN II 341, 360; HÜFNER 256; außerdem s. u. Bearbeitungen für die Bühne, Berliner Ensemble u. Helene Weigel.

Bearbeitungen für die Bühne: Augsburg 1919 bis Berlin 1956. — Die Trennung zwischen bloßer Bearbeitung und freier Nachschöpfung ist nicht leicht. Folgende Werke sind vor allem zu nennen: »Hannibal« [nach Grabbe; Fragment, entst. 1922; vgl. RAMTHUN I 290; Teildruck: Berliner Börsen-Courier Nr 534 (13. 11. 22) bzw. WA VII; vgl. auch SuF 10 (1958) H. 1]; »Gösta Berling« [nach

Lagerlöf; Fragment, entst. 1922/24; vgl. RAMTHUN I 293; Teildruck: Das Kunstblatt 1924 (H. 1) bzw. WA VII; vgl. auch BRONNEN II p.]; *Leben Eduards des Zweiten von England* [nach Marlowe; s. o.]; *Der Jasager und Der Neinsager* [nach A. Waleys Übertragung des japanischen Nō-Spiels »Taniko«; s. o.]; »Hamlet« [nach Shakespeare; Sendung in der ›Berliner Funkstunde‹, 30. 1. 31; vgl. RAMTHUN I 355; ungedruckt (Handschrift verschollen); vgl. auch »Der Hamlet der Weizenbörse«, TF II (Filmstory)]; *Die Mutter* [nach Gorki; s. o.]; *Die Judith von Shimoda*, auch *Die Ausländerin Okichi* [nach Y. Yamamoto »Chink Okichi« (in einer englischen Übersetzung); Fragment, entst. 1940; vgl. RAMTHUN I 375; ungedruckt; für Filmentwurf vgl. TF II]; *Coelestina oder Die Ware Liebe* [nach Fernando de Rojas; Entwurf, entst. 1948/50; vgl. RAMTHUN I 389; ungedruckt; zum Titel s. o. *Der gute Mensch von Sezuan*]; *The Duchess of Malfi* [nach Webster; s. o.]; *Die Antigone des Sophokles* [nach Hölderlins Übertragung; s. o.]; *Der Hofmeister* [nach Lenz; s. o.]; *Der Prozeß der Jeanne d'Arc zu Rouen 1431* [nach dem Hörspiel von A. Seghers; s. o.]; *Coriolan* [nach Shakespeare; s. o.]; *Don Juan von Molière* [s. o.]; *Pauken und Trompeten* [nach G. Farquhar »The Recruiting Officer«; s. o.]; »Biberpelz und Roter Hahn« [nach Hauptmann; entst. 1950/51; Aufführung: Deutsches Theater Berlin, 27. 3. 51 (Regie E. Monk, Bühnenbild H. Pfeiffenberger, mit T. Giehse als Mutter Wolffen); vgl. RAMTHUN I 414; Teildruck: THEATERARBEIT (mit Selbstzeugnissen)]. Ferner existieren Pläne bzw. Entwürfe zu Stücken von Shakespeare [»Troilus und Cressida«; »Antonius und Kleopatra«; »Macbeth« (vgl. dazu auch die Filmgeschichte *All Our Yesterdays*, TF II)], Schiller [»Maria Stuart«; »Wallenstein«], Scribe [»Ein Glas Wasser«], Molière [»Tartuffe« (Plan einer „Umdichtung" datiert bereits von 1919; vgl. RAMTHUN I 277)], Aristophanes [»Lysistrata«], Holberg [»Jeppe vom Berge«], Beckett [»Warten auf Godot«] u. a. [vgl. dazu RAMTHUN I 275—398 passim (mit weiteren Angaben); außerdem *Die Rundköpfe und die Spitzköpfe* (urspr. als Bearbeitung von Shakespeares »Maß für Maß« begonnen)]. An folgenden Stücken bzw. Stückbearbeitungen hat Brecht größeren oder geringeren Anteil: J. Hašek »Die Abenteuer des braven Soldaten Schwejk« [1928; mit E. Piscator, F. Gasbarra, G. Grosz]; A. Tolstoj »Rasputin« u. L. Lania »Konjunktur« [beide ebenfalls für Piscator]; H. H. Jahnn »Pastor Ephraim Magnus«; A. Dumas »Die Kameliendame« [in der Übertragung von F. Bruckner (Ps. für T. Tagger)]; L. Feuchtwanger »Kalkutta, 4. Mai«; R. Berlau »Alle wissen alles« [,Schwank in 3 Akten'; 1938]; C. Neher »Der Darmwäscher« [,Komische Oper', mit Musik von R. Wagner-Régeny]; E. Strittmatter »Katzgraben« [urspr. »Die neue Straße von Katzgraben. Szenen (Bilder, Komödie) aus dem Bauernleben«; Uraufführung: Deutsches Theater Berlin, 23. 5. 53 (Regie B. Brecht, Bühnenbild K. von Appen, Musik H. Eisler, mit H. Weigel als Frau Großmann)] u. a. [vgl. dazu RAMTHUN I

401—438 passim (mit weiteren Angaben); außerdem s. o. *»Happy
End«*]. Eine Sonderstellung nehmen schließlich die *»Übungsstücke
für Schauspieler«* [nach Shakespeare u. Schiller (entst. 1939/40) bzw.
Schadewaldt (entst. 1950)] ein, da sie zu Brechts Theatertheorie gehören und auch in den *»Messingkauf«* aufgenommen werden sollten
[s. o. Theatertheorie; vgl. auch RAMTHUN I 399]. — *Selbstzeugnisse:* vgl. zu den einzelnen Stücken jeweils die Anmerkungen, Mo-
dellbücher u. Materialien-Bände (soweit vorhanden), ferner den
Band THEATERARBEIT, vor allem aber TH I—VII bzw. WA XV bis
XVII [mit Kürzungen bzw. Abweichungen gegenüber TH]; dazu
WEIGEL 63. — *Literatur:* anon: Der Spiegel 7 (53) 23, 32 [»Katzgraben«]; BALLUSECK 78, 248 [»Katzgraben«]; BECKLEY; Beckley:
GLL N. S. 15 (62) 274 [allg.]; K. BERGER Bd 2, 689 [»Katzgraben«]; [K. H. Berger:] Adam Scharrer / Erwin Strittmatter (59) 92
[»Katzgraben«]; CHIUSANO 49 [allg.]; EBERT 162 [»Katzgraben«];
EISLER 208 [»Katzgraben«], 242 [allg.]; ESSLIN I 250 [»Kalkutta,
4. Mai«]; EWEN 102 [»Hannibal«], 470 [allg.]; Fradkin: KuL 16
(68) 159 [allg.]; FUEGI; E. Genton: J. M. R. Lenz et la scène allemande (Paris 66) 200 [»Hofmeister«]; Goldsmith: ACTES I Bd 2,
875 [»Don Juan«]; GORELIK 382 [»Die Abenteuer des braven Soldaten Schwejk«]; GRIMM II 29 [allg.]; HAAS II 143 [»Die Abenteuer
des braven Soldaten Schwejk«]; HAHNLOSER 53 [allg.]; Hebel: DU
17 (65) 3, 58 [»Antigone«]; Hecht: THEATER/1 28 [»Warten auf
Godot«]; HINCK I 30 [»Hofmeister«]; Hoffmeister: Shakespeare-
Jb. 103 (67) 177 [»Coriolan«]; Jarmatz: KRITIK 52 [»Katzgraben«]; JENDREIEK 48 [allg.]; KAUFMANN I 195 [allg.], 232 [»Katzgraben«]; Laboulle: MLR 54 (59) 214 [»Leben Eduards des Zweiten
von England«]; Lion Feuchtwanger, hrsg. vom Kollektiv für Literaturgeschichte ([3]59) 22 [»Leben Eduards des Zweiten von England«,
»Kalkutta, 4. Mai«]; LÜTHY 170 [allg.]; MAYER II 7 [allg.]; W.
MITTENZWEI I 154 [»Maß für Maß«], II 107 [»Warten auf Godot«],
235, 376 [»Katzgraben«]; K. MÜLLER 157 [»Die Mutter«]; MÜN-
STERER 171 [»Gösta Berling«], 177 [»Hannibal«]; PEIXOTO 245
[allg.]; PETR 99, 143 p. [»Die Abenteuer des braven Soldaten
Schwejk«]; Petr: Časopis pro moderní filologii 39 (57) 221 [»Hof-
meister«]; Pfützner: Schriften zur Theaterwissenschaft 1 (59) 375
[»Die Abenteuer des braven Soldaten Schwejk«]; PISCATOR p.
[»Schwejk«, »Rasputin«, »Konjunktur«]; POHL 145 [allg.]; Reich:
SF/2 431 [»Die Kameliendame«], ThZ 21 (66) 14 Beilage [»Hanni-
bal«, »Kameliendame«, »Duchess of Malfi«]; M. Reich-Ranicki: Deut-
sche Literatur in Ost u. West. Prosa seit 1945 (63) 412 [»Katzgra-
ben«]; H. Reimann: Mein blaues Wunder. Lebensmosaik eines
Humoristen (59) p. [»Die Abenteuer des braven Soldaten Schweijk«];
RISCHBIETER Bd 2, 66, 73 [allg.]; J. RÜHLE I 231 [»Katzgraben«];
RÜLICKE 42 p. [»Katzgraben«], 155 [»Warten auf Godot«]; Rülicke
[-Weiler]: LEBEN UND WERK 193 [»Katzgraben«], SuF 10 (58) 641
[»Mutter«, »Katzgraben«]; SCHÄRER 21 [»Hannibal«]; SCHUMA-

CHER I 81 [»Leben Eduards des Zweiten von England«]; Strittmatter: ERINNERUNGEN 240, Wochenpost [Berlin] 9. 8. 58 [»Katzgraben«]; THEATERARBEIT 68 [»Hofmeister«], 171 [»Biberpelz und Roter Hahn«]; TUCHOLSKY I Bd 3, 69 [allg.]; R. Wagner-Régeny: Begegnungen. Biographische Aufzeichnungen, Tagebücher u. sein Briefwechsel mit Caspar Neher (68) p. [»Der Darmwäscher«]; WEIGEL 114
[»Katzgraben«]; Weisstein: JEGP 69 (70) 193 [»Leben Eduards des
Zweiten von England«]; WITZMANN 40 [»Hannibal«]; Zilliacus: CD
4 (70) 3 [»Warten auf Godot«]. — *Weitere Literaturangaben:* s. o.
Theatertheorie, Theaterpraxis u. die betreffenden Stücke; s. u.
Berliner Ensemble.

Berliner Ensemble: Gründung: 1949. — *Erste Auffüh-
rung:* »Herr Puntila und sein Knecht Matti« in der Inszenierung von
B. Brecht u. E. Engel [Deutsches Theater, 12. 11. 49 (Bühnenbild C.
Neher, Musik P. Dessau, mit L. Steckel als Puntila)]. — *Bühne:*
Theater am Schiffbauerdamm (seit März 1954). — *Leitung:* H. Wei-
gel [s. u.]. — *Bedeutendste Schauspieler:* E. Busch, A. Hurwicz, E.
Schall, H. Weigel. — *Zeugnisse:* Modelle, Materialien-Bände, Ton-
bandaufnahmen u. Bühnenfassungen des Berliner Ensembles; ferner
Sammelbände wie ANEKDOTEN I/II, BRECHT BÜHNEN, BRECHT-DIALOG,
ENSEMBLE, ERINNERUNGEN, LEBEN und WERK, SF/2, THEATER/1/2,
THEATER DDR, THEATERARBEIT, WORLD THEATRE sowie Bildbände
wie W. Carlé »Erwin Geschonneck, Künstler unserer Zeit« 1960,
»Caspar Neher. Bühne u. Bildende Kunst im 20. Jh.« 1966, »Der
Regisseur Benno Besson«, hrsg. A. Müller 1967, »Die Schauspielerin
Angelika Hurwicz. Ein Fotobuch«, hrsg. W. Pintzka 1960, »Die
Schauspielerin Helene Weigel. Ein Fotobuch«, hrsg. W. Pintzka 1959,
W. Drews »Die Schauspielerin Therese Giehse« 1965, T. Kulisie-
wicz »Zeichnungen zur Inszenierung des Berliner Ensembles: Der
kaukasische Kreidekreis« 1965, H. Sandberg »Mein Brecht-Skizzen-
buch« 1967; außerdem Brechts Selbstzeugnisse u. die Berichte seiner
Mitarbeiter Bunge, Hurwicz, Rülicke, Wekwerth u. a. [s. u.]. —
Selbstzeugnisse Brechts: TH V, VI, VII; WA XVI, XVII; PFÄFFLIN
59; WEIGEL 59; zu einzelnen Stücken auch VS bzw. ST. — *Literatur:*
ADAMOV 200 p.; Adamov/Planchon/Allio: ERINNERUNGEN 341; anon:
Kontakt [Montreal] 3 (70) 2, 2, New Theatre Magazine [Bristol] 6
(66) 3, 15, WORLD THEATRE 194; BABRUSKINAS; Badia [u. a.]: ABB 2
(60) 2; Baierl: SuF 18 (66) 666; BARTHES 48, 143; BLAU p.; Blau:
TDR 5 (61) 3, 119; BRUSTEIN II 27, 131; Brustein: The New Re-
public [Washington] 153 (65) 6/7, 33; Bunge: SF/2 322; Carpen-
tier: Junge Kunst 2 (58) 7, 54; CLURMAN 203; H. Clurman: Lies Like
Truth. Theatre Reviews and Essays (New York 58) 230; Deleanu:
Teatrul 2 (57) 5, 49; DESUCHÉ 111; Dieckmann: SuF 17 (65) 463;
DORT II 18, 177, 197, 212; Dort: L'Avant-Scène [Paris] 15. 7. 60,
Biennale di Venezia 60 (67); EBERT 135 p.; ESSLIN I 291; EWEN 457;
Fernandez: Nouvelle revue française 5 (57) 1090; Fuegi: Funnel 11
(67) 2, 9; Garniš: Ogonek [Moskau] 35 (57) 19, 28; J. Gassner:

Dramatic Soundings. Evaluations and Retractions Culled from 30 Years of Dramatic Criticism (New York 68) 529; Gočev: Teatr [Sofia] 11 (58) 10, 35; Gosenpud: Teatralnji Leningrad 21 (22.—28. 5. 57) 3; GUERRERO 451; Gurkov: Ogonek 42 (64) 15, 28; Hecht: Theatre Research 8 (67) 165, WORLD THEATRE 201, ThZ 20 (65) 19, 13, Synthèses 21 (66) 235; Heinitz: THEATER/1 24; Herzfelde: SuF 4 (52) 5, 54; Hoffmeister: Shakespeare-Jb. 103 (67) 177; HÜFNER 37, 62, 102, 154; HURWICZ p.; Jacobi: Die Zeit 5 (50) 28, 3; Jhering: SuF [fortlaufende Bemerkungen zu Theater u. Film]; KÄCHELE 47; KAISER 177; KERY 95; Knipowitsch: KuL 11 (63) 971; Kusche: Weltbühne 14 (59) 87; Melchinger I 203; S. Melchinger: Modernes Welttheater. Lichter u. Reflexe (56) 95; Molenschott: THEATER/1 23; Monleon: Primer Acto [Madrid] 17 (60) 8; Nössig: THEATER DDR [o. S.]; Nössig [u. a.]: THEATER/1 18; PEIXOTO 245, 279; RAFFA 198; RISCHBIETER Bd 2, 73; G. Rühle [u. a.]: ABB 40 (66) 45; J. RÜHLE I 236; RÜLICKE p.; Rülicke[-Weiler]: LEBEN UND WERK 177, ERINNERUNGEN 183, SF/2 269, SuF 10 (58) 641; L. Schiller: Teatry Berlińskie w Lutym i Marcu 1953r. (Warschau 54); Schneider: GOEDHART 45; Schumacher [u. a.]: ABB 42 (66) 56; [Tenschert:] Spectaculum 8. Sechs moderne Theaterstücke (65) 332, WORLD THEATRE 206, THEATER/1 15; THEATERARBEIT [vgl. Neudruck 426 zur Ergänzung]; Théâtre des Nations: 315 spectacles en 10 ans (Paris 63); TYNAN I 389, 449, 460, II 63; VAJDA II 358; WEIGEL p.; Weigel [u. a.]: TDR/2 112; WEKWERTH I 11, 173 p., II 28; [Wekwerth:] Spectaculum 8. Sechs moderne Theaterstücke (65) 334; WORLD THEATRE 210, THEATER DDR [o. S.], THEATER/1 16, SuF 20 (68) 542; Zweig [u. a.]: THEATER/1 27. — *Weitere Literaturangaben:* s. o. Theaterpraxis, Bearbeitungen für die Bühne; s. u. Helene Weigel.

H e l e n e   W e i g e l : 12. 5. 00 in Wien geboren; 10. 4. 29 Heirat mit B. Brecht. — *Weitere biographische Daten:* Die Schauspielerin Helene Weigel. Ein Fotobuch, hrsg. W. Pintzka 1959, 121; WEIGEL 119. — *Zeugnisse Brechts:* Die Schauspielerin H. Weigel [s. o.] p.; WEIGEL p.; TH I—VII; LK II; WA XV, XVI, XVII, XIX. — *Literatur:* anon: Kontakt [Montreal] 3 (70) 2, 2; BENJAMIN III Bd 2, 644; BLAU 62; Blau: TDR 5 (61) 3, 119; Damert: Horizons [Paris] 4 (55) 46, 38; Darcante/Weigel: BRECHT-DIALOG 264; DESUCHÉ p.; EBERT 201; ENGBERG Bd 1, 75, Bd 2, 97 p.; Feuchtwanger: SuF 11 (59) 15; Hecht: LEBEN UND WERK 45; Hecht/Weigel: Materialien-Bd »Mutter« [s. o.]; Jacobi: Die Zeit 13 (58) 8, 4; JHERING III 193; H. Jhering: Schauspieler in der Entwicklung (56) 63; F. Jung: Der Weg nach unten. Aufzeichnungen aus einer großen Zeit (61) 353; A. Kantorowicz: Dt. Schicksale. Intellektuelle unter Hitler u. Stalin (64) 179; W. Krauss: Das Schauspiel meines Lebens (58) 194; Marcorelles: CAHIERS 44; Michaelis [u. a.]: WEIGEL 101; E. Osmańczyk: Notatki korrespondenta (Krakau 51) 84; Pintzka-Birnbaum: ThZ 11 (56) Studien 1, 4; A. Polgar: Auswahl. Prosa aus vier Jahrzehnten

68) 326; H. Sandberg: Mit spitzer Feder (58) 10; M. Scheer: Lebens-
wege in unseren Tagen (52) 103; Seghers: THEATER DDR [o. S.], IN
4 (38) 126; STEINER 353; SZCZESNY 86; TYNAN I 462, 467, 470; Weigel: PICCOLO TEATRO 204; WEKWERTH II 74 p. — *Weitere Literaturangaben:* WEIGEL 120; außerdem s. o. Theaterpraxis u. Theatertheorie.

> „Wer heute in Deutschland Brauchbares
> schreibt, ist von Brecht beeinflußt. Die
> schwächeren Schriftsteller huldigen diesem
> Koloß in der Form der Ablehnung."
>
> *(Wolf Biermann)*

PROBLEME UND AUFGABEN DER
BRECHT-FORSCHUNG

Günter Grass hat zu Recht erklärt: „Die Sekundärliteratur
[. . .] sprengt Bücherregale" (GRASS II 7). Falsch und voreilig
wäre es aber, daraus mit ihm, der in seinem umstrittenen Stück
selber weidlich ‚gedeutet‘ hat, die Folgerung zu ziehen: „Bald
wird uns Brecht, ähnlich wie Kafka, weginterpretiert sein"
(ebda). Denn die Brecht-Forschung hat sich zwar in den vergangenen Jahren fast unübersehbar ins Breite entwickelt; die
grundsätzliche Forschungssituation ist jedoch im wesentlichen
die gleiche geblieben. Zentrale Fragen sind weiterhin ungelöst,
zahlreiche Einzelprobleme harren noch der Klärung; und was
die Werkedition betrifft, so hat sich ihre Problematik trotz, ja
gerade wegen der verschiedenen Nachlaß- und Sammelveröf-
fentlichungen eher verschärft. Das meiste, was in den beiden
ersten Auflagen dieses Bändchens zur Brecht-Forschung ange-
merkt wurde, gilt ungeachtet aller Ergebnisse und erzielten
Fortschritte auch heute.

Ein Gesamtbild des Dichters läßt sich nach wie vor erst in
Umrissen entwerfen. Noch immer ist viel zuwenig von ihm
und über ihn bekannt; dazu kommt Brechts entschiedene Zu-
rückhaltung in allen persönlichen Dingen, sein Trachten, „die
Spuren zu verwischen", wenn nicht zu verwirren. Eine zuverlässige, erschöpfende Biographie, die den inneren und äußeren
Werdegang des Dichters in seiner verschlungenen Dialektik
sichtbar macht, gehört darum mehr denn je zu den dringendsten
Aufgaben der Brecht-Forschung. Das umfangreiche, bereits
mehrfach erweiterte und übersetzte, auch als Taschenbuch ver-
breitete Werk von Martin Esslin (ESSLIN I) vermag diese Forde-
rung keineswegs zu erfüllen: es ist noch viel zu sehr befan-

gen und haftet außerdem zu stark am Anekdotischen. Gegen neuere Versuche — zu nennen sind, neben etlichen Kompilationen, vor allem EWEN und KOPELEV II — erheben sich ähnliche Einwände. Sie erscheinen besonders gravierend im Falle der russischen Darstellung, wo sogar zum erstenmal Brechts Tagebücher verarbeitet sind, aber leider auf völlig romanhafte Weise.

Was wir bis jetzt überschauen können, ist also nicht viel mehr als eine Abfolge von einzelnen Lebensdaten und Werken, die sich noch am ehesten vom Schaffen her gliedern läßt. So werden etwa die beiden großen schöpferischen Perioden der zwanziger Jahre einerseits, der dreißiger und vierziger Jahre andererseits von der Augsburger und der zweiten Berliner Zeit umrahmt: jene (bis 1919) bereitete Brechts Dichtung vor, diese (ab 1949) wertete sie aus. Oder man erkennt, unter dem Gesichtspunkt der Konkretheit der Dichtung, einen Hegelschen Dreischritt von der farbigen Realitätsfülle des Frühwerks über die abstrakte Strenge der Lehrstücke bis zu jener Synthese, die mit den Meisterwerken der späten Svendborger Jahre erreicht wurde. Auch Brechts Hinwendung zum Marxismus, der ein jahrelanges, an Intensität und Wirkung nur dem Kant-Studium Schillers vergleichbares Bemühen um die marxistischen Schriften vorausging, markiert einen entscheidenden Einschnitt. Aber all dies sind bestenfalls erste Orientierungspunkte. Die politische Situation seiner letzten Berliner Jahre vollends ist so heikel und komplex, daß wohl noch geraume Zeit vergehen wird, ehe wir darüber ein klares, unparteiisches Urteil fällen können. Man braucht ja bloß die Selbstzeugnisse und Bemerkungen bei KANTOROWICZ oder HARTMANN (vgl. dort auch die Äußerungen Caspar Nehers) neben KAUFMANN I, RÜLICKE oder die entsprechenden Abschnitte in LEBEN UND WERK zu halten, um sich von diesen Schwierigkeiten zu überzeugen.

Daß in früheren Lebensepochen ebenfalls manches im Dunkeln liegt, beweist die Gestalt FERDINAND REYHERS, die bisher von der Forschung so gut wie ganz übersehen worden ist. Reyher, einer der wenigen Duzfreunde des Dichters, war ein begabter, aber offenbar etwas unbeständiger amerikanischer Schriftsteller mit ausgeprägten marxistischen Neigungen, der schließlich als Drehbuchautor in Hollywood endete. Er reiste nicht nur, nachdem er Brecht (wohl 1935/36 in New York) kennengelernt hatte, im Herbst 1938 nach Dänemark, sondern übernahm zudem im Jahr darauf, obgleich ohne nachweisbaren

Erfolg, die Funktion eines privaten Theateragenten für den Dichter. Brecht vertraute ihm sowohl »*Furcht und Elend des Dritten Reiches*« als auch den eben entstandenen »*Galilei*« zur Übersetzung und Vermittlung bei den amerikanischen Bühnen an. Zu vermuten ist ferner, daß Reyher später, sei es durch solche Vorarbeit oder durch unmittelbare Mitwirkung, an der Laughtonschen Version des Galilei-Dramas beteiligt war. Aus den reichlichen Briefbelegen geht unzweideutig hervor, daß Brechts Interesse an den USA während seines dortigen Aufenthalts nicht etwa nachgelassen, sondern zugenommen hat; jedenfalls plante er, wiederum in Verbindung mit Reyher, noch 1946/47 eine Folge von „kurzstücken über amerikanische geschichte". Es ist zu hoffen, daß James K. Lyon, der diesen wichtigen Bereich erschlossen hat, das vorhandene Material (das auch Briefe von H. Weigel, M. Steffin, E. Hauptmann und Brechts Kindern Stefan und Barbara sowie Photos enthält) möglichst bald auswerten und im einzelnen zugänglich machen kann.

Was von Brechts Leben gesagt wurde, trifft auch auf seine Persönlichkeit zu. Von ihr wissen wir vorläufig nicht viel mehr, als daß sie höchst widerspruchsvoll war. Wie sich jedoch in dieser Widersprüchlichkeit, die Brecht durchaus bejahte, Wissensdurst und taktische Feigheit, List und Güte, Sinnlichkeit, Humor und bohrende Hartnäckigkeit vereinten und vor allem, aus welchen Quellen sie gespeist wurde, bedarf noch eingehender Untersuchung. Antworten liegen natürlich schon vor; aber gerade die anspruchsvollsten befriedigen am allerwenigsten, da sie unweigerlich in einem psychologistischen Schematismus landen, der um so verfehlter wirkt, je mehr er sich in hausbackener Psychoanalyse übt. SZCZESNY liefert hier das krasseste Beispiel. Aber selbst die vielen Erinnerungen und Berichte von Begegnungen, die inzwischen auf den Markt geworfen wurden, enthüllen oft mehr über ihre Verfasser als über ihren Gegenstand. Die einzige wirklich rühmenswerte Ausnahme unter ihnen bildet MÜNSTERER — ein Werk, das nicht umsonst im Westen wie im Osten veröffentlicht und anerkannt ist. (Es stammt, beiläufig bemerkt, von einem Arzt.)

Doch die schwierigsten Probleme, die Brecht aufwirft, sind diejenigen der Weltanschauung. Sie reichen von der nur scheinbar nebensächlichen Frage nach seiner Verwurzelung im Stammesmäßigen — der Dichter des Keuner alias Keiner hat sich stets zu seinem Schwabentum bekannt — bis zu umfassenderen Fragestellungen philosophischer und politischer, gesellschafts und naturwissenschaftlicher Art. So häufig und so erbittert sie diskutiert worden sind, so wenig sind sie bisher gelöst. Daß dies auch von marxistischer Seite betont wird, gibt doppelt zu denken. Man fordert indes nicht bloß, „Brecht erst *in Gänze* zu entdecken" (SCHUMACHER III 458), sondern warnt zugleich davor, aus ihm „einen marxistischen Popanz" zu machen (EISLER 154). Die Stimme, von der diese Warnung kommt, ist gewiß unverdächtig genug. „Brecht", so faßt sie zusammen, „hat die Methode des dialektischen Materialismus von Marx und von Lenin gelernt und sie in seiner Weise in seiner Poesie und in seinen Dramen und in seinen Prosaschriften angewandt" (EISLER 98). Das ist in der Tat der springende Punkt. Denn daß Brecht Marxist oder gar, nach seiner eigenen Definition, ein „parteiloser Bolschewik" (RÜLICKE 17) war, pfeifen die Spatzen von den Dächern; zu klären wäre, *„wie* Brecht Marxist war" (EISLER 100). Wie verstand er die Lehre von Marx und Engels, die sich bei ihm ja nicht nur mit dem „ungeheuren Einfluß" Lenins (EISLER 95), sondern zuletzt auch mit dem Mao Tse-tungs verknüpfte, und wie setzte er sie dichterisch um? Warum konnte er sie kritisch, d. h. bei der Darstellung der bürgerlich-kapitalistischen Welt, anwenden, aber offensichtlich kaum im positiven Sinne zur Gestaltung der geforderten neuen Welt? In welchem Verhältnis stehen marxistische Methode und marxistischer Inhalt bei Brecht? Welche Bedeutung kommt den Gedanken Hegels zu, dessen Einfluß zweifellos noch unterschätzt wird? Und was war die Funktion der marxistischen Häretiker Korsch und Sternberg, die Brecht diese Lehre vermittelten, sowie des Watsonschen Behaviorismus, der sie vorbereitete und sich mit ihr verband? Manches ist hier (etwa bei RASCH, ROSENBAUER oder K. MÜLLER) bereits geleistet worden; vieles andere (trotz SCHAEFER oder EKMANN) bedarf noch der Bearbeitung.

Wie sah und nutzte der Dichter, so muß man ferner fragen, die Naturwissenschaften und deren Methoden? Wir haben nämlich auch Descartes und insbesondere Bacon in Betracht zu ziehen, nicht allein Galilei, dessen Bedeutung für Brecht schon verschiedentlich (am eindrucksvollsten bei SCHUMACHER III) untersucht worden ist. Albert Einstein fordert ebenfalls Beachtung. Und wie waren schließlich Brechts Beziehungen zum Gedankengut der deutschen und europäischen Aufklärung? Welche Rolle spielen christliche Elemente und solche der chinesischen Philosophie? Gerade das Verhältnis Brechts zum Christlichen, in dem sich das welthistorische Verhältnis von Marxismus und Christentum wiederholt, ist allen bisherigen Ansätzen zum Trotz erst andeutungsweise sichtbar geworden. Dasselbe gilt — um nur noch einen Aspekt herauszugreifen — für Brechts Schlüssel-begriff der Produktivität. Eine Fülle von Problemen ist in die-sem Gesamtbereich noch zu lösen, obwohl viele Versuche zu ih-rer Durchdringung schon unternommen wurden.

Wenig anders steht es mit der Frage nach Brechts historischem Ort. Im Rahmen der deutschen Literaturgeschichte sind Expres-sionismus und Neue Sachlichkeit, daneben auch Dadaismus und der nachklingende Naturalismus die beherrschenden Kräfte, aus denen seine Dichtung erwächst. Wie groß und von welcher Art der Anteil ist, den Brechts Werk an ihnen hat, und ob der Dichter mehr von den Zeitströmungen beeinflußt war oder sel-ber einen bestimmenden Einfluß ausübte, hat man freilich noch nirgends zusammenfassend untersucht. Erst recht fehlen Einzel-untersuchungen, die sich zum Beispiel mit Brechts Beziehungen zu Bronnen, Döblin, Fleisser, Bruckner oder Weisenborn befas-sen — von seiner lebenslangen Freundschaft mit Lion Feucht-wanger, dem er sicherlich wertvolle Anregungen verdankt, ganz zu schweigen. Sieht man von autobiographischen Schrif-ten und kleineren Beiträgen ab, so hat lediglich das Verhältnis zu Georg Kaiser bisher seinen Bearbeiter gefunden (vgl. SCHÜ-RER). Im übrigen halten sich hier Bekanntes, wie das Vorbild Wedekinds, und Unbekanntes, wie mögliche Zusammenhänge zwischen Blochs »Spuren« und Brechts parabolischer Kurzprosa, ebenso die Waage wie überhaupt bei der Einordnung des Dich-ters in die deutsche Literaturgeschichte. Im 19. Jh. etwa stehen Büchner und Hebbel, deren Einfluß unverkennbar ist, Wagner und namentlich Nietzsche gegenüber. Wieviel es dabei noch zu entdecken gibt, erkennt man vor allem an Hebbel, über den Betty N. Weber eine ausführliche Darstellung vorlegen wird. Auch Studien zu Nietzsche und Wagner befinden sich in Vor-bereitung. Daß solche literarischen Einflüsse und Vorbilder bis ins Weltanschauliche, ja Persönliche zu dringen vermögen, leh-ren Karl Valentin und der von Grete Reiner übersetzte Hašek-sche »Schwejk«, die ohnehin eng zusammengehören. Beide ha-ben auch maßgeblich an der endgültigen Ausformung von Brechts Sprache mitgewirkt, jener faszinierenden Mischung aus Anglizismen und Latinismen, süddeutscher Umgangssprache, Lutherbibel und Parodistischem, von der Feuchtwanger schon 1922 sagte: „Dieser junge Mensch schreibt ein Deutsch ganz ohne Beispiel und ohne Vorfahren" (in: ›Das Tagebuch‹ 3, 1419). Brecht selber formulierte: „Ego, poeta Germanus, supra grammaticos sto" (SF/2, 106). Noch aufschlußreicher, wenn auch in anderer Hinsicht, ist aber vielleicht ein Zeugnis aus seinen letzten Lebensjahren, welches lautet: „In bezug auf seine Muttersprache war er der größte Chauvinist, den ich kannte" (STRITTMATTER 38).

Blickt man über den deutschen Bereich hinaus, so zeigt sich, daß Brechts Schaffen als Dramatiker, Theoretiker und Regisseur in eine größere weltliterarische Entwicklung eingebettet ist. Man kann sie als die allmähliche Auflockerung eines zu eng gefaßten Dramenbegriffs definieren. Ihre Ursache liegt einerseits in dem Zwang, umfassende soziologische Zusammenhänge dramatisch zu gestalten, andererseits aber in einer Befreiung des reinen Spiels, d. h. einer autonomen Wiederentfaltung ursprünglich theatralischer Elemente. Wahrscheinlich ist auch das Vordringen des Films an dieser Entwicklung beteiligt, obwohl der Dichter behauptet hat, daß „die filmische Optik auf diesem Kontinent vor dem Film da war" (LK I, 31). Was daher bei Brecht, unter den Begriffen des ‚epischen (dialektischen) Theaters' und der ‚Verfremdung', als distanzierendes Aufzeigen von Widersprüchen zum Zweck der Beurteilbarkeit und Veränderung erscheint, hat seine sinngemäßen Entsprechungen bei Luigi Pirandello, Paul Claudel, Thornton Wilder und manchen anderen. Sie alle bedienen sich, teilweise in Anlehnung an die gleichen Vorbilder wie Brecht, einer ‚offenen' Dramenform, die das Lyrisch-Epische, die Pantomime, Musik und bildliche Darstellungen begünstigt und strukturell mit dem Mysterien- und Fastnachtsspiel, dem Reformations- und Jesuitendrama, den Spaniern, der Commedia dell'arte und dem ostasiatischen Theater verwandt ist. Nicht zufällig hat also die Forschung gerade an dieser Stelle (wie übrigens auch an Sprache und Struktur) schon wiederholt angesetzt; denn hier, wenn irgendwo, scheint es möglich zu sein, bis ins innerste Wesen der Brechtschen Dichtung vorzudringen, das sich wohl nicht besser bezeichnen läßt als mit dem alten Begriff der Ballade oder Moritat. Es war wiederum Feuchtwanger, der bereits 1928 schrieb: „Wahrscheinlich ist das Zentrum, von dem Brecht ausgeht, die Ballade" (LITERATURKRITIK 520). In ihr und der Moritat treffen sich nicht nur das in Szenenfolgen aufgelöste Drama und die unpersönlich-berichtende Lyrik, sondern auch Musik und Bild und die Gestalt des distanzierten, demonstrierenden, belehrenden Sängers — mithin alle entscheidenden Züge dieser Dichtung. Die Ballade aber steht nach Goethe am Ursprung jeder Poesie.

Zahlreiche Einzelprobleme kommen hinzu. Das wichtigste unter ihnen ist wohl Brechts Verhältnis zu den Schwesterkünsten, also zur Musik (einschließlich Revue und Musical) sowie zur Bildenden Kunst und zum Film. Es läßt sich ja schwerlich leugnen, daß der Dichter, dem Kenner „eine ganz erstaunliche musikalische Begabung" (EISLER 210) bescheinigten, spürbar auf die Komponisten, mit denen er zusammenarbeitete, eingewirkt hat. Den besten Beweis dafür liefert die auffällige Verwandtschaft, die man, bei aller sonstigen Verschiedenheit der Ausbildung und des künstlerischen Temperaments, an den Brecht-Vertonungen Dessaus, Weills und Eislers wahrnehmen kann. Die Komponisten haben derlei gelegentlich selber zugegeben, zuzeiten freilich auch bestritten. Um so willkommener wären kritische Gesamtdarstellungen wie auch genaue monographische Studien, wie wir sie mit HENNENBERG I für Dessau bereits besitzen. Ähnliche Aufgaben stellen sich im Bereich des Films und der Bildenden Kunst, für deren Erforschung inzwischen ebenfalls (durch LK und TF) die Voraussetzungen geschaffen sind. Nicht nur Brechts Verhältnis zum Stummfilm und insbesondere zu Chaplin wäre zu untersuchen, sondern ebenso die Anstöße, die er seit seiner Schulzeit von Caspar Neher, dem berühmten ‚Bühnenbauer' des epischen Theaters, empfangen hat. Auch John Heartfield und dessen Kunst der Photomontage haben den Dichter früh und nachhaltig beeinflußt. Ja, sogar eine Brücke zur barocken Emblematik kann man in diesem Zusammenhang schlagen.

Als weiteres Einzelproblem wäre selbstverständlich Brechts höchst erhellende Bildersprache zu nennen. Sie verdient es gewiß, noch eingehender dargestellt zu werden, als dies bislang geschehen ist, und zwar gerade auch in ihrer allmählichen Entwicklung und Wandlung. Kaum erforscht sind ferner die frühen Erzählungen, wie überhaupt der Erzähler Brecht und, mit Einschränkung, selbst der Lyriker nach wie vor im Schatten des Stückeschreibers und Theoretikers stehen. Daß dieser allerdings ebensowenig erschöpfend behandelt ist, zeigt sich einmal am Fehlen eines umfassenden Vergleichs der Brechtschen Schauspieltheorien mit denen Diderots, Stanislawskis und der Asiaten, zum anderen an der kaum mehr als sporadischen Berücksichtigung des russischen Revolutionstheaters. Beide Themen müßten auf breitester Grundlage in Angriff genommen werden; aber schon Detailuntersuchungen, etwa eine vergleichende Betrachtung der Dramatik Majakowskis, würden nützliche Einsichten erbringen. Wichtige Vorarbeit dazu leistet vor allem ein italienisches Werk (RAFFA), das auch von der deutschen Brecht-Forschung zur Kenntnis genommen werden sollte.

Die Frage nach Brechts Verhältnis zur Weltliteratur insgesamt wurde zwar früh aufgeworfen, ist jedoch noch lange nicht genügend beantwortet. Drei Aspekte sind hier zu unterscheiden: Brechts Verhältnis zur weltliterarischen Tradition, Brechts Stellung innerhalb der zeitgenössischen Entwicklung der Weltliteratur und Brechts weltliterarische Wirkung. Was die Tradition betrifft, so dürfte besonders im Bereich der Antike noch allerlei nachzuholen sein. Die vorliegenden Veröffentlichungen, so verdienstvoll sie im einzelnen sind, bleiben entweder zu begrenzt oder, wo sie auf ein Gesamtbild abzielen, unvollständig. Belegen läßt sich das an der bis vor kurzem fast gänzlich vernachlässigten Gestalt und Philosophie des Sokrates. Dessen Einfluß, der bereits im Frühwerk faßbar ist, erstreckt sich bis in die Motivik; denn der Selbstmord Shlinks am Schluß von *Im Dickicht der Städte* folgt offenkundig dem Muster der berühmten Sterbeszene am Ende des »Phaidon«. Nicht minder offenkundig, trotz Brechts Kritik in den *»Keunergeschichten«*, ist auch seine Übereinstimmung mit der sokratischen Art des Zweifelns und ständigen Infragestellens, was sich wohl am deutlichsten darin äußert, daß der Dichter bei Galileis Ausspruch: „Meine Aufgabe ist nicht, zu beweisen, daß ich bisher recht gehabt habe, sondern: herauszufinden, ob" (ST VIII, 134), regelmäßig die Probe zu unterbrechen und seine Schüler darauf hinzuweisen pflegte, „daß dies für einen Marxisten der wichtigste Satz im Stück sei" (vgl. SF/2, 284). Die Haltung, die darin zum Ausdruck kommt, entspricht aufs genaueste derjenigen des Sokrates (vgl. etwa Gorgias 458a).

Brechts Stellung innerhalb der zeitgenössischen Literaturentwicklung habe ich schon angedeutet. Zu nennen sind aber nicht nur Wilder, Claudel und Pirandello, sondern auch Ibsen und Zola. Und es versteht sich wohl von selbst, daß es in diesem Bereich ebenfalls noch an befriedigenden Untersuchungen mangelt. Das gilt insbesondere für die englische Literatur, die ja neben der ostasiatischen am stärksten auf Brecht eingewirkt hat. George Bernard Shaw vertritt dabei das Drama, Kipling die balladeske Lyrik, P. G. Wodehouse (von dem das Motto zu den *»Flüchtlingsgesprächen«* stammt) die Prosa. Mit Shaw hat sich mittlerweile zwar eine über 900 Seiten umfassende Wiener Dissertation (SCHESSWENDTER) befaßt; aber leider ist sie durchaus unzulänglich. Karlheinz Schoeps bereitet daher eine neue Monographie vor. Eine zusammenfassende Darstellung (aus der Feder von James K. Lyon) befindet sich auch für Brechts Verhältnis zu Kipling in Vorbereitung. Sie kann sich immerhin auf einige gründliche Einzelbeiträge stützen. Der Einfluß von Wodehouse dagegen (über den ich selbst eine kleine Studie vorlegen möchte) ist ganz und gar unbeachtet geblieben. Fast das gleiche läßt sich übrigens, bezieht man die ältere englische Literatur ein, von Swift behaupten, obwohl ihn der Dichter doch schon in Augsburg für sich zu entdecken begann. Shakespeare allerdings — in weitem Abstand folgen Gay und Marlowe — ist desto häufiger und ausführlicher mit Brecht verglichen worden (vgl. zuletzt SYMINGTON). Lediglich Schiller und Thomas Mann sind imstande, hier zu konkurrieren.

„Man könnte geradezu sagen, daß *Belehrung* eine elementarere Kategorie ist als *Unterhaltung.*" Diese Feststellung von Hermann Bausinger (»Formen der ‚Volkspoesie'«, 1968, 201), jedenfalls in solch apodiktischer Form, wäre in den vergangenen Jahrzehnten kaum möglich gewesen. Wir dürfen mit Fug und Recht vermuten, daß Brecht, zumindest unterschwellig, den Anstoß gegeben hat. Denn nicht bloß aus seiner vieldiskutierten Theorie, sondern auch aus seinen Lehrstücken lassen sich für Entstehung, Struktur und Wirkung des Didaktischen in der Dichtung entscheidende Aufschlüsse gewinnen, wie denn Brecht überhaupt immer wieder ästhetische und poetologische Grundprobleme in Bewegung bringt. Erfährt man, daß er sich noch in seinen letzten Lebensjahren mit Gottscheds »Dichtkunst« und »Sprachkunst« beschäftigt hat, so wird vollends einleuchtend, wie sehr eine sowohl systematische als auch historische Klärung dieses Gesamtphänomens notwendig ist. Um brauchbare Ergebnisse zu erzielen, muß man sich freilich vor jeglicher Starrheit, Einseitigkeit oder gar Voreingenommenheit hüten. HULTBERG liefert dafür das warnende Beispiel. Diese — ansonsten höchst scharfsinnige — Arbeit verfehlt ihren Gegenstand schon allein deshalb, weil sie meint, Theorie und Praxis rigoros trennen zu können. Derlei ist alles andere als brechtisch.

Auch im Raum des Theoretischen spielt die Antike eine gewichtige, beinah noch gänzlich unbeachtete Rolle. Und zwar handelt es sich diesmal um die antike Rhetorik, die sich ja als Wirkungsästhetik von vornherein mit der Kunstauffassung des Dichters berührt. Die innere Entsprechung, die zwischen seinem Zentralbegriff der Verfremdung und der rhetorischen Kategorie des Fremden und Unvertrauten herrscht, wird von manchen als dermaßen eng empfunden, daß sogar Elementarbücher der literarischen Rhetorik stillschweigend den Brechtschen Terminus übernommen haben. Bei Heinrich Lausberg (»Elemente der literarischen Rhetorik«, [2]1963, 41; zum locus classicus vgl. Aristoteles, Rhetorik 1404b) lesen wir zum Beispiel: „Die Verfremdung (τὸ ξενιχόν) ist die seelische Wirkung, die das Unerwartete (τὸ ξένον καὶ ἄηθες) als Phänomen der Außenwelt im Menschen ausübt. Diese Wirkung ist ein psychischer *choc*, der sich in verschiedenen Arten und Graden verwirklichen kann." Daß solche Übernahmen oder gar Gleichsetzungen ihrerseits wieder nach Differenzierung verlangen, liegt angesichts der unkritischen Verwendung des Verfremdungsbegriffs, die inzwischen geradezu inflationistische Tendenzen gezeitigt hat, auf der Hand. Wesentlich maßvoller verfährt zum Glück LERG-KILL, wo die Rhetorik bereits ausdrücklich zur Interpretation des Dichters herangezogen wird. Diese Arbeit, deren reißerischer Titel nicht irreführen darf, lehrt zugleich, welch fruchtbare Erkenntnisse andere Disziplinen (hier die Publizistikwissenschaft) zur Brecht-Forschung beizusteuern vermögen.

Doch die eigentliche theoretische Problematik, bei der Rezeption, übergreifende Entwicklungszusammenhänge und Wirkungsgeschichte ineinander übergehen, fällt ins 20. Jh. Die Formel dafür (vgl. RAFFA oder CHIARINI II) lautet: Avantgarde und Realismus. Was sie markiert, sind die beiden Pole des russischen Formalismus mit seinen Metamorphosen einerseits und des sozialistischen Realismus, zu dem sich die marxistische Ästhetik vielfach verhärtet hat, andererseits. Die Spannung zwischen ihnen entlud sich vor allem in der schon mehrmals untersuchten Auseinandersetzung Brechts mit Lukács, die man zu Recht als „eine der wichtigsten Literaturdebatten unseres Jahrhunderts" (W. MITTENZWEI II, 395) wertet; sie fand ihren Niederschlag aber auch, obgleich auf andere Weise, in Brechts Gesprächen mit Walter Benjamin. Zeugnisse und Einzelstudien (vgl. namentlich ŽMEGAČ) sind reichlich vorhanden; man vermißt jedoch eine kritische Gesamtdarstellung. Nicht allein bei Lukács, auch bei Benjamin wäre nämlich Kritik anzumelden; denn Brecht, sehr im Gegensatz zur heutigen Benjamin-Gemeinde, hat das Fragwürdige dieser Mystik, die sich im Zeichen der Aufklärung vorträgt, zweifellos erkannt. Daß daneben allerdings noch ganz anderes in Rechnung zu stellen ist, wird Paolo Chiarini an Oscar Wildes Essay »The Soul of Man under Socialism« demonstrieren, der Brecht nachweislich beeinflußt hat. Solche verborgenen Zusammenhänge bedürfen ebenso der Klärung wie Brechts offener Kampf gegen die zeitgenössische Ästhetik und Literaturwissenschaft.

Die überragende Bedeutung Bertolt Brechts und die globale Wirkung, die von ihm ausgeht, wird heute wohl nur noch von

Ignoranten oder Sektierern bestritten[1]. Sie äußert sich gleichermaßen im Alltag des Schul- bzw. Sprachunterrichts beider Teile Deutschlands und des Auslands wie in der Einreihung des Dichters unter die Größten der Weltliteratur. Es war kein Geringerer als Friedrich Dürrenmatt, der Brecht, auf Grund seiner genialen Verknüpfung von Dichtung und Theaterpraxis, mit fragloser Selbstverständlichkeit neben Shakespeare und Molière gestellt hat (vgl. DÜRRENMATT 201). Die außerdeutschen Stimmen, die eine solche Einschätzung mindestens für die Gegenwart bestätigen, sind Legion. Drei, denen hier besondere Kompetenz zukommt, mögen für die übrigen stehen. So schreibt etwa der englische Regisseur Peter Brook: „Brecht is the key figure of our time, and all theatre work today at some point starts or returns to his statements and achievements" (BROOK 65). Ganz ähnlich heißt es bei Arthur Adamov, dem französisch schreibenden Dramatiker russischer Herkunft: „Un dramaturge qui ne voit pas ou ne veut pas voir qu'aucun théâtre n'est possible aujourd'hui s'il n'a pas été ‚marqué', d'une manière ou d'une autre, par le théâtre de Brecht, refuse tout simplement de prendre conscience de son temps et de l'art de ce temps" (vgl. HÜFNER IX). Jean-Paul Sartre schließlich, von einem englischen Kritiker gefragt, welchen zeitgenössischen Bühnenautor er am meisten bewundere, entgegnete schon 1961: „Brecht, incontestably, although he is dead — and in spite of the fact that I do not use his techniques or share his artistic principles" (TYNAN II, 307).

Diese weltliterarische Wirkung ist beinah ausschließlich eine des Dramatikers und Regisseurs. Deutlich ist auch, daß unter den Ländern, die neben Deutschland am stärksten von ihr beeinflußt wurden, Frankreich und England an der Spitze stehen. Erst mit Abstand folgen die USA, Italien und Rußland. Und wie das Ausmaß, so ist auch die Art von Brechts Einfluß jeweils verschieden. In Frankreich und England gaben die Gastspiele des Berliner Ensembles den Ausschlag. Man kann dies nüchtern konstatieren, etwa mit den lapidaren Sätzen: „1956 was to be an historic year for the British theatre. Here was a long-awaited answer to a naturalistic theatre which had degenerated

---

[1] Der Kuriosität halber nenne ich Paul Ginestier »Le théâtre contemporain dans le monde. Essais de critique esthétique« (Paris 1961). Ginestier bringt es doch tatsächlich fertig, Brecht mit Ausnahme einer kümmerlichen Anmerkung, wo sein Name außerdem noch falsch — nämlich „Brocht" (!) — geschrieben wird, überhaupt nicht zu erwähnen.

into a drawing-room comedy set with martini-drinking cocktail cabinets" (LUMLEY 78). Man kann jedoch dasselbe auch mit schrillem Gezeter ausdrücken: „Brecht! Brecht! Brecht! Ils sont ivres de lui. Ils en ont plein la bouche, plein la tête. Ils n'ont aucun goût, aucun jugement, aucun discernement. Ils ne sont même pas capables de distinguer le Brecht possible, intéressant, jouable du plus mauvais, de l'exécrable. Et cet envahissement des cervaux est une victoire allemande" (Jean-Jacquer Gautier, in: Le Figaro, 29.—30. 9. 62). Als Beweis für Brechts Wirkung sind beide Belege von gleichem Gewicht. Symptomatisch ist aber eher die Zustimmung. Das gilt jedenfalls für die sechziger Jahre. Es will doch wohl einiges heißen, wenn selbst versnobte Kritiker des Londoner Westend sich damals zu der Feststellung genötigt sahen, Brecht sei „the most radio-active fount of drama at this moment" (John Chiari »Landmarks of Contemporary Drama«, London 1965, 9).

Mit HÜFNER für Frankreich und HAHNLOSER für England verfügen wir bereits über zwei wertvolle Einzelstudien. Weniger günstig verhält es sich mit den anderen Ländern. Weder für Italien, wo es vor allem um das Piccolo Teatro in Mailand und die Rolle Giorgio Strehlers geht, noch für die USA, wo eine Vielzahl von Faktoren (vom studentischen Theater über die Tätigkeit Eric Bentleys bis zum Riesenerfolg der »Dreigroschenoper«) in Betracht zu ziehen wäre, besitzen wir vergleichbare Untersuchungen. Sie sind ebenso zu fordern wie eine Wirkungsgeschichte Brechts in Rußland. Diese, zu der einstweilen fast nur bibliographische Beiträge (VOLGINA, auch FRADKIN II) vorliegen, verspricht ja mit ihrer Abfolge von zaghafter Frühwirkung um 1930, Stagnation und zunächst zögernder, dann immer intensiverer Spätwirkung seit 1957 besonders interessante Aufschlüsse. Eines steht allerdings jetzt schon fest: daß nämlich das Haupthindernis für die Aufnahme Brechts in Rußland die Verfremdung war. „Die Verfremdung", so formulierte es Wolfgang Koeppen pointiert, „befremdete". Das war noch 1958 (in: »Nach Rußland und anderswohin. Empfindsame Reisen«, 1958, 161; vgl. »Le théâtre moderne II: Depuis le deuxième guerre mondiale«, ed. J. Jacquot, Paris 1967, 284, dort auch das folgende Zitat). Um so bemerkenswerter ist der Umschwung, der sich, wenn man Nina Gourfinkel glauben darf, seither in Rußland vollzogen hat und den sie in dem Satz zusammenfaßt: „Aujourd'hui, Brecht est joué dans toute l'Union, de Léningrad à Tbilissi et de Tachkent à Vladivostock."

Die größten Schwierigkeiten bereitet die Erfassung einzelner Autoren. Es gibt Dutzende, auf die Brecht — in welcher Form auch immer — eingewirkt hat. Ich kann hier allenfalls ein paar Namen aufzählen. Vollständigkeit ist unmöglich. Bereits im außerdeutschen Bereich, obwohl sich der Einfluß dort wiederum aufs Drama beschränkt, ergibt sich eine stattliche Liste. Zu den bekanntesten dieser Bühnenautoren gehören Adamov, Ionesco, Vinaver und Gatti in Frankreich und Auden, Isherwood, Osborne, Arden und Robert Bolt in England. Aus den USA kommen Maxwell Anderson und Marc Blitzstein hinzu, aus Italien Dario Fo und Federico Zardi, aus Uruguay Mario Benedetti. Auch der englische Komponist Michael Tippett mit seiner Oper »King Priam« verdient Erwähnung. Jede zusammenfassende Darstellung (vgl. etwa VAJDA II) muß vorläufig ebenso Stückwerk bleiben wie ein entsprechender Versuch für den deutschsprachigen Raum, wo ja nicht bloß Drama und Theater, sondern auch die Lyrik und teilweise sogar die Prosa durch Brecht beeinflußt sind. Bei den Dramatikern, die hier in Frage kommen, haben wir an Frisch, Weiss, Dürrenmatt, Hacks, Baierl, Kipphardt, Müller, Walser, Lange, Dorst und Rolf Schneider zu denken, bei den Lyrikern an Enzensberger, Biermann, Hermlin, Kunert, Kahlau, Kunze, Fried, Karsunke, Christa Reinig und viele andere. Die Wirkung, die Brecht auf das Romanschaffen ausgeübt hat, ist zwar wesentlich schwächer; doch scheint es mir außer Zweifel zu stehen, daß sich das Vorbild seiner verfremdeten Sprache und Erzählweise sowohl bei Max Frisch als auch bei Uwe Johnson leicht nachweisen ließe. Frisch deutet derlei selber an, und Johnson hat nicht zufällig als Germanist über Brechts Prosa gearbeitet. Ebensowenig dürfte es Zufall sein, daß Thomas Bernhard bereits 1957, lange vorm Erscheinen des »Marat/Sade« von Weiss, eine vergleichende Studie über Brecht und Artaud schrieb. Weitere Autoren, die in diesem Zusammenhand genannt werden könnten oder zumindest zu erwägen wären, sind Hermann Kant, Horst Bienek, Gerhard Zwerenz, Reinhard Lettau und Helga M. Novak sowie der mit Brecht fast gleichaltrige Österreicher Theodor Kramer (1897—1958). Erwin Strittmatter schließlich, der mit dem Dichter in enger persönlicher Verbindung stand, und Kritiker Brechts wie Grass oder Handke nehmen ohnehin eine Sonderstellung ein.

Lediglich Teilstudien befassen sich bisher mit diesem Bereich; und soweit ich sehe, ist auch nur eine einzig größere Untersuchung, »Das Echo Brechts in Kritik und Literatur der DDR; von Karl-Heinz Ludwig, im Entstehen begriffen. Der Forschung bleibt also noch viel zu tun. Sie sollte dabei nicht außer acht lassen, daß der Dichter, zusätzlich zu allem anderen, nicht bloß mehrfach zum Gegenstand literarischer Gestaltung, sondern nachgerade zu einer der beliebtesten Quellen für Zitate und Titel geworden ist. Die Belege für solche ‚geflügelten Worte‘ reichen von Arendt bis Zuckmayer. Als besonders bezeichnend erweist sich Hannah Arendts Titel »Men in Dark Times«, da er von der Verfasserin ausdrücklich als Anleihe kenntlich gemacht wird. „I borrow the term", so gesteht sie im Vorwort, „from Brecht's famous poem »To Posterity«" (ARENDT VIII). Zuckmayer gar, in seiner dickleibigen Autobiographie, weiß das zarte Liebesglück seiner Flitterwochen nicht besser zu schildern als mit Wendungen aus dem Gedicht »Erinnerung an die Marie A.« (ZUCKMAYER 314). Und was den Alten frommt, frommt natürlich erst recht den Jungen. Nicht weniger als dreimal, wörtlich oder nur geringfügig abgewandelt, taucht Brechts berühmte Formulierung von den »Schwierigkeiten beim Schreiben der Wahrheit« auf: so bei Helmut Heißenbüttel (»Schwierigkeiten beim Schreiben der Wahrheit 1964«) und bei Reinhard Baumgart (»Neue Schwierigkeiten beim Schreiben der Wahrheit 1963«); ja, einmal erscheint sie sogar als Titel eines ganzen Sammelbandes (»Schwierigkeiten heute die Wahrheit zu schreiben«, hrsg. von H. Friedrich, 1963). Die Beispiele ließen sich vermehren. Den Vogel schießt aber doch ein Vertreter der älteren Generation ab: nämlich der 1903 geborene Ernst Kreuder mit seinem Roman »Hörensagen«, dessen Zitate und Anspielungen so zahlreich und aufdringlich sind, daß sie schon fast peinlich wirken. Dieser Fall ist insofern zweifach beweiskräftig, als Kreuder im übrigen, seiner gesamten künstlerischen Statur nach, schlechterdings nichts mit Brecht gemeinsam hat.

Eine derartige Wirkung, in die Breite wie in die Tiefe, kennzeichnet den Klassiker. Brecht, von dem ja selbst sprachliche Veränderungen ausgegangen sind, ist denn auch wiederholt als ein solcher apostrophiert worden. Die Rühmung, die darin beschlossen liegt, hat freilich ihre Kehrseite. Gewiß, Martin Sperr etwa spricht durchaus verehrend vom „ersten Klassiker des wissenschaftlichen Theaters" (UMBRUCH 60), und in Ostdeutschland vollends findet Brechts uneingeschränkte Kanonisierung zum klassischen Nationalautor statt. Aber prägte nicht Max Frisch, der sich hier wahrlich ein Urteil erlauben durfte, bereits 1964 das Wort von der „durchschlagenden Wirkungslosigkeit eines Klassikers", die Brecht auszeichne (FRISCH II 73)? Ob man Frisch zustimmt oder nicht: er hat die vorläufig letzte Etappe der Brechtschen Wirkungsgeschichte als erster erkannt — und hat damit zugleich schon, wenn auch unausgesprochen, die zu erwartende Gegenwendung signalisiert. Denn diese konnte nicht ausbleiben. Sie braucht sich zwar nicht immer so grob zu äußern wie bei Peter Handke, der Brecht als „Trivialautor" beschimpfte (UMBRUCH 62) und in seiner Polemik gegen ‚die' Straßentheater erklärte: „Wie lächerlich ist es etwa, anzusehen und vor allem anzuhören, wie der Reihe nach Leute vor ein Mikrophon treten, von denen dann jeder ein Brechtaperçu [...] in einem möglichst gepflegten Ton nicht nur *wie*, sondern auch *als* Bibelzitat von sich gibt" (HANDKE 309). Zudem hat Handke, Spezialist nicht bloß für Schockeffekte, sondern auch für kühne Volten, den Ausdruck „Trivialautor" alsbald „beschämt" zurückgenommen oder immerhin eingeschränkt (vgl. UMBRUCH 64). Das ändert jedoch nicht das geringste daran, daß sich jener Wandel vollzogen hat und noch vollzieht. Er beschränkt sich auch keineswegs auf Europa. Lee Baxandall, neben Bentley einer der eifrigsten Parteigänger Brechts in den USA, schrieb nur zwei Jahre nach Frisch: „Brecht's Alienation methods have begun to look like rather dated half-measures." Nicht mehr mit der Ratio könne man dem Menschen, dessen Gehirn durch die Massenmedien total vernebelt sei, im Theater beikommen; es bedarf dazu nach Baxandall anderer Mittel (vgl. ›Studies on the Left‹ 6, 1966, Nr 1, 28 ff.).

Man mag diese jüngste Entwicklung bedauern, mag sie als notwendige Krise gelassen hinnehmen oder als langerhoffte „Brecht-Dämmerung" begrüßen (so Günter Blöcker »Literatur als Teilhabe. Kritische Erörterungen zur literarischen Gegenwart«, 1966, 259; ähnliche Äußerungen ließen sich selbstverständlich auch bei dem Brechtfresser Torberg belegen, vgl. TORBERG I/II). Sicher scheint, daß die siebziger Jahre in ihrem Zeichen stehen werden. Ein deutliches Indiz dafür bietet bereits der aktivistische Kurs, den der ›Arbeitskreis Bertolt Brecht‹ seit 1969 steuert. Ob die neugegründete ›Brecht Society‹ eine ähnliche Wendung nehmen wird, bleibt abzuwarten. (Beide haben übrigens im Prager ›Bertolt-Brecht-Club‹, einer schon 1934 von Emigranten ins Leben gerufenen Vereinigung, einen ehrwürdigen Vorgänger.) Die Beschäftigung mit Brecht wird jedenfalls schwerlich nachlassen; sie wird sich höchstens verlagern. Die Wirkungsgeschichte geht weiter. Offen ist lediglich, ob sie sich künftig mehr in der entsagungsvollen Tätigkeit des Berliner Archivs und in der Forschung abspielen wird oder auf der literarischen und theatralischen ‚Szene', die ja sogar schon solch popularisierende Show-Darbietungen wie George Taboris »Brecht on Brecht« (erstmals New York 1961) und das ältere, von Boris Vian und anderen zusammengestellte »Spectacle Brecht« (Paris 1956) hervorgebracht hat. Das ›Brecht-Jahrbuch‹, das ab 1971 erscheint, ist bemüht, darüber wie über alles sonstige zu berichten.

Ein abschließendes Wort noch zur Edition. Sie, nämlich die historisch-kritische Ausgabe sämtlicher Schriften, ist heute wie vor zehn Jahren das schwierigste Problem der gesamten Brecht-Forschung. Ich darf dazu einige meiner Bemerkungen aus der Zweitauflage von 1963 wiederholen. Die Edition, so sagte ich damals, „wird von dem Brecht-Archiv in Zusammenarbeit mit der Deutschen Akademie der Wissenschaften vorbereitet und ist vorläufig auf rund 60 Bände zu 100 Teilen veranschlagt. Herausgeber sind Helene Weigel und Elisabeth Hauptmann, die von Friedrich Beißner editorisch beraten werden. Das im Nachlaß vorhandene Material ist außerordentlich umfangreich: bis 1960 wurden über 150 000 Seiten (davon rund die Hälfte vom Dichter selber mit der Hand oder mit der Maschine beschrieben) archivalisch erfaßt, ohne daß die Aufnahme damit endgültig abgeschlossen wäre. Fast alle Manuskripte bzw. Typoskripte sind im Brecht-Archiv gesammelt; nur noch vereinzelte Handschriften befinden sich im Besitz von Mitarbeitern, Freunden oder Verwandten" (78 f.). Ich wies ferner darauf hin, daß man anhand von Brechts fragmentarischer Versifizierung des Kommunistischen Manifests die Editionsprinzipien zu erarbeiten suche, und fuhr fort: „Daß die Arbeit an der historisch-kritischen Gesamtausgabe nur langsam fortschreiten kann, ist begreiflich. Immerhin wurde von Hans-Joachim Bunge inzwischen ein erstes Modell im Manuskript abgeschlossen und den zuständigen Gremien der Deutschen Akademie der Künste bzw. der Deutschen Akademie der Wissenschaften eingereicht. Man hat beschlossen, das Modell als Diskussionsgrundlage zu akzeptieren. Der Akademie-Verlag in Berlin wird voraussichtlich eine Anzahl Exemplare vervielfältigen und außerdem Probedrucke von einigen Seiten herstellen. Dieses Material soll an deutsche und ausländische Brecht-Forscher, Editionsfachleute, Sprach- und Literaturwissenschaftler verschickt werden. Für 1963 ist sodann eine internationale Tagung in der Deutschen Akademie der Wissenschaften geplant" (79).

Weder hat diese Tagung stattgefunden noch ist das besagte Material verteilt worden. Die Aufnahme des im Archiv Vorhandenen dürfte allerdings abgeschlossen sein; der Bestand wird bereits dokumentiert. Sämtliche Handschriften zu schon veröffentlichten Werken, aber auch die meisten anderen sind in Kopien im Brecht-Archiv zugänglich. Was aber noch immer nur in den seltensten Ausnahmefällen freigegeben wird, sind leider die Tage- und Arbeitsbücher des Dichters, deren Veröffentlichung ein dringendes Bedürfnis ist. Sie sollte unbedingt in einer Form erfolgen, die der Besonderheit dieser Aufzeichnungen gerecht wird: d. h. *mit* den eingeklebten Photos und Zeitungsausschnitten, die oft eine genau abgewogene Wort-Bild-Einheit darstellen. Was endlich den Nachlaß in seiner Gesamtheit betrifft, so muß man wohl doch, trotz aller Anstrengungen des Archivs, mit Münsterer vermuten, daß sich noch manches „in unzugänglichem Privatbesitz" befindet (etwa bei Eric Bentley); auch „liegen glaubhafte Zeugnisse dafür vor, daß ein ganzer Wäschekorb, vollgestopft mit Manuskripten, nach Brechts Flucht und Ausbürgerung [...] nach Darmstadt [zu seinem Bruder] verfrachtet wurde, wo er offenbar einem Luftangriff zum Opfer fiel" (MÜNSTERER 8). Weiteres, großenteils schon erfaßtes und ausgewertetes Material findet sich beispielsweise in den Nachlässen Reyher, Benjamin, Bronnen, im Georg-Kaiser-Archiv, in Leningrad, der Houghton Library in Harvard und der Königlichen Bibliothek zu Stockholm. Hier — und ebenso bei den noch unerschlossenen Quellen — dürfte es sich vor allem um Briefe handeln.

Die historisch-kritische Ausgabe jedoch scheint gegenwärtig sistiert zu sein. Statt dessen ist 1967 die zwanzigbändige Werkausgabe erschienen, die alle Einzelausgaben zusammenfaßt; sie wurde 1969 durch die »*Texte für Filme*« ergänzt. Die außerordentliche Bedeutung dieser wie der früheren Ausgaben, die ein riesiges Lebenswerk in erstaunlich kurzer Zeit verfügbar gemacht haben, soll keineswegs bestritten werden. Als problematisch, und zwar in hohem Maß, enthüllt sich aber ihr Prinzip. Es ist das aus dem 19. Jh. ererbte der Ausgabe letzter Hand. Am konsequentesten wird es in der Werkausgabe befolgt, und sie zeigt daher auch am klarsten, wie wenig es diesem Dichter gemäß ist. Das statische, vom Vollendungsdenken beherrschte Prinzip der Ausgabe letzter Hand verkennt Brechts innerstes Wesen und Schaffen. Denn deren Einheit — wenn es sie gibt — liegt gerade nicht in irgendwelchen endgültigen oder letzten Stufen, sondern in deren Abfolge, im immerwährenden Fluß der Entwicklung, im Prozeß. Die theoretische Grundlegung für eine solche Ausgabe ist bei SEIDEL nachzulesen; die ersten praktischen Ansätze liefern die kritischen Texte und Materialienbände der ›edition suhrkamp‹. Darauf wird man aufbauen können. Die Frage ist freilich, wann.

Biographisches (allg.): Im wesentlichen nur, was unter den einzelnen Lebensabschnitten [s. o. jeweils *Biographisches*] noch nicht verzeichnet ist. — *Selbstzeugnisse:* Briefe an H. Eisler: SuF. Sonderheft Hanns Eisler 1964, 13; Brief [nicht abgeschickt] an E. Engel: Süddt. Ztg 13.—15. 8. 66; Briefe, Arbeits- und Tagebücher: BBA, daneben auch Houghton Library (Harvard), Georg Kaiser-Archiv (Berlin), Nachlaß Walter Benjamin, Nachlaß Ferdinand Reyher, Nachlaß Arnolt Bronnen u. ähnliche Bibliotheken, Archive bzw. öffentliche oder private Sammlungen [größtenteils ungedruckt]; Kopelev II [bietet unveröffentlichtes Material, jedoch in romanhafter Darstellung]; Mayer II p.; Tretjakow [s. u.]; im übrigen sind natürlich stets Brechts Werke heranzuziehen, so namentlich TH, LK u. PG, aber auch GD oder PR, wo vor allem die *»Flüchtlingsgespräche«* [s. u.] aufschlußreiche Hinweise geben. — *Literatur:* Abusch 204; Anekdoten I 1 p., II 1 p.; anon: Das Wort [Moskau] 2 (37) 4/5 158; Beinlich: Hochland 57 (65) 545; [Beyer:] Übersichten u. Biographien zum Literaturunterricht. Klasse 8—10 (64) 130; Bihalji-Merin 146; Brinkmann I 3; Bronnen: Berliner Ztg 9. 2. 58; Desuché 89; Dort I 17; Eisler 156; Esslin I 3, III 5; Europe 153; Fassmann 6; W. Fehse: Von Goethe bis Grass. Biographische Porträts zur Literatur (63) 179; Fertonani: Ponte 12 (56) 1413; Feuchtwanger II 556; Feuchtwanger: SF/2 103, Weltbühne 24 (28) 372; Frank p.; Gray 1; Haas I p.; Högel 7; Jasińska: Roczniki humanisticzne 15 (67) 5; Jendreiek 355; Jens I 227; Jhering: SF/2 232; Kenney 7; Kesting I 11; Kisch: Weltbühne 4 (49) 441; Kläber: Frankf. Rundschau 31. 5. 58; A. Koestler: The Invisible Writing (London 54) p.; I. Krzywicka: Wielcy i niewielcy (Warschau 60) p.; A. Lazar: Arabesken. Aufzeichnungen aus bewegter Zeit (57) p.; Lucke: DU 20 (68) 3, 67; Melchinger: Ärgernis 11; Nellhaus; Quaderno 45; Reich: Lettres françaises 1145 (66); Rischbieter Bd 1, 7; Rismondo: WuW 11 (56) 855; Rülicke p.; Rülicke-Weiler: Leben und Werk 254; Salter: Forum 11 (64) 616; Schumacher: WB 11 (65) 846; Süßkind: Deutsche 510, Genius der Deutschen (68) 441; Szczesny p.; Tretjakow: Collection 16, Erinnerungen 69, Das internationale Theater [Moskau] 3/4 (34) 54, IN 5 (37) 63; Urbanek II 350; Weideli 152; [Wölfel:] BB: Selected Poems (London 65) 9; Znamenskaja 11. — *Weitere Literaturangaben:* Nellhaus 260; Nubel 564; Kosch 956; Schmidt 157; I. Bode: Die Autobiographien zur dt. Literatur, Kunst u. Musik 1900—1965. Bibliographien u. Nachweise der persönlichen Begegnungen u. Charakteristiken (66) 137.

Brechts Persönlichkeit: Selbstzeugnisse: Alles unter *Biographisches* (allg.) u. *Biographisches* (zu den einzelnen Lebensabschnitten) Genannnte [s. o.]; ferner: Bertolt Brecht singt [= Schall-

121

platte zu DREIGROSCHENBUCH]; Bertolt Brecht before the Committee on Un-American Activities [= Schallplatte, ed. Bentley]. — *Literatur:* ABEL 86; ABUSCH 204; Ågren: Ny Dag [Stockholm] 29. 6. 64; Alter: American-German Review 30 (64) 6, 25; Amoretti: L'Italia che scrive 46 (63) 128; ANDERS 7 p.; Anders: Merkur 11 (57) 838; ANEKDOTEN I 1, II 1; Appen [u. a.]: SF/2 457; ARENDT 218 p.; Arendt: New Yorker 5. 11. 66, 68, Merkur 23 (69) 527, 625, 1083; AUFRICHT p.; Bächler: Düsseldorfer Nachr. 8. 2. 68; [Baxandall:] BB: The Mother (New York 65) 21, TDR/2 69; Becher: SF/2 420; Beinlich: Hochland 57 (65) 545; BENJAMIN II 117, III Bd 2 p.; BENTLEY IV p.; [Bentley:] BB: The Caucasian Chalk Circle 5, Galileo 37, The Good Woman of Setzuan 5 (alle New York 66), DS 4 (65) 101; Berlau: ERINNERUNGEN 122, Neues Deutschland 13. 8. 60, Das Magazin [Berlin] 4 (57) Aug. u. 5 (58) Febr., 10 (63) 2, 23 u. 7, 22; BRANDT 75; B. v. Brentano: Du Land der Liebe. Bericht von Abschied u. Heimkehr eines Deutschen (52) 272; BRONNEN II 5; Bronnen: ERINNERUNGEN 29; BRUSTEIN I 231; Brustein: PR 30 (63) 29; Calker: Offene Welt [Bonn] (56) 407; CHIUSANO 58; Clurman: Theatre Arts 45 (61) 8, 10; Curjel: GESPRÄCH 9; Csokor: Die Furche [Wien] 12 (56) 40, 10; DORT I 139; Dort: Cahiers du Sud 47 (60) 269; [Dreizehn Bühnentechniker erzählen:] SF/2 465; DÜRRENMATT p.; Dymschitz: THEATER/1 14; EISLER 164, 194, 214, 244 p.; Eisler: ERINNERUNGEN 126, SF/2 439, Forum 15 (68) 105; Ek [u. a.]: ORD 39; EKMANN 9 p.; ENGBERG Bd 1, 92 p.; ESSLIN I 201 p., III 3; Esslin: TDR/2 36; EWEN 88, 99 p.; Farner: SF/2 110, Aufbau 12 (56) 797; FEUCHTWANGER I p. [Kaspar Pröckl = BB], II 556; Feuchtwanger: ERINNERUNGEN 11, GOEDHART 7, LITERATURKRITIK 516, SF/2 103; G. FISCHER 245; L. Fischer: Das Magazin [Berlin] 11 (64) 1, 73; FLEISSER 7; FRANK p.; Frank: ÄRGERNIS 31; FRISCH I p., II 76, III 3; Frisch: ERINNERUNGEN 139, TDR/1 33, Weltwoche [Zürich] 24 (56) 1189, 5; GINSBERG 144; Gisselbrecht: Aufbau 13 (57) 571; GOEDHART 106; Goodman: MEDIEVAL EPIC 219; GORELIK 393; Götz: Divadlo 6 (57) 450; O. M. Graf: Gelächter von außen. Aus meinem Leben 1918—1933 (66) 152; GRASS I [Chef = BB], II 27; GRAY 1; R. Gray: The German Tradition in Literature 1871 bis 1945 (Cambridge 65) 95; [Grimm:] Brecht Fibel, ed. R. Grimm and H. J. Schmidt (New York, Evanston u. London 70) XIII, DT. DICHTER 528, ASPEKTE 133, TDR/2 22, ABB 6 (63) 3; GROSSVOGEL 3; Guillemin: ERINNERUNGEN 43; HAAS II 134; M. Hamburger: From Prophecy to Exorcism. The Premisses of Modern German Literature (London 65) 128; P. Härtling: Palmström grüßt Anna Blume. Essay u. Anthologie der Geister aus Poetia (61) 65; Hauptmann: THEATER/1 7, Das Magazin [Berlin] 13 (66) 8, 18 p.; [Hays:] BB: Selected Poems (New York 47) 3; Hecht: ERINNERUNGEN 321; HEINRICH 49; [Herzfelde:] Heute u. Morgen (53) 94, ERINNERUNGEN 129, NDL 4 (56) 10, 11; Hill: Symposium 15 (61) 245; HINCK II 119; HÖGEL 87; HOLTHUSEN 7; R. J. Humm: Bei uns im Rabenhaus. Aus dem literarischen Zürich der Dreißigerjahre (63) 120; Huntford: Industria International [Stockholm] (63) 152; HURWICZ [o. S.]; Jahnn: SF/2 424; JENS I 227, II 19; Jhering: SF/1 5, SF/2 230; KANTOROWICZ Bd 1, 559 p.; Kellner: Monat 97 (56) 76; H. Graf Kessler: Tagebücher 1918—1937 (61) 577, Merkur 15 (61) 650; KESTEN 304; KESTING I 7 p.; Kesting: Evergreen Review 5 (61) 21, 56, Frankf. Allg. Ztg 5. 9. 59; KORTNER p.; I. Krzywicka: Wielcy i niewielcy (Warschau 60) p.; Kuczynski: Weltbühne 23 (68) 215; L. Kunderá: Německé portréty (Prag 56) 9; Kunert: NDL 13 (65) 5, 127; Kurz: Stimmen der Zeit 184 (69) 94, 34; Kusche: Weltbühne 21 (66) 1013; Leiser: GESPRÄCH 42, All världens berättare [Stockholm] 9 (53) 2, 142; Lenya-Weill: DREIGROSCHENBUCH 220, ERINNERUNGEN 53; Losey: CAHIERS 21; LÜTHY 131; LYONS 3; Mandel: MEDIEVAL EPIC 233; MARCUSE 131 p.; Marcuse: Stuttg. Ztg 9. 4. 60; Maurer: ERINNERUNGEN 357; MAURINA 7; Max Schroeder zum Gedenken (58) 127; MAYER II 7 p., III 93, IV 24; Merriam: Promethean Review 1 (59) 3, 26; Milfull: GR 43 (68) 188; MINDER 197; A. MÜLLER 75; Müllereisert: ERINNERUNGEN 17; MÜNSTERER 7; Münsterer: ERINNERUNGEN 19; Neher: ERINNERUNGEN 250, SF/2 437; Oschilewski: Telegraf [Berlin] 25. 9. 62; Otto: BRECHT BÜHNEN [o. S.]; Patera: ORD 27; PFÄFFLIN 41, 50 p.; PISCATOR Bd 1, 281 p.; Pozner: ERINNERUNGEN 267; Quasimodo 236; RADECKI 80; RAFFA 138; Raffa: Nuova corrente [Genua] 22 (61) 37 u. 26 (62) 9; RASCH 243; Rasch: Merkur 17 (63) 988; Reich: ERINNERUNGEN 36, ThZ 21 (66) 14 Beilage, BZ am Abend 13. 8. 66; RICHTER 93, 140; RINSER 97; Rischbieter: Chronik (63) 47; Rülicke-Weiler: ERINNERUNGEN 183, 225; H. Sahl: Die Wenigen u. die Vielen. Roman einer Zeit (59) 98 [Jürgen Scharf = BB]; H. Sandberg: Mit spitzer Feder (58) 102; Sastre: Primer Acto [Madrid] 46 (63) 16; Schevill: TDR/1 98; SCHERFIG 25; SCHMIDT p.; SCHUHMANN 7; SCHUMACHER III 349; [Schumacher:] Homo homini homo. Festschrift für J. E. Drexel (66) 75, ERINNERUNGEN 326, SOZ. HUMANISMUS 41, NDL 4 (56) 10, 18, WB 11 (65) 846; Seghers: ERINNERUNGEN 284, SF/2 423; SHAW 117; Sjöberg: TDR/2 143; STERNBERG 7 p.; Strehler: Ponte 25 (69) 920; STRELKA 12; STRITTMATTER 18, 37, 106, 119, 142, 188, 246, 267, 282, 292; [Strittmatter:] DDR-Reportagen. Eine Anthologie, hrsg. H. Hauptmann (69) 83, ERINNERUNGEN 240, THEATER DDR [o. S.], Wochenpost [Berlin] 9. 8. 58; Süßkind: DEUTSCHE 510; Szczesny 53, 80, 95; Tabori: STUDIEN/2 14; TORBERG I 146, 218; Treiber: GuZ 5 (56) 116; Tretjakow: ERINNERUNGEN 69, COLLECTION 16; TSCHARCHALASCHWILI 65; TYNAN I 466; UHSE 197; Uhse: ERINNERUNGEN 255; Unsterblicher Genius. Dt. Dichter im Gedenken ihrer Freunde, hrsg. P. Schneider (59) 385; Veca: Aut Aut 81 (64) 89; VIERTEL 174; Viertel: ERINNERUNGEN 87; R. Wagner-Régeny: Begegnungen. Biographische Aufzeichnungen, Tagebücher u. sein Briefwechsel mit Caspar Neher (68) 258, 272, 280, 284, 290 p.; WALSER II 78; Weber: TDR/2 101; WEISENBORN 94, 108, 138, 239; Weisenborn: ERINNE-

RUNGEN 148, SF/2 430, ABB 18 (64) 24, Die Zeit 27. 12. 63; WEKWERTH I 25, II 7, 56; WILL 36; Wintzen: Documents [Straßburg] 7 (52) 113; Zillich: ZIESEL 32; ZNAMENSKAJA 3; ZUCKMAYER 374 p.; Zuckmayer: Freie Welt [Berlin] (68) 2. Febr.-Ausgabe; Zweig: SuF 8 (56) 458, Märkische Volksstimme 13. 7. 68; ZWERENZ II 40, 43, 48, 52. — *Weitere Literaturangaben:* NUBEL 564; KOSCH 966; außerdem s. o. *Biographisches* (allg.) bzw. *Biographisches* (zu den einzelnen Lebensabschnitten).

Brechts Weltanschauung: Selbstzeugnisse: PG I/II; PFÄFFLIN 48; RASCH 270; SCHUMACHER III 106, 355, 419, 473, 486; im übrigen gilt das unter *Biographisches* (allg.) u. *Brechts Persönlichkeit* Gesagte [s. o.]; vgl. aber auch »Hearings Regarding the Communist Infiltration of the Motion Picture Industry«, Washington 1947. — *Literatur:* Aanderaa: Vinduet 11 (57) 302; ABEL 86, 103; ABUSCH p.; Abusch: BRECHT-DIALOG 16; Adling: RHTh 16 (64) 128; T. W. Adorno: Noten zur Literatur III (65) 117, NR 73 (62) 93; R.-M. Albérès: L'aventure intellectuelle du XXᵉ siècle. Panorama des littératures européennes 1900—1970 (Paris 70) 265 p.; Alter: American-German Review 30 (64) 6, 25; Althusser: Esprit 30 (62) 946; Amoretti: L'Italia che scrive 46 (63) 128; ANDERS 7 p.; Anders: Merkur 11 (57) 838; ANEKDOTEN I p., II 30 p.; anon: New Statesman and Nation 51 (56) 1319, 730; ARENDT 207; [Arendt:] Der goldene Schnitt (60) 598, COLLECTION 43, NR 61 (50) 53, New Yorker 5. 11. 66, 68, Merkur 23 (69) 527, 625, 1083; Bačelis: Teatr 8 (57); Bach: Books Abroad 37 (63) 29; Bänziger: Reformatio 11 (62) 496; BARTHES 84; Barthes: Cahiers de la Compagnie M. Renaud/J.-L. Barrault 5 (57) 21, 21; BAULAND 124, 177; Baum: NDL 13 (65) 3, 78; BAUMGART 141; [Baxandall:] BB: The Mother (New York 65) 9, TDR/2 69; BECKMANN 19, 133; Beckmann: Zeitwende. Die neue Furche 27 (56) 855; Behrmann/Kohlhase: Schweizer Monatshefte 49 (69) 393; Beinlich: Hochland 57 (65) 545; BENJAMIN II 39 p., III Bd 2, 661; Benjamin: WB 12 (66) 436; BENTLEY II 366, III 136, IV p.; E. Bentley: The Theatre of Commitment and Other Essays on Drama in Our Society (New York 67) 94 p.; [Bentley:] BB: Baal, A Man's a Man, and The Elephant Calf (New York 64) 3, 103, BB: The Caucasian Chalk Circle (New York 66) 129, Commentary 42 (66) 6, 63, TDR 10 (66) 4, 64; Bentmann: DU 10 (58) 5, 81; Berghahn: Hessische Jugend. Mitteilungsblätter des hessischen Jugendringes 8 (56) 1, 24; Bicha: Literatura mirovoi revolucii [Moskau] 7 (32) 109; Bird: FMLS 4 (68) 248; W. Blake: Elements of Marxian Economic Theory and its Criticism (New York 39) 300; BLOCH I Bd 2, 1443, II 277, 392; BÖCKMANN 5; Boeninger: MH 47 (55) 387; Bondy: Preuves (59) janvier; C. M. Bowra: Poetry and Politics 1900 bis 1960 (Cambridge 66) 119; BRANDT 13, 75 p.; BRÄUTIGAM I 7 p.; BRECHT DAMALS 122 p.; Bronsen: BLUME 348; BRUSTEIN I 231; Brustein: PR 30 (63) 29; M. Buber-Neumann: Kriegsschauplätze der Weltrevolution. Ein Bericht aus der Praxis der Komintern 1919 bis

Zur Situation des dt. Romans u. des dt. Theaters von heute ([2]66)
72 p.; Haase: KRITIK 444; Habart: THEATRE 15; Hafen: DU 13 (61)
4, 71; Hakim: Left 2 (61) 2, 59 u. 2 (62) 3, 80; HANDKE 303; P.
Härtling: Palmström grüßt Anna Blume. Essay u. Anthologie der
Geister aus Poetia (61) 65; Hartung: WZUH 8 (58/9) 659; Hauptmann: ERINNERUNGEN 49, SF/2 241; Havel: Times Literary Sup-
plement 28. 9. 67, 879; [Hays:] BB: Selected Poems (New York 49)
3; HECHT 76, 113, 119; Hecht: EP. THEATER 50, TDR/1 40, ER-
INNERUNGEN 32; Heinitz: NDL 5 (57) 4, 49; HEINRICH 49; Heller:
GR 28 (53) 144; Helwig: Merkur 16 (62) 933; I. Hermann: A
polgári dekadencia problémái (Budapest 67) 435; Herzfelde: NDL
4 (56) 10, 11, ERINNERUNGEN 129; Heselhaus: IMMANENTE ÄSTHETIK
307; HESSE 179; Hill: Symposium 15 (61) 245; G. Hillard: Recht
auf Vergangenheit. Essays, Aphorismen, Glossen (66) 113; Hinck: EP.
THEATER 316, GESTALTUNGSGESCHICHTE 583; HIND 126; Hoffmann:
FORUM 13; HÖGEL 87; HOLTHUSEN 7 p.; Holthusen: Plädoyer für den
Einzelnen. Kritische Beiträge zur literarischen Diskussion (67) 38,
59 p.; Hook: Merkur 23 (69) 1082; HÜFNER 89, 132; HULTBERG 24;
[Hummel:] Nordahl Grieg og vår tid (Oslo 62) 138; IONESCO 113,
198, 215 p.; Ionesco: ThH 2 (62) 1; Ivernel: JACQUOT I 175;
Jacobs: NR 80 (69) 241; Jacquot: JACQUOT II 514; Jaensch: Pole-
mos [Basel] 5 (66) 11; JENDREIEK 11, 31, 43 p.; JENS I 227; Jonasson:
ORD 23; Jones: Pacific Coast Philology 1 (66) 56; Just: Anstöße.
Berichte aus der Arbeit der Evang. Akademie Hofgeismar (62) Febr.,
33; G. Kahn: Hollywood on Trial (New York 48) p.; Kamnitzer:
Neues Deutschland 19. 10. 57, Beilage 248; KANTOROWICZ p.; Kapp:
Marxism Today [London] 6 (62) 2, 49, Mainstream 15 (62) 4, 31;
Karsch: MuK 6 (60) 201; Karst: DU 19 (67) 4, 64; KAUFMANN I
150 p., II 377, 510; Kaufmann: WB 7 (61) 316; KESTING III 62;
Kesting: Augenblick 2 (56) 4, 4; W. Killy: Wandlungen des lyri-
schen Bildes ([5]67) 136; Kleinig: WZUH 8 (58/9) 219; Knipowitsch:
KuL 11 (63) 971; KOFLER 207; L. Kofler: Der asketische Eros. Indu-
striekultur u. Ideologie (67) 285; KOHLHASE 11, 40, 129; Kohlhase:
Schweizer Monatshefte 48 (68) 717; Kohnen: Verbum [Rio de
Janeiro] 18 (61) 189; L. Konder: Os Marxistas e a Arte. Breve
estudo histórico-crítico de algumas tendências da estética marxista
(Rio de Janeiro 67) 131; Konstantinović: Živi jesici 3 (61) 3/4;
Kopperud: Samtiden 77 (68) 416; Kraft: URBANEK I 233; Kurella:
Theaterdienst [Berlin] 14 (59) 8, 3; Kurz: Stimmen der Zeit 184 (69)
94, 34; LACIS 240; Lazarowicz: Görres-Jb NF 1 (60) 237; Lehnert:
GESTALTUNGSGESCHICHTE 487; Leiser: INTER NATIONES 15; LEY; Ley:
GR 40 (65) 205, CL 18 (66) 312; Löfdahl: ORD 61, Orbis 19;
Longree: South Central Bulletin 26 (66) 4, 51; G. Loschütz: Von
Buch zu Buch — Günter Grass in der Kritik. Eine Dokumentation
(68) 132 p.; Losey: CAHIERS 21; Lucke: DU 20 (68) 3, 67; LUMLEY
88; LUPI 7, 45; Lupi: SG 3 (65) 39; LÜTHY 131; LYONS XIV, 3,
25 p.; Mackin: Teatr 8 (57); Mandel: MEDIEVAL EPIC 233; MANN I

41 p.; Mann: ÄRGERNIS 79; E. Marconi: L'intelligenza drammaturgica contemporanea (o. O. 67) 102; MAURINA 15; MAYER I 642, II 7, IV 56, 84; H. Mayer: Dürrenmatt u. Frisch. Anmerkungen (²65) 5; MELCHINGER I 19, 168, 179 p.; Mennemeier: DT. DRAMA Bd 2, 383; Merchant: SCOTT 58; Michelsen: Eckart 26 (57) 48, 188; MILFULL; Milfull: GR 43 (68) 188; Milnes: Univ. of Toronto Quarterly 33 (63) 217; MINDER 194; MITRU 167; W. MITTENZWEI I 7, II p.; Mittenzwei: BRECHT-DIALOG 26; G. L. Mosse: The Culture of Western Europe. The Nineteenth and Twentieth Centuries (New York ³65) 390; Mueller: MEDIEVAL EPIC 203; A. MÜLLER 19, 84 p.; A. Müller: Marxistische Blätter [Frankfurt] 3 (65) 2, 33; H. Müller: PP 21 (67) 586; J. Müller: WZUJ 8 (58/9) 365, EP. THEATER 154; K. MÜLLER 1, 25 p.; MÜNSTERER 170 p.; Muralt: Schweizer Rundschau 52 (52/3) 24; MUSCHG 336; W. Muschg: Pamphlet u. Bekenntnis. Aufsätze u. Reden, hrsg. A. Bloch u. E. Muschg-Zollikofer (68) 367 p.; Olles: Akzente 1 (54) 154, Die Kirche in der Welt 8 (55) 233; Patera: Svensk Linje [Stockholm] 15 (56) 6, 24; Paul: NDH 52 (58) 710; J. Pfeiffer: Dichten, Denken, Glauben. Ausgewählte Essays 1936 bis 1966 (67) 140; Pfrimmer: JACQUOT II 459; PFÜTZNER 78; Picard: Universitas 18 (63) 167; PISCATOR p.; PONGS I p., II p.; [Pongs:] Sprachkunst als Weltgestaltung. Festschrift für H. Seidler, hrsg. A. Haslinger (66) 191; PROLET 67, 266; Pryce-Jones: Theatre Arts 47 (June 63) 22; Puzyna: Dialog [Warschau] 2 (57) 2, 87; RADECKI 80; RAFFA 115, 138; Raffa: Nuova corrente [Genua] 18 (60) 25; RASCH 243; Rasch: Merkur 17 (63) 988; REICH-RANICKI 12; RINSER 97; Ripley: Twentieth Century Literature 14 (68) 143; RISCHBIETER Bd 1, 21, 56; Rismondo: WuW 11 (56) 855; Rohrmoser: DT. DRAMA Bd 2, 400; Ross: Arcadia 3 (68) 262; [Rothe:] MANN I 5; J. RÜHLE I 232, 247 p., II 256 p.; RÜLICKE 5, 29 p.; Rülicke[-Weiler:] ERINNERUNGEN 183, GOEDHART 53, Einheit 23 (68) 1360; Ryan: ASPECTS 77; Salter: Forum 11 (64) 616; Scarpetta: Nouvelle critique N.S. 25 (69) 60; SCHAEFER; SCHÄRER 19, 60; SCHERFIG 25; Schevill: TDR/1 98; SCHMIDT 24 p.; K. H. Schmidt: Wesen u. Darstellungen menschlicher Konflikte in der sozialistischen dt. Dramatik. Unter besonderer Berücksichtigung der Beziehungen von Individuum u. Gesellschaft (Diss. Humboldt-Univ. Berlin 65); SCHÖNE 3, 33; Schöne: Euph. 52 (58) 286; Schottlaender: WB 10 (64) 860; SCHRIMPF 13; SCHUHMANN 7, 46, 149, 239; Schuhmann: SuF 19 (67) 1169; Schulz: Pädag. Wegweiser 17 (64) 5, 1; SCHUMACHER I 9, III 72, 82, 91, 104; [Schumacher:] Homo homini homo. Festschrift für J. E. Drexel (66) 75, ERINNERUNGEN 326, STUDIEN/2 3, SOZ. REALISMUS 41, NDL 4 (56) 10, 18, WB 11 (65) 846; SCHWIMMER 7, 13, 93; SCHWITZKE 430 p.; N. A. Scott: The Broken Center. Studies in the Theological Horizon of Modern Literature (New Haven 66) 72; SHAW 157; SIEBENMANN; [Snamenskaja:] Sammlung von kritischen Aufsätzen u. Kurzbiographien zur Geschichte der dt. Literatur, hrsg. P. Langfelder (Bukarest 56) 523; S. Sontag: Kunst u. Antikunst. 24 literarische

Analysen (68) 165 p.; Sorensen: MD 11 (69) 410; SPALTER p.; Spaethling: GR 37 (62) 282; Steer: GLL 19 (65) 40; STEINER 341; STERNBERG 7 p.; STRELKA 10; Strittmatter: NDL 6 (58) 5, 110; Subiotto: FMLS 2 (66) 123; Surkow: KuL 13 (65) 1133, 1290; Suvin: TDR/2 56; SZCZESNY 53, 80, 95; Tarot: TYPOLOGIA 351; Tindemans: Dietsche Warande en Belfort 108 (63) 334; TORBERG I 148, 157; TOUCHARD 165; Tretjakow: COLLECTION 16, ERINNERUN-GEN 69; TSCHARCHALASCHWILI 65; TYNAN I 117, II 157; UHSE 197; Uhse: ERINNERUNGEN 255; Valente: Revista de Occidente 24 (69) 63; Veca: Aut Aut 81 (64) 89; VIERTEL 174; Visschel: RLV 32 (66) 384; Völker: INTER NATIONES 21, Kursbuch 7 (66) 80; Wagner: Schiller-Jb 12 (68) 493; WALSER I 80 p.; Weales: IDEAS 125; WEIDELI p.; Weisbach: WB 13 (67) 762; WEKWERTH I p., II 11 p.; Wekwerth: GOEDHART 25, BRECHT-DIALOG 42, THEATER DDR [o. S.]; Wek-werth [u. a.]: BRECHT-DIALOG 207; Wiemken: Dt. Univ.-Ztg 11 (56) 11, 14; WIESE 254; WILLETT 66, 190; Willett: Times Literary Sup-plement 22.—28. 3. 70; WILLIAMS I 190; Wintzen: Documents [Straßburg] 7 (52) 113, L'age nouveau 71 (52) 106; Wirth: EP. THEATER 197, SF/2 346, Akzente 4 (57) 237; WITZMANN p.; Wood: STUDIES 136; WULBERN; Zehm: FH 17 (62) 474; ZIESEL 19, 27 p.; ZIMMERMANN II 9; ŽMEGAČ p.; ZUCKMAYER 380; ZWERENZ II 49, 52 p.; Zwey: Monat 132 (59) 88. — *Weitere Literaturangaben:* KOSCH 966; *Biographisches* (allg.) bzw. zu den einzelnen Lebens-abschnitten sowie *Brechts Persönlichkeit* [s. o.]; ferner *Einzelpro-bleme* (wie *Ethik, Geschichte, Politik* u. ä.) [s. u.].

D i e G e d i c h t e : Entstehung: Augsburg 1913 bis Berlin 1956. — *Handschrift:* Material größtenteils in BBA; vgl. RAMTHUN II. — *Druck:* Erstdrucke in zahlreichen Zeitungen u. Zeitschriften ab 1914 [vgl. NUBEL 539]; Sammlungen: »Bertolt Brechts Taschenpostille. Mit Anleitungen, Gesangsnoten und einem Anhange«, Potsdam: Kiepen-heuer 1926 [Privatdruck in wenigen Exemplaren; Neudruck (bis auf den fehlenden »Gesang des Soldaten der roten Armee« identisch mit der Erstausgabe) im Aufbau-Verlag, Berlin 1958]; »Bertolt Brechts Hauspostille. Mit Anleitungen, Gesangsnoten und einem Anhange«, Berlin: Propyläen-Verlag 1927 [jedoch bereits 1922 (bei Kiepen-heuer) angekündigt; bis auf das Gedicht »Von seiner Sterblichkeit« (auch »Der Virginienraucher«) u. geringfügige Änderungen identisch mit der »Taschenpostille«; Neudruck (bis auf den fehlenden »Ge-sang des Soldaten der roten Armee« identisch mit der Erstausgabe; jedoch mangelhaft) bei Suhrkamp, Berlin u. Frankfurt 1951]; »Augs-burger Sonette« [Privatdruck; nach MÜNSTERER 144 bereits 1919 in Augsburg als »Meine Achillesverse« konzipiert; 1927 in Satz gege-ben, aber wieder zurückgezogen und erst postum veröffentlicht]; »Aus einem Lesebuch für Städtebewohner« (VS II); »Die drei Sol-daten« (VS VI); »Lieder, Gedichte, Chöre«, Paris: Éditions du Carre-four 1934; »Svendborger Gedichte«, London: Malik-Verlag 1939 [urspr. geplant u. begonnen als »Gedichte im Exil«]; »Studien« (VS

XI) [auch »Literarische Sonette« genannt; entst. 1936/39]; »Chinesische Gedichte« (VS X) [zumeist 1938 erstmals veröffentlicht]; »Steffinische Sammlung« [1937/40; nach Brechts Mitarbeiterin M. Steffin benannt; erst postum geschlossen veröffentlicht]; »Die Erziehung der Hirse«, Berlin: Aufbau-Verlag 1951; »Buckower Elegien« (VS XIII); »Gedichte aus dem Messingkauf« (VS XIV) [entst. großenteils 1935/40]; »Kriegsfibel«, Berlin: Eulenspiegel-Verlag 1955 [entst. 1939/45]; Auswahlausgaben: »Hundert Gedichte 1918—1950«, Berlin: Aufbau-Verlag 1951 [mit zahlreichen Neuauflagen]; »Bertolt Brechts Gedichte und Lieder« bzw. »Ausgewählte Gedichte«, (Berlin u.) Frankfurt: Suhrkamp 1956 bzw. 1960 [beide ebenfalls in verschiedenen Neuauflagen] u. a.; *Gesamtausgaben:* GD I—IX [ein abschließender zehnter Band ist seit längerem angekündigt]; WA VIII—X [jedoch mit Abweichungen gegenüber GD]. — Verschiedene Fassungen; vgl. dazu auch PR I, ferner die Anmerkungen in GD bzw. WA sowie EISLER 20, MÜNSTERER passim u. WITZMANN 79. — *Quellen, Vorbilder, Anregungen:* Zeitungsberichte; Volkslieder, Moritaten, Chansons, Schlager; evang. Gesangbuch (Luther, J. Neander), Erbauungsbücher, Psalmen; Aretino, Dante, B. Harte, Horaz, Kipling, Lukrez, Neruda, Rimbaud, Verhaeren, Verlaine [vgl. »Saturnische Gedichte. Galante Feste«, übertragen von O. Hauser, [3]1918], Villon, Wedekind; ägyptische, chinesische u. japanische Lyrik; ferner: L. Adamic »Dynamite. The Story of Class Violence in America«, New York 1931 [für »Abbau des Schiffes Oskawa durch die Mannschaft«]; S. Anderson »Der arme Weiße«, Leipzig 1925 [für »Kohlen für Mike«]; G. Fisch »Der Mann, der das Unmögliche wahr gemacht hat« [für »Die Erziehung der Hirse«]; W. Galaktionow u. A. Aganowski »Ein Strom wird zum Meer« [für »Bei der Lektüre eines sowjetischen Buches«]; G. Germanetto »Genosse Kupferbart«, Berlin 1930 [für »Die unbesiegliche Inschrift«]; E. E. Kisch »Asien gründlich verändert« [für »Die Bolschewiki entdecken...« u. »Die Internationale«]; Shelley »The Mask of Anarchy« [für »Freiheit und Democracy«]; P. Wiegler »Figuren«, Berlin 1916 [für »Vorbildliche Bekehrung eines Branntweinhändlers«]; u. a. [auch als Parodie (vgl. »Liturgie vom Hauch«) bzw. als Übersetzung, Bearbeitung, Nachdichtung (vgl. WA X u. die dazugehörigen Anmerkungen)]. — *Mitarbeiter:* C. Neher, G. Grosz [Illustrationen]. — *Musik:* B. Brecht; P. Dessau; H. Eisler; H. Krause-Graumnitz [»Brecht-Zyklus 1956« u. »Von Bäumen, Tieren u. Menschen« (beide 1958)]; G. von Einem [»Das Stundenlied von Bertolt Brecht, für gemischten Chor u. Orchester op. 26«, eine auf dem erweiterten »Horenlied« u. dem Lied »Uns hat ein Ros' ergetzet« aus »Mutter Courage und ihre Kinder« beruhende Passionskantate; entst. 1958, uraufgeführt 1. 3. 59 von NDR Hamburg]; R. Suter [»Die Ballade von des Cortez Leuten«, Zürich 1960]; K. Weill u. a. [vgl. auch WILLETT 257 sowie zu Dessaus Oratorium »Deutsches Miserere« (entst. 1944/47) HENNENBERG I 468]. — *Dramatisierung:* »Die drei

Soldaten« [durch B. Besson; Uraufführung 1945/46 in Yverdon (Schweiz)]. — *Selbstzeugnisse:* »Anleitung zum Gebrauch der einzelnen Lektionen« [= Vorwort zur »Taschen- bzw. Hauspostille«; s. o.]; VS XII, XIII; TH I, II, III, IV, V; LK I, II [auch zu einzelnen Gedichten]; WA XV, XVI, XVIII, XIX; Über Lyrik [zusammengestellt von E. Hauptmann u. R. Hill] Frankfurt: Suhrkamp 1964; vgl. ferner EISLER 227, RASCH 270, WB/S 5 sowie die Anmerkungen zu GD I—IX u. WA VIII—X. — *Weitere Angaben:* NUBEL 485, 539. — *Literatur:* s. u.

Literatur zu Brechts Lyrik (allg.): Adorno: Akzente 4 (57) 8; Andersch: Jahresring 60/61 (60) 88; anon: Times Literary Suppl. 14. 4. 62, 232; ARENDT 207; Arendt: NR 61 (50) 33, Merkur 23 (69) 527, 625; BAUMGART 141; Bender: Jahresring 68/69 (68) 224; BENJAMIN I Bd 2, 351, II 49; Benjamin: ERINNERUNGEN 97, SCHILLEMEIT Bd 1, 308; Bentley: THEATER TODAY 92; BIHALJI-MERIN 146; B. Böschenstein: Studien zur Dichtung des Absoluten (Zürich 68) 93, DU 21 (69) 3, 51; C. M. Bowra: Poetry and Politics 1900 bis 1960 (Cambridge 66) 119; Calle: Cuadernos hispanoamericanos 68 (66) 203, 354; [Carandell:] BB: Poemas y canciones (Madrid 65) 9; CARLSSON 306, 350; [Cassian:] BB: Versüri (Bukarest 66) 5; CHIARINI III 142; Chiarini: Contemporaneo 3 (60) 22, 37; G. Cwojdrak: Wegweiser zur dt. Literatur (62) 298; Davi: Revista de Occidente 2 (63) 37; Dietz: DU 18 (66) 2, 66; H. Domin: Doppelinterpretationen. Das zeitgenössische dt. Gedicht zwischen Autor u. Leser, hrsg. H. Domin (66) 11; [Donner:] BB: Etthundra Dikter (Stockholm 65) 5; DUWE II 234, 268, III p.; ENGBERG Bd 2, 102 p.; ENZENSBERGER p.; Eőrsi: Nagyvilág 11 (66) 1232, Valóság 5 (62) 3, 71; ESSLIN III 26; Esslin: Encounter 17 (61) 4, 90; Farner: Aufbau 12 (56) 797; [Fertonani:] Io BB. Canzoni, ballate, poesie, hrsg. R. Fertonani (Mailand ⁴62) 5; E. Fischer: Dichtung u. Deutung. Beiträge zur Literaturbetrachtung (Wien 53) 377, ERINNERUNGEN 295, SF/2 124, SuF 10 (58) 473; FORTINI 308; [Fortini:] BB: Poesie e canzoni (Turin ⁵68) VII; Geißler: WW 8 (57/8) 347; Girnus: ACTES I Bd 1, 414, SuF 16 (64) 681; Gisselbrecht: Aufbau 13 (57) 571; Goldstein: BLUME 333; Greenberg: PR 8 (41) 114; GRIMM II 60, III 135 p.; Grimm: Neoph. 44 (60) 20; Grözinger: Hochland 43 (50) 80; K. Hamburger: Die Logik der Dichtung (²68) 211; Hauptmann: GD I—IX, WA VIII—X [Anmerkungen]; [Hays:] BB: Selected Poems (New York 47) 3, Poetry 67 (45) 111, 148; Hecht [u. a.]: LEBEN UND WERK 52 p.; Heinitz: NDL 5 (57) 4, 49; Helwig: Merkur 16 (62) 933; Herzfelde: NDL 4 (56) 10, 11; HESELHAUS 321; Heselhaus: IMMANENTE ÄSTHETIK 307, 518, DT. LITERATUR Bd 1, p.; W. Höllerer: Theorie der modernen Lyrik. Dokumente zur Poetik I (65) p.; HOLTHUSEN p.; H. Holthusen: Plädoyer für den Einzelnen. Kritische Beiträge zur literarischen Diskussion (67) p.; Hütt: WZUH 7 (57/8) 821; K. Ihlenfeld: Zeitgesicht. Erlebnisse eines Lesers (61) 135; Jahnn: LITERATURKRITIK 803; K. Jarmatz: Literatur im Exil (66) 164; JENS II 18; [Jens:] BB: Ausgewählte Gedichte (⁴69) 83; [Jun-Broda:] BB: Pjesme (Zagreb 61) 72; K. G. Just: Übergänge. Probleme u. Gestalten der Literatur (66) 42, Anstöße. Berichte aus der Arbeit der Evang. Akademie Hofgeismar (62) Febr., 33; KÄCHELE 51; E. Kahler: Die Verantwortung des Geistes (52) 171; Kanyó: Tiszatáj [Budapest] 20 (66) 669; Karst: DU 19 (67) 4, 64; KESTING I 74, 85, 135; J. Klein: Geschichte der dt. Lyrik von Luther bis zum Ausgang des zweiten Weltkrieges (²60) 853; KLOTZ I 75, III 70; KRAFT 176; E. Kreuder: Hörensagen (69) 162 p.; K. Krolow: Aspekte zeitgenössischer dt. Lyrik (²61) 64, 113; [Kunderá:] BB: Sto básní. Výbor z lyriky (Prag 59) 221; [Kurz:] Moderne Literatur u. christlicher Glaube, hrsg. F. Henrich (68) 27 p.; [Lange:] Contemporary German Poetry. An Anthology, ed. G. C. Schwebell (New York 64) XIII, BB: Gedichte u. Lieder aus Stücken (New York o. J.) III; [Langfelder:] BB: Versüri (Bukarest 64) 5; E. Leiser: Sånger mellan krigen (Stockholm 55) 5; K. Leonhard: Moderne Lyrik. Monolog u. Manifest. Ein Leitfaden (63) 140, 159, 236; LERG-KILL p.; [Ljungdahl:] BB: Dikter 1918—1956 (Stockholm 64) 5, Bonniers litterära magasin 36 (63) 709; Lorenz: DUO 11 (58) 66; LUPI p.; LÜTHY 131, 147; Maurer: SuF 20 (68) 133; MAYER II p., V 93, 98; Mayer: EG 20 (65) 269; Mirau: Zeitschr. für Slawistik 8 (63) 755; J. MITTENZWEI 427; Mühlberger: WWo 11 (56) 308; H. MÜLLER 9 p.; J. Müller: Universitas 19 (64) 479; MUSCHG 335 p.; Olschowsky: WB 16 (70) 199; Pacheco: Primer Acto [Madrid] 86 (67) 24; J. Pfeiffer: Dichten, Denken, Glauben. Ausgewählte Essays 1936 bis 1966 (67) 140, Die Sammlung 13 (58) 225; Pielow: Westermanns Pädag. Beiträge 19 (67) 515; H. Piontek: Männer, die Gedichte machen. Zur Lyrik heute (70) p.; [Politzer:] Triffst du nur das Zauberwort. Stimmen von heute zur dt. Lyrik, hrsg. J. Petersen (61) 288; PONGS II p.; PROLET 67; QUALMANN; Reality and Creative Vision in German Lyrical Poetry, ed. A. Closs (London 63) p.; Richter: WB 12 (66) 765; Ross: DU 10 (58) 5, 21; ROTERMUND 139; W. V. Ruttkowski: Das literarische Chanson in Deutschland (66) 21, 150 p.; Schlenstedt: WB 4 (58) Sonderheft 59; Schlien: NEUE ZEIT 8; Schonauer: Gewerkschaftl. Monatshefte 13 (62) 739; SCHÖNE 3, 33; SCHUHMANN 23, 128; SCHULTZ 18, 59 p.; E. W. Schulz: Wort u. Zeit. Aufsätze u. Vorträge zur Literaturgeschichte (68) 203; M. Seidler: Moderne Lyrik im Deutschunterricht (³68) 84; Sölle: Euph. 61 (67) 84; [Strehler:] BB: Gedichte (¹⁰68); [Stroh:] Dt. für die Oberstufe. Läsaret (Stockholm 66) 43; [Suhrkamp:] BBs Gedichte u. Lieder (56) 5; [Szilágyi:] BB: Legszebb versei (Budapest 66) 5; [Tracy:] Essays on German Literature in honour of G. J. Hallamore, ed. M. S. Batts and M. G. Stankiewicz (Toronto 68) 218; Twentieth Century German Literature, ed. A. Closs (London 69) 31; URBANEK II 378; [Vajda:] BB: Versek (Budapest 65) 373; WEIDELI 143 p.; [Wiese:] Dt. Literatur in unserer Zeit, hrsg. W. Kayser (59) p.; WITZMANN

15; G. Wolf: Dt. Lyrik nach 1945 (64) p.; [Wölfel:] BB: Selected Poems (London 65) 11, 115; Zweig: SF/2 239. — *Weitere Angaben:* NUBEL 605; KOSCH 958; PETERSEN 43; Fertonani [s. o.] 179; SCHUHMANN 331; Wölfel [s. o.] 36.

Literatur zu Gedichtsammlungen (auch zu größeren Teilbereichen): ABUSCH 118 [»Hauspostille«], 206 [Lyrik der Zwanziger Jahre], 207 [»Lieder, Gedichte, Chöre«]; BAB 111 [»Hauspostille«]; BAUMGART 145 [späte Lyrik]; BENJAMIN I Bd 2, 353, II 50 [»Hauspostille«], 65 [»Lesebuch für Städtebewohner« u. »Studien«], 73 [»Svendborger Gedichte«], III Bd 2, 572 [»Drei Soldaten«]; Benjamin: ERINNERUNGEN 97, SCHILLEMEIT Bd 1, 308 [»Hauspostille«]; [Bentley:] BB: Manual of Piety (New York 66) XI, VARIETIES 61 [»Hauspostille«]; Blume: MH 57 (65) 97, 273 [frühe Lyrik]; Borneman: SF/2 142 [»Hauspostille«]; BRANDT 14 [»Hauspostille«]; CARLSSON 305 [»Hauspostille«]; CHIARINI III 142 [»Hauspostille«]; Conard: Univ. of Dayton Review 6 (69) 1, 24 [Lyrik der Zwanziger Jahre]; Cozzi: Atti dell'Academia Pontaniana 11 (61/2) 159 [späte Lyrik]; DORT I 62 [»Hauspostille«]; DUWE I Bd 1, 200 [»Hauspostille«], 206 [spätere Lyrik]; EISLER 19 [»Hollywood-Elegien«], 50 [Arbeiterlieder], 126 [»Buckower Elegien«]; EKMANN 74 [»Hauspostille«], 116 [»Lesebuch für Städtebewohner«]; Esslin: Preuves 139 (62) 92 [»Hauspostille«]; EWEN 81 [»Hauspostille«], 283 [»Drei Soldaten«]; [Fertonani:] BB: Libro di devozioni domestiche (Turin 64) 5 [»Hauspostille«]; G. FISCHER 249 [»Hauspostille«]; FRANZEN II 91 [»Hauspostille«]; Gaede: EXPRESSIONISMUS 595 [frühe Lyrik]; GRIMM II 60 [»Chinesische Gedichte«]; Grimm: ASPEKTE 133, TDR/2 22 [früheste Lyrik], WISSENSCHAFT 351, 518 [»Kriegsfibel«]; Hartung: SuF 18 (66) 743 [»Studien«]; Hecht [u. a.]: LEBEN UND WERK 34 [»Hauspostille«], 37 [»Lesebuch für Städtebewohner«], 81 [»Lieder, Gedichte, Chöre«], 88 [»Svendborger Gedichte«], 105 p. [»Kriegsfibel«], 174 [späte Lyrik]; HENNENBERG I 135, 214, 310, 390, 408 [»Kriegsfibel« bzw. »Deutsches Miserere«]; HESELHAUS 325 [»Hauspostille«], 335 [späte Lyrik]; Hildebrand: Merkur 20 (66) 952 [Alterslyrik]; HINCK II 119 [frühe u. früheste Lyrik]; Högel: Augsbg. Allg. Ztg 16. 4. 60 [früheste Lyrik]; Hütt: WZUH 7 (57/8) 821 [»Buckower Elegien«]; Jennrich: WB/S 101 [frühe Lyrik]; KÄCHELE 14 [»Hauspostille«]; KAUFMANN II 504 [frühe Lyrik]; W. Killy: Wandlungen des lyrischen Bildes (⁵67) 136 [frühe Lyrik]; Krolow: Anstöße. Berichte aus der Arbeit der Evang. Akademie Hofgeismar 1/2 (62) 1 [politische Lyrik]; [Kunderá:] BB: Domácí Postila (Prag 63) 169 [»Hauspostille«]; Leiser: INTER NATIONES 15 [»Buckower Elegien«]; LERGKILL 7 [politische Lyrik]; LUPI 27 [»Studien«]; LÜTHY 131 [»Hauspostille«]; LYONS 38 [»Hauspostille«]; MAYER III 93, IV 24 [frühe Lyrik]; Merin: IN 5 (35) 7, 79 [»Lesebuch für Städtebewohner«]; H. MÜLLER 102 p. [politische Lyrik]; J. Müller: ORBIS 66 [späte Spruchgedichte]; K. MÜLLER 8 [»Hauspostille«], 16 [Lyrik mit

historischen Themen]; MÜNSTERER 71, 82, 141 p. [früheste Lyrik],
80, 101 p. [»Hauspostille«]; MUSCHG 340 [»Hauspostille«]; PEIXOTO
77 [»Hauspostille«], 187 [»Svendborger Gedichte«]; Qualmann:
WZUH 17 (68) 5, 135 [»Lesebuch für Städtebewohner«]; RIHA 96
[»Hauspostille«]; Rilla: ERINNERUNGEN 160 [»Hundert Gedichte«];
Ross: Arcadia 3 (68) 262 [frühe Lyrik]; ROTERMUND 139 [»Haus-
postille«], 166 [»Lieder, Gedichte, Chöre«]; SCHÄRER 57 [»Svend-
borger Gedichte«]; SCHLENSTEDT [»Svendborger Gedichte«]; Schlen-
stedt: WZUB 10 (61) 349 [»Svendborger Gedichte«]; SCHMIDT 142
[»Hauspostille«], p. [frühe Lyrik]; [H. Schmidt:] BB: Manual of
Piety (New York 66) 277 [»Hauspostille«]; SCHUHMANN 12, 26, 85
[frühe u. früheste Lyrik], 125 [»Hauspostille«], 159 [»Lesebuch für
Städtebewohner«], 239 [Lyrik 1930/33]; Schuhmann: WB/S 39 [späte
Lyrik]; Steffensen: ZfdPh. 84 (65) Sonderheft 82 [frühe Lyrik];
STRÄTER [»Hauspostille«]; TUCHOLSKY I Bd 2, 1062 [»Hauspostil-
le«]; Tucholsky: LITERATURKRITIK 523 [»Hauspostille«]; VIERTEL
174 [»Hauspostille«]; Walter: FH 18 (63) 532 [Lyrik der Reife-
zeit]; Weill: Die Musik (29) März [»Hauspostille«]; WEISBACH
[»Hauspostille«]; Wielek: Critisch Bulletin ['s Gravenhage] 19 (52)
221 [»Hundert Gedichte«]; WITZMANN 26 [»Buckower Elegien«];
G. Wolf: Dt. Lyrik nach 1945 (64) p. [späte Lyrik]; [Wölfel:] BB:
Selected Poems (London 65) 16 [»Hauspostille«], 25 [spätere
Lyrik]; Zweig: ERINNERUNGEN 91 [»Lieder, Gedichte, Chöre«]. —
Weitere Angaben: NUBEL 605; außerdem s. o. *Literatur zu Brechts
Lyrik* (allg.).

Literatur zu einzelnen Gedichten [»Taoteking« =
»Legende von der Entstehung des Buches Taoteking auf dem Weg
des Laotse in die Emigration«]: ABUSCH 205 [»Adresse an Dimi-
troff«]; Altner: DUO 18 (65) 698 [»Kinderhymne«]; anon: Augsbg.
Allg. Ztg 10. 2. 68 [»Erinnerung an die Marie A.«]; BAUER 134
[»Die Liebenden«]; BAUMGART 141 [»Erziehung der Hirse«]; Baum-
gärtner: SuF 12 (60) 395 [»Die Literatur wird durchforscht wer-
den«]; BENJAMIN I Bd 2, 353, II 51 [»Mahagonnygesänge«, »Gegen
Verführung«, »Von den Sündern in der Hölle«, »Vom armen B. B.«,
»Vom Kind, das sich nicht waschen wollte«, »Der Pflaumenbaum«,
»Taoteking«], 131 [»Der Bauer an seinen Ochsen«, »Kinderlieder«];
Benjamin: ERINNERUNGEN 97, SCHILLEMEIT Bd 1, 309 [wie oben I
Bd 2, 353 bzw. II 51]; URBANEK I 220 [»Taoteking«]; [Bergstedt:]
. . . und seh die Welt in meiner Hand erblühen. Eine Auswahl dt.
Gedichte aus drei Jh. für die Klassen 8—10 (65) 121 [»Der Rauch«],
Junge Kunst 4 (60) 10, 55, WZHP 4 (61) 31 [»Inbesitznahme der
großen Metro«]; Blume: GRM N. F. 4 (54) 108, MH 57 (65) 97
[»Vom ertrunkenen Mädchen«], 273 [»Der Himmel der Enttäusch-
ten«]; Bochinger: DU 6 (54) 6, 56 [»Großer Dankchoral«]; Böttger:
DUO 4 (51) 31 [»Erziehung der Hirse«] BRANDT 38 [»Verschollener
Ruhm der Riesenstadt New York«], 57 [»Rudern, Gespräche«];
BRÄUTIGAM II 11 [»Der Schneider von Ulm«, »Ballade vom Wasser-

rad«, »Vom ertrunkenen Mädchen«, »Von des Cortez Leuten«, »Kinderkreuzzug«]; Brock-Sulzer: Trivium 1 (43) 3, 83 [»Großer Dankchoral«]; Bunge: SuF 15 (63) 184 [»Das Manifest«]; Buono: SG N. S. 7 (69) 42 [»Oh Falladah«]; Butz: Filología moderna [Madrid] 35/36 (69) 185 [»Der Radwechsel«]; Cases: SG N. S. 3 (65) 211 [»Der Pflaumenbaum«]; G. Cwojdrak: Wegweiser zur dt. Literatur (62) 296 [»Kinderhymne«], NDL 4 (56) 8, 11 [»Kriegsfibel«]; DAHLKE 6 [»Merkwürdig«]; Dietz: DU 18 (66) 2, 66 [»Fragen eines lesenden Arbeiters«, »Ulm 1592«, »1940: VI«]; EISLER 81 [»Das Manifest«], 219 [»An die Nachgeborenen«], 227 [»Und was bekam des Soldaten Weib?«]; Erck/Gräf: WZHI 12 (66) 105, WB 13 (67) 228 [»Die Nachtlager«]; ESSLIN I 147 [»Das Manifest«]; EWEN 392 [»Das Manifest«]; Fetscher: Merkur 23 (69) 888 [»Der Bauer an seinen Ochsen«]; FORTINI 315 [»Oh Falladah«]; Fortini: Kursbuch 4 (66) 90 [»Oh Falladah«]; Golik: WB 16 (70) 182 [»Die Teppichweber von Kujan-Bulak ehren Lenin«]; Gräf: Deutsch als Fremdsprache 5 (68) 1, 32 [»Die Nachtlager«]; R. Grelier: Joris Ivens (Paris 65) 163 p. [»Das Lied der Ströme«]; GRIMM I 22 [»Der Bauer kümmert sich um seinen Acker«]; R. Grimm: Untersuchungen zur poetischen Funktion der Farben (Diss. Erlangen 56) 75 [»Freiheit u. Democracy«], DT. DICHTER 528 [»Gegen Verführung«], ZfdPh. 78 (59) 410 [»Gesang des Soldaten der roten Armee«]; M. Gsteiger: Poesie u. Kritik. Betrachtungen über Literatur (67) 107 [»Schlechte Zeit für Lyrik«]; HAAS I 28 [»Das Manifest«]; Haase: KRITIK 444, WB 4 (58) Sonderheft 65 [»Erziehung der Hirse«]; Hecht: LEBEN UND WERK 41 [»Vom Geld«]; HENNENBERG I 163, 413 [»Erziehung der Hirse«], 181 [»Grabschriften«], 228 [»Freiheit u. Democracy«], 231 [»Und was bekam des Soldaten Weib?«], 422 [»Zukunftslied«], 426 [»Die Freunde«], 428 [»Friedenslied«], 444 [»Fragen eines lesenden Arbeiters«]; Hermanowski: Die Anregung [Köln] 9 (57) Beilage 228 [»Kriegsfibel«]; W. Herzfelde: John Heartfield. Leben u. Werk (62) 82 [»Auf einen chinesischen Theewurzellöwen«]; HESELHAUS 326 [»Liturgie vom Hauch«, »Vom Schwimmen in Seen u. Flüssen«, »Vom armen B.B.«, »Fragen eines lesenden Arbeiters«]; Heybey: PP 15 (61) 337 [»Vom ertrunkenen Mädchen«, »Vom armen B.B.«, »Ballade vom Wasserrad«]; Hilfsmaterial 10 [»Fragen eines lesenden Arbeiters«, »Aufbaulied«, »Kinderhymne«, »Erziehung der Hirse«]; Hoefert: Neoph. 53 (69) 48 [»Gedanken bei einem Flug über die große Mauer«]; Höllerer: Akzente 1 (54) 432 [»Choral vom Manne Baal«]; [Jakobson:] Beiträge zur Sprachwissenschaft, Volkskunde u. Literaturforschung. [Festschrift für W. Steinitz] (65) 175 [»Wir sind sie« (aus »Die Maßnahme«)]; JENS I 249 [»Die Nachtlager«]; Jeziorkowski: WEGE Bd 1, 403 [»Vom Schwimmen in Seen u. Flüssen«]; Kaden: Musik in der Schule 11 (60) 1, 11 [»Solidaritätslied«]; KANTOROWICZ Bd 1, 564 [»Freiheit u. Democracy«], Bd 2, 389 [»Die Lösung«]; KESTING I 14 [»Legende vom toten Soldaten«]; W. Killy: Wandlungen des lyririschen Bildes (⁵67) 136 [»Lied der Schwestern«, »Vom Klettern in Bäumen«, »Lied der verderbten Unschuld«, »Großer Dankchoral«]; Klotz: Frankf. Rundschau 10. 2. 68 [»Lob der Dialektik«]; KRAFT 184 [»Vom ertrunkenen Mädchen«], 281 [»Erinnerung an die Marie A.«]; Kraft: Dichten u. Trachten [Jahresschau des Suhrkamp Verlags] 16 (60) 70 [»Einst«], URBANEK I 233 [»Der Radwechsel«], 229 [»Einst«]; B. H. Lermen: Moderne Legendendichtung (68) 216 [»Taoteking«]; Leschnitzer: NDL 12 (64) 4, 212, ABB 21 (64) 50 [»Über den schnellen Fall des guten Unwissenden«]; Ley: GR 40 (65) 205 [»Mazeppa«, »Psalmen«]; R. E. Lorbe: Lyrische Standpunkte. Interpretationen moderner Gedichte (68) 84 [»Die Liebenden«]; Lyon: EG 23 (68) 275 [»Bericht vom Zeck«], MLN 84 (69) 802 [»Vorbildliche Bekehrung eines Branntweinhändlers«]; LYONS 69 p. [»Von der Kindesmörderin Marie Farrar«]; W. Mach: Dóswiadczenia i przypadki (Warschau 54) 136 [»Fragen eines lesenden Arbeiters«]; Marnette: DUO 16 (63) 573 [»Lob des Kommunismus«]; Maurer: SuF 17 (65) 508 [»An die Nachgeborenen«]; MAYER III 97 [»Kleine Epistel, einige Unstimmigkeiten entfernt berührend«, »Matinee in Dresden«, »Die Vögel warten im Winter vor dem Fenster«, »An die Nachgeborenen«, »Ulm 1592«], IV 32 [»Kleine Epistel«, »Matinee«, »Ulm« (s. o.)]; [Mayer:] Mein Gedicht. Begegnungen mit dt. Lyrik, hrsg. D. E. Zimmer (61) 23 [»An die Nachgeborenen«], URBANEK I 225 [»Die Vögel warten« (s. o.)], THEATERARBEIT 249 [»Ulm 1592«], SuF 10 (58) 276 [»Kleine Epistel«, »Matinee« (s. o.)]; Morley: OGS 2 (67) 149 [»Abbau des Schiffes Oskawa durch die Mannschaft«]; Motekat: Blätter f. d. Deutschlehrer 2 (56) 38, OL 19 (64) 145 [»Von der Freundlichkeit der Welt«]; H. MÜLLER 90 [»Taoteking«], 93 [»Von des Cortez Leuten«], 112 [»Deutschland«]; K. Müller 18 [»Ballade vom Wasserrad«], 65 [»Das Manifest«], 101 [»Fragen eines lesenden Arbeiters«]; W. Müller-Seidel: Probleme der literarischen Wertung (²69) 63 [»An die Nachgeborenen«]; MÜNSTERER 174 [»Apfelböck«]; MUSCHG 363 [»An die Nachgeborenen«]; J. Pfeiffer: Was haben wir an einem Gedicht? (55) 51 [»Erinnerung an die Marie A.«], 83 [»Ballade vom Wasserrad«]; Picard: WEGE Bd 2, 534, Universitas 18 (63) 167 [»Taoteking«]; [Politzer:] Triffst du nur das Zauberwort. Stimmen von heute zur dt. Lyrik, hrsg. J. Petersen (61) 288 [»Die Liebenden«]; PONGS I 327 [»An die Nachgeborenen«, »Kinderkreuzzug«, »Die Liebenden«, »Erinnerung an die Marie A.«, »Oh Falladah«], II 153 [»Oh Falladah«, 177 [»Kinderkreuzzug«]; Qualmann: WZUH 17 (68) 5, 135 [»Lob des Kommunismus«]; RASCH 270 [»Das Manifest«]; Riege: WZUJ 6 (56/7) 733 [»Wiegenlieder«]; RIHA 103 [»Ballade vom Weib u. den Soldaten«], 108 [»Vom armen B. B.«], 122 [»Freiheit u. Democracy«]; Riha: WEGE Bd 2, 550 [»Legende vom toten Soldaten«]; Ross: Arcadia 3 (68) 262 [»Vom Schwimmen in Seen u. Flüssen«]; ROTERMUND 140 [»Gegen Verführung«, »Apfelböck«, »Liturgie vom Hauch«, »Großer Dankchoral«, »Erinnerung an die Marie A.«, »Matinee in Dresden«], 169 [»Kälbermarsch«, »Und was bekam des Soldaten Weib?«] Rothbauer: Sprachpflege [Leipzig] 10 (61) 1, 8 [»Die unbesiegliche Inschrift«]; Ryan: ASPECTS 91 [»Die Lösung«]; Sachs: NDH 92 (63) 60 [»Entdeckung an einer jungen Frau«]; Schlenstedt: WB/S 12 [»Kinderkreuzzug«]; [Schöne:] Die dt. Lyrik, hrsg. B. v. Wiese (56) Bd 2, 485 [»Erinnerung an die Marie A.«], Euph. 52 (58) 288 [»Ballade vom Wasserrad«]; SCHUHMANN 9 [»Der Baum«]; B. Schulz: WW 7 (56/7) 81 [»Taoteking«]; E. W. Schulz: Wort u. Zeit. Aufsätze u. Vorträge zur Literaturgeschichte (68) 203 [»Der Rauch«]; Schwarz: WW 19 (69) 267 [»Über die Bezeichnung Emigranten«, »Besuch bei den verbannten Dichtern«]; M. Seidler: Moderne Lyrik im Deutschunterricht (³68) 84 [»Taoteking«]; Sölle: Euph. 61 (67) 84 [Weihnachtsgedichte]; Spaethling: GR 37 (62) 282 [»Das Manifest«]; SPALTER 197 [»Über das bürgerliche Trauerspiel „Der Hofmeister" von Lenz«]; E. Stein: Wege zum Gedicht (67) 193 [»An meine Landsleute«, »Ulm 1592«, »Lob des Kommunismus«]; Tatlow: DVjs. 44 (70) 363 [»Auf einen chinesischen Theewurzellöwen«, »Taoteking«]; Thieme: Schweizer Rundschau 46 (46/7) 61 [»Taoteking«]; TORBERG I 148 [»Mailied«, »Und was bekam des Soldaten Weib?«]; Trost: Germanistica Pragensia 2 (62) 75 [»Einst«]; TUCHOLSKY II 161 [»Erinnerung an die Marie A.«, »Surabaya-Johnny« (aus »Happy End«)]; Völker: Kursbuch 7 (66) 102 [»Oh Falladah«]; W. Weber: Tagebuch eines Lesers. Bemerkungen u. Aufsätze zur Literatur (65) 73 [»Die Liebenden«]; Weisbach: WB 13 (67) 762 [»Legende vom toten Soldaten«, »Ballade von den Seeräubern«]; B. Weisgerber: Kristalle (67) 137 [»Zufluchtsstätte«, »Taoteking«]; WIESE 285 [»Ballade vom Wasserrad«], 292 [»Die Liebenden«]; [Wiese:] Dt. Literatur in unserer Zeit (59) 41 [»Ballade vom Wasserrad«]; Wirth: SF/2 354 [»Auf einen chinesischen Theewurzellöwen«]; WITZMANN 30 [»Das Manifest«]; Wolf: Junge Kunst 3 (59) 3, 62 [»Frühling 1938«, »Kinderkreuzzug«]; Wölfel: WEGE Bd 2, 537 [»Mutter Courage Lied«]. — *Weitere Angaben:* NUBEL 605 p.; Fertonani [s. o.] 185; außerdem s. o. *Literatur zu Brechts Lyrik* (allg.) u. *Literatur zu Gedichtsammlungen.*

»*D r e i g r o s c h e n r o m a n* «: *Entstehung:* Dänemark 1933/34. — *Handschrift:* Material in BBA. — *Druck:* Amsterdam: Allert de Lange 1934; PR III; WA XIII; auch in DREIGROSCHENBUCH. — *Quellen, Vorbilder, Anregungen:* Gay »Beggar's Opera«; Brecht »Dreigroschenoper«; Swift; Dickens [?]. — *Weitere Angaben:* ESSLIN I 275; NUBEL 488. — *Literatur:* anon: KINDLER Bd 2, 1611, Time [New York] 68 (56) 24, 66; [Bayer:] Driestuiversroman (Amsterdam 60) 7; BENJAMIN II 84, III Bd 2, 641; Benjamin: DREIGROSCHENBUCH 187, WB 12 (66) 436; BIHALJI-MERIN 146; Dahlke: Neues Deutschland 16. 11. 57 Beilage; DAKOWA; Der Romanführer, hrsg. J. Beer [u. a.] (52) Bd 1, 99; DORT I 119; [Dumitriu:] BB: Romanul de Cinci Parale (Bukarest 56) 5; EKMANN 198; ENGBERG Bd 2, 38,

Ewen 304; Fortini 302; [Fradkin:] BB: Trechgrošovyi Roman (Moskau 62) 5; Kamnitzer: Neues Deutschland 19. 10. 57 Beilage; [Kunderá:] BB: Třígrošový Román (Prag 62) 347; Merin: IN 5 (35) 7, 85; K. Müller 72; [Nikolov:] BB: Prosjaschki Roman (Sofia 63) 5; Riege; Rotermund 157; Schlenstedt: WB/S 74; [Šijaković:] BB: Prosjački roman (Belgrad 60) 409; [Thauer:] Reclams Romanführer, hrsg. J. Beer u. B. Rang (³68) 366; [Vápeník:] BB: Třígrošový Román (Prag 51) 339, Trojgrošový román (Preßburg 51) 427; Weber: WB 12 (66) 443; Weideli 42; Wirth: NDL 5 (57) 8, 121. — *Weitere Literaturangaben:* Nubel 589; Hill/Ley 61; ferner s. o. *Dreigroschenoper,* s. u. *Filmarbeit.*

»Die Geschäfte des Herrn Julius Caesar«: ‚Romanfragment'. — *Entstehung:* Dänemark [u. Schweden?] 1938/39. — *Handschrift:* Material in BBA. — *Druck:* SF/1 u. SF/2 [Teildrucke]; Berlin: Gebrüder Weiß 1957; PR IV; WA XIV [mit Abweichungen gegenüber PR]. – Verschiedene Fassungen [urspr. als Stück geplant u. entworfen (1937); vgl. Ramthun I 369 sowie Teildruck in GD IX bzw. WA IX]; später auch als Filmexposé für W. Dieterle (vgl. TF II) u. Kalendergeschichte (vgl. »Caesar und sein Legionär« in PR II bzw. WA XI), beides wohl 1942]; vgl. auch Dahlke u. Witzmann. — *Quellen, Vorbilder, Anregungen:* Shakespeare [schon früh konzipiert]; Plutarch, Sallust, Sueton; Mommsen »Römische Geschichte«, G. Brandes »Cajus Julius Caesar«, G. Ferrero »Größe u. Niederlage Roms«, T. Frank »An Economic History of Rome«; Max Weber, W. W. Fowler; vgl. ferner Dahlke 120, 224. — *Selbstzeugnisse:* LK II; TF II (Anmerkungen); WA XVIII; Rasch 269; Sternberg passim; Witzmann 68, 73. — *Literatur:* Baumgärtner: Kindler Bd 3, 660; Bunge: Leben und Werk p.; Chiarini I 221; Dahlke 56, 80 p.; Dort I 178; Eisler 99, 103; [Enzensberger:] BB: Julius Caesars forretninger (Oslo 66) 192; Ewen 473; Farner: Aufbau 12 (56) 797; [Fradkin:] BB: Dela gospodina Julija Cesarja (Moskau 61) 5; Gisselbrecht: Europe 67; Grimm I p.; Grözinger: Hochland 43 (50) 80; Guette: Lettres nouvelles 30. 12. 59, 15; Jäkel: Die Sammlung 13 (58) 495; Mayer II 91; K. Müller 96, 105, 129, 210; Peixoto 261 p.; [Prorini-Hagen:] Reclams Romanführer, hrsg. J. Beer u. B. Rang (³68) 368; Simon-Strowski: Revue politique et parlamentaire 228 (60) 662; Spaethling: Neoph. 45 (61) 213; Sternberg 33; Wintzen 132; Witzmann 52. — *Weitere Literaturangaben:* Nubel 592.

»Der Tui-Roman« (auch »Das goldene Zeitalter der Tuis«, »Der Untergang der Tuis« u. »Telekt-uel-in«): ‚Fragment'. — *Entstehung:* Hauptsächlich Dänemark, Schweden, Finnland, USA 1935/43 [aber laut Zeugnis vom 18. 7. 35 „seit Jahren geplant"; vgl. Benjamin III Bd 2, 670]. — *Handschrift:* Material in BBA. — *Druck:* ST XIV; WA XII; GD IX [Teildruck]. — Verschiedene Fassungen [bildet mit dem Stück »Turandot oder Der Kongreß der Weißwäscher« einen „umfangreichen literarischen Komplex" (Brecht), dem

auch »Tuigeschichten«, »Tuischwänke« u. die Traktatsammlung »Die Kunst des Speichelleckens und andere Künste« angehören bzw. angehören sollten; vorgesehen waren die drei Bände: »Das Goldene Zeitalter der Tuis«, »Die Vertreibung der Tuis«, »Die Gleichschaltung der Tuis«]. — *Selbstzeugnisse:* ST XIV; TH VI; WA XII; vgl. auch EISLER 13, 186. — *Weitere Angaben:* s. o. »Turandot oder Der Kongreß der Weißwäscher«. — *Literatur:* BENJAMIN II 125, III Bd 2, 670; Bunge: LEBEN UND WERK 96; EISLER 13, 186; ESSLIN III 32; EWEN 385; Hauptmann: ST XIV [Anmerkungen]; Jacobs: NR 80 (69) 241; SCHUMACHER III 409 p.; Völker: WA XII [Anmerkungen], Kürbiskern 4 (66) 157.

» *M e - t i . B u c h   d e r   W e n d u n g e n* «: ‚Fragment' [von Brecht auch als „Büchlein mit Verhaltenslehren" bezeichnet; die Vorbemerkung fingiert eine Übertragung ins Deutsche „unter Benutzung einer englischen Übersetzung aus dem Chinesischen von Charles Stephen"]. — *Entstehung:* Svendborg 1934/37 [mit gelegentlichen späteren Zusätzen; die Beschäftigung mit diesem Thema reicht jedoch bereits vor 1930 zurück (vgl. dazu auch EISLER 149)]. — *Handschrift:* Material in BBA. — *Druck:* PR V; WA XII [mit stärkeren Abweichungen gegenüber PR]; GD IX [Teildruck]. — Verschiedene Fassungen [Zusammenhang (wenn auch nach Völker ohne „direkten Bezug") mit dem auf Brechts Mitarbeiterin Ruth Berlau bezüglichen Komplex »Lai-tu« (vgl. PR V, WA XII, GD IX); ferner Berührungen mit dem »Tui-Roman« (s. o.) u. den »Geschichten vom Herrn Keuner« (s. u.)]. — *Quellen, Vorbilder, Anregungen:* Chinesische Literatur u. Philosophie im allgemeinen; »Buch der Wandlungen« (»I-Ging«); vor allem aber »Mê Ti des Sozialethikers u. seiner Schüler philosophische Werke. Zum ersten Male vollständig übersetzt, mit ausführlicher Einleitung, erläuternden u. textkritischen Erklärungen versehen von Prof. Alfred Forke«, 1922 [Ex. mit zahlreichen Strichen u. Randbemerkungen von der Hand Brechts in BBA]. — *Selbstzeugnisse:* RASCH 268. — *Literatur:* EISLER 147; Esslin: Encounter 27 (66) 2, 58; EWEN 487; GRIMM II 25; Johnson: PR V [Anmerkungen]; Schickel: Monat 18 (66) 215, 81, Kursbuch 9 (67) 45, Merkur 22 (68) 224 [parodistisch]; Völker: WA XII [Anmerkungen], Kürbiskern 4 (66) 157.

D i e   G e s c h i c h t e n : *Entstehung:* Augsburg 1913 bis Berlin 1953/54. — *Handschrift:* Material in BBA. — *Druck:* Erstdrucke in zahlreichen Zeitungen u. Zeitschriften ab 1914: u. a. »Bargan läßt es sein. Eine Flibustiergeschichte« [Der neue Merkur 5 (1921) 394]; »Ein gemeiner Kerl. Novelle« [Der Feuerreiter (Berlin) 1 (1922) 176]; »Der Tod des Cesare Malatesta« [Berliner Börsen-Courier Nr 301 (29. 6. 24)]; »Der Kinnhaken« [Scherls Magazin (Berlin) 2 (1926) H. 1, 48]; »Eine Pleite-Idee. Groteske«, auch »Eine kleine Versicherungsgeschichte« [Uhu (Berlin) 12. 9. 26, 61]; »Die Bestie« [Berliner Illustr. Ztg Nr 50 (1928) 2161]; »L'Homme statue«, auch »27. September«, später »Der Soldat von La Ciotat« [Internationale Literatur (Moskau) 1937, H. 2]; »Der Mantel des Nolaners«, später »Der Mantel des Ketzers« [Internationale Literatur 1939, H. 8]; »Eßkultur« [Göteborgs-Posten 18. 12. 43 (in schwedischer Übersetzung unter dem Titel »Matkultur«)]; »Geschichten vom Herrn Keuner« [VS I, V, XII; SF/2 (jeweils Teildrucke)]; ferner die sonst ungedruckte Anekdote »Der Dichter« (1913) bei SCHMIDT 108 [zu weiteren Erstdrucken vgl. NUBEL 539, 550]; Sammlungen: »9 Kurzgeschichten« [1930; hektographiert, nicht für den Druck bestimmt]; »Kalendergeschichten«, Berlin: Gebrüder Weiß 1949 [mit den Erzählungen »Der Augsburger Kreidekreis«, »Die zwei Söhne«, »Das Experiment« (urspr. »Der Stalljunge«), »Der Mantel des Ketzers« (s. o.), »Caesar und sein Legionär« (aus dem Umkreis des »Caesar«-Romans; s. o.), »Der Soldat von La Ciotat« (s. o.), »Der verwundete Sokrates«, »Die unwürdige Greisin«; dazu »Geschichten vom Herrn Keuner« sowie Gedichte]; Auswahlausgabe (postum): »Geschichten«, Frankfurt: Suhrkamp 1962; Gesamtausgaben: PR I, II; WA XI, XII [mit Abweichungen gegenüber PR]; vgl. auch GD IX. — Verschiedene Fassungen [urspr. sollten die »Kalendergeschichten« sogar zusammen mit den »Flüchtlingsgesprächen« (s. u.) unter dem Titel »Zwei halbe Bücher« veröffentlicht werden]. — Quellen, Vorbilder, Anregungen: Zeitungsmeldungen; Abenteuer- u. Detektivgeschichten; Kleist; Hebel; P. G. Wodehouse [?]; G. Kaiser »Der gerettete Alkibiades« [für »Der verwundete Sokrates«]; Li Hsing-tao »Der Kreidekreis« [für »Der Augsburger Kreidekreis«; s. o. »Der kaukasische Kreidekreis«]; J. R. Becher »Abschied« [für »Die unwürdige Greisin« (?)]; J. Heartfields Montage »Zum Krisen-Parteitag der SPD« (1931) [für »Das neue Gesicht«]; u. a. — Verfilmung: »La vieille dame indigne« [»Die unwürdige Greisin«]; Regie René Allio. — Selbstzeugnisse: LK I; WA XVIII; PR I, II bzw. WA XI, XII [Anmerkungen]; Brief an L. Huchthausen: WZUJ 18 (1969) 82 [Teildruck; zu »Der verwundete Sokrates«]. — Weitere Angaben: Zu Brechts Geschichte »Der Arbeitsplatz« vgl. auch Friedrich Wolfs Komödie »Die Jungens von Mons« (1932). — Literatur: BENJAMIN II 11 [»Keunergeschichten«]; BRANDT 64 [»Der Mantel des Ketzers«], p. [»Keunergeschichten«]; Buono: SG N. S. 7 (69) 42 [allg.; »Odysseus u. die Sirenen«, »Kandaules«, »Ödipus«]; Chiarini: Notiziario Einaudi (Turin) 7 (58) 4, 1 [allg.]; Cremer: Bildende Kunst 4 (56) 607 [»Keunergeschichten«]; Cwojdrak: NDL 2 (54) 11, 9 [»Kalendergeschichten«]; DAHLKE 39 [»Caesar u. sein Legionär«]; DAKOWA [bis 1934]; [Damian:] BB: Povestiri din Calendar (Bukarest 67) 5 [»Kalendergeschichten«]; Demetz: Die Zeit 11. 8. 67 [»Die unwürdige Greisin«]; EKMANN 120 [»Keunergeschichten«]; ENGBERG Bd 1, 67 [»Karins Erzählungen«]; ESSLIN I 33 p. [»Keunergeschichten«], 276 [frühe Geschichten], III 29 [frühe Geschichten, »Kalendergeschichten«]; Esslin: TDR/2 36 [»Brief über eine Dogge«]; Farner: SF/2 112, Aufbau 12 (56) 797 [»Keunergeschichten«]; Faucher: Les

Humanités. Classes de lettres. Sections modernes 89 (66) 24 [»Maß-
nahmen gegen die Gewalt«]; FORTINI 307 [»Kalendergeschichten«];
[Fortini:] BB: Storie da calendario (Turin ²61) VII [»Kalendergeschichten«]; Gisselbrecht: EUROPE 93 [»Keunergeschichten«], 96
[»Der verwundete Sokrates«]; GRIMM III 267 [»Der Gesandte«];
Grimm: SCHILLEMEIT Bd 2, 309, ZfdPh. 78 (59) 421 [»Der Gesandte«], ASPEKTE 133, TDR/2 22 [»Balkankrieg«], GRM N. F. 10
(60) 448 [»Der Tod des Cesare Malatesta«]; P. Härtling: Palmström
grüßt Anna Blume. Essay u. Anthologie der Geister aus Poetia (61)
65 [»Keunergeschichten«]; HEIDSIECK 18 [»Der Arbeitsplatz«]; HEIN-
RICH 49 [»Keunergeschichten«]; Ilberg: NDL 5 (57) 12, 110 [»Keunergeschichten«]; Jäkel: Die Sammlung 13 (58) 495 [»Der verwundete Sokrates«]; KANTOROWICZ Bd 1, 187 [»Keunergeschichten«];
Keisch: NDL 3 (55) 2, 142 [»Kalendergeschichten«]; KESTING I
111 p. [»Keunergeschichten«]; R. J. Kilchenmann: Die Kurzgeschichte. Formen u. Entwicklung (57) p. [allg.], Almanach für Literatur u. Theologie 3 (69) 127 [»Kalendergeschichten«]; [Kunderá:]
BB: Historky o panu Keunerovi (Prag 63) 61 [»Keunergeschichten«];
Linnenborn: DU 10 (58) 6, 100 [»Die unwürdige Greisin«]; [Maria-
nowicz:] BB: Opowiádania z Kalendarza (Warschau 53) 3 [»Kalendergeschichten«]; MAYER II p. [frühe Geschichten]; Mayer: NDL 5
(57) 9, 82 [»Kalendergeschichten«]; Milfull: GR 43 (68) 188 [»Keunergeschichten«]; MINDER 191 [»Die unwürdige Greisin«]; K. MÜL-
LER 183 [»Caesar u. sein Legionär«]; MÜNSTERER 25 [»Keunergeschichten«]; PEIXOTO 195 [»Giacomo Ui«], 237 [»Kalendergeschichten«]; PONGS I 383 [»Die unwürdige Greisin«]; Pongs: DU 9 (57) 1,
5 [»Kalendergeschichten«]; Reich: ThZ 21 (66) 14 Beilage [allg.];
Ruttkowski: Die Unterrichtspraxis 1 (68) 2, 54 [»Kalendergeschichten«]; SCHÄRER 43 [»Keunergeschichten«]; SCHUMACHER I 64,
546 [frühe Geschichten], III 100 [»Keunergeschichten«]; SCHWIMMER
9 [»Keunergeschichten«], 39 [»Der Augsburger Kreidekreis«], 58
[»Das Experiment«], 71 [»Der Mantel des Ketzers«], 78 [»Der
verwundete Sokrates«]; Seeliger: NDL 13 (65) 4, 158 [»Keunergeschichten«]; [Stern:] Konstellationen. Dt. Prosa von 1914–1924. Erzählungen aus dem ›Neuen Merkur‹ (68) 132 [»Bargan läßt es sein«];
Suhrkamp: Akzente 3 (56) 561 [»Keunergeschichten«]; URBANEK II
383 [allg.]; WEIDELI 127 [»Kalendergeschichten«]; Werner: WZUJ
18 (69) 77 [»Der verwundete Sokrates«, »Keunergeschichten«];
WINTZEN 132 [»Keunergeschichten«]; WITZMANN 49 [»Caesar u. sein
Legionär«, »Der verwundete Sokrates«]; Wuckel: DUO 14 (61) 448
[»Der verwundete Sokrates«]; ZIMMERMANN I Bd 3, 72 [Neubearbei-
tung Bd 2, 375] [»Der Augsburger Kreidekreis«]; Zimmermann: DU
10 (58) 6, 86 [»Der Augsburger Kreidekreis«]; Zweig: NDL 3 (55)
2, 61.

»*Flüchtlingsgespräche*«: ‚Fragment'. — *Entstehung:*
Finnland 1940/41 [teilweise wohl auch noch USA 1944]. — *Uraufführung:* Kammerspiele München, 15. 2. 62; Regie E. Piscator, Büh-

nenbild H. Meyer-Brockmann, mit W. Finck u. W. Reichert. — *Handschrift:* Material in BBA. — *Druck:* SF/2 u. Aufbau 14 (1958) 181 [Teildrucke]; Frankfurt: Suhrkamp 1961; PR II; WA XIV. — Verschiedene Fassungen [s. o. *Die Geschichten*]. — *Quellen, Vorbilder, Anregungen:* A. Kivi; D. Diderot »Jacques le fataliste et son maître«; Goethe »Unterhaltungen deutscher Ausgewanderten« [?]; P. G. Wodehouse [für Motto]; vgl. auch Brechts Notiz, er habe „vom Puntila noch den Ton im Ohr". — *Selbstzeugnisse:* PR II bzw. WA XIV [Anmerkungen]. — *Literatur:* Baumgärtner: KINDLER Bd 3, 71; BRANDT 69 p.; C. Cases: Saggi e note di letteratura tedesca (Turin 63) 197; [Cases:] BB: Dialoghi di profughi (Turin 62) 7; ENGBERG p.; ESSLIN I 279; III 31; EWEN 376; GRIMM II 25; [Kunderá:] BB: Hovory na úteka (Prag 64) 77; Motekat: ORBIS 52; PEIXOTO 264; Schumacher: GuZ 3 (61) 89. — *Weitere Literaturangaben:* KOSCH 984.

F i l m a r b e i t e n : Drehbücher, Filmstories, Exposés, Szenarien, Entwürfe; auch Theoretisches; zu erwähnen sind vor allem: »Drei im Turm«; »Der Brillantenfresser«; »Das Mysterium der Jamaika-Bar«; »Robinsonade auf Assuncion« [Erstdruck: Berliner Börsen-Courier 26. 11. 22; verfilmt (stark entstellt) als »Die Insel der Tränen«]; »Happy End«; »Die Beule« [Brechts (abgelehnte) Filmversion der »Dreigroschenoper« (s. o.); Erstdruck: VS III]; »Vi vill flyga« [in schwedischer Sprache]; »Die Judith von Shimoda« [s. o. *Bearbeitungen für die Bühne*]; »Die Judith von Saint Denis«; »Cäsars letzte Tage« u. »Der gallische Krieg oder Die Geschäfte des Herrn J. Cäsar« [s. o. »Die Geschäfte des Herrn Julius Caesar«]; »Rich Man's Friend«; »Die seltsame Krankheit des Herrn Henri Dunant« [urspr. »Henri Dunant, der Gründer des Roten Kreuzes«]; »Die Fliege«; »All Our Yesterdays« [auch »Lady Macbeth of the Yards«]; »The Goddess of Victory«; »Silent Witness«; »Der Mantel«; »Der große Clown Emaël«; »Offenbachs „Hoffmanns Erzählungen" in einer neuen Version« [Erstdruck: Filmwissenschaftliche Mitteilungen (Berlin) 1964, H. 1]; »Eulenspiegel«; »Herr Puntila und sein Knecht Matti« [s. o. das gleichnamige Stück]; »Die Jungfrau von Orleans«; »Die Menschenrechte«; ferner das von W. Gersch u. W. Hecht erstellte Protokoll zu »Kuhle Wampe oder Wem gehört die Welt?« [urspr. auch »Ante portas«; Uraufführung: Moskau, Mitte Mai 1932 bzw. Berlin, 30. 5. 32; Regie S. Dudow, Musik H. Eisler, mit E. Busch in einer der Hauptrollen; Verleih: Praesens Film Berlin] sowie der von F. Lang 1942 gedrehte Film »Hangmen Also Die« [auch »Die Geiseln von Prag«, »Trust the People« u. »Never Surrender!«; Material von Brecht verschollen]. — *Entstehung:* Augsburg 1919 bis Berlin 1955. — *Handschrift:* Material (auch einiges noch unveröffentlichte) in BBA. — *Druck:* TF I-II; Kuhle Wampe. Protokoll des Films u. Materialien [hrsg. von W. Gersch u. W. Hecht] Frankfurt 1969; vgl. auch GD VI, PR I. — Verschiedene Fassungen. — *Quellen, Vorbilder, Anregungen:* Chaplin; Hebbel; Homer; Kleist; Schil-

ler; Shakespeare; J. London; R. Wagner; O. Wilde; J. Offenbach
(E. T. A. Hoffmann); Gogol »Der Mantel«; Strindberg »Totentanz«;
Y. Yamamoto »Chink Okichi«; Arbeiterspieltrupp ›Das Rote Sprach-
rohr‹; Zeitungsberichte; Th. Mann »Joseph u. seine Brüder« [?]. —
Mitarbeiter: C. Neher, W. Klette, A. Bronnen, E. Hauptmann, L.
Lania, S. Dudow, E. Ottwalt, H. Eisler, F. Kortner, H. P. Mat-
thies, F. Reyher, R. Berlau, R. Thoeren, J. Wexley, F. Lang,
E. Bergner, P. Lorre, V. Pozner, S. Viertel, G. Weisenborn, E.
Engel, J. Barckhausen, A. Stenbock-Fermor, E. Burri, W. Staudte. —
Selbstzeugnisse (sowie Filmtheorie u. -kritik im allgemeinen): TH
I-VII; LK I-II; WA XV-XIX; ferner TF I-II [Anmerkungen];
Kuhle Wampe-Bd [s. o.]; ABB 18 (1964) 25; RASCH 267; WEISEN-
BORN 139. — *Materialien:* Kuhle Wampe-Bd [s. o.]. — *Weitere An-
gaben:* Zu den Verfilmungen bzw. Filmdokumenten von »Die Mut-
ter«, »Mutter Courage und ihre Kinder«, »Herr Puntila und sein
Knecht Matti« u. »Die unwürdige Greisin« s. o. die gleichnamigen
Stücke bzw. *Die Geschichten;* zu Brechts Filmvorschlägen für die
DEFA vgl. TF I [Anmerkungen]; außerdem sind die z. T. schon
aus den Titeln ersichtlichen Zusammenhänge mit anderen Werken
Brechts zu beachten; vgl. ferner den Aufsatz von Gersch [s. u.]. —
Literatur: Andrieu: Magazine littéraire [Paris] 2 (68) 18 [allg.];
anon: Der Spiegel 9 (55) 48, 54 [»Mutter Courage«], Neue Zürcher
Ztg 16. 12. 61 [»Hangmen Also Die«], Filmspiegel [Berlin] 15. 1. 60
[»Mutter Courage«], Il nuovo spettatore cinematografico [Turin]
6 (63) 62 [allg.]; Bachmann: Film [Velber bei Hannover] 4 (66) 3,
6 [Filmarbeit in USA]; BENJAMIN II p. [allg.]; DEMANGE p. [allg.];
DESUCHÉ 53 [allg.]; Die Dreigroschenoper 63. Staudte u. Heckroth
u. Raguse. Werkbuch zum Film (63); Dort: CAHIERS 33 [allg.];
Dymschitz: KuL 15 (67) 596, Svezda 43 (66) 11, 192 [allg.]; EISLER
68 [»Pagliacci«], 190 [allg.]; Eisler: Kuhle Wampe [s. o.] 97; Eis-
ner: EUROPE 111, CC 6 (54) 36, 33 [»Dreigroschenoper«]; EKMANN
170 [»Die Beule«]; ESSLIN I 37 [»Dreigroschenoper«]; EWEN 188
[»Dreigroschenoper«], 279 [»Kühle Wampe«], 385 [»Hangmen Also
Die«]; FASSMANN 54 [»Dreigroschenoper«]; Gersch: NDL 17 (69)
12, 105 [allg.]; Gersch/Hecht: Kuhle Wampe [s. o.] 171; Gisselbrecht:
EUROPE 106 p. [allg.]; Gobetti: Il nuovo spettatore cinematografico
[Turin] 6 (63) 27 [»Kuhle Wampe«]; Gregor: Filmkritik 4 (61)
[»Mutter Courage«]; R. Grelier: Joris Ivens (Paris 65) 56, 95, 163 p.
[Mitarbeit an »Das Lied der Ströme«]; Grimm/Schmidt: MH 61 (69)
232 [»Hangmen Also Die«]; HAAS I 50 [»Dreigroschenoper«]; HECHT
42, 153 [allg.]; Hecht [u. a.]: LEBEN UND WERK 50 [»Dreigroschen-
oper«], 71 [»Kuhle Wampe«], 131 [»Hangmen Also Die«]; HENNEN-
BERG I 203 [allg.]; H. Herlinghaus: Slatan Dudow (65) 14 p., Film-
wissenschaftliche Mitteilungen [Berlin] 3 (62) 703, 821 [»Kuhle
Wampe«]; HINCK 155 [allg.]; Hinck: EP. THEATER 316 [allg.]; Jacobi: DU 10 (58) 3, 46 [allg.]; Jahrbuch des Films 1958, hrsg. H.
Baumert [u. a.] (59) p. [allg.]; JHERING II Bd 3, 333 [»Dreigro-

schenoper«]; Jhering: SuF 8 (56) 315 [»Mutter Courage«], 945 [»Dreigroschenoper«]; Jhering [u. a.]: Kuhle Wampe [s. o.] 143; JHERING/FETTING 72 [»Dreigroschenoper«], 77 [»Kuhle Wampe«]; KÄCHELE 23 [»Kuhle Wampe«]; Karasek: Stuttg. Ztg 15. 3. 65 [»Mutter Courage«]; KAUFMANN I 124 [allg.]; Köhne: Archiv für Urheber-, Film- u. Theaterrecht 4 (31) 1 [»Dreigroschenoper«]; KRACAUER 154 [»Dreigroschenoper«]; Kracauer: DREIGROSCHENBUCH 208; Ladiges: Film [Velber bei Hannover] 3 (65) 1, 25 [allg.]; Losey: CAHIERS 21 [allg.], The Encore Reader 195 [Filmarbeit in USA]; Marcorelles: CAHIERS 44 [allg.]; Müller [u. a.]: ABB 28 (65) 24 [»Mutter Courage«]; Netzeband: Il nuovo spettatore cinematografico [Turin] 6 (63) 59 [»Kuhle Wampe«]; NIESSEN 63 [»Dreigroschenoper«]; Ortmann: OB 77 (68) 496 [»Kuhle Wampe«]; Otto: BRECHT BÜHNEN [o. S.] [»Kuhle Wampe«]; PEIXOTO 87, 198 [allg.], 125 [»Kuhle Wampe«], 183 [»Mutter Courage«]; RASCH 267 [»Hangmen Also Die«]; Reich: ThZ 21 (66) 14 Beilage [»Kuhle Wampe«]; ROTERMUND 157 [»Die Beule«]; Rülicke-Weiler: SuF 10 (58) 641 [allg.]; S. Sontag: Kunst u. Antikunst. 24 literarische Analysen (68) 196 [allg.]; STERNBERG 21 [»Dreigroschenoper«]; Suhrkamp: DREI-GROSCHENBUCH 216; WEISENBORN 139 [»Eulenspiegel«]; Weisenborn: ABB 18 (64) 24, Die Zeit 27. 12. 63 [»Eulenspiegel«]; Winge: Sight and Sound 26 (56/7) 3, 144 [allg.]; WIRTH II 83 [allg.]; Wischnewski: Il nuovo spettatore cinematografico [Turin] 6 (63) 55 [allg.].

Einzelprobleme in Brechts Werk: Selbstzeugnisse: vgl. jeweils PR II, V, WA XII [»Keunergeschichten« bzw. »Me-ti«] sowie die Register in TH VII, LK II, PG II u. WA XX; ferner zu *Bildende Kunst* »Bertolt Brecht — Caspar Neher« [Ausstellungskatalog] (63) 5, »Bilder u. Graphiken zu Werken von Bertolt Brecht« [Ausstellungskatalog] (64) 69, »John Heartfield u. die Kunst der Fotomontage«, hrsg. von der Dt. Akademie der Künste (57) 5; zu *Christentum* ›Die Dame‹ [Berlin] 56 (1928) H. 1, 16; zu *Gestus* EISLER 26, WEKWERTH II 57; zu *Image* (Amerikabild) TF II [Anmerkungen], (Deutschlandbild) PFÄFFLIN 48; zu *Klassik* ENGBERG Bd 1, 73, »Bertolt Brecht — Caspar Neher« [s. o.] 5, »Spectaculum 3. Sieben moderne Theaterstücke« (60) 338, WITZMANN 76; zu *Liebe* WEISENBORN 141; zu *Musik* EISLER 29, 170, 177, 212, »Frankfurt u. sein Theater«, hrsg. H. Heym (63) 158; zu *Politik* PFÄFFLIN 48.

Allegorie: Literatur: GAEDE 65 p.

Ästhetik (Grundfragen): Selbstzeugnisse: s. o. *Einzelprobleme;* vgl. auch FRISCH III 8; Rülicke: WB/S 5. — *Literatur:* ABEL 105, 111; Adamov/Planchon/Allio: ERINNERUNGEN 341; Althusser: Esprit 30 (62) 946; ANDERS 40 p.; Auer: NDL 5 (57) 8, 132; Baierl: SuF 18 (66) 736; BARTHES 51, 87, 259; Baum: NDL 13 (65) 3, 78; R. Baumgart: Aussichten des Romans oder Hat Literatur Zukunft? Frankfurter Vorlesungen (68) p.; A. Beiß: Das Drama als soziologisches Phänomen. Ein Versuch (54) p.; BENJAMIN II 22, 95; Bense: DT. LITERATUR Bd 1, 370; BENTLEY I 213; BERGSTEDT; Bergstedt: WZUH

10 (61) 1013, WB 11 (65) 318; BLOCH II 277; W. C. Booth: The Rhetoric of Fiction (Chicago 61) 122; Borev: SOC. REALIZM 341; G. A. Bornheim: O Sentido e a Máscara (São Paulo ²69) 27, 111; Braun: Hochland 52 (60) 389; Büdel: EP. THEATER 413, COLLECTION 59, PMLA 76 (61) 277, Atti del congresso internazionale di studi pirandelliani. Venezia 2—5 ottobre 1961 (Florenz 67) 303; Buenaventura: Partisans [Paris] 79; Busacca: MEDIEVAL EPIC 185; Capon: British Journal of Aesthetics 5 (65) 261; CARLSSON 306, 350 p.; CHIARINI I [Taschenbuchausgabe] 265, II 1, III 152; Chiarini: SF/2 188, Biennale di Venezia 12 (62) 46/7, 34, SG 4 (66) 60; CRUMBACH p.; Crumbach: EP. THEATER 348; DAHLKE p.; Dietrich: EP. THEATER 94, MuK 2 (56) 97, 301; Dickson: MD 11 (68) 111; Dort: THEATRE 27; Duhamel: RLV 34 (68) 373; DUWE II 137; Dymšič: Svezda 43 (66) 11, 192, KuL 15 (67) 596; U. Eco: Opera aperta. Forma e indeterminazione nelle poetiche contemporanee (Mailand 62) 356 p.; EISLER p.; W. Emrich: Protest u. Verheißung. Studien zur klassischen u. modernen Dichtung (²63) 130; ESSLIN III 11, 35 p.; EWEN 213; [Fabian:] Die nicht mehr schönen Künste. Grenzphänomene des Ästhetischen, hrsg. H. R. Jauß (68) 67; E. FISCHER 12 p.; E. Fischer: Auf den Spuren der Wirklichkeit. Sechs Essays (68) p., SuF 10 (58) 66; [Frisch]: Dt. Dramaturgie vom Naturalismus bis zur Gegenwart, hrsg. B. v. Wiese (70) 139; K. v. Fritz: Antike u. moderne Tragödie. Neun Abhandlungen (62) X, XXI p.; Glodny-Wiercinski: DVjs. 42 (68) 662; Gorelik: TDR 4 (59) 1, 90; GRIMM III 23, 66, 198, 226; Grimm: D. Diderot: Paradox über den Schauspieler (64) 71, DT. DICHTER 528, EP. THEATER 13, ZfdPh. 84 (65) Sonderheft 90, Universitas 18 (63) 1077, [u. a.] ABB 3 (61) 2; Hacks: ThZ 12 (57) 3 Beilage; HECHT 33, 83, 131 p.; H. Helmers: Sprache u. Humor des Kindes (65) 144, Oldenburger Hochschulbrief 13 (65) 1, DU 20 (68) 4, 86; Henel: EP. THEATER 382, NR 74 (63) 235; HENNENBERG I 7; Herburger [u. a.] UMBRUCH 20; Heselhaus: IMMANENTE ÄSTHETIK 307, 518; HINCK I p.; Hinck: EP. THEATER 316; HIND 126; Höhle: WZUH 15 (66) 477; HÜFNER 52; Jaensch: POLEMOS [Basel] 5 (66) 11; JARVIS; Jarvis: MLQ 25 (64) 308; JENDREIEK 11, 43; W. Jens: Die Götter sind sterblich (59) 135; Kähler: WB/S 135; Kanyó: Tiszatáj 20 (66) 669; Karl: ThZ 17 (62) 4 Beilage; KAUFMANN I 67, 150; KESTING II p., III 62; Kesting: EP. THEATER 299; L. Kitchin: Drama in the Sixties. Form and Interpretation (London 66) 77; KLOTZ II p.; Klotz: EP. THEATER 378; KOFLER 63, 207; L. Konder: Os Marxistas e a Arte. Breve estudo histórico-crítico de algumas tendências da estética marxista (Rio de Janeiro 67) 131; Königshof: EP. THEATER 279, SuF 7 (55) 578; Konstantinović: Živi jesici 3 (61) 3/4; [Kreuzer:] Literarische u. naturwissenschaftliche Intelligenz. Dialog über die zwei Kulturen, hrsg. H. Kreuzer u. W. Klein (69) 128, Sprache im technischen Zeitalter 24 (67) 305; LUKÁCS 7, 207; G. Lukács: Die Eigenart des Ästhetischen (63) 1. Halbbd 679, Schriften zur Literatursoziologie (61) 146; LUPI 45; Lupi: Rivista di estetica 8 (63) 321;

[Magaldi:] Aspectos da Dramaturgia Moderna (São Paulo 63); Mandelkow: Euph. 61 (67) 104; E. Marconi: L'intelligenza drammaturgica contemporanea (o. O. 67) 102; B. Markwardt: Geschichte der dt. Poetik, 5 Bde (37) p.; MAURINA 7; MAYER II 7; Mayer: BLUME 61; Melchiorre: Rivista di estetica 9 (64) 248; Mennemeier: DT. DRAMA Bd 2, 383; W. MITTENZWEI II 5, 13, 59, 220, 323 p.; Mittenzwei: KRITIK 786, BRECHT-DIALOG 26, SuF 19 (67) 235; Monecke: ORBIS 32; Morel: Yale French Studies 39 (68) 160; G. Müller: OL 24 (69) 182; J. Müller: EP. THEATER 154, WZUJ 8 (58/9) 365; K. MÜLLER 1; R. Münz: Vom Wesen des Dramas (63) p.; Neher: HARTMANN 77; L. Pesch: Die romantische Rebellion in der modernen Literatur u. Kunst (62) 144 p.; M. v. Poser: Der abschweifende Erzähler. Rhetorische Tradition u. dt. Roman im 18. Jh. (69) 92; Pracht: WB 15 (69) 46; H. Prang: Formgeschichte der Dichtkunst (68) p.; Puzyna: Dialog [Warschau] 2 (57) 2, 87; RAFFA 88, 115, 159; Rilla: KRITIK 167; RISCHBIETER Bd 1, 25; Rischbieter: BRECHT BÜHNEN [o. S.]; ROSENFELD 145 p.; Rosenfeld: O Estado de São Paulo. Suplemento literário 3 (68) 2, 1; RÜLICKE 5, 29, 69; Ryan: ASPECTS 82, 96; Schiemann: ThZ 10 (55) 9, 16; SCHRIMPF 7, 26 p.; [Schrimpf:] Collegium philosophicum. J. Ritter zum 60. Geb. (Basel 65) 351; [Schumacher:] Literatur im Zeitalter der Wissenschaft, hrsg. v. I. Kretzschmar (60) 9, ERINNERUNGEN 326, STUDIEN/2 3, BRECHT-DIALOG 175, Soz. HUMANISMUS 42; SCHWITZKE 430; Sokel: ASPEKTE 59, 168; Simon: Esprit 1 (58) 1; STERNBERG p.; Stock: WZUH 17 (68) 5, 125; Subiotto: FMLS 2 (66) 123; Surkow: KuL 13 (65) 1133, 1290; D. Suvin: Dva vida dramaturgije (Zagreb 64) p., BB: Dijalektika u teatru (Belgrad 66) 9, TDR/2 56; SZONDI p.; Szondi: EP. THEATER 290; TAËNI 13 p.; Tarot: TYPOLOGIA 351; Tenschert [u. a.]: BRECHT-DIALOG 77; Tindemans: Streven [Amsterdam] 16 (62) 156; TOUCHARD 165 p.; VAJDA II 277, 327; Villiers: Revue d'esthétique 13 (60) 42; Völker: RLV 31 (65) 218, Kursbuch 7 (66) 80; G. della Volpe: Crisi dell'estetica romantica (Rom ²63) 111; [Voss:] J. J. Engel: Über Handlung, Gespräch u. Erzählung, hrsg. E. T. Voss (64) 2, 144, 148 p.; H. Weinrich: Tempus. Besprochene u. erzählte Welt (64) 58; WEKWERTH I 25, 152, II 15; Wekwerth: ERINNERUNGEN 213, BRECHT-DIALOG 42, 207, GOEDHART 25, SF/2 260, Die Zeit 8. 7. 69; K. H. Willschrei: Das Verhältnis der poetischen Gattungen zur Bühne (Diss. München 67); Wirth: EP. THEATER 197, SF/2 346, Akzente 4 (57) 237; WITZMANN 116; ŽMEGAČ 9; [Žmegač:] Dt. Romantheorien. Beiträge zu einer historischen Poetik des Romans in Deutschland (68) 297, SuF 17 (65) 517, Živi jesici 5 (63) 37; Zoltai: A Magyar Tudományos Akadémia Nyelv-és Irodalomtudományi Osztályának Közleményei 25 (68) 60. — *Weitere Literaturangaben:* s. o. *Theatertheorie, Brechts Weltanschauung, Lehrhaftes, Realismus,* s. u. *Beziehungen und Vergleiche.*

B a l l a d e (auch Bänkelsang, Moritat): *Selbstzeugnisse:* s. o. *Einzelprobleme.* — *Literatur:* anon: Wochenpost [Berlin] 4. 1. 48;

Bentley: THEATER TODAY 91; BRÄUTIGAM II 8; FEUCHTWANGER I Bd 1, 291 [Kaspar Pröckl = BB], II 556; Feuchtwanger: LITERATURKRITIK 516; Grimm: WISSENSCHAFT 378; Hecht: LEBEN UND WERK 9; HINCK II 119; KAUFMANN II p.; McLEAN; MÜNSTERER p.; MUSCHG 342; Picard: WEGE Bd 2, 534; [Piontek:] Neue dt. Erzählgedichte, ges. v. H. Piontek (64) 8, WWo 20 (65) 11; PONGS I 337, 452, II 153 p.; [Pratz, Hrsg.:] Moderne Balladen (67) 9, PP 22 (68) 354; Reich: ThZ 21 (66) 14 Beilage; RIHA 91; Riha: WEGE Bd 2, 550; ROTERMUND 142; W. V. Ruttkowski: Das literarische Chanson in Deutschland (66) 21, 150 p.; SCHER; SCHUHMANN 110, 259; SCHWITZKE 120; [Stein Hrsg.:] Unser Balladenbuch. Dt. Balladen aus zwei Jh. (59) 212; Weisbach: WB 13 (67) 762; F. Wölfel: WEGE Bd 2, 537; [K. Wölfel:] Essays in German Language, Culture and Society, ed. S. S. Prawer [u. a.] (London 67) 231, BB: Selected Poems (London 65) 16; ZUCKMAYER 375. — *Weitere Literaturangaben:* s. o. *Die Gedichte.*

B e h a v i o r i s m u s : Selbstzeugnisse: s. o. *Einzelprobleme. — Literatur:* EKMANN 45; HECHT p.; HULTBERG p.; W. MITTENZWEI II 323; ROSENBAUER; Rosenbauer: Frankf. Rundschau 16. 11. 68; J. Rühle I 226; Schöne: Euph. 52 (58) 272; SCHUHMANN p.; SCHUMACHER I p.; VAJDA II p. — *Weitere Literaturangaben:* s. o. *Theatertheorie* u. *Brechts Weltanschauung.*

B i l d e n d e K u n s t : Selbstzeugnisse: s. o. *Einzelprobleme. — Literatur:* [anon:] Bilder u. Graphiken zu Werken von BB [Ausstellungskatalog] (64) 79; BENTLEY II 147; Chiarini: Il Contemporaneo 5 (62) 50/1, 25; GAEDE 138; Gorella: Bildende Kunst (65) 573; Grimm: WISSENSCHAFT 351, 518; HENNENBERG I 135 p.; Hoffmann: Merkur 22 (68) 289; Holtz: Kunsterziehung [Berlin] 15 (68) 2, 4; Hütt: WZUH 7 (57/8) 821; Kilger [u. a.]: BRECHT-DIALOG 131; Lang: Marginalien [Berlin/Weimar] 25 (67) 4, 13; [Mucchi:] H. Sandberg: Mein Brecht-Skizzenbuch (67) [o. S.]; MÜNSTERER 45 p.; [Panitz:] Festtage unserer Republik im Zeichenunterricht (59) 22; Plat: BRECHT DAMALS 61; Pracht: WB 15 (69) 46; K. Rödel: Brecht-Exlibris [in Vorber.]; RÜLICKE 209; Schevill: TDR/1 98; SCHUMACHER III 27; Seeliger: NDL 13 (65) 4, 158; Strittmatter: THEATER DDR [o. S.]; Wagner-Régeny: SuF 20 (68) 1369.

C h r i s t e n t u m (auch Bibel, Kirche): *Selbstzeugnisse:* VS XII; ST VIII; TH IV; LK II; WA XVII, XIX; ferner s. o. *Einzelprobleme. — Literatur:* Adler: NDH 13 (66) 118; D. Alvarez: Teatroforum. Lectura del teatro moderno (Madrid 66) 203 p.; ANDERS 26 p.; anon: Neue Zürcher Ztg 29. 3. 59; Bab: Die literarische Welt 19. 2. 32; Bachmann: Wort in der Zeit 5 (59) 9, 52; Bänziger: Reformatio 11 (62) 496; Baxandall: TDR 4 (60) 4, 113; K. M. Baxter: Contemporary Theatre and the Christian Faith (New York u. Nashville 65) p.; BECKMANN p.; Beckmann: Zeitwende. Die neue Furche 27

(56) 855; BENJAMIN II 128; ‚bertolt brecht seminare' [Evang. Akademie in Hessen u. Nassau] (59); Bloch II 392; BRANDT 13; Brandt: PMLA 79 (64) 171; BRÄUTIGAM I 58; Brunetti: Belfagor 19 (64) 103; BRUSTEIN I 247 p.; CHRIST 137; Cook: Catholic World 196 (63) 250; [Debus:] Almanach für Literatur u. Theologie 2 (68) 169; Dt. Evang. Kirchentag Dortmund 1963. Dokumente, hrsg. im Auftrag des Präsidiums des Dt. evang. Kirchentags (63) 588, 605 p.; Dirks: FH 8 (53) 65; Dukore: DS 4 (65) 51; R. A. Duprey: Just off the Aisle. The Ramblings of a Catholic Critic (Westminster, Md. 62) p.; Eisner: EUROPE 111; EKMANN 74 p.; Fahlbusch: Monatsschrift für Pastoraltheologie 48 (59) 39; H. Flügel: Herausforderung durch das Wort (62) 70; Fradkin: KuL 13 (65) 156; FRANZEN II 91; GAEDE 97; GINSBERG 144; Gisselbrecht: EUROPE 94, Aufbau 13 (57) 571; Goodman: MEDIEVAL EPIC 219; Goodrum: McNeese Review 18 (67) 39; GRAY 79 p.; Grimm: ASPEKTE 133, BRAUNECK 150, DT. DICHTER 528, Radius [Stuttgart] 2 (63) 35, TDR/2 22, WISSENSCHAFT 362; Hafen: DU 13 (61) 4, 71; F. Hahn: Bibel u. moderne Literatur. Große Lebensfragen in Textvergleichen (66) p.; Hampe: Radius 1 (57) 29, Bücherei u. Bildung 11 (59) 521; Hecht: LEBEN UND WERK 23; HESELHAUS 325; HERTZSCH; Hertzsch: Zeichen der Zeit [Berlin] 13 (59) 333; Högel: Augsbg. Allg. Ztg 16. 4. 60, Blätter der Gesellsch. für christl. Kultur 3 (60) 3/4, 18; [Holthusen:] Moderne Literatur u. christlicher Glaube, hrsg. F. Henrich (68) 89; Immoos: Hochland 61 (69) 84; [E. Jacobi, Hrsg.:] Gerechtigkeit. Erzählungen (61) 58; JENDREIEK 107, 130, 164, 214, 240, 272, 331, 345; K. G. Just: Übergänge. Probleme u. Gestalten der Literatur (66) 42; KAUFMANN II 512 p.; Klicker: Kommunität. Vierteljahrshefte der Evang. Akademie Berlin 5 (61) 18, 57; KOHLHASE 65, 186; Lau: Luther-Jb. 29 (62) 92; Ley: GR 40 (65) 205; Longree: South Central Bulletin 26 (66) 4, 51; Lyon: EG 23 (68) 275, MLN 84 (69) 802; Marcuse: St. Galler Tagbl. 5. 4. 64; MAYER II 48; Mayer: SuF 10 (58) 276; Meinert: AG 2 (68) 35; Merchant: SCOTT 58; Michelsen: Eckart 26 (57) 48, 188; Mikeleitis: Die Christengemeinschaft 33 (61) 91; Mit Konflikten leben. Erlebter Kirchentag Dortmund 1963, hrsg. v. C. Wolf u. G. Schnath (63) 263; C. Moeller: Der Mensch vor dem Heil. Eine Untersuchung moderner Literatur (Salzburg 67) 29; [Müller-Schwefe:] Evang. Enzyklopädie Bd 14 (66) 137; MÜNSTERER 63, 133; Ohly: Junge Kirche 21 (60) 585 u. 22 (61) 75, 147; POHL 55; QUASIMODO 236; RINSER 97; RISCHBIETER Bd 2, 39; Rischbieter: Anstöße [Hofgeismar] 4/5 (67) 137; ROTERMUND 139; Schamp: ABB 11 (63) 4; [Schmidt:] Almanach auf das Jahr des Herrn 1960, hrsg. F. Wittig (60) 65, Die Stimme der Gemeinde 15 (63) 451; Schöne: Euph. 52 (58) 291; SCHUHMANN 64, 114 p.; SCHUMACHER I p., III p.; Seiser: Die Christengemeinschaft [Stuttgart] 29 (57) 3, 93; H. Sierig: Narren u. Totentänzer. Eine theologische Interpretation moderner Dramatik (68) 191, 233, 264; STEINER 344; Tank: Sonntagsbl. [Hamburg] (56) 35; Thieme: Hochland 29 (32) 397, Schweizer Rundschau

46 (46/7) 61; Tumler: NDH 44 (58) 1060; Werner: Die Stimme der
Gemeinde 6 (54) 424; Wood: STUDIES 136; Woods: GQ 42 (69) 44;
ZIMMERMANN II 39; Zimmermann: DU 10 (58) 6, 86. — *Weitere
Literaturangaben:* s. o. *Brechts Weltanschauung, Das Badener Lehr-
stück vom Einverständnis, Die heilige Johanna der Schlachthöfe, Der
gute Mensch von Sezuan, Leben des Galilei* [u. a.].

E l e g i e : Literatur: WITZMANN 22. – *Weitere Literaturangaben:*
s. o. *Die Gedichte.*

E p i g r a m m : Selbstzeugnisse: BB: Über Lyrik (64) 89. — Lite-
ratur: Grimm: WISSENSCHAFT 351, 518; JENNINGS; WITZMANN 22. —
Weitere Literaturangaben: s. o. *Die Gedichte.*

E p i s t e l : Literatur: MAYER III 97, IV 32; WITZMANN 22. —
Weitere Literaturangaben: s. o. *Die Gedichte.*

E t h i k (auch Moral): *Selbstzeugnisse:* s. o. *Einzelprobleme.* —
Literatur: ABEL 86, 103; ANDERS 26; Bach: Books Abroad 37 (63)
378; Bänziger: Reformatio 11 (62) 496; BARTHES 88; [Baxandall:]
BB: The Mother (New York 65) 9; BECKMANN p.; Beckmann: MuK
8 (62) 43; BRÄUTIGAM 73 p.; CHRIST 162; DAHLKE 102; H. Daiber:
Theater. Eine Bilanz (65) p.; Dukore: ETJ 15 (63) 105; DÜRRENMATT
p.; EKMANN 9, 288 p.; Ekmann: ORBIS 3; EMMEL 36; ERCK; B.
Gascoigne: Twentieth-Century Drama (London 62) 121; Grimm: DT.
DICHTER 528; GROSSVOGEL 35; P. Härtling: Palmström grüßt Anna
Blume (61) 65; HERTZSCH; Hinck: DT. LITERATUR Bd 2, 378; Jac-
quot: JACQUOT II 514; JENDREIEK 31, 143, 222, 258; KANTOROWICZ
Bd 1, 145, Bd 2, 504; [Karsch u. a.:] THEATER IM GESPRÄCH 79;
KOHLHASE 11, 129; Kolařik: Divadlo 17 (66) 4; LEY; Löfdahl: ORBIS
19, ORD 61; Losey: CAHIERS 21; LUKÁCS 8; G. Lukács: Schriften
zur Literatursoziologie (61) p.; LUPI 45; LYONS 68, 89, 117, 143;
Merchant: SCOTT 61; K. MÜLLER 55, 175; V. Passeri Pignoni: Teatro
contemporaneo (Florenz 67) 57; RAFFA 190; RASCH p.; RISCHBIETER
Bd 1, 99 p.; RÜLICKE p.; Schottlaender: WB 10 (64) 860, WZUB 13
(64) 337; SCHUHMANN 97; SCHUMACHER I p., III 135, 356 p.;
SCHWIMMER 7; SZCZESNY 67, 91; ZIMMERMANN II 45; ZIVANOVIC. —
Weitere Literaturangaben: s. o. *Brechts Weltanschauung.*

E x i l : Selbstzeugnisse: LK I, II; PG II; WA XVIII—XX. —
Literatur: ABUSCH 204; BENJAMIN II p.; Brenner: HANDBUCH 677;
Bunge: LEBEN UND WERK 79, ORD 6, NDL 10 (62) 3, 36, Main-
stream 16 (63) 4, 15; Burton: Daily Worker [New York] 11. 4. 39;
EISLER 192 p.; ENGBERG Bd 1, 7, Bd 2, 5; EWEN 291; FRISCH II 40;
Exil-Literatur 1933—1945, hrsg. K. Köster (65); Herzfelde: MALIK 48
p.; K. Jarmatz: Literatur im Exil (66) p.; JENS II 22; KÄCHELE 29;
A. Kantorowicz: Im 2. Drittel unseres Jhs (67) p., Moderna Språk
62 (68) 259; G. Mann: NR 79 (68) 38; Th. Mann: Briefe 1889 bis
1936 (61) 411; Matthis: ORD 15; MAYER III 107; [Mayer:] Ver-

bannung. Aufzeichnungen dt. Schriftsteller im Exil (64) 288; W. MITTENZWEI I p.; Nag: Friheten [Oslo] 15. 7. 64; Oehme: NDL 11 (63) 6, 180; Osterle: GQ 41 (68) 1; PFÄFFLIN p.; Reich: ThZ 21 (66) 14 Beilage; RIESS 269, 323; SCHUHMANN 285; SCHUMACHER III 15; Schwarz: WW 19 (69) 267; SCHWIMMER 71; STERNBERG 55 p.; W. Sternfeld u. E. Tiedemann: Dt. Exil-Literatur 1933—1945. Eine Bio-Bibliographie (62) 40; SUGAYA; Sugaya: Forschungsberichte zur Germanistik 6 (64) 38; Vordtriede: Akzente 15 (68) 556; M. Wegner: Exil u. Literatur. Dt. Schriftsteller im Ausland 1933—1945 (67) 175 p. — *Weitere Literaturangaben: s. o. Biographisches, S. 55.*

E x p e r i m e n t : Selbstzeugnisse: s. o. Einzelprobleme; vgl. auch die Erzählung *»Das Experiment«.* — *Literatur:* ANDERS 13; Bloch: Forum 14 (67) 647; CHIARINI III 166; EISLER p.; EMMEL 39; HECHT 117; KÄCHELE 26; KOHLHASE 34; MAYER IV 17; R. Pascal: Die Autobiographie (65) 70; SCHÄRER 26; [Schwerte:] Literatur u. Geistesgeschichte. Festgabe für H. O. Burger (68) 387; SCHWIMMER 58; STRELKA 62. — *Weitere Literaturangaben: s. o. Theatertheorie u. Theaterpraxis.*

F r i e d e : Selbstzeugnisse: s. o. Einzelprobleme. — Literatur: [Lenz:] Der Friede. Idee u. Verwirklichung. Festgabe für A. Leschnitzer (61) 281; [Mittenzwei:] Sozialismus u. Frieden (61) 199, ThZ 16 (61) 12 Beilage. — *Weitere Literaturangaben: s. o. Brechts Weltanschauung, s. u. Politik.*

G e r i c h t (auch Gerichtsszene): *Selbstzeugnisse:* PG I, II. — *Literatur:* ABEL 94 p.; ANDERS 24; [Bentley:] BB: Mother Courage and Her Children (New York 66) 9; BLAU 95; BRÄUTIGAM 42; CHRIST 160; Cohn: CD 1 (67) 28; DESUCHÉ 29; EISLER 254; EMMEL 36; GEISSLER 39; GRIMM I 67; GROSSVOGEL 17; HINTZE 223; JENDREIEK 237, 330; JENS I 81 p.; KLOTZ I 15; KOHLHASE 173; LÜTHY 164; Merchant: SCOTT 72; SCHÄRER 77; SCHUMACHER III 80; SCHWIMMER 81; WEKWERTH II 144; [Witte:] Vergleichen u. Verändern. Festschrift für H. Motekat (70) 259. — *Weitere Literaturangaben: s. o. »Mann ist Mann«, »Die Maßnahme«, »Die Ausnahme und die Regel«, »Die Rundköpfe und die Spitzköpfe«, »Das Verhör des Lukullus«, »Der gute Mensch von Sezuan«, »Der aufhaltsame Aufstieg des Arturo Ui«, »Die Gesichte der Simone Machard«, »Der kaukasische Kreidekreis«, »Der Prozeß der Jeanne d'Arc zu Rouen«, »Dreigroschenroman«* [u. a.], s. u. *Struktur.*

G e s c h i c h t e : Selbstzeugnisse: s. o. Einzelprobleme. — Literatur: [Bentley:] BB: Galileo (New York 66) 9; DAHLKE 5, 62, 94, 208 p.; DORT I 123; EWEN p.; Goodman: MEDIEVAL EPIC 219; Grimm: DT. DICHTER 528; GROSSVOGEL XIII; HÜFNER 132; JENDREIEK 62, 158, 281; KAUFMANN I 43, 67, 170; MAYER II 7; Merchant: SCOTT 64; K. MÜLLER 1; R. R. Read: The Politization of Modern German Historical Drama (Diss. Berkeley 68); RÜLICKE 31 p.; SCHRIMPF 18; SCHUHMANN 97; SCHUMACHER III 60, 82, 161, 189, 363; Schumacher: BRECHT DAMALS 90, SuF 11 (59) 579 u. 12 (60) 510; SHAW 120; SZCZESNY 5; WIRTH II 102; WITZMANN 42 p.; ZIMMERMANN II 33. — *Weitere Literaturangaben:* s. o. *Brechts Weltanschauung.*

G e s t u s (auch Gestisches): *Selbstzeugnisse:* s. o. *Einzelprobleme.* — *Literatur:* ANDERS 16 p.; BARTHES 53; BENJAMIN II 9, 31 p.; [Benjamin:] Dt. Dramaturgie vom Naturalismus bis zur Gegenwart, hrsg. B. v. Wiese (70) 162, EP. THEATER 88; DEMANGE 134 p.; DESUCHE 47, 82; EISLER 26; ESSLIN III 23; Grimm: DT. DICHTER 528; HECHT 15, 141; Hecht: EP. THEATER 50, TDR/1 40; HENNENBERG I 261; Heselhaus: IMMANENTE ÄSTHETIK 307; [Hiller:] Myth and Symbol, ed. B. Slote (Lincoln/Nebr. 62) 89; JENDREIEK 62, 248, 319; KOFLER 217; Kunderá: STUDIEN/2 15; W. MITTENZWEI II 51; MÜNSTERER 45; POHL 21, 55; RISCHBIETER Bd 2, 30; SCHÄRER 13; [Tracy:] Essays on German Literature in Honour of G. J. Hallamore (Toronto 68) 218; Weill: TDR/1 28; WEKWERTH II 79 p. — *Weitere Literaturangaben:* s. o. *Theatertheorie* u. *Theaterpraxis.*

G r o t e s k e: Selbstzeugnisse: TH IV; WA IV. — *Literatur:* Bird: FMLS 4 (68) 248; Dietrich: THEATER IM GESPRÄCH 285; DÜRRENMATT p.; EKMANN p.; W. Emrich: Polemik. Streitschriften, Pressefehden u. kritische Essays um Prinzipien, Methoden u. Maßstäbe der Literaturkritik (68) 158 p., ASPEKTE 24; GRIMM III 226; Grimm: RLC 35 (61) 207, Universitas 18 (63) 1077; HEIDSIECK 47 p.; HESELHAUS 321; Heselhaus: IMMANENTE ÄSTHETIK 307; HINCK I 104; Hinck: GESTALTUNGSGESCHICHTE 583; KESTING III 62; [Kesting:] Das dt. Lustspiel. Zweiter Teil, hrsg. H. Steffen (69) 180; J. Mann: O groteske v literature (Moskau 66) p.; SCHUMACHER III p.; TAËNI 17; VAJDA II p.; [Völker:] Sinn oder Unsinn? Das Groteske im modernen Drama, hrsg. R. Grimm [u. a.] (62) 30 p., Smysl nebo nesmysl. Groteskno v moderním dramatu (Prag 66) 27 p., Akzente 7 (60) 321; Weisbach: WB 13 (67) 762. — *Weitere Literaturangaben:* s. u. *Komik, Parodie, Satire.*

H e l d (auch Heldentum): *Selbstzeugnisse:* s. o. *Einzelprobleme.* — *Literatur:* BENTLEY IV XLI p.; [Bentley:] BB: Edward II. A Chronicle Play (New York 66) XXI; Busacca: MEDIEVAL EPIC 185; EKMANN 221; ENGBERG Bd 2, 17; ESSLIN III 22; EWEN 123, 401 p.; GUERRERO 163; Hinck: DT. LITERATUR Bd 1, 362; Holthusen: BRAUNECK 141; HÜFNER 92; Huntford: Industria International [Stockholm] (63) 152; JENDREIEK 163, 248; Kurz: Stimmen der Zeit 184 (69) 94, 34; LYONS 110; Lyons: GR 41 (66) 57; MACRIS; Mandel: MEDIEVAL EPIC 233; MAYER IV 59; W. MITTENZWEI II 205, 214; Niekisch: SF/1 170; Pfrimmer: JACQUOT II 459; V. Passeri Pignoni: Teatro contemporaneo (Florenz 67) 57; Rottland: Recueil commémoratif du X⁰ anniversaire de la Faculté de Philosophie et Lettres (Löwen u Paris 68) 221; SCHUMACHER III 352; SZCZESNY 92; Taëni: ACTES I

242; Touchard 175; Visschel: RLV 32 (66) 384; Werner: WZUJ 18 (69) 77; Zeuner: Neue Zeit 13; Zimmermann II 28; Zimmermann: DU 10 (58) 6, 86. – *Weitere Literaturangaben:* Adelman/Dworkin 61; ferner s. u. *Tragik.*

H u m a n i t ä t : *Literatur:* Mayer IV 84; Zivanovic.

I m a g e : *Selbstzeugnisse:* s. o. *Einzelprobleme. — Literatur: a) Amerikabild:* Bentley IV p.; Brandt 27 p.; Brandt: Universitas 21 (66) 719; Eisler 19; Ewen 113, 382; Fetscher: Salmagundi 10/11 (69/70) 246; Ruland: American Quarterly 5 (63) 371; Schevill: TDR/ 1 98; Schuhmann 223; *b) Deutschlandbild:* Bunge: Leben und Werk 134, 149; Kantorowicz Bd 2, 18; Kaufmann I 18; Thomas Mann 339; K. Müller 70, 89; Schuhmann 291; *c) Rußlandbild:* Arendt: Merkur 23 (69) 527, 625, 1083; Benjamin II 128, III Bd 2, 771; Bentley: TDR 10 (66) 4, 64; Esslin: Encounter 27 (66) 2, 58; Fetscher: Merkur 23 (69) 888; E. Fischer: Erinnerungen u. Reflexionen (69) 389; Hook: Merkur 23 (69) 1082; Kantorowicz Bd 1, 41; Klein: WB 13 (67) 1020; Pfützner: KuL 15 (67) 1320; Rasch 264; Rülicke-Weiler: NDL 16 (68) 2, 7; Schuhmann: SuF 19 (67) 1169; Schumacher III 109, 410, 415; Sternberg 23, 40, 49. — *Weitere Literaturangaben:* s. o. *Brechts Weltanschauung,* s. u. *Politik.*

K l a s s i k (auch Klassiker, Klassisches): *Selbstzeugnisse:* s. o. *Einzelprobleme;* vgl. auch BB: Über Klassiker (65). — *Literatur:* Abusch: Brecht-Dialog 16; Anders 49; anon: ABB 35 (66) 1; Aufricht 65; Benjamin II 128, III Bd 2, 658; Borev: Soc. Realizm 341; E. Braemer/U. Wertheim: Studien zur dt. Klassik (60) 185; Bräutigam I 80; E. Brock-Sulzer: Theater. Kritik aus Liebe (54) 113; Buckwitz: Brecht Bühnen [o. S.]; Carlsson p.; Demange 64 p.; Dürren-matt 201; Ebert 149; Eisler 83, 216 p.; Engberg Bd 1, 73, Bd 2, 83; Esslin III 11, 44 p.; Esslin: Encounter 31 (68) 3, 63; Fradkin: KuL 13 (65) 156; Frisch II 72, III p.; Goodman: Medie-val Epic 219; Grimm III 252; Hamm: Forum 15 (68) 110; Handke [u. a.]: ThH 9 (68) 3, 28; Hartung: SuF 18 (66) 743; Hebel: DU 17 (65) 3, 58; Hecht p.; Jendreiek 67, 103, 127; Kaiser 177; Kauf-mann I 199; W. Killy: Wandlungen des lyrischen Bildes (⁵67) 136; Kofler 225 p.; Kohlhase 42; Kortner 484; Lupi 7, 45; Mayer IV 13, 95, V 275; Minder 207; Mittenzwei: Brecht-Dialog 26; G. Müller: Moderna Språk 61 (67) 274, OL 24 (69) 182; K. Müller 48; Ognjanov: WB 9 (63) 141; T. Otto: Meine Szene. Mit Vorwort von F. Dürrenmatt (65) 37; Pfeiffer: Theater im Gespräch 309; Reich-Ranicki 20; Rotermund 149; Rülicke p.; Rülicke-Weiler: Leben und Werk 196; Sartre: World Theatre 7 (58) 1, 11; Schrimpf 48; Schuhmann 139; Schumacher III 228; Schumacher: WZUB 18 (69) 77; Singerman: KuL 9 (61) 637 p.; Subiotto: FMLS 2 (66) 123; Tenschert [u. a.]: Brecht-Dialog 77; Tragelehn: Sonntag [Berlin] 14 (59) 13, 7; Valesio: Verri 5 (61) 4, 28; Viertel 186; Völker: Inter

NATIONES 27; WEISENBORN 94; WEKWERTH II 191; Wekwerth. BRECHT-DIALOG 42; WIRTH II 13; ZUCKMAYER 381.

Komik (auch Humor, Ironie): *Selbstzeugnisse:* s. o. *Einzelprobleme;* ferner DREIGROSCHENBUCH 130. — *Literatur:* ANDERS p.; Arntzen: DU 21 (69) 3, 67; G. Baum: Humor u. Satire in der bürgerlichen Ästhetik (59) p.; BENJAMIN II p.; BENTLEY III p.; [Bentley:] BB: The Jewish Wife and Other Short Plays (New York 65) 7, COLLECTION 51, SF/2 159; Bird: FMLS 4 (68) 248; J. Borew: Über das Komische (60) 309; CHIARINI III 76; Crumbach: EP. THEATER 348; DESUCHÉ p.; DÜRRENMATT p.; EKMANN 102 p.; EWEN 231; Fergusson: Sewanee Review [Tennessee] 64 (56) 544; GRIMM III 226; Grimm: RLC 35 (61) 207, Universitas 18 (63) 1077; GROSSVOGEL p.; H. Helmers: Sprache u. Humor des Kindes (65) 144, Oldenburger Hochschulbrief 13 (65) 1, DU 20 (68) 4, 86; Hersh: Horizon 4 (62) 5, 34; HINCK I p.; Hinck: GESTALTUNGSGESCHICHTE 583; Hoffmann: GR 38 (63) 157; JENDREIEK 67; KAUFMANN I 127; [Kaufmann:] Studien zur Literaturgeschichte u. Literaturtheorie, hrsg. H.-G. Thalheim u. U. Wertheim (70); KLOTZ III 29; Klotz: Das neue Forum [Darmstadt] 8 (58/9) 193; KOFLER 216; KOSTIĆ; Kostić: WB/S 185, Pozorište 8 (66) 59, Savremanik [Belgrad] 12 (66) 347; Linzer: NDL 6 (58) 2, 138; LYONS 49; Martini: EP. THEATER 246; MAYER IV 68; Olles: Akzente 1 (54) 154; POHL p.; Roy: Nouvelle revue française 13 (65) 114; Schumacher: ERINNERUNGEN 326, Soz. HUMANISMUS 41, NDL 4 (56) 10, 18; SCHWIMMER 30; THEATERARBEIT 42 p.; ZWERENZ I 47. — *Weitere Literaturangaben:* s. o. *Groteske,* s. u. *Satire.*

Legende: Literatur: Hecht: LEBEN UND WERK 9; B. H. Lermen: Moderne Legendendichtung (68) 216; SCHUHMANN p. — *Weitere Literaturangaben:* s. o. *Ballade, Die Gedichte.*

Lehrhaftes (auch Lehrstück): *Selbstzeugnisse:* s. o. *Einzelprobleme.* — *Literatur:* Abraham: EUROPE 173; T. W. Adorno: Noten zur Literatur III (65) 117, NR 73 (62) 93; ANDERS p.; BAB 224; BENJAMIN I Bd 2, 264, II 125 p.; [Benjamin:] Dt. Dramaturgie vom Naturalismus bis zur Gegenwart, hrsg. B. v. Wiese (70) 162, EP. THEATER 88; P. Beyer: Das Lehrstück in der Dt. Demokratischen Republik (Diss. Potsdam 67); BIHALJI-MERIN 146; BLOCH I Bd 1, 480 p.; Brauneck: DU 21 (69) 1, 88; H. Broch: Gesammelte Werke, 10 Bde (Zürich 52) p.; Brock: WZUH 8 (58/9) 479; DEMANGE 46; M. Dietrich u. P. Stefanek: Dt. Dramaturgie von Gryphius bis Brecht (65) 149; Doe: ETJ 14 (62) 289; DORT I 80; Dort: Partisans [Paris] 41; DREWS 242; EKMANN p.; EWEN 235; [Fabian:] Die nicht mehr schönen Künste, hrsg. H. R. Jauß (68) 67; Fergusson: Sewanee Review [Tennessee] 64 (56) 544; GARTEN 207; Geißler: Pädag. Rundschau 17 (63) 932; Goodman: MEDIEVAL EPIC 219; GRIMM I 77 p.; GROSSVOGEL 49; GUERRERO 135; HAAS I 61; HECHT 98; Hecht: LEBEN UND WERK 62, EP. THEATER 50; Hinck: DT. LITERATUR Bd 2,

369, Gestaltungsgeschichte 583, Dt. Universitätsztg 10 (55) 7/8, 18; Hoeger: Theater DDR [o. S.]; Holthusen 28; Ivernel: Jacquot I 175; Kächele 19; Kapp: Mainstream 15 (62) 4, 31; Kohlhase 161; Krusche: Jb. der Literar. Fakultät der Univ. Okayama 29 (69) 1; Longree: South Central Bulletin 26 (66) 4, 51; Lupi p.; Lüthy 160 p.; Mandel: Medieval Epic 233; Mayer II 70; Melchinger II 89; W. Mittenzwei I 114, II 205, 214, 324; Mittenzwei: NDL 8 (60) 10, 90; H. Müller: PP 21 (67) 586; K. Müller 203; Münsterer 126; Nordhaus; Peixoto p.; Pfützner 26, 41, 54, 78; Pfützner: Schriften zur Theaterwissenschaft 1 (59) 375; Piscator Bd 2, 63 p.; Pohl 98; Rasch 256; Rülicke 15, 21 p.; Schärer 43; Schrimpf 8; Schuhmann 171; Schumacher I 290; Schumacher: Neues Deutschland 11. 9. 55 Beilage; Schwimmer 9, 59; Schwitzke p.; Steinweg; J. L. Styan: The Dark Comedy (Cambridge 62) 187; Szczesny 98; Vajda II 347; Weideli 52; Wirth II 64; Wirth: SF/2 373; Witzmann 17, 29; Wolf 9, 12, 25, 32; Zimmermann II 47; Zimmermann: DU 10 (58) 6, 86. — *Weitere Literaturangaben:* Nubel 604; ferner s. o. die einzelnen Lehrstücke sowie *Theatertheorie* u. *Brechts Weltanschauung;* außerdem s. u. *Rundfunk.*

Liebe: Selbstzeugnisse: s. o. *Einzelprobleme.* — *Literatur:* Desuché 35; Ekmann 79 p.; Esslin: Encounter 27 (66) 2, 58; Jendreiek 226; Kaufmann: WB 11 (65) 84; Lupi 7, 198 p.; Lüthy 155; K. Müller 82; Münsterer 129; Pongs I 354, 360; Schuhmann 177; Szczesny 88. — *Weitere Literaturangaben:* s. o. *Brechts Persönlichkeit.*

Literarische Ausgangssituation (auch Brechts historische Stellung u. Verhältnis zu Expressionismus, Naturalismus, Neuer Sachlichkeit): *Selbstzeugnisse:* s. o. *Einzelprobleme;* ferner Materialien-Bd zu »Die Mutter«. — *Literatur:* D. M. van Abbé: Image of a People. The Germans and their creative writing under and since Bismarck (London 64) 138 p.; Abusch 670; Adamov/Planchon/Allio: Erinnerungen 341; Arpe 9; Bab: FH 14 (59) 135; Benjamin II p.; Bentley II 138; [Bode, Hrsg.:] Gedichte des Expressionismus (66) 5; G. A. Bornheim: O Sentido e a Máscara (São Paulo ²69) 67; Bronsen: Blume 348; Busacca: Medieval Epic 185; Carlsson p.; Chiarini I 1 p., III 142; P. Chiarini: Il teatro tedesco espressionista (Bologna 59) p., Il contemporaneo 2 (59) 10, 31, Arena [Rom] 3 (55) 8/9, 60, SG 4 (66) 60; Chiusano 9; C. David: Von Richard Wagner zu BB (64) p.; Demange 22 p.; H. Denkler: Drama des Expressionismus (67) p., MH 59 (67) 305, WW 18 (68) 167; Dort I 41, II 147, 157; Drews 265; Duwe I Bd 1, 200; Ekmann 14 p.; F. Emmel: Das ekstatische Theater (24); Ewen 72; Fiebach: WB 13 (67) 179; Franzen [u. a.]: Theater im Gespräch 306; Gaede: Expressionismus 595; Garten p.; Gassner: Ep. Theater 397; P. Gay: Weimar Culture. The Outsider as Insider (New York u. Evanston 68) p.; Gorelik 378; Grimm: Ep. Theater 13, Zwanziger Jahre 15, ZfdPh.

84 (65) Sonderheft 90; GROSSVOGEL 23; Gruber: SG 6 (68) 21; GUERRERO 125; HECHT 24, 51, 57 p.; Hecht: LEBEN UND WERK 19; Heller: Merkur 9 (55) 1095; HENNENBERG I 393; J. Hermand: Von Mainz nach Weimar (1793—1919) (69) 298; Hill: Symposium 15 (61) 245; HINTZE 167; Imamura: Doitsu Hyōgenshugi 2 (66) 121; Jaensch: Polemos 5 (66) 11; JENS I 227; JHERING II Bd 1, 358; Kahler [u. a.]: EXPRESSIONISMUS p.; KÄNDLER p.; KANTOROWICZ Bd 2, 300; H. Kasack: Mosaiksteine. Beiträge zur Literatur u. Kunst (56) p.; KAUFMANN II 356, 366, 504; KOFLER 24; Kostić: Život [Sarajewo] 12 (63) 2, 3; Krispyn: RLV 31 (65) 211; Lehnert: GESTALTUNGSGE-SCHICHTE 487; LUMLEY 80 p.; LUPI 56 p.; LÜTHY 133; LYONS 3; Mann: DT. LITERATUR Bd 1, 145; E. Marconi: L'intelligenza dram-maturgica contemporanea (o. O. 67) 102; MAYER IV 7; L. Mazzuc-chetti: Il nuovo seculo della poesia tedesca (Bologna 26) p.; Müno: NEUE ZEIT 5; MÜNSTERER 86; MUSCHG 335 p.; Pandolfi: Società 1 (45) 1/2, 86; V. Passeri Pignoni: Teatro contemporaneo (Florenz 67) 57; PEM [= P. Markus]: Heimweh nach dem Kurfürstendamm (52) p.; PETR 99 p.; PISCATOR Bd 2, 303 p.; [Piscator:] R. Hochhuth: Der Stellvertreter (63) 9; POHL 71; RAFFA 126; Reich: ThZ 21 (66) 14 Beilage; RISCHBIETER Bd 1, 18; Ritchie: MD 7 (65) 363; L. Rognoni: Espressionismo e dodecafonia (Turin 54) p.; G. RÜHLE 14, 24, 40, 394 p.; RÜLICKE 10; SCHMIDT 6 p.; SCHUHMANN 128, 149; SCHUMA-CHER I 9, 140 p.; SHAW 122; Singerman: KuL 9 (61) 532; A. Soer-gel: Dichtung u. Dichter der Zeit II: Im Banne des Expressionismus (25) p.; [Sokel, Hrsg.:] Anthology of German Expressionist Drama (Garden City 63) XXVI p., ASPEKTE 59, 168, ZWANZIGER JAHRE 47; SPALTER 157; STRELKA 6, 39 p.; SZCZESNY p.; URBANEK II 356; VAJDA II 327, 363; VIERTEL p.; Völker: Kursbuch 7 (66) 80; WEIDEL 7; WEISBACH; Weisbach: WB 13 (67) 762; WEISENBORN 95; Weisstein: EP. THEATER 36, GR 38 (63) 257; Wekwerth: BRECHT-DIALOG 42; WOLF 66; Zeitgemäßes aus der ›Literarischen Welt‹ von 1925—1932, hrsg. W. Haas (63) p.; ŽMEGAČ 23 p.; ZUCKMAYER 365 p. — *Weitere Literaturangaben:* s. o. vor allem die einzelnen Werke der (frühen) zwanziger Jahre.

M u s i k : Selbstzeugnisse: s. o. *Einzelprobleme. — Literatur:* Ador-no: DREIGROSCHENBUCH 183; ANEKDOTEN I/II p.; anon: Neue Zür-cher Ztg 29. 3. 59; Bentley: VARIETIES 64; Besson: THEATERARBEIT 394; Biot: Mens en Taak [Antwerpen] 5 (62) 3, 83; H. Brock: Mu-siktheater in der Schule (60) p., WZUH 8 (58/9) 479; Brockhaus Junge Kunst 2 (58) 7, 63; BRONNEN II p.; Busacca: MEDIEVAL EPIC 185; M. Butting: Musikgeschichte, die ich miterlebte (55) p.; DEMANGE 46; Der kritische Musikus. Musikkritiken aus drei Jh.en, hrsg. H. See ger (64) 263 p.; P. Dessau: Lieder u. Gesänge (57) p., ERINNERUNGEN 176, THEATERARBEIT 37, 274, TDR 12 (68) 2, 152, Sonntag [Berlin] 4. 8. 57, DESUCHÉ 45; DORT II 171; EISLER 15, 29, 208 p.; Eisler ERINNERUNGEN 126, SF/2 439; EKMANN 188 p.; EWEN 179 p.; FLEIS SER 7 [Polly = Helene Weigel]; Franzen [u. a.]: THEATER IM GE

SPRÄCH 306; GRIMM III 208 p.; Grimm: ÄRGERNIS 55; Hartung: WZUH 8 (58/9) 659; HECHT 144; HENNENBERG I 7; F. Hennenberg: THEATER DDR [o. S.], Forum [Berlin] 6 (58) 3, 10, Musik u. Gesellschaft 9 (59) 699, ThZ 17 (62) 2, 63; J. Hennenberg: ThZ 12 (57) 5 Beilage; Hüfner: Lettres françaises 29. 12. 66; Jahnsson: ORD 54; JENDREIEK 64; JENS I 242; Jhering: Bertolt Brecht — Caspar Neher (63) 6; J. Kański: Przewodnik operowy (Krakau 64) 555; Kleinig: WZUH 8 (58/9) 219; Komiya: Engeki-Kenkyu [Tokio] 2 (62) 30; KOTSCHENREUTHER 22; Krause: Sonntag [Berlin] 14 (59) 20, 5; Leibowitz: THEATRE 43; Lenya: DREIGROSCHENBUCH 220; Lewinski: Christ u. Welt 29. 9. 67; Löfgren: ORD 56; Lyon: MLN 84 (69) 802; [Manzoni:] BB: Poesie e canzoni (Turin 59); M. Mildenberger: Film u. Projektion auf der Bühne (61/65) 230; J. MITTENZWEI 427; MÜNSTERER 145; Nestjew: KuL 13 (65) 506; Otto: ABB 49 (67) 47; Parmet: ABB 23 (64) 63, Schweizer Musikztg 97 (57) 465; Pestalozza: QUADERNO 35, Cinema nuovo [Mailand] 3/4 (64) 139; Pischner: Musik u. Gesellschaft 18 (68) 2, 75; Planchon: SuF 15 (63) 149; A. Polgar: Auswahl (68) 326; L. F. Rebello: Imagens do teatro contemporâneo (Lissabon 61) 211, Gazeta Musical e de todas as Artes (58) 89/90; Rödel: ABB 58 (68) 43 u. 59 (68) 60; ROSENFELD 160; Rufer: Stimmen 1 (47/8) 193; RÜLICKE 209; Rülicke-Weiler: LEBEN UND WERK 220; Schamp [u. a.]: ABB 44 (66) 71; SCHÄRER 37; Schönewolf: THEATERARBEIT 152; SCHUMACHER I 211; Stempel: Ny Dag [Stockholm] 7. 7. 64; Strittmatter: THEATER DDR [o. S.]; [Stuckenschmidt:] Spectaculum. Texte moderner Opern (62) 329; VAJDA II 238 p.; Weisbach: WB 13 (67) 762; Weill: DREIGROSCHEN-BUCH 219, TDR/1 28; Weisstein: MD 5 (62) 142; White: ADAM AND ENCORE 15; Wiener: Rencontres franco-allemandes 6 (64) 27, 4; WILLETT 126; Willett: COLLECTION 157; H. C. Worbs: Welterfolge der modernen Oper (67) 56; ZUCKMAYER 380. — *Weitere Literaturangaben:* s. o. *Theatertheorie, Theaterpraxis, Ballade* sowie die einzelnen Werke, s. u. *Song;* vgl. außerdem Elsner/Notowicz: Hanns Eisler. Quellennachweise (66), HENNENBERG I 435, ESSLIN I [dt. Fassung] 402, OTTO, SPALTER/SUVIN/SCHOTTER 167 [Diskographie], WEIDELI, WILLETT u. ABB 5 (61) 26; eine Aufstellung von Brecht-Vertonungen befindet sich auch in BBA.

Nationalismus/Internationalismus: Selbstzeugnisse: s. o. *Einzelprobleme.* — *Literatur:* Geerdts: ACTES I Bd 1, 408; Girnus: ACTES I Bd 1, 414; Hermsdorf: WB 7 (61) 290.

Natur: Selbstzeugnisse: s. o. *Einzelprobleme.* — *Literatur:* BRÄUTIGAM I 22; BRUSTEIN I p.; Cases: SG 3 (65) 211; EKMANN p.; ESSLIN I 211; EWEN 95 p.; Gaede: EXPRESSIONISMUS 595; Goldstein: BLUME 333; Grimm: DT. DICHTER 528; HOLTHUSEN p.; KAUFMANN II 376, 510; KESTING I 144; KLOTZ I 31, III 73; LÜTHY p.; LYONS 5, 38, 60, 138; MÜNSTERER 134; RIHA 102; Ross: Arcadia 3 (68) 262; SCHMIDT p.; SCHUHMANN 189; SHAW 125; WEISENBORN 94; ZUCK-

MAYER 380. — *Weitere Literaturangaben:* s. o. *Brechts Persönlichkeit, Brechts Weltanschauung.*

Parabel: Selbstzeugnisse: s. o. *Einzelprobleme.* — *Literatur:* BENJAMIN II 125 p.; Bentley: DS 4 (65) 101; Bihalji-Merin: Letopis matiže srpske [Novi Sad] (58) 388; BRÄUTIGAM I 15; BRINKMANN I 52; P. Chiarini: Romanticismo e realismo nella letteratura tedesca (Padua 61) 247; DESUCHÉ 23; EISLER 104; ESSLIN III 19; Fedorov/ Lapšin: Vestnik Moskovskogo Univ. Ser. VII. Filologija, Žurnalistika 21 (66) 6, 27; FERGUSSON 41; Fergusson: Sewanee Review [Tennessee] 64 (56) 544; E. FISCHER 110 p.; Gaevskij: Teatr [Moskau] (57) 8; Gisselbrecht: EUROPE 107; GOLDHAHN 7; GRIMM I 69; HAHNLOSER 30; HANDKE 303; Hecht: LEBEN UND WERK 33; HINCK I 35; Hinck: GESTALTUNGSGESCHICHTE 583; W. Jens: Herr Meister (63) 24 p.; KAUFMANN I 127; KESTING III 62; Miller/Bourk/Barthes: Akzente 6 (59) 200; W. MITTENZWEI II 22, 267 p.; J. Müller: WZUJ 8 (58/9) 363; K. MÜLLER 146, 190; Philippi: DVjs. 43 (69) 297; POHL 45; SCHUMACHER III 271; Schumacher: ERINNERUNGEN 326, Soz. HUMANISMUS 46, NDL 4 (56) 10, 18; SCHWIMMER 11; H. Sierig: Narren u. Totentänzer (68) 233, 267; Singerman: KuL 9 (61) 633; STRELKA 5, 44; WALSER II 74; WEKWERTH II 185; WIRTH II 21; WITZMANN 17. — *Weitere Literaturangaben:* s. o. *Theatertheorie, Theaterpraxis, Lehrhaftes* sowie die als Parabeln bezeichneten Stücke.

Parodie: Literatur: Arendt: NR 61 (50) 53; BAUMGART 141; Bentley: THEATER TODAY 96; BROOK 65; CHIARINI II 1; EKMANN 100 p.; ESSLIN I p.; Fradkin: COLLECTION 97; HENNENBERG I 246; HESELHAUS 321; Heselhaus: IMMANENTE ÄSTHETIK 307; K. G. Just: Übergänge (66) 42; KAUFMANN I 128; LUCAS 123; MAYER II 44 p.; POHL 55; PONGS I 206; M. Quercu: Falsch aus der Feder geflossen (64) 210; Revzin: Poetics, Poetyka, Poètika II, ed. R. Jakobson [u. a.] (Den Haag 66) 121; ROTERMUND 139; SCHÄRER 53; TORBERG I 147, 218; Wirth: NDL 5 (57) 8, 121.

Pikaro: Literatur: WILL 36 p.

Plagiat: Selbstzeugnisse: LK I. — *Literatur:* Adamov/Planchon/Allio: ERINNERUNGEN 341; ANEKDOTEN I 46; ENGBERG Bd 1, 32; EWEN 177; H. Jacobs: Kind meiner Zeit (62) 73; Kraus: ERINNERUNGEN 64; M. Quercu: Falsch aus der Feder geflossen (64) 210; Ryan: ASPECTS 73; TORBERG I 146; TUCHOLSKY II 219, 487; Vajda: Studien zur Geschichte der dt.-ungarischen literarischen Beziehungen (69) 472; Witte: Nieuw Vlaamse Tijdschrift 20 (67) 98.

Politik: Selbstzeugnisse: s. o. *Einzelprobleme;* vgl. auch PFÄFFLIN 48. — *Literatur:* ABUSCH p.; Abusch: BRECHT-DIALOG 16, SuF 20 (68) 529; Ägren: Ny Dag [Stockholm] 22. 6. 64 u. 29. 6. 64; ANDERS 40 p.; Dt. Geist. Ein Lesebuch aus zwei Jh., Bd 2 (59) 957; Arendt: Merkur 23 (69) 527, 625, 1083; Bach: Books Abroad 37 (63)

378; Baxandall: TDR/2 69; Bender: Jahresring 68/9 (68) 224; BEN-
JAMIN II 128 p., III Bd 2, 661; Bentley: KR 23 (61) 75; Bergstedt:
WB 11 (65) 318; C. M. Bowra: Poetry and Politics 1900—1960
(Cambridge 66) 119; Brauneck: DU 21 (69) 1, 88; BRUSTEIN I 231;
DAHLKE 80; Demaitre: Symposium 22 (68) 215; DEMANGE 74 p.; DE-
SUCHÉ 88; DORT II 362; Dort: Magazine littéraire 2 (68) 15;
DREWS 267; EISLER 107; EKMANN 9, 273 p.; EMMEL 40; ENGBERG Bd
2, 5; ENZENSBERGER Bd 2, 125; Eörsi: Nagyvílág 11 (66) 1232; Ess-
LIN III 38; Esslin: Lettres nouvelles 14 (62) 9; EWEN 58, 442 p.;
Fetscher: Divadlo 3 (65) 23, Merkur 23 (69) 888; R. Fischer: Stalin
u. der dt. Kommunismus (o. J.) 749; Fontana [u. a.]: Forum
[Wien] 5 (58) 57, 329; FORTINI 113, 134; FRANZEN II 94; [Fuegi/
Hoffmann:] Festschrift für D. W. Schumann zum 70. Geb. (70) 337;
Furter: Revista do Livro 29/30 (66) 38; Geißler: WW 11 (62)
209; R. Hagen: Das politische Theater in Deutschland zwischen
1918 und 1933 (Diss. München 58); Hartung: WB 12 (66) 407; Ha-
vel: Times Literary Supplement 28. 9. 67; HECHT 7; Hecht: LEBEN
UND WERK 84 p.; H. Heissenbüttel: Über Literatur (66) 230; Helwig:
Merkur 16 (62) 933; Hinck: GESTALTUNGSGESCHICHTE 583; Hook:
Merkur 23 (69) 1082; Jonasson: ORD 23; K. G. Just: Übergänge (66)
42; KANTOROWICZ p.; Karsch [u. a.]: THEATER IM GESPRÄCH 79;
KESTEN 302 p.; KOHLHASE 11, 213; KOSTIĆ; Krolow: Anstöße [Hof-
geismar] 1/2 (62) 1; Lange: NR 74 (63) 93; Leiser: INTER NATIONES
15, Tagebuch [Wien] 21 (66) 4, 5, Stockholms Tidningen 8. 2. 66;
LERG-KILL 23; Lewis: New York Times 28. 3. 70, 29; G. Loschütz:
Von Buch zu Buch — Günter Grass in der Kritik (68) 132 p.; LÜTHY
186; Malina: Left 4 (64) 2, 39; THOMAS MANN 339; Melchinger:
Neue Zürcher Ztg 25.—26. 1. 64, Chronik (65) 41; A. MÜLLER 19 p.;
MÜNSTERER 130; Neher: HARTMANN 75, 77; PEIXOTO 157; PFÜTZ-
NER p.; PISCATOR p.; RASCH p.; Raymont: New York Times 28. 3.
70, 29; R. R. Read: The Politization of Modern German Historical
Drama (Diss. Berkeley 68); RÜLICKE p.; Ryan: ASPECTS 71; SCHER-
FIG 25; SCHESSWENDTER; SCHMIDT 32; SCHÖNE 3, 33; SCHUHMANN
10, 199, 239, 266; SCHWIMMER 96; SORENSEN; STERNBERG 22 p.;
SZCZESNY p.; Taëni: NR 81 (70) 158; TORBERG I 157; WALSER I
80 p.; WEKWERTH I 74, II 81; Wekwerth: BRECHT-DIALOG 207,
Kürbiskern 2 (68) 188; WIESE 254; Willett: Times Literary Supple-
ment 22.—28. 3. 70; ZIESEL 19, 27 p.; ZWERENZ II 250. — *Weitere
Literaturangaben:* s. o. *Biographisches* (allg.) u. *Brechts Weltanschauung.*

Produktivität: Selbstzeugnisse: s. o. *Einzelprobleme.* — *Literatur:* Jaensch: Polemos [Basel] 5 (66) 11; Kurz: Stimmen der
Zeit 184 (69) 94, 34; RISCHBIETER p.; Rischbieter: BRECHT BÜHNEN
[o. S.]; RÜLICKE 29 p.; WEKWERTH I 51.

Propaganda: Literatur: ANDERS 40 p.; BENTLEY III 136; E.
Bentley: The Theatre of Commitment a. o. Essays (New York 67)

221, KR 23 (61) 75; Busacca: MEDIEVAL EPIC 185; Doe: ETJ 14 (62) 289; EKMANN 185, 301 p.; Gruber: SG 6 (68) 21; LERG-KILL 23; RASCH 256; J. L. Styan: The Dark Comedy (Cambridge 62) 187. — *Weitere Literaturangaben:* s. o. *Brechts Weltanschauung, Lehrhaftes* u. *Politik.*

Provokation (auch Polemik): *Literatur:* BÖCKMANN 5; Chiaromonte: Tempo presente 13 (68) 6, 7; EKMANN p.; Habart: THEATRE 15; HESELHAUS 321; Heselhaus: IMMANENTE ÄSTHETIK 307; LYONS 3; Mit Konflikten leben. Erlebter Kirchentag Dortmund 1963 (63) 263; Müller: PP 21 (67) 586; SCHRIMPF 11; Wekwerth: BRECHT-DIALOG 42.

Psychoanalyse (auch Psychotherapie): *Selbstzeugnisse:* s. o. *Einzelprobleme.* — *Literatur:* Kantor/Hoffman: Family Process 5 (66) 218; SZCZESNY 80 p.

Publizistik: Selbstzeugnisse: s. o. *Einzelprobleme.* — *Literatur:* BENJAMIN II 95; LERG-KILL 23, 190 p.; Schumacher [u. a.]: BRECHT-DIALOG 175; Szydłowski: STUDIEN/2 11; THEATERARBEIT 225 p.

Rassenproblem: Literatur: Alter: GQ 40 (67) 58.

Realismus (auch Sozialistischer Realismus): *Selbstzeugnisse:* s. o. *Einzelprobleme;* vgl. ferner BB: Über Realismus [zusammengestellt u. redigiert von W. Hecht] (68). — *Literatur:* ANDERS 40; ANEKDOTEN II 47; anon: NDL 6 (58) 3, 120, Aufbau 5 (57) 3, 3; BENTLEY I p., II 138; Bentley: SF/2 159; Borev: SOC. REALIZM 341; Bunge: LEBEN UND WERK 158; CHIARINI II 39, III 142; Chiarini: Europa letteraria 2 (61) 8, 32, Biennale di Venezia 12 (62) 46/7, 34; DORT II 147; Dort: TM 161 (59) 67; DUWE I Bd 2, 380; EISLER p.; ESSLIN III 21; EWEN 476; Fedorov/Lapšin: Filologičeskije nauki 9 (66) 1, 41; E. FISCHER 126 p.; Fradkin: COLLECTION 97, KuL 4 (56) 359; Franzen [u. a.] THEATER IM GESPRÄCH 306; Gisselbrecht: EUROPE 108; Grimm: DT. DICHTER 528; Habart: THEATRE 15; I. Hermann: A polgári dekadencia problémái (Budapest 67) 435; Herting: WB 14 (68) 901; Heselhaus: IMMANENTE ÄSTHETIK 307; Hill: Symposium 15 (61) 245; Kähler: WB/S 135; Keisch: NDL 6 (58) 2, 6; KOFLER 207 p.; Lange: NDL 6 (58) 8, 52; Löfdahl: ORBIS 19; LUKÁCS 7; MELCHINGER II 134; W. MITTENZWEI I 246, II 418 p.; Mittenzwei: KRITIK 786, SuF 19 (67) 235; Morel: Yale French Studies 39 (68) 160; G. L. Mosse: The Culture of Western Europe (New York ³65) 390; K. MÜLLER 167 p.; V. Passeri Pignoni: Teatro contemporaneo (Florenz 67) 57; RAFFA p.; Raffa: Nuova corrente [Genua] 22 (61) 37 u. 26 (61) 9; Reich: ThZ 21 (66) 14 Beilage; P. Reimann: Über realistische Kunstauffassung (52) p.; RÜLICKE p.; Schlenstedt: WB 4 (58) Sonderheft 59; Scholtis: Aufbau 4 (48) 85; SCHUMACHER III 108; Siebenschein: Časopis pro moderni filologii 38 (56) 241; Simon: WB

13 (67) 576 u. 16 (70) 40; STERNBERG 41; Surkow: KuL 13 (65) 1133, 1290; Völker: Kursbuch 7 (66) 80; G. della Volpe: Crisi dell' estetica romantica (Rom ²63) 111; WALSER I 80 p.; Wirth: NDL 5 (57) 8, 121; ŽMEGAČ 9; Žmegač: Umjetnost riječi 7 (63) 47. — *Weitere Literaturangaben:* s. o. Brechts Weltanschauung, ferner *Theatertheorie* u. *Theaterpraxis.*

R o m a n t i k : Selbstzeugnisse: s. o. Einzelprobleme. — *Literatur:* BRUSTEIN I 232 p.; DREWS 265; EISLER 156; EKMANN 327 p.; E. FISCHER 241; FRANZEN II p.; Goodman: MEDIEVAL EPIC 219; Heselhaus: IMMANENTE ÄSTHETIK 307; KESTEN 304; KOFLER 210; MUSCHG p.; L. Pesch: Die romantische Rebellion in der modernen Literatur u. Kunst (62) 144 p.; PISCATOR Bd 2, 163; RICHTER 187; URBANEK II 356; Weisbach: WB 13 (67) 762; WEISENBORN 95.

R u n d f u n k (auch Radio): Selbstzeugnisse: s. o. Einzelprobleme. — *Literatur:* BENJAMIN II p.; EKMANN 125; E. K. Fischer: Das Hörspiel (64) p.; Hay: Schiller-Jb. 12 (68) 112; HECHT p.; Jhering III 184; F. Knilli: Dt. Lautsprecher (70) p.; Krispyn: GLL 21 (67) 45; [Michel:] Spectaculum. Texte moderner Hörspiele, hrsg. K. M. Michel (63) 403; SCHWITZKE 93, 113 p.; STERNBERG p. — *Weitere Literaturangaben:* s. o. Lehrhaftes sowie die Hörspiele (»Der Ozeanflug«, »Das Verhör des Lukullus«).

S a t i r e : Literatur: Arntzen: DT. LITERATUR Bd 1, 237, 247; G. Baum: Humor u. Satire in der bürgerlichen Ästhetik (59) p.; BENJAMIN II 93 p.; [K. H. Berger, Hrsg.:] Die Affenschande. Dt. Satiren von Sebastian Brant bis BB (68); BRUSTEIN I p.; DAHLKE 102, 196; EKMANN p.; GRIMM III 226; Grimm: RLC 35 (61) 207; HEIDSIECK 47 p.; HESELHAUS 321; Heselhaus: IMMANENTE ÄSTHETIK 307; HINCK I 74; M. Hodgart: Satire (London 69) p.; KAUFMANN I 128; Kostić: WB/S 185; MAZZILLI; Neubert: NDL 14 (66) 6, 70; Olles: Akzente 1 (54) 154; RIEGE; RISCHBIETER Bd 2, 62; ROTERMUND 146; Schlenstedt: WB/S 74; Stern: MH 61 (69) 241; Weisbach: WB 13 (67) 762; Wirth: NDL 5 (57) 8, 121; Znamenskaja: LITERATURA 360; ZWERENZ I 75. — *Weitere Literaturangaben:* s. o. Groteske, Komik.

S c h u l u n t e r r i c h t (Brechts Werk als Gegenstand): Selbstzeugnisse: s. o. Einzelprobleme. – *Literatur:* anon: DUO 11 (58) 559; Bentmann: DU 10 (58) 5, 81; Bergstedt: DUO 11 (58) 349; Biermann: DUO 12 (59) 119; Böttger: DUO 4 (51) 31; Bouke: Westermanns Pädag. Beiträge 19 (67) 507; BRÄUTIGAM I 7, 85; H. Brock: Musiktheater in der Schule (60); Butzlaff: DU 20 (68) 3, 5; P. Dessau: Musikarbeit in der Schule (68) p.; Fischer/Chapulsky/Hoy: DUO 13 (60) 149; GEISSLER 7; Goldhahn: DUO 12 (59) 306; Hasenkrüger: Westermanns Pädag. Beiträge 18 (66) 112; Hebel: PP 11 (57) 372, DU 17 (65) 3, 58; Heinitz: THEATER/1 II, 24; Henkel: Westermanns Pädag. Beiträge 17 (65) 208; Holtz: Kunsterziehung [Berlin] 15 (68) 2, 4; Kaden: Musik in der Schule [Berlin] 11 (60) 1, 11; Kölsch: Lehrer-Rundbrief [Frankfurt] 13 (58) 2, 77; Kraemer: DUO 12 (59) 262; Lucke: DU 20 (68) 3, 67; Meyer: DU 21 (69) 1, 73; Müller: PP 21 (67) 586; Nestler: DUO 11 (58) 559; Nündel: DU 16 (64) 3, 54; [Panitz:] Festtage unserer Republik im Zeichenunterricht (59) 22; Pielow: Westermanns Pädag. Beiträge 19 (67) 515; Ruttkowski: Die Unterrichtspraxis 1 (68) 2, 54; Schäfer: WW 14 (64) 407; Schumacher: Die neue Literatur (32) 249; Schuster: PP 15 (61) 495; SCHWIMMER 7; M. Seidler: Moderne Lyrik im Deutschunterricht ([3]68) 84; Seifert: Mathematik u. Physik in der Schule [Berlin] 5 (58) 289; [Stroh:] Dt. für die Oberstufe. Läsaret 66/7 (Stockholm 66) 43; Ulshöfer: DU 19 (67) 1, 5; Voss: DU 21 (69) 2, 54; F. P. Werner [= W. Hecht]: Das Drama im Unterricht (63) p.; ZIMMERMANN II 53. — *Weitere Literaturangaben:* s. o. *»Der Ozeanflug«, »Der Jasager und Der Neinsager«, »Die Horatier und die Kuriatier«* sowie *Lehrhaftes;* vgl. außerdem DU [Gesamtregister für die Jge 1—20, 64].

S o n g (auch Lied): *Selbstzeugnisse:* s. o. *Einzelprobleme. — Literatur:* Bentley: THEATER TODAY 91, VARIETIES 45; BLOCH II 392; BRÄUTIGAM I 49; BRINKMANN I 57; DESUCHÉ 71; ENGBERG Bd 1, 33; HAHNLOSER 36, 68; Harper: FMLS 1 (65) 191; Hartung: WZUH 8 (58/9) 659; HENNENBERG I 84, 217; HESELHAUS 321; JENDREIEK 200 p.; KLOTZ II 203; Klotz: Akzente 7 (60) 309; KOTSCHENREUTHER 42; Kuhnert: NDL 11 (63) 3, 77; LUCAS 117 p.; Luthardt: WZUJ 7 (57/8) 119; MAYER III 110, IV 46; Mayer: THEATERARBEIT 249; J. MITTENZWEI 451; Müller: EP. THEATER 154, WZUJ 8 (58/9) 365; RIHA 91; RÜLICKE 272; W. V. Ruttkowski: Das literarische Chanson in Deutschland (66) 150, 202 p.; Salomon: KR 24 (62) 542; Schäfer: WW 14 (64) 407; SŁUPIŃSKI; VAJDA II 238; WIRTH II 75; Wirth: EP. THEATER 197, SF/2 364; Wölfel: WEGE Bd 2, 537. — *Weitere Literaturangaben:* s. o. *Musik* sowie *Ballade, Theatertheorie, Theaterpraxis.*

S p o r t : *Selbstzeugnisse:* s. o. *Einzelprobleme. — Literatur:* H. Daiber: Theater (65) 212; HECHT 38; Hecht: LEBEN UND WERK 28, TDR/1 40; [Natan:] Stadion 61. Sport in Bild u. Kommentar, hrsg. R. Kirn u. A. Natan (61) 108, Die Zeit 1. 3. 63; R. Schechner: Public Domain (Indianapolis u. New York 69) 10; SCHMIDT 50; SCHUHMANN p.

S p r a c h e (auch Bildlichkeit, Metrik): *Selbstzeugnisse:* s. o. *Einzelprobleme. — Literatur:* ANDERS 45; E. Arndt: Dt. Verslehre (59) p.; BAUER 80, 101; Baumgärtner: SuF 12 (60) 395; Bergstedt: WZUH 10 (61) 1013; [Bierwisch u. a.:] Mathematik u. Dichtung ([2]67) p.; Birmele: MH 60 (68) 167; Borneman: SF/2 142; B. Böschenstein: Studien zur Dichtung des Absoluten (Zürich 68) 93; BRANDT 44; Brandt: PMLA 79 (64) 171, NDH 108 (65) 55; BRÄUTIGAM I 25, II p.; BRINKMANN I 23; Butzlaff: DU 16 (64) 1, 93; Cases: SG 3 (65) 211; CHIARINI III 142; CHIUSANO 53 p.; DAHLKE 196 p.; DEBIEL; DESUCHÉ 80; G. Dietz: DU 18 (66) 2, 66; L. Dietz: Die lyrische Form

Georg Trakls (Salzburg 59) 71; DUWE II 144, 268; EISLER 86, 216, EKMANN 207 p.; Erck/Gräf: WB 13 (67) 228; ESSLIN III p.; Esslin: COLLECTION 171; Feuchtwanger: SF/2 103; [Filipec:] Dt.-tschechische Beziehungen im Bereich der Sprache u. Kultur, Abhandlungen der Sächsischen Akademie der Wissenschaften zu Leipzig. Philol.-hist. Klasse 59 (68) 2, 17; Fleisser: Akzente 13 (66) 239; FRANZEN II 95; FRISCH I p.; GAEDE 15; Gaede: EXPRESSIONISMUS 595; GRIMM I 26; Grimm: DT. DICHTER 528, WISSENSCHAFT 370, RLC 35 (61) 207, Universitas 18 (63) 1077; GROSSVOGEL 30; Grüninger: CL 21 (69) 252; Hafen: DU 13 (61) 4, 71; HAHNLOSER 43; HANDKE 284; Heinitz: NDL 5 (57) 4, 49, Sprachpflege [Leipzig] 6 (57) 17; H. Heissenbüttel: Über Literatur (66) 149, 230, Chronik (66) 83; Helmers: DU 20 (68) 4, 86; HENNENBERG I 223, 263 p.; HESELHAUS 322; Heselhaus: IMMANENTE ÄSTHETIK 307; Hilfrich: PP 21 (67) 273; HINCK I 74; [Jakobson:] Beiträge zur Sprachwissenschaft, Volkskunde u. Literaturforschung. W. Steinitz zum 60. Geb. (65) 175; JENDREIEK 49; JENS I 248, II 25; K. G. Just: Die Trauerspiele Lohensteins (61) 139; KLOTZ I 82, III 29, 74; Klotz: Akzente 3 (56) 37, Dt. Universitätsztg 12 (57) 5/6, 24; E. Koelwel: Von der Art zu schreiben (62) 180; Kunderá: STUDIEN/2 15; Leeuwe: Raam 6/7 (64) 71; Lohner: EXPRESSIONISMUS 120; Lorbe: Akzente 1 (54) 280; LUCAS 5, 54, 117; LÜTHY 145; LYONS 6 p.; Mähl: WW 13 (63) 289; [Mann:] Expressionismus. Gestalten einer literarischen Bewegung (56) 213; Massberg: DU 17 (65) 6, 58; MAYER II 82, IV 7; S. R. McLeod: Problems of Poetry and Dramaturgy in Modern Verse Drama (Diss. Gainsville, Florida 68); Mennemeier: DT. DRAMA Bd 2, 383; Merin: IN 5 (35) 7, 79; MINDER 205 p.; Mirau: Zschr. f. Slawistik 8 (63) 755; J. MITTENZWEI 430; W. MITTENZWEI II 53; W. Mittenzwei: ACTES II 245; Motekat: ORBIS 52; J. Müller: ORBIS 66; K. MÜLLER 214; MUSCHG 353; Olles: Akzente 1 (54) 154; POHL 4; PONGS I 205; QUALMANN; Qualmann: WZUH 17 (68) 5, 135; RISCHBIETER Bd 1, 24, 105, Bd 2, 29; SCHMIDT 7; SCHNETZ 151 p.; SCHUHMANN 46, 171; SCHUMACHER III 295; Schumacher: BRAUNECK 156; SCHWIMMER 57, 67; SCHWITZKE 113; Singerman: KuL 9 (61) 633; SPALTER p.; E. Stein: Wege zum Gedicht (67) 91; Strelka 23; Strittmatter: NDL 7 (59) 8, 3; [Trost:] To Honor Roman Jakobson. Essays on the Occasion of his 70th Birthday (Den Haag 67) Bd 3, 2055, Germanistica Pragensia 1 (60) 73; WEGNER; Weisbach: WB 13 (67) 762; WEKWERTH II 79, 121; Werner: Sprachpflege [Leipzig] 13 (64) 2, 37; WILLETT 88; WOJCIK; [Wölfel:] BB: Selected Poems (London 65) 13, 25; Woods: Proverbium [Helsinki] 6 (66) 121, GR 43 (68) 100, GQ 42 (69) 44, MH 61 (69) 49; Zeuner: NEUE ZEIT 13; ZIMMERMANN II 22; Zimmermann: DU 10 (58) 6, 86; ZUCKMAYER 380. — *Weitere Literaturangaben:* s. o. *Christentum,* s. u. *Struktur.*

Struktur: Selbstzeugnisse: TH I—VII; LK I—II; WA XV bis XIX; ferner die Modellbücher, Materialienbände sowie THEATERARBEIT. — *Literatur:* Althusser: Esprit 30 (62) 946; ANDERS p.; Anders: Merkur 11 (57) 838; E. Arndt: Dt. Verslehre (59) p.; U. Bartholomae: Die Doppelpersönlichkeit im Drama der Moderne (Diss. Erlangen-Nürnberg 67); Baumgärtner: SuF 12 (60) 393; Beer: WZUJ 17 (68) 269; BENJAMIN II 7 p.; [Benjamin:] Dt. Dramaturgie vom Naturalismus bis zur Gegenwart, hrsg. B. v. Wiese (70) 162; BENTLEY IV p.; Bentley: THEATER TODAY 91; BERGSTEDT; BRÄUTIGAM I 36 p., II p.; BRINKMANN I 70; Büdel: EP. THEATER 413, PMLA 76 (61) 277; Calle: Cuadernos hispanoamericanos 68 (66) 203, 354; CHIARINI II 1; Cohn: CD 1 (67) 28; CRUMBACH 9; Crumbach: EP. THEATER 348; DAHLKE 153 p.; DEMANGE p.; DESUCHÉ 42; Dort: Partisans [Paris] 41, Yale-Theatre 2 (68) 24; DÜRRENMATT p.; EISLER p.; EKMANN 301; Erck/Gräf: WB 13 (67) 228; Fradkin: KuL 13 (65) 156; Franzen [u. a.]: THEATER IM GESPRÄCH 306; GASSNER 84; Geißler: WW 8 (57/8) 347; Gieselmann: PP 20 (66) 629; GRAY 66; GRIMM I 9, II 19, III 23, 204; Grimm: EP. THEATER 13, WISSENSCHAFT 372, SCHILLEMEIT Bd 2, 309; GROSSVOGEL 10; Grüninger: CL 21 (69) 252; Habart: THEATRE 15; Hafen: DU 13 (61) 4, 71; HAHNLOSER 30, 61; HANDKE 284, 303; Heinitz: NDL 5 (57) 4, 49; Henel: EP. THEATER 382, NR 74 (63) 235; HENNENBERG I 77, 99, 198, 208, 327; Heselhaus: IMMANENTE ÄSTHETIK 307, 518; HINCK I 24 p.; Hinck: EP. THEATER 316, DT. LITERATUR Bd 2, 366, GESTALTUNGSGESCHICHTE 583; HOLTHUSEN 57; HÜFNER 136; Jaensch: Polemos [Basel] 5 (66) 11; JENDREIEK 11, 38, 47, 77, 198, 209, 281, 286, 295; JENS I 81, II 25; Jens: Jahresring 60/1 (60) 66; KAUFMANN I 67, 103; KENNEY 12; KESTING I p.; Kesting: EP. THEATER 299; KLOTZ I 54, II p.; Klotz: EP. THEATER 378, Akzente 3 (56) 37; KOFLER 57; KOHLHASE 28, 51; Königshof: EP. THEATER 279, SuF 7 (55) 578; LUCAS 5, 130; LUPI 7, 151 p.; LÜTHY 169; LYONS 71; Mandel: MEDIEVAL EPIC 233; Martini: EP. THEATER 246, DU 5 (53) 5, 73; Massberg: DU 17 (65) 6, 58; MAYER III 110, IV 46; Melchinger: Chronik (66) 80; W. MITTENZWEI II 238, 366; H. Müller: PP 21 (67) 586; J. Müller: EP. THEATER 154, WZUJ 8 (58/9) 365, ORBIS 66; K. MÜLLER 146, 190; Mykita-Glensk: Kwartalnik Opolski 13 (67) 132; Parker: Univ. of Toronto Quarterly 32 (62/3) 229; PISCATOR Bd 2, 236 p.; [Piscator:] R. Hochhuth: Der Stellvertreter (63) 9; POHL 4; [Politzer:] Modern Drama. Essays in Criticism, ed. T. Bogard u. W. I. Oliver (New York 65) 54; [Revzin:] Poetics, Poetyka, Poètika II (Den Haag 66) 121; Rosenfeld: ITA Humanidades [São José dos Campos] 3 (67) 47; RÜLICKE 22, 55, 69, 86, 117, 189; Rülicke-Weiler: ThZ 21 (66) Studien 1, 1; W. V. Ruttkowski: Die literarischen Gattungen (68) 77; Schanze: GESTALTUNGSGESCHICHTE 338; SCHNETZ p.; Schöne: Euph. 52 (58) 275; SCHRIMPF 24; SCHUHMANN 110, 171; SCHUMACHER III 247, 284; Schumacher: STUDIEN/2 3; Seeliger: Akzente 2 (55) 128; SPALTER p.; Sokel: COLLECTION 127; Steer: GLL 21 (67) 1; Steinbach: DU 18 (66) 1, 34; STRELKA 28; Tarot: TYPOLOGIA 351; TOUCHARD 185; URBANEK II 376; Vilaça: Vértice 271/2 (66); Visschel: RLV 32 (66) 384; J. Voigt: Das Spiel im Spiel (Diss. Göttingen 55); Völker: INTER NATIONES 27; Wegmann: Aufstieg [Berlin] 7 (31) 22; WIRTH II 37; Wirth: EP. THEATER 197, SF/2 346, Dialog [Warschau] 2 (57) 2, 65; WITZMANN 20; ZIMMERMANN II 9; ŽMEGAČ p.; ZWERENZ I 25. — *Weitere Literaturangaben:* s. o. *Theatertheorie, Parabel* [u. ä.].

Tod : Literatur: SCHÄRER 7; K. Zobel: Die Darstellung des Sterbens im Drama u. auf der Bühne seit der Jahrhundertwende (Diss. Wien 67). — *Weitere Literaturangaben:* s. o. *Brechts Weltanschauung.*

Tragik: Selbstzeugnisse: s. o. *Einzelprobleme.* — *Literatur:* ABEL 104 p.; BECKMANN 133; BENJAMIN I Bd 2, 261, II 24 p.; [Benjamin:] Dt. Dramaturgie vom Naturalismus bis zur Gegenwart, hrsg. B. v. Wiese (70) 162, EP. THEATER 88; BENTLEY IV XLVIII; [Bentley:] BB: The Jewish Wife and Other Short Plays (New York 65) 7, BB: Edward II. A Chronicle Play (New York 66) VII; J. Borev: O tragičeskom (Moskau 61) p.; E. Braemer u. U. Wertheim: Studien zur dt. Klassik (60) 185; BRÄUTIGAM I p.; Buono: SG 7 (69) 42; Busacca: MEDIEVAL EPIC 185; J. Chiari: Landmarks of Contemporary Drama (London 65) 175; CHIARINI I 62; DAHLKE 51; DEMANGE 25 p.; EKMANN 162 p.; ESSLIN III p.; EWEN 229, 439; Fernandez: Nouvelle revue française 5 (57) 1090; GASSNER 89; Gisselbrecht: EUROPE 108; C. I. Glicksberg: The Tragic Vision in Twentieth-Century Literature (Carbondale/Ill. 63) 115 p.; GRAY 74; GRIMM III 248; Grimm: BRAUNECK 130, 150, DT. DICHTER 528, SCHILLEMEIT Bd 2, 309, ZfdPh. 78 (59) 394; Hammer: MD 12 (69) 204; HINCK I 20; Hinck: GESTALTUNGSGESCHICHTE 583; Hochhuth: ThH 8 (67) 2, 8; HÜFNER 188; Jacquot: JACQUOT II 514; KAUFMANN I 87, 146, 187; [Kaufmann:] Studien zur Literaturgeschichte u. Literaturtheorie, hrsg. H.-G. Thalheim u. U. Wertheim (70); KESTING II 65; KOHLHASE 129; LUPI 193; Lupi: SG 3 (65) 211; LYONS 110; D. Mack: Ansichten zum Tragischen u. zur Tragödie (70) 57 p.; Mandel: MEDIEVAL EPIC 233; MAYER IV 62; Mennemeier: DT. DRAMA Bd 2, 383; Pfrimmer: JACQUOT II 459; PONGS I 478; RINSER 168 p.; Ryan: ASPECTS 82; SCHRIMPF 18; SCHUMACHER III 326, 359, 489; Schumacher: SOZ. HUMANISMUS 41; Sokel: COLLECTION 127; STEINER 341, 353 p.; Taëni: ACTES II 242; Tarot: TYPOLOGIA 351; WIESE 265; WILLIAMS I 190; Williams: Forum 15 (68) 99; ZIMMERMANN II 38. — *Weitere Literaturangaben:* s. o. *Theatertheorie, Brechts Weltanschauung.*

Volksstück (auch Volkstümlichkeit): *Selbstzeugnisse:* s. o. *Einzelprobleme.* — *Literatur:* BENTLEY I 254; DEMANGE 99; DESUCHÉ 85; DUWE II 147; Jhering: SF/1 5; Kern: MD 1 (58) 157; KESTEN 221; KOFLER 211; LUPI p.; MANN I 97; Mann: ÄRGERNIS 79; POHL 21; RISCHBIETER Bd 2, 44; Rollka: Dt. Beiträge zur geistigen Überlieferung 6 (70) 184. — *Weitere Literaturangaben:* s. o. *Theatertheorie.*

Beziehungen und Vergleiche: Faßt die in den früheren Auflagen getrennten Abschnitte *Quellen, Vorbilder, Anregungen* sowie *Innere Verwandtschaft mit anderen Werken* u. *Brecht und die anderen* systematisch bzw. alphabetisch zusammen. — *Selbstzeugnisse:* s. o. *Einzelprobleme.* — *Literatur:* s. u. *Allgemeine Literatur* u. *Literatur zu einzelnen Autoren.*

Allgemeine Literatur: Barthes: Cahiers de la Compagnie M. Renaud/J.-L. Barrault 5 (57) 21, 21; Bentley: KR 7 (45) 169; Bittner: Geist u. Zeit 4 (59) 4, 88; Borneman: SF/2 142; Braun: Hochland 52 (59/60) 389; Brües: Kunstwart 44 (30/1) 202; Busacca: MEDIEVAL EPIC 185; CRUMBACH 9; Feuchtwanger: SF/2 103; Goodman: MEDIEVAL EPIC 219, ETJ 4 (52) 2, 68; GRIMM I 74, II 9, III 213, 222; Grimm: ABB 6 (63) 3; Hartung: WZUH 8 (58/9) 659; HECHT 19, 33, 83; Herzfelde: SuF 4 (52) 5, 54; Hilty: Akzente 5 (58) 519; HINCK I p.; Hinck: EP. THEATER 316; HIND 126; Ivernel: Esprit (61) janvier; KESTING II 21, 31, 89; Kesting: EP. THEATER 299; KLOTZ II p.; Königshof: EP. THEATER 279, SuF 7 (55) 578; LÜTHY 143; MAYER II 7, IV 7, 84; MELCHINGER II p.; W. MITTENZWEI II 253; Müller: EP. THEATER 154, WZUJ 8 (58/9) 365; MÜNSTERER 48; RISCHBIETER Bd 1, 22; Sonnenfeld: Books Abroad 36 (62) 2, 134; Subiotto: FMLS 2 (66) 123; SZONDI 7; VAJDA II 233, 327; Völker: INTER NATIONES 27; Wekwerth [u. a.]: BRECHT-DIALOG 20; *Ägypten:* Ley: CL 18 (66) 312; *Antike:* Dietrich: EP. THEATER 94, MuK 2 (56) 97, 301; [Girnus:] Natur u. Idee. [Festschrift Wachsmuth], hrsg. H. Holtzhauer (66) 85; [Grimm/Hermand:] Dt. Revolutionsdramen (69) 7; JENS I 81; W. Jens: Die Götter sind sterblich (59) 135, Jahresring 60/61 (60) 66; MAYER IV 93; WITZMANN 12; *Aufklärung:* Fradkin: KuL 13 (65) 156; KAUFMANN I 159; M. v Poser: Der abschweifende Erzähler (69) 92; *Barock* (vgl. auch *Jesuitentheater*): GAEDE 97; GRIMM I 77; Grimm: WISSENSCHAFT 356; Heselhaus: IMMANENTE ÄSTHETIK 307, 518; JENDREIEK 156; K. G. Just: Die Trauerspiele Lohensteins (61) 139; Komiya: DB 36 (65) 103; M. Windfuhr: Die barocke Bildlichkeit u. ihre Kritiker (66) p.. *England:* Esslin: TDR 7 (63) 4, 43 u. 11 (66) 2, 63, Schweizer Monatshefte 47 (68) 1084; HAHNLOSER 5, 50, 59; Iser: IMMANENTE ÄSTHETIK 361; *Frankreich:* E. Brock-Sulzer: Theater. Kritik aus Liebe (54) 113; HÜFNER 1; Kern: Symposium 16 (62) 28; Sartre: World Theatre 7 (58) 1, 11; *Indien:* Beer: WZUJ 17 (68) 269; Lutze: Yearbook 1962. Max Mueller Bhavan Publications. German Cultural Institute (New Delhi 62) 29, 47; *Italien:* QUASIMODO 236; *Jesuitentheater* (vgl. auch *Barock*): BAB 224; Brauneck: DU 21 (69) 1, 88 HINCK I 137; Tarot: TYPOLOGIA 351; *Living Theatre* (vgl auch *USA*): Baxandall: Left 6 (66) 1, 28; Froment-Meurice: Preuve 212 (68) 70; Malina [u. a.]: Left 4 (64) 2, 39; E. Marconi: L'intelligenza drammaturgica contemporanea (o. O. 67) 70; Phelps: TDR/2 125; Sandier: La Quinzaine littéraire 41 (67) 27; We, the Living Theatre, hrsg. A. Rostagno (New York 70) 137; *Moderne* (allg.) Baum: NDL 13 (65) 3, 78; BRUSTEIN I 4, 22; Büdel: EP. THEATER 413, PMLA 76 (61) 277; Busacca: MEDIEVAL EPIC 185; CHIARINI I p.; Chiarini: Europa letteraria 2 (61) 8, 32; Dietrich: Universitas 16 (61) 955; ESSLIN II 400 p.; Esslin: TDR 7 (62) 4, 43; Fitch: DS 5 (66) 53; FRANZEN I 77; Franzen: Merkur 14 (60) 739; Frisch: Akzente 2 (55) 386; Gassner: EP. THEATER 397, CL 7 (55) 129, Comparative Literature Studies (63) Special Issue 25; E. Glumova-Gluchareva: Zapadnyi teatr segodnija. Očerki (Moskau 66) p.; Gneuß: Die neue Gesellschaft 5 (58) 395; HENNENBERG I 42 [Musiktheater]; [Jacquot u. a.:] Le théâtre moderne II: Depuis la deuxième guerre mondiale, ed. J. Jacquot (Paris 67) p.; JENDREIEK 90 [Roman]; JENS I 81; Kaufmann: TDR 6 (62) 4, 94; Kesting: Akzente 3 (56) 29; Klinz: WW 2 (51/2) 215; KOFLER 57, 63; L. Kofler: Der asketische Eros (67) 285; Kohlhase: Schweizer Monatshefte 48 (68) 717; Lohner: EXPRESSIONISMUS 107 [Lyrik]; LYONS 25 p.; F. N. Mennemeier: Das moderne Drama des Auslandes (²65) p.; W. MITTENZWEI II 255; Mittenzwei: BRECHT-DIALOG 26; L. Pesch: Die romantische Rebellion in der modernen Literatur u. Kunst (62) 144 p.; RÜLICKE 154; R. Schechner: Public Domain (Indianapolis u. New York 69) 50 p.; [Schwerte:] Das europäische Drama von Ibsen bis Zuckmayer. Einzelinterpretationen (59) 17; SZONDI p.; TAËNI 13, 172 p.; Tidens Teater, ed. E. Leiser (Stockholm 57) 5; G. della Volpe: Crisi dell' estetica romantica (Rom ²63) 111; WILLIAMS II 277; *M o d e r n e* (dt.): [Adling:] Der Weg zum Wir. Anthologie neuer dt. Dramatik (59) 95; Hinck: GESTALTUNGSGESCHICHTE 583; Hughes: Meanjin [Melbourne] 17 (58) 292; D. Mack: Ansichten zum Tragischen u. zur Tragödie (70) 57 p.; B. Markwardt: Geschichte der dt. Poetik (37) Bd 5 p.; [Martini:] Dt. Literatur in unserer Zeit (59) 80; I. Paar: Beiträge zur geistigen Auseinandersetzung mit dem zweiten Weltkrieg im dt. Drama (Diss. Wien 60); H. Piontek: Männer, die Gedichte machen (70) p.; Pratz: PP 22 (68) 354 [Ballade]; [Taëni:] Proceedings of the 9th Congress of the AUMLA (64) 117; Tenschert [u. a.]: BRECHT-DIALOG 77 [Dokumentartheater]; *N ō - S p i e l* (vgl. auch *Ostasien*): BENJAMIN III Bd 2, 692; Alter: MD 11 (68) 122; EKMANN 140; EWEN 237; Hesse: Merkur 17 (63) 432; Immoos: Hochland 61 (69) 84, Credo [Uppsala] 50 (69) 62; Jones: Pacific Coast Philology 1 (66) 56; Krusche: Jb. der Literar. Fakultät der Univ. Okayama 29 (69) 1; Nündel: DU 16 (64) 3, 54; *Ostasien* (vgl. auch *Nō-Spiel*): [Anderson:] Modern Literature, ed. V. Lange, Bd 2 (Englewood Cliffs 68) 225; Bridgewater: GLL 17 (64) 216; Distelbarth: Geist u. Zeit 5 (56) 100; ENGBERG Bd 2, 103; HAHNLOSER 44; Heselhaus: IMMANENTE ÄSTHETIK 307, 518; JENDREIEK 71; L. C. Pronko: Theater East and West. Perspectives Toward a Total Theater (Berkeley u. Los Angeles 67) 55; Tatlow: DVjs. 44 (70) 363; UHSE 197; Uhse: ERINNERUNGEN 255; *Rußland:* HECHT 75; J. RÜHLE I 226; RÜLICKE 109, 225; Rülicke-Weiler: NDL 16 (68) 2, 7; Striedter: IMMANENTE ÄSTHETIK 263; Willett: Tel Quel 23 (65) 94; *Sturm u. Drang:* Andersen: Perspektiv [Kopenhagen] 10 (62/3) 7, 47; *USA* (vgl. auch *Lwing Theatre*): Ewen 258.

Literatur zu einzelnen Autoren (vgl. jedoch stets den vorhergehenden Abschnitt): *Adamov:* ADAMOV 162, 208 p.; Adamov: ThP 17 (56) 1; Adamov/Planchon/Allio: ERINNERUNGEN 341; ESSLIN II 122 p.; Gottschalk: Texte u. Zeichen 2 (56) 202; Grimm: GLL N. S. 13 (60) 220, Schweiz. Theaterztg 16 (61) 4, 3; HÜFNER 98, 148; KESTING II 51, 68 p.; LUMLEY 216; W. MITTENZWEI II p.; G. Wellwarth: The Theater of Protest and Paradox (New York 64) p.; *Adorno:* Barlay: Helikon 14 (68) 503; BENJAMIN III Bd 2, 676; EISLER 29; RAFFA 195; *Albee:* Esslin: TDR/2 36; Lyons: DS 4 (65) 121; *M. Anderson:* G. Rabkin: Drama and Commitment (Bloomington u. London 64) 272; *S. Anderson:* SCHUHMANN 211; *Andersen-Nexö:* W. A. Berendsohn: Martin Andersen-Nexös Weg in die Weltliteratur (46) 127; *Anouilh:* Jones: ACTES I Bd 2, 1079; Singerman: KuL 9 (61) 526; WITZMANN 95; *Arabal:* Scherer: Les lettres nouvelles 7 (59) 11, 40; *Aragon:* Mayer I 573, 577; *Arbusow:* MAYER III 238; *Arden:* J. Chiari: Landmarks of Contemporary Drama (London 65) p.; HAHNLOSER 174; [Liisberg:] Tvaersnit. Europaeisk modernisme efter krigen, ed. F. J. Billeskov Jansen (Kopenhagen 65) 97; LUMLEY 260; Popkin: TDR/2 155; G. Wellwarth: The Theater of Protest and Paradox (New York 64) p.; *Arendt:* BALLUSECK p.; *Aretino:* SCHUHMANN 178; *Aristophanes:* GAEDE 144; *Aristoteles:* CHIARINI III 152; Dickson: MD 11 (68) 111; EWEN 213; K. v. Fritz: Antike u. moderne Tragödie (62) X, XXI p.; J. Gassner: Dramatic Soundings (New York 68) p.; HECHT 131; Heselhaus: IMMANENTE ÄSTHETIK 307, 518; Mayer: BLUME 61; W. MITTENZWEI II 223; RÜLICKE 69; SCHRIMPF 21; Surkow: KuL 13 (65) 1133, 1290; WITZMANN 116; *Artaud:* Augias: Sipario [Mailand] 21 (66) 241, 91; Bank: De Gids 131 (68) 252; [Brook:] P. Weiss: Marat/Sade (New York ²67) 5; Castilla: STUDIEN/2 13; Mittenzwei: BRECHT-DIALOG 26; Saurel: TM 23 (68) 1308; Scarpetta: Nouvelle critique N. S. 25 (69) 60; *von Arx:* A. Arnold: Die Literatur des Expressionismus (66) 162; *Auden:* HAHNLOSER 84; Mitchell: OGS 1 (66) 163; *Bacon:* GRIMM III 198; SCHUMACHER III 42; *Baierl:* Adling: Junge Kunst 2 (58) 8, 9; Baierl: ThZ 13 (58) Studien 8, 2, SuF 18 (66) 736; BALLUSECK p.; Baum: NDL 13 (65) 3, 78; CHIUSANO 219; H. Kähler: Gegenwart auf der Bühne [. . .] der DDR von 1956—1963/64 (66) 17, 101; MAYER V p.; Tenschert [u. a.]: BRECHT-DIALOG 77; [Völker:] Theater hinter dem ‚Eisernen Vorhang', hrsg R. Grimm [u. a.] (64) 60; WEKWERTH II 56, 185; *Balzac:* HEIDSIECK 54; *Barrault:* BENTLEY II 185, 371, 384; *Baudelaire:* BENJAMIN II p.; EKMANN 80 p.; *Baumgart:* R. Baumgart: Aussichten des Romans oder Hat Literatur Zukunft? (68) p.; *Beaumarchais:* GRIMM III 234; Grimm: RLC 35 (61) 207; *J. R. Becher:* ABUSCH 391, 802; ANEKDOTEN II 69; BENJAMIN II 117; KANTOROWICZ Bd 1, 258, 560; *U. Becher:* CHIUSANO p.; *Beckett:* Cohn: CD 1 (67) 28; Hecht THEATER/1 28, ThZ 21 (66) 14, 28; L. Kitchin: Mid-Century Drama (London ²62) 72; KOFLER 232; Lucignani: Rivista Italsider [Genua]

bondale/Ill. 64) 129 p.; LUMLEY p.; POHL 63; P. Pütz: Friedrich Nietzsche (67) 59; RÜLICKE 94; Schanze: GESTALTUNGSGESCHICHTE 338; SPALTER 75; Steinbach: DU 18 (66) 1, 34; STEINER p.; WEIGEL 62; *Bührer:* KOPETZKI; *Calderón:* Abel: Commentary 29 (60) 405; BAB 224; *C a m u s :* G. Brée: Camus. Revised Edition (New York, Chicago, Burlingame 64) 157; Bronsen: BLUME 348; Clancy: ETJ 13 (61) 157; Freeman: FMLS 4 (68) 285; KOHLHASE 11; Ley: GR 40 (65) 205; Zehm: FH 17 (62) 474; *Carossa:* Gutierrez-Girardot: Las Letras [Bogotà] 18. 10. 56; *Cervantes:* MÜNSTERER 141 p.; Münsterer: ABB 26 (65) 10; *C h a p l i n :* BRUSTEIN I p.; C. Chaplin: My Autobiography (New York 64) 434; Dort: CAHIERS 33; EISLER 58; ESSLIN III 25; Gisselbrecht: EUROPE 106 p.; JENDREIEK p.; Reich: ThZ 21 (66) 14 Beilage; WEISENBORN 108; *Cibulka:* BALLUSECK p.; *C l a u d e l :* M. Andersen: Claudel et l'Allemagne (Ottawa 65) 280; BENTLEY II 366; J. Chiari: Landmarks of Contemporary Drama (London 65) p.; CHIUSANO p.; EKMANN p.; EWEN 233; Franzen: EP. THEATER 231; HINCK I 144; Hinck: FH 9 (54) 938, Dt. Universitäts-ztg 10 (55) 7/8, 18; H. Jhering: Die zwanziger Jahre (48) 114, 195; Longree: South Central Bulletin 26 (66) 4, 51; Simon: Esprit N. S. 1 (58) 1; *Cocteau:* JHERING III 219; Weisstein: MD 5 (62) 142; *Corneille:* ABEL 92; *Craig:* BROOK 67; TYNAN I 141; *Credé:* W. MITTEN-ZWEI II 231; *Dante:* BENJAMIN II p.; *Dehmel:* H. Heißenbüttel: Über Literatur (66) 149; *Deicke:* BALLUSECK p.; *Delbrück:* Ley: CL 18 (66) 312; *Dessau:* HENNENBERG I 7, II 45, 53, 66, 74 p.; Hennenberg: Forum [Berlin] 20. 2. 58, 10; Lewinski: Christ u. Welt 29. 9. 67; *D i d e r o t :* J. Chiari: Landmarks of Contemporary Drama (London 65) 173; DESUCHÉ 53; EISLER 150; EWEN 225; [Grimm:] D. Diderot: Paradox über den Schauspieler (64) 71, RLC 35 (61) 207; KESTEN p.; KESTING IV; MINDER 36; Ryan: ASPECTS 76; RÜLICKE 165, 237; SCHÄRER 86; Villiers: Revue d'esthétique 13 (60) 42; [Voss, Hrsg.:] J. J. Engel: Über Handlung, Gespräch u. Erzählung (64) 144, 148; *D ö b l i n :* EISLER 160; EWEN 139; KESTEN 289; MAYER III 100, IV 38; Mayer: SuF 10 (58) 276; MÜNSTERER 171; STERNBERG 16; [Žmegač:] Dt. Romantheorien. Beiträge zu einer historischen Poetik des Romans in Deutschland, hrsg. R. Grimm (68) 297; *Dorst:* TAËNI 24; *Dostojewski:* BENJAMIN II p.; *D ü r r e n m a t t :* H. Bänziger: Frisch u. Dürrenmatt (60) 18 p.; H. Bienek: Werkstattgespräche mit Schriftstellern (62) 102; Carat: Preuves 145 (63) 66; CARLSSON 370; Chiarini: Film Selezione 4 (63) 18, 79; Diller: MLQ 25 (64) 451; DÜRRENMATT 110, 123, 184, 198, 201, 223 p.; Entretiens avec Friedrich Dürrenmatt: ThP 31 (58) 101; Franzen: EP. THEATER 231; Furter: Revista do Livro 29/30 (66) 38; GARTEN 249; Grimm: GRM N. F. 11 (61) 443; Hammel: Sonntag [Berlin] 11 (63) 13 u. 12 (63) 5; Hammer: MD 12 (69) 204; Jacobi: Die politische Meinung 2 (57) 8, 93; C. M. Jauslin: Friedrich Dürrenmatt (Zürich 64) 33, 106 p.; U. Jenny: Dürrenmatt (67) p.; Jhering: Sonntag [Berlin] 25 (56) 4; Massberg: DU 17 (65) 6, 58

MAYER II 123, IV 46, V 279; H. Mayer: Dürrenmatt u. Frisch (²65) 5, BRAUNECK 170, SuF 14 (62) 667, ZfdPh. 87 (68) 482; [Mayer:] Der unbequeme Dürrenmatt, hrsg. R. Grimm [u. a.] (62) 97; G. Müller: OL 24 (69) 182; J. Müller: Universitas 20 (65) 1247; M. B. Peppard: Friedrich Dürrenmatt (New York 69) 25, 62; Pestalozzi: DT. LITERATUR Bd 2, 400; POPKIN: TDR/2 155; RAFFA 218; Raffa: Nuova corrente [Genua] 18 (60) 25; Reifferscheidt: Weltbühne 14 (59) 497; RIESS 325, 333; Ryan: ASPECTS 108; V. Sander: Die Faszination des Bösen (68) 53; Surkow: KuL 13 (65) 1133, 1290; TORBERG II Bd 1, 317; URBANEK II 551; Weimar: MLQ 27 (66) 431; Werner: WZUH 18 (69) 4, 143; *Edschmid:* JENS I 235; *Eich:* H. Böll: Frankfurter Vorlesungen (66) 93; Butz: Filologia Moderna 35/6 (69) 185; *von Einem:* Einem: Melos 31 (64) 113; HARTMANN 35; *Einstein:* SCHUMACHER III 322; Winter: Neue Zürcher Ztg 25. 11. 67; *Eisenstein:* Tenschert [u. a.]: BRECHT-DIALOG 77; *E i s l e r :* ABUSCH 204; H.-A. Brockhaus: Hanns Eisler (61) 52 p., Aus dem Leben u. Schaffen unserer Komponisten (60) 16; EISLER 13, 192 p.; Eisler: Forum 15 (68) 105; Hermlin: EISLER 343; Rödel: ABB 58 (68) 43 u. 59 (68) 60; TRETJAKOV 527; WEISENBORN 254; *Eliot:* FERGUSSON 41; Fergusson: Sewanee Review [Tennessee] 64 (56) 544; Goodman: MEDIEVAL EPIC 219; [Hesse:] Ezra Pound. 22 Versuche über einen Dichter, hrsg. E. Hesse (67) 9; *E. Engel:* HECHT 73; ZUCKMAYER 387; *J. J. Engel:* [Voss, Hrsg.:] J. J. Engel: Über Handlung, Gespräch u. Erzählung (64) 144, 148; *Enzensberger:* Bridgewater: GLL N. S. 21 (67/8) 27; MAYER V 84, 324; H. Mayer: Das Geschehen u. das Schweigen (69) 26; ROTERMUND 176; Werner: WB/ S 61; *Farquhar:* HAHNLOSER 58; *F e u c h t w a n g e r :* CHIUSANO 54; DAHLKE 62; EISLER 81, 180; EWEN 89, 124, 396; Fleißer: Akzente 13 (66) 239; Horst: HANDBUCH 182; KANTOROWICZ Bd 1, 627, Bd 2, 300; KESTEN 289; H. Leupold: Lion Feuchtwanger (67) p.; MAYER V 290; [Mueller:] BB and Lion Feuchtwanger: The Visions of Simone Machard (New York 65) 9; MÜNSTERER 103 p.; Reich: ThZ 21 (66) 14 Beilage; STERNBERG 16; Weisstein: EP. THEATER 36; *R. Fischer:* AUFRICHT 258; *Fleißer:* AUFRICHT 91; FLEISSER 7; Fleißer: Akzente 13 (66) 239; MÜNSTERER 189; G. RÜHLE 925; Weltmann: HANDBUCH 186; *Fontana:* Rismondo: WuW 11 (56) 866 Anm.; *France:* EKMANN p.; *F r i s c h :* Bach: Books Abroad 37 (63) 378; H. Bänziger: Frisch u. Dürrenmatt (60) 18 p.; H. Bienek: Werkstattgespräche mit Schriftstellern (62) 29; Birmele: MH 60 (68) 167; FRISCH I p., II p., III 3; GARTEN 249; [Haberkamm:] Dt. Literatur seit 1945 in Einzeldarstellungen, hrsg. D. Weber (68) 332; HEIDSIECK 74; Jacobi: Die politische Meinung 2 (57) 8, 93; M. Jurgensen: Max Frisch (Bern 68) 72 p.; LUMLEY 234; MAYER V 279 p.; G. Neumann/J. Schröder/M. Karnick: Dürrenmatt, Frisch, Weiss (69) p.; C. Petersen: Max Frisch (66) 53 p.; Plard: Revue générale belge 2 (64) 1; Rühle: Frankf. Allg. Ztg 15. 10. 64; Völker: INTER NATIONES 27; G. Wellwarth: The Theater of Protest and Paradox. Develop-

ments in the Avant-Garde Drama (New York 64) p.; *Gartelmann:*
Grimm: DT. DICHTER 528, EP. THEATER 13; *G a y :* BAULAND 180;
BENTLEY III p.; EKMANN 100; EWEN 167; GORELIK 392; HAHNLOSER
54; Hecht: ThZ 13 (58) Studien 7, 13; Hunt: MH 49 (57) 273;
HENNENBERG I 102; KÖNIG; KOPETZKI; ROTERMUND 163; RISCHBIE-
TER Bd 1, 76; Sherwin: Virginia Quarterly Review 35 (59) 258;
M. Spacks: John Gay (New York 65) p.; TOLKSDORF; WEISENBORN
286; Willett: ADAM AND ENCORE 8; [Zweifel:] Studi e ricerche di
letteratura inglese e americana, ed. A. Lombardo (Mailand 67) 75;
Geißler: Pezold: WB/S 123; *Genet:* Cohn: CD 1 (67) 28; GROSS-
VOGEL 135; Paolantonio: Teatro 20 (65) 18; *George:* R. Borchardt:
Prosa I (57) 493; SCHULTZ 18 p.; *Germanetto:* SCHUHMANN 219;
Giraudoux: W. MITTENZWEI II 149; *Godard:* BROOK 67; *Goering:*
CHIUSANO p.; MÜNSTERER 91; *G o e t h e :* BENJAMIN II 132; BUNGE;
ESSLIN III 11; EWEN 262, 468; Gisselbrecht: EUROPE p.; JENDREIEK
127, 144; Königshof: SuF 7 (55) 578; MAYER IV 87; Melchinger:
Schiller-Jb. 11 (67) 318; PONGS I 184; ROTERMUND 146; RÜLICKE 94;
[Schnell:] Theater der Welt (49) 195; SCHRIMPF 48; SCHUHMANN 139;
SHAW 150; Squarzina: Arena 2 (54) 230; STRITTMATTER 202; *Goll:*
DUWE II p.; [Grimm/Žmegač:] I. Goll: Methusalem oder der ewige
Bürger, hrsg. R. Grimm u. V. Žmegač (66) 51; *Gomringer:* Butz:
Filologia Moderna 35/6 (69) 185; *G o r k i :* EKMANN 191; EWEN
270; [Fradkin:] BB: Teatr (Moskau 63) Bd 1, 507; Frey: EL II/6
(63) 2, 125; Gisselbrecht: EUROPE 106 p.; GRIMM III 234; Grimm:
RLC 35 (61) 207; JHERING II Bd 3, 226; W. MITTENZWEI II 22 p.;
K. MÜLLER 157; Reich: KuL 11 (63) 849; *Grabbe:* RÜLICKE 250;
SPALTER 39; *G r a s s :* ABUSCH 789; Adler: ABB 53 (67) 81; Bloch
[u. a.]: Süddt. Ztg 13.—15. 8. 66; Bondy: Preuves 181 (66) 68; Bots-
ford: Mundo nuevo [Paris] 2 (66) 43; Busacca: MEDIEVAL EPIC 185;
DUWE II p.; Gieselmann: PP 20 (66) 629; GRASS II 27 p.; H. E.
Holthusen: Plädoyer für den Einzelnen (67) 59; [Ide:] Festschrift
für H. Jessen (67) 121; J. Kuczynski: Gestalten u. Werke (69) 65;
Leiser: Tagebuch 21 (66) 4, 5, Stockholms Tidningen 8. 2. 66; [Le-
vin:] Comparatists at Work, ed. S. G. Nichols u. R. B. Vowles
(Waltham, Toronto, London 68) 197; G. Loschütz: Von Buch zu
Buch — Günter Grass in der Kritik (68) 132 p.; MAYER V 286; Mül-
ler [u. a.]: ABB 35 (66) 4; M. Reich-Ranicki: Literatur der kleinen
Schritte (67) 173 p.; TORBERG II Bd 1, 120; Wendt: ThH 8 (67) 4, 6;
Zwerenz: ThH 7 (66) 3, 24; *Grieg:* EKMANN 266; ENGBERG Bd 2,
87; EWEN 434; Friese: EG 22 (67) 449; [Hummel:] Nordahl Grieg
og vår tid (Oslo 62) 138, WZUG 12 (63) 49; KAUFMANN I 34, 43;
LEISER/AANDERAA 33; *Grimmelshausen:* BRINKMANN I 21; DEMANGE
84; ENGBERG Bd 2, 130; EWEN 353; Hiller: GR 9 (64) 137;
H a c k s : BALLUSECK p.; CHIARINI III 76; CHIUSANO 219; Hacks:
NDL 6 (58) 2, 63, ABB 3 (61) 3, ThH 9 (68) 3, 29; H. Kähler: Ge-
genwart auf der Bühne [. . .] der DDR von 1956—1963/64 (66) 17;
Linzer: NDL 6 (58) 2, 138; A. MÜLLER 87; Nahke: Junge Kunst

Landmarks of Contemporary Drama (London 65) p.; Demaitre: Symposium 22 (68) 215; ESSLIN II 166 p.; Geißler: NDH 60 (59) 339; Grimm: GLL N. S. 13 (60) 220, Schweiz. Theaterztg 16 (61) 4, 3; GROSSVOGEL 49, 81; HÜFNER 131 p.; IONESCO 113, 198, 215 p.; E. Ionesco: Journal en miettes (Paris 67) 25 p., ThH 3 (62) 2, 1; Jauslin: Zürcher Student 41 (63) 5; KAISER 171; KESTING II 51, 68 p.; L. Kitchin: Mid-Century Drama (London ²62) 72; MAYER III 170; Meyer: DU 21 (69) 1, 73; P. Ronge: Polemik, Parodie u. Satire bei Ionesco (67) 7, 88, 117, 155, 166, 175, 206 p.; Ryan: ASPECTS 106; S. Sontag: Kunst u. Antikunst. 24 literarische Analysen (68) 149; Surkow: KuL 13 (65) 1133, 1290; TYNAN II 192, ThH 1 (60) 2, 23; G. Wellwarth: The Theater of Protest and Paradox (New York 64) p.; WULBERN; *Isherwood:* Mitchell: OGS 1 (66) 163; *Jahnn:* Jennrich: WB/S 101; *Jarry:* Völker: Akzente 6 (59) 300; *Jaspers:* Ley: CL 18 (66) 312; *Jensen:* BAHR; EWEN 119; RISCHBIETER Bd 1, 45; *Jessner:* HECHT 70; *Johnson:* H. Bienek: Werkstattgespräche mit Schriftstellern (62) p.; *Johst:* DEMANGE 11; EKMANN 20; EWEN 92; Gaede: EXPRESSIONISMUS 595; Goldstein: BLUME 333; MÜNSTERER 41, 90; SCHMIDT 27, 75; Sokel: ZWANZIGER JAHRE 47; *K a f k a :* ANDERS 23; BENJAMIN II 119, III Bd 2, 539; Buono: SG 7 (69) 42; DAHLKE p.; EKMANN p.; E. FISCHER 110; Fischer: SuF 10 (58) 461; KOHLHASE 173; Kraft: URBANEK I 229; LUPI p.; MAYER V 271; [Mittenzwei:] Franz Kafka aus Prager Sicht (66) 119, Franz Kafka. Liblicka Konferenz (Prag 63) 115, SuF 15 (63) 618, Nouvelle critique 163 (65) 114; H. Politzer: Das Schweigen der Sirenen (68) p.; *Kahlau:* BALLUSECK p.; *K a i s e r :* A. Arnold: Die Literatur des Expressionismus (66) 162; EXPRESSIONISMUS 474; DEMANGE 31 p.; HECHT 19, 60; LYONS 15; Martini: EP. THEATER 246; MÜNSTERER 163; Schmidt: WB 11 (65) 551; SCHÜRER 5; SCHWIMMER 79; SHAW 144 p.; W. Sokel: Der literarische Expressionismus (60) 137; STERNBERG 16; *Kant:* EISLER 147; Löfdahl: ORBIS 19, ORD 61; *Kasack:* H. Kasack: Mosaiksteine (56) p.; *Kaschnitz:* H. Bienek: Werkstattgespräche mit Schriftstellern (62) p.; *Kästner:* RIHA 110 p.; *Kerr:* KANTOROWICZ Bd 1, 529; MAYER III 97, IV 32; *Graf Kessler:* DAHLKE 186; *Kesten:* H. Bienek: Werkstattgespräche mit Schriftstellern (62) p.; KESTEN 299; R. Krämer-Badoni: Vorsicht, gute Menschen von links (62) 160; *Kierkegaard:* EKMANN p.; *Kipling:* Bondy: Preuves 191 (67) 78; Dunman: Kipling Journal 170 (69) 5; Lyon: MH 61 (69) 376; SCHUHMANN 34; [Wölfel:] BB: Selected Poems (London 65) 13, Essays in German Language, Culture and Society, ed. S. S. Prawer [u. a.] (London 69) 231; *Kipphardt:* KAISER 190; Massberg: DU 17 (65) 6, 58; V. Sander: Die Faszination des Bösen (68) 47; SCHUMACHER III 262, 329; TAËNI 126; WEKWERTH II 144; *Kisch:* EISLER 162; *Klabund:* EWEN 409; JENDREIEK 340; MÜNSTERER 180; *Klammer:* GRIMM III 135; Grimm: Neoph. 44 (60) 20; HESELHAUS 321; *Kleist:* J. Brun: L'Univers tragique de Kleist (Paris 66) 361; DEMANGE 103; Koester: GQ 43 (70) 376; *Koeppen:* H. Bienek: Werkstattgespräche mit Schriftstellern (62) p.; *Koestler:* TYNAN I 496; *Korsch:* ENGBERG Bd 1, 85; Fehér: Uj Irás 9 (69) 7, 89; Jonasson: ORD 23; K. Korsch: Karl Marx (67) 214, Marxismus u. Philosophie (66) p.; K. MÜLLER 26; RASCH 243; Salten: Forum 11 (64) 616; *Kraus:* ANEKDOTEN I 21, II 21; AUFRICHT 73; BENJAMIN II p.; Cohn: EG 11 (56) 342; GINSBERG 145; KANTOROWICZ Bd 2, 652; W. Kraft: Karl Kraus (56) p.; Krolop: Philologica Pragensia 4 (61) 95, 203; Leschnitzer: NDL 12 (64) 4, 212, ABB 21 (64) 50; MAYER III 80, 99, IV 36; RADECKI 80; RAFFA 130; SCHUHMANN 228; SPALTER 137; Sternbach-Gärtner: Dt. Rundschau 84 (58) 836; *Kunert:* BALLUSECK p.; Christoph: Weltbühne 14 (59) 1247; M. Seidler: Moderne Lyrik im Deutschunterricht (68) 134; Werner: WB/S 61; *Lafontaine:* MAYER III 105; Mayer: URBANEK I 225; *Lampel:* W. MITTENZWEI II 231; *Lang:* anon: Neue Zürcher Ztg 16. 12. 61; *Lasker-Schüler:* GINSBERG 153; *Latouche:* R. Landshoff-Yorck: Klatsch, Ruhm u. kleine Feuer (63) 122; *Le Fort:* Klein: WWo 12 (57) 231; Wood: STUDIES 136; *Lehmann:* H. Bienek: Werkstattgespräche mit Schriftstellern (62) p.; *Lenz:* E. Genton: Jacob Michael Reinhold Lenz et la scène allemande (Paris 66) 199 p.; POHL 157; RISCHBIETER Bd 2, 69; RÜLICKE 94; Rülicke-Weiler: LEBEN UND WERK 196; SPALTER 3; *Lessing:* CHIARINI III 152; [Chiarini:] G. E. Lessing: Drammaturgia d'Amburgo (Bari 56) XXXVII, SF/2 188; [Grimm:] D. Diderot: Paradox über den Schauspieler (64) 71; Mayer: BLUME 61; RÜLICKE 94; SCHRIMPF 7; [Schrimpf:] Collegium philosophicum. J. Ritter zum 60. Geb. (Basel 65) 351; [Voss, Hrsg.:] J. J. Engel: Über Handlung, Gespräch u. Erzählung (64) 144, 148; *Lichtenstein:* Conrad: Univ. of Dayton Review 6 (69) 1, 24; *Livius:* DAHLKE p.; MAYER II p.; WITZMANN p.; *Ljungdal:* anon: Das Magazin [Berlin] 13 (66) 5, 25; *Loerke:* Conrad: Univ. of Dayton Review 6 (69) 1, 24; *London:* Bondy: Preuves 191 (67) 78; *Ludwig:* JARVIS; Jarvis: MLQ 25 (64) 308; *Lukács:* ANEKDOTEN I 61, II 26; BENJAMIN II 130; Bentley: THEATER TODAY 118; CHIARINI II 39; DAHLKE 166; EWEN 476; Fehér: Uj Irás 9 (69) 7, 89, Kritika 7 (69) 10, 42; FORTINI 119; Illés: Kritika 7 (69) 10, 45; Kähler: WB/S 135; L. Konder: Os Marxistas e a Arte. Breve estudo histórico-crítico de algumas tendências da estética marxista (Rio de Janeiro 67) 146; LUKÁCS 6; Major: Uj Irás 9 (69) 7, 87; W. MITTENZWEI II 394; Mittenzwei: KRITIK 786, SuF 19 (67) 235; G. L. Mosse: The Culture of Western Europe (New York [3]65) 390; PEIXOTO 271; RAFFA 115, 159; Raffa: Nuova corrente [Genua] 22 (61) 1, 37 u. 26 (62) 9; Rosenfeld: O Estado de São Paulo (68) 2, 1; Simons: WB 13 (67) 576; Völker: Kursbuch 7 (66) 80, 101; ŽMEGAČ 9; Žmegač: Umjetnost riječi 7 (63) 47; *Lukrez:* MAYER II p.; RASCH 270; WITZMANN 30; *Lunatscharski:* D. Angres: Die Beziehungen Lunačarskijs zur dt. Literatur (70) 192 p.; Deutsch: Sonntag [Berlin] 4 (67) 10; N. Lunačarskaja-Rozenel': Pamjat' serdca (Moskau 62) 153, Teatr 18 (57) 8, 179, Neues Deutschland 8. 2. 58, ABB 4 (62) 1; *Luther:* JENDREIEK 240; Lau:

Luther-Jb. 29 (62) 92; *Mahler:* Lea: ASPEKTE 85; *Majakowski:* Jaensch: Polemos [Basel] 9 (68) 21; Mayer: KuL 4 (56) 7; RAFFA 88; A. M. Ripellino: Majakowskij u. das russische Theater der Avantgarde (64) p.; *Th. Mann:* ABUSCH 258; ANEKDOTEN I 33, II 14; BLOCH II 277; DAHLKE 205; EISLER 60; EWEN 390; Fischer: SuF 10 (58) 461; Hartung: WB 12 (66) 407; J. Kuczynski: Gestalten u. Werke (69) 279; LÜTHY 186; THOMAS MANN 339 p.; Th. Mann: Briefe 1889—1936 (61) 411, LITERATURKRITIK 391; MAYER IV 56, V 275; SCHUHMANN 282; STERNBERG 52; Süßkind: DEUTSCHE 518; *Mao Tse-tung:* Hoefert: Neoph. 53 (69) 48; *Marinetti:* DREWS 291; *Marlowe:* [Bentley:] BB: Edward II. A Chronicle Play (New York 66) VII, 95; DORT II 98; DREIMANIS; EWEN 124; Grüninger: CL 21 (69) 252; HAHNLOSER 55; [Hattaway:] Christopher Marlowe, ed. B. Morris (London 68) 95; KOPETZKI; Laboulle: MLR 54 (59) 214; Marlowe. A Collection of Critical Essays, ed. C. Leech (Englewood Cliffs 64) p.; [Merchant:] C. Marlowe: Edward II, ed. M. Merchant (London 67) p., SCOTT 61; MÜNSTERER 52; *W. Mehring:* CHIUSANO 23; RIHA 101 p.; ROTERMUND 139; *Michaelis:* ENGBERG p.; KANTOROWICZ Bd 2, 53; *Miller:* M. Freedman: The Moral Impulse (Carbondale u. Edwardsville/London u. Amsterdam 67) 99; *Molière:* CRUMBACH p.; Crumbach: EP. THEATER 348; Goldsmith: ACTES I Bd 2, 875; RISCHBIETER Bd 2, 72; Temkine: Europe 441/2 (66) 76; *Montesquieu:* BLOCH II 277; *Morgenstern:* CHIUSANO p.; *H. Müller:* Adling: Junge Kunst 2 (58) 8, 9; Fetz: Dt. Woche 9 (59) 3, 10; H. Kähler: Gegenwart auf der Bühne [. . .] der DDR von 1956—1963/64 (66) 17; [Völker:] Theater hinter dem ,Eisernen Vorhang', hrsg. R. Grimm [u. a.] (64) 60 p.; *Musil:* Kohlhase: Schweizer Monatshefte 48 (68) 717; ZUCKMAYER 391; *Neander:* ROTERMUND 150; *Neher:* Caspar Neher. Zeugnisse seiner Zeitgenossen (60) p. HARTMANN 30; [Jhering u. a.:] BB — Caspar Neher [Ausstellungskatalog] (63) 6, 18, 22; [Melchinger:] Caspar Neher. Bühne u. Bildende Kunst im 20. Jh. (66) 7; TDR 12 (68) 2, 134; Monk: Neue Zürcher Ztg 14. 8. 66; MÜNSTERER 99, 147 p.; Neher: ERINNERUNGEN 250; W. Panofsky: Protest in der Oper (66) 188; Reich: ThZ 21 (66) 14 Beilage; *Németh:* Rényi: Nagyvilág 3 (58) 249; SCHUMACHER III 329; SZCZESNY 155; *Neruda:* ENZENSBERGER Bd 2, 108 p. *Nestroy:* GRIMM III 234; Grimm: RLC 35 (61) 207; *Nietzsche:* CARLSSON 350; EKMANN p.; Grimm: DT. DICHTER 528, EP. THEATER 13; Surkow: KuL 13 (65) 1133, 1290; *Novalis:* J. Kuczynski: Gestalten u. Werke (69) 65; *O'Casey:* Adamov/Planchon/Allio: ERINNERUNGEN 341; M. Freedman: The Moral Impulse (Carbondale u. Edwardsville/London u. Amsterdam 67) p.; WEKWERTH II 168; *Obraszow:* Rülicke: SuF 7 (55) 564; *Odets:* EISLER 234; M. Freedman [s. o.] 99; SCHUMACHER III 428 p.; *Osborne:* J. Chiari: Landmarks of Contemporary Drama (London 65) p.; HAHNLOSER 129; LUMLEY 224 Popkin: TDR/2 155; TYNAN II 78; G. Wellwarth: The Theater of Protest and Paradox (New York 64) p.; *Paquet:* CHIUSANO 23

Die Christengemeinschaft 33 (61) 91; Singerman: KuL 9 (61) 526;
TYNAN II 307; G. A. Zehm: Jean-Paul Sartre (65) 31, FH 17 (62)
474, Chronik (65) 91; ZIVANOVIC; *S c h i l l e r :* BAUER 101; BENT-
LEY III 141; CARLSSON 350; DREWS 269; DÜRRENMATT 223 p.; Dür-
renmatt: Akzente 7 (60) 13; EISLER p.; EKMANN 148; ESSLIN III 11;
EWEN 262; E. Fischer: Kunst u. Koexistenz (66) 222; FRISCH III p.;
Geißner: Deutschunterricht für Ausländer 10 (60) 129; Gisselbrecht:
EUROPE p.; Goodman: MEDIEVAL EPIC 219; GRIMM III 23, 258;
Grimm: SCHILLEMEIT Bd 2, 309, ZfdPh. 78 (59) 413; Hartung: SuF
18 (66) 743; H. Hilpert: Das Theater ein Leben (St. Gallen 61) 34;
JENDREIEK 147; KAUFMANN I 116; KESTING II 51, 68 p.; Kesting:
Augenblick 2 (56) 4, 4; LUPI 7; Lupi: Annali. Istituto Universitario
Orientali [Neapel] Sezione germanica 5 (62) 5; MAYER I 567, IV 72
V p.; Müller: OL 24 (69) 182; MÜNSTERER 57; PISCATOR p.; H.
Politzer: Das Schweigen der Sirenen (68) p.; PONGS I 516; Puknat:
MLQ 26 (65) 558; RÜLICKE 94, 165; SCHRIMPF 48; STEINER p.; Usca-
tescu: Atlántida 5 (67) 376; Villiers: Revue d'esthétique 13 (60) 42;
Weisenborn: Dt. Woche 9 (59) 19, 10; WEKWERTH II 17; Žmegač
SuF 17 (65) 517, Živi jesici 5 (63) 37; *F. Schlegel:* Friebert: Prairie
Schooner 40 (66) 49; *J. E. Schlegel:* B. Markwardt: Geschichte der
dt. Poetik (37) Bd 2 p.; *Schneider:* SZCZESNY 180; *Schnitzler:* GRIMM
III 23; *Schönberg:* EISLER 167; Eisler: ERINNERUNGEN 126; *Seghers.*
BENJAMIN II p.; *S h a k e s p e a r e :* BENTLEY II 370, III p.; BLOCH
II 277; BROOK 78; BRUSTEIN I 276 p., II 27; J. Chiari: Landmark
of Contemporary Drama (London 65) 165; Coriolan in der Insze-
nierung des Berliner Ensembles. Pressestimmen, Briefe, Analysen, In-
terviews, Aufsätze, hrsg. Berliner Ensemble (65); DAHLKE 16, 26 p.
Dieckmann: SuF 17 (65) 463; DORT II 82, 205; Dort: RHTh 17 (65)
69; DUWE II p.; EISLER p.; Fradkin: KuL 13 (65) 156; J. Gassner
Dramatic Soundings (New York 68) p.; Gisselbrecht: EUROPE 106 p.
GRASS II 27 p.; HAHNLOSER 50, 59; Hoffmeister: Shakespeare-Jb
103 (67) 177; Hultberg: OL 14 (59) 89; [Ide:] Festschrift für H
Jessen (67) 121; KAUFMANN I 217; L. Kéry: Shakespeare, Brecht és a
tobbiek (Budapest 68); Kleinstück: Görres-Jb. 9 (68) 319; J. Kuczynski: Gestalten u. Werke (69) 388, Zur westdt. Historiographie (66)
122, ThZ 16 (61) 4, 43; [Kuczynski:] Forschen u. Wirken. Festschrift Humboldt-Univ. Berlin (60) Bd 3, 585; Lerner: Shakespeare
Newsletter 17 (67) 56; [Levin:] Comparatists at Work. Studies in
Comparative Literature, ed. S. G. Nichols u. R. B. Vowles (Waltham, Toronto, London 68) 197; LYONS 81, 105; [Major:] Shake-
speare-Brecht: Coriolanus (Budapest 66) 103; McCANN; Müller: Moderna Språk 61 (67) 274; Parker: Univ. of Toronto Quarterly 33
(63) 229; POHL 146; L. M. Price: Die Aufnahme englischer Literatur in Deutschland 1500—1960 (61) 303; RADECKI 80; Reich: ThZ 21
(66) 14 Beilage; RISCHBIETER Bd 2, 74; RÜLICKE 104; Ryan: ASPECTS
73; STERNBERG 33; SYMINGTON; TYNAN II 160; Weisstein: GR 43
(68) 24; WEKWERTH II 103; WITZMANN 100; Zéraffa: EUROPE 130

176

(New York 66) 34; I. Deutscher: The Prophet Outcast. Trotsky: 1929—1940 (London 63) 370; Jaensch: Polemos [Basel] 9 (68) 21; RASCH p.; SCHUMACHER III 109; *Tucholsky:* Gallasch: Geist u. Zeit 3 (58) 4, 135; Grimm: ASPEKTE 133, TDR/2 22; Ilberg: NDL 5 (57) 12, 110; MAYER V 157; RIHA 94 p.; TUCHOLSKY II 161, 194; *V a l e n t i n :* H. Achternbusch: Hülle (69) [o. S.]; ANEKDOTEN II 12; EWEN 65 p.; Hartung: Monat 14 (62) 160, 58; HECHT 65; Horn: Standpunkte 76 (68) 60; Horwitz: Neue Zürcher Ztg 15. 12. 58; POHL 68; RADECKI 80; Reich: ThZ 21 (66) 14 Beilage; M. Schulte: Karl Valentin in Selbstzeugnissen u. Bilddokumenten (68) 82, 130 p.; *Vergil:* BENJAMIN II p.; *Verlaine:* MÜNSTERER 23 p.; SCHMIDT 11; *Vicente:* ROSENFELD 47; [Saraiva:] Para a História da Cultura em Portugal (Lissabon o. J.) Bd 2, 309, Vértice [Lissabon] 20 (60) 465; *Viertel:* PFÄFFLIN 41, 50; *V i l l o n :* EWEN 69; Frey: EL II/4 (61) 3, 114; GRIMM III 135; Grimm: Neoph. 44 (60) 20; Harper: FMLS 1 (65) 191; HESELHAUS 321; Hunt: MH 49 (57) 273; Kikumori: [62; Text in BBA]; MÜNSTERER 50; ROTERMUND 165; *Vinaver:* HÜFNER 98, 148; Vinaver: ThP 32 (58) 17; *Vischer:* GRIMM III 234; Grimm: RLC 35 (61) 207; *Vitrac:* Carat: Preuves 144 (63) 67; *Voltaire:* EISLER 150; GRIMM III 234; Grimm: RLC 35 (61) 207; *Wagner:* MAYER V p.; *Waley:* Bridgewater: GLL 17 (64) 216; Immoos: Hochland 61 (69) 84; *M. Walser:* MAYER V 282; Mittenzwei: BRECHT-DIALOG 26; Pezold: WB/S 123; TAËNI 88, 98; WALSER I 80 p., II 72; Walser: INTER NATIONES 39, UMBRUCH 33; *M. Weber:* BRUSTEIN I p.; *Webster:* Bank: De Gids 131 (68) 252; *W e d e k i n d :* CHIUSANO p.; DEMANGE p.; EWEN 66; Gittleman: MD 10 (67) 401; KAUFMANN II 73 p.; LUPI p.; MÜNSTERER 42, 165 p.; POHL 66; ROTERMUND 142 p.; SHAW 143; SPALTER 113; *W e i l l :* AUFRICHT 60, 256; Biot: Mens en Taak [Antwerpen] 5 (62) 3, 83; Bunge: LEBEN UND WERK 134; Busacca: MEDIEVAL EPIC 185; KOTSCHENREUTHER 22, 93; Löfgren: ORD 56; Lyon: MLN 84 (69) 802; Pestalozza: Cinema nuovo [Mailand] 3/4 (64) 139; SCHÄRER 37; SCHMIDT 17 p.; H. C. Worbs: Welterfolge der modernen Oper (67) 65; *Weisenborn:* C. W. Hoffmann: Opposition Poetry in Nazi Germany (Berkeley u. Los Angeles 62) 108, 117; A. MÜLLER 87; Sauter: SuF 20 (68) 714; Schneider: ebda. 508; WEISENBORN 94, 138, 239 p.; Weißbach: Aufbau 12 (56) 469; *W e i s s :* BROOK 67; [Brook:] P. Weiss: Marat/Sade (New York ²67) 5; CLURMAN 118; Cohn: CD 1 (67) 28; E. Fischer: Auf den Spuren der Wirklichkeit. Sechs Essays (68) 54; LUMLEY p.; Materialien zu Peter Weiss' »Marat/Sade«, hrsg. K. Braun (67) 104 p.; MAYER V 284; Milfull: GLL 20 (66) 61; G. Neumann/J. Schröder/M. Karnick: Dürrenmatt, Frisch, Weiss (69) p.; Pezold: WB/S 123; H. Rischbieter: Weiss (67) p.; SCHUMACHER III 262; S. Sontag: Kunst u. Antikunst. 24 literarische Analysen (68) 173; TAËNI 164; Tenschert [u. a.]: BRECHT-DIALOG 77; P. Weiss: Fluchtpunkt (62) 106; *Werfel:* MAYER III 93, IV 38; *Westermann:* Grimm: GRM N. F. 10 (60) 448; *Wiegler:* Lyon: MLN 84 (69)

802; *Wieland:* Friebert: Prairie Schooner 40 (66) 49; *W i l d e r :* BAULAND 158 p.; Brück: Die Gegenwart 5 (50) 5, 15; FERGUSSON 41; Fergusson: Sewanee Review [Tennessee] 64 (56) 544; FRANZEN I p.; Franzen: EP. THEATER 231; HINCK I 144; Hodge: THEATER TODAY 83; JHERING III 65; RÜLICKE 154; WITZMANN 69; *Wischnewski:* MAYER I 567; *Wolf:* KAUFMANN I 163; PISCATOR p.; Pfützner: Schriften zur Theaterwissenschaft 1 (59) 375; WOLF p.; *Wuolijoki:* Ege: Theater Mosaik [Berlin] 2 (64) 6, 3 u. 3 (65) 4, 9 bzw. 7/8, 5; *Zola:* CHIARINI II 88; Grimm: EP. THEATER 13; HULTBERG 153; G. della Volpe: Crisi dell'estetica romantica (Rom 63) 113; *Z u c k - m a y e r :* ARPE 13; H. Bienek: Werkstattgespräche mit Schriftstellern (62) p.; GINSBERG 148; Jacobi: Die politische Meinung 2 (57) 8, 93; Koester: GQ 43 (70) 376; [Mann:] Expressionismus. Gestalten einer literarischen Bewegung (56) 213; Massberg: DU 17 (65) 6, 58; Weimar: MLQ 27 (66) 431; ZUCKMAYER 374, 395 p.; *St. Zweig:* EIS-LER 63. — *Weitere Literaturangaben:* s. o. *Bearbeitungen für die Bühne, Biographisches, Brechts Weltanschauung, Theatertheorie u. Theaterpraxis, Ästhetische Grundprobleme* sowie *Einzelprobleme* wie *Bildende Kunst, Christentum, Klassik* oder *Literarische Ausgangssituation,* s. u. *Wirkung* u. *Brecht als Gegenstand der Literatur;* außerdem sind (insbesondere im Hinblick auf *Quellen, Vorbilder, Anregungen*) jeweils die einzelnen Werke zu vergleichen.

W i r k u n g : Einzelne Werke Brechts sind in viele Sprachen übersetzt, die vom Albanischen u. Chinesischen über Friesische u. Georgische bis zum Türkischen u. Vietnamesischen reichen. An größeren, oft schon in mehreren Auflagen erschienenen Ausgaben sind vor allem zu nennen: Plays (2 Bde, London 1960/62); Seven Plays (New York 1961); Théâtre complet (12 Bde, Paris 1955/68); Teatro (4 Bde, Turin 1951—61/63); Teatr (4 Bde, Moskau 1963/64); Teatro (4 Bde, Lissabon 1961/66); Teatro completo (13 Bde, Buenos Aires 1964/67); Spisy (3 Bde, Prag 1959/63); ferner eine fünfbändige japanische Auswahlausgabe (Tokio 1961/62) sowie eine dreibändige polnische (Warschau 1962) u. eine zweibändige ungarische (Budapest 1964). — *Selbstzeugnisse:* s. o. *Brechts Persönlichkeit* u. *Brechts Weltanschauung,* auch *Biographisches* u. *Einzelprobleme.* — *Literatur:* s. u. *Allgemeine Literatur* u. *Literatur zu einzelnen Ländern.*

Allgemeine Literatur: ABB 1 (60) 2 u. 3 (61) 13; Adling: RHTh 16 (64) 128; Ägren: Ny Dag [Stockholm] 22. 6. 64; anon: Börsenblatt für den dt. Buchhandel 130 (63) 5, 81, Sonntag [Berlin] 23. 2. 64, West African Review 31 (60) 390, 39, THEATER/1 I; Asquini [u. a.]: WORLD THEATRE 216; Bank: De Gids 130 (67) 297; Barthes: Verri 5 (61) 4, 38; Beinlich: 57 (65) 545; Bennewitz [u. a.]: BRECHT-DIALOG 147; BENTLEY IV XIII p.; Bloch [u. a.]: Süddt. Ztg 13.—15. 8. 66; BROOK 64 p.; Buckwitz: BRECHT BÜHNEN [o. S.], Geist u. Zeit 4 (57) 9; Busacca: MEDIEVAL EPIC 185; Chiarini: WB/S 195, SG 4 (66) 60, STUDIEN/2 7; Correa: STUDIEN/2 17; Cucchetti: Carovana 11 (61) 217; DEMANGE 135, 180; DESUCHÉ 102;

DÜRRENMATT p.; ESSLIN III 3 p.; Esslin: TDR 7 (62) 4, 43, Encounter 31 (68) 3, 63; EWEN 490; Felsenstein: BRECHT-DIALOG 13; Fitch: DS 5 (66) 53; Franke: Kürbiskern 2 (69) 597; FRISCH II 72, 93, 138; Gaipa: QUADERNO 27; B. Gascoigne: Twentieth-Century Drama (London 62) 207; Geerts: Dietsche Warande en Belfort 113 (68) 628; Gianfranceschi: Dialoghi 9 (61) 619; GRIMM II 73; Hecht: BRECHT-DIALOG 110, ThZ 20 (65) 19, 13; Heißenbüttel: Chronik (66) 83; Herzfelde: NDL 4 (56) 10, 11; Högel: Augsbg. Allg. Ztg 9. 2. 63; Huntford: Industria International [Stockholm] (63) 152; [Jacquot u. a.:] Le théâtre moderne II: Depuis la deuxième guerre mondiale, ed. J. Jacquot (Paris 67) p.; Jäger: Europäische Begegnung 8 (68) 185; Jäggi: ÄRGERNIS 7; JENS II 18; KAISER 174, 190; Kaiser: Akzente 1 (54) 416; Karasek: Akzente 13 (66) 208; Karsch: THEATER TODAY 38; Kellner: Monat 106 (57) 84; Kilger [u. a.]: BRECHT-DIALOG 131; Kohlhase: Schweizer Monatshefte 48 (68) 717; Kohout [u. a.]: Abendztg [München] 10. 2. 68; Losey: CAHIERS 21; LUMLEY 78 p.; Major: STUDIEN/2 13; H. Mayer: Das Geschehen u. das Schweigen (69) 85; Melchinger: Tribüne 7 (68) 25, 2716; W. MITTENZWEI II 255; Mittenzwei: BRECHT-DIALOG 26, SuF 20 (68) 571; A. MÜLLER 96; A. Müller [u. a.]: ABB 56 (68) 21; J. Müller: ABB 1 (60) 2 u. 3 (61) 13; POHL 181; Popkin: TDR/2 155, Encore 9 (62) 5, 13; QUADERNO 61; C. Riess: Theaterdämmerung oder Das Klo auf der Bühne (70) p.; Rippley: Twentieth Century Literature 14 (68) 143; Rischbieter: ThH 9 (68) 3, 26; Rülicke: LEBEN UND WERK 204; SCHUMACHER III 298; Schumacher: STUDIEN/2 3, NDL 4 (56) 10, 18, [u. a.] BRECHT-DIALOG 175; Tenschert [u. a.]: BRECHT-DIALOG 77, 239; Theater hinter dem ‚Eisernen Vorhang‘, hrsg. R. Grimm [u. a.] (64) 14, 60 p.; THEATER IM GESPRÄCH 79, 306 p.; Thun: NDL 8 (60) 8, 115; VAJDA II 327 p.; Völker: ABB 21 (64) 47; WALSER I 80 p., II 72; Walser: INTER NATIONES 39; Weigel [u. a.]: TDR/2 112; WEKWERTH II 11; Wekwerth: BRECHT-DIALOG 42, SuF 20 (68) 542, ThZ 20 (65) 17, 4, ThH 6 (65) 1, 64, Sonntag [Berlin] 16 (61) 33, Die Zeit 8. 7. 69; Wiemken: Dt. Universitätztg 11 (56) 11, 14; Willett: Times Literary Supplement 67 (8. 8. 68) 837; Zagari: SG 5 (67) 272; ZWERENZ II 250. — Weitere Literaturangaben: s. o. Beziehungen und Vergleiche, s. u. Literatur zu einzelnen Ländern.

Literatur zu einzelnen Ländern: Ägypten: Ardash BRECHT-DIALOG 259, STUDIEN/2 12; Gaad: STUDIEN/1 15; Argentinien: Brugger: Boletín de Estudios Germánicos [Mendoza] 5 (64) 71; Brasilien: Aust: Staden-Jb. [São Paulo] 9/10 (61/2) 143 u. 11/2 (63/4) 213 u. 14 (66) 191; Bulgarien: Beniesch: STUDIEN/1 14; Ceylon: Jayasena: BRECHT-DIALOG 240; Chile: Guzman: Añales de la Universidad de Chile 121/8 (64) 174; China: WEISENBORN 308; Dänemark: ENGBERG Bd 2, 49 p.; Martner: STUDIEN/1 3; Posselt: ORI 35; [Thomas:] Tilbageblik på 30'erne. Litteratur, teater, kulturdebat 1930—39, ed. H. Hertel (Kopenhagen 67) Bd 1, 142 p.; Deutschland [Beiträge, die sich überwiegend mit Ost- oder Westdeutschland befassen, sind durch O bzw. W gekennzeichnet]: ABB 4 (61) 2 [W] u. 5 (62) 1 [W], 5 [O]; ABUSCH 64; [Adling:] Der Weg zum Wir. Anthologie neuer dt. Dramatik (59) 95 [O]; anon: Börsenblatt für den dt. Buchhandel 130 (63) 5, 81 [W], ABB 8 (63) 6 [W] u. 59 (68) 58 [W], BRECHT-DIALOG 324 [O], THEATER/1 I [O], Chronik (62) 116 [W], Erlebter Kirchentag Dortmund 1963 (63) 263 [W], Teatr 18 (57) 8, 190 [W]; Baierl: SuF 18 (66) 666; BALLUSECK 153 p. [O]; BB. Werke u. Sekundärliteratur aus den Beständen der Stadtbücherei Bielefeld, anläßlich der Aufführung von »Der aufhaltsame Aufstieg des Arturo Ui« (67); G. Blöcker: Literatur als Teilhabe (66) 258 p. [W]; Buckwitz: THEATER IM GESPRÄCH 316 [W]; Büthe [u. a.]: BRECHT BÜHNEN [o. S.] [W]; Coenen: STUDIES 107 [W]; H. Daiber: Theater (65) 175 [W] ; Demetz: GQ 37 (64) 239 [O]; Dt. Literatur seit 1945 in Einzeldarstellungen, hrsg. D. Weber (68) p. [W]; Eisler [u. a.]: BRECHT DAMALS 122 [W]; EKMANN 254 [O]; ESSLIN [dt. Fassung] 213 [O]; Fradkin: KuL 14 (66) 943 [W]; Grimm: Radius [Stuttgart] 2 (63) 35 [W]; [Guggenheimer:] Frankfurt u. sein Theater, hrsg. H. Heym (63) 154 [W]; HANDKE 303 [W]; Hartung [u. a.]: Monat 161 (62) 57 [W]; HECHT 47; Hecht: ABB 17 (64) 17; H. Heißenbüttel: Über Literatur (66) 230 p. [W]; Herburger [u. a.]: UMBRUCH 20 [W]; Hilbert: NDL 4 (56) 10, 157 [W]; Hinck: GESTALTUNGSGESCHICHTE 583, Universitas 24 (69) 689; JHERING III 128, 173; Kaiser: Monat 162 (62) 60 [W]; Karsch [u. a.]: THEATER IM GESPRÄCH 79; Kellner: Monat 97 (56) 76 u. 106 (57) 84 [W]; KESTEN 302 p. [O]; KOHLHASE 230 [O]; Krispyn: GLL N. S. 21 (67) 45 [O]; Kritik — von wem, für wen, wie. Eine Selbstdarstellung dt. Kritiker, hrsg. P. Hamm (68) p. [W]; Kursbuch 20 (70) p. [W]; Kurtz: New Statesman and Nation 57 (59) 756 [W]; Lazzari: Rinascita [Rom] 48 (65) 31; LERG-KILL 205; Leschnitzer: Weltbühne 12 (57) 711 [W]; LÜTHY 186 [O]; Maiberger: Süddt. Ztg 20.—21. 4. 63 [W]; MAYER V 279; Mikeleitis: Klüter Blätter 7 (59) 24 [W]; Mittenzwei: BRECHT-DIALOG 26 [O]; Mollenschott: THEATER/1 23 [O]; A. MÜLLER 5 [W], 113 [O]; Müller: THEATER/1 34, NDL 6 (58) 7, 151 [W], [u. a.] ABB 43 (66) 63 [W] u. 56 (68) 21 [W] u. 57 (68) 35 [W] u. 66 (69) 7 [W]; Münz-Koenen: WB 15 (69) 123 [W]; Peddersen: HANDBUCH 746 [O]; REICH-RANICKI 12, 135 [O], 45 p. [W]; Roland: Sonntag [Berlin] 13. 8. 61 [W]; Rühle: ABB 13 (63) 1 [W], Frankf. Allg. Ztg 18. 9. 63 [W]; Ryan: ASPECTS 80 [O]; Schaller: Dt. Woche 9 (59) 24, 10; Schamp: ABB 11 (63) 4 [W] u. [u. a.] 44 (66) 71 [O]; Schickel: Merkur 22 (68) 224 [W]; Schiller: WB 8 (62) 357 [O]; Schmückle: BRECHT-DIALOG 242 [W], STUDIEN/2 15 [W]; F. Schonauer: Dt. Literatur im Dritten Reich (61) p.; SCHUMACHER III 278 [W]; Schumacher: NDL 11 (63) 3, 59 [W]; Semmer: ABB 3 (62) 1 [W]; Semmer/Müller: ABB 4 (61) 1 [W]; Seyfarth: THEATER DDR [o. S.] [O]; STRITTMATTER 202 [O]; P. Suhrkamp: Briefe an die Autoren (63) 90, 108 [W], Geist u. Zeit 5 (57) 196 [W], Dt. Studentenztg [Hamburg] 7 (57) 6, 7 [W]; TAËNI 13 p.;

Taëni: Proceedings of the 9th Congress of the AUMLA (64) 117; Theater hinter dem ‚Eisernen Vorhang', hrsg. R. Grimm [u. a.] (64) 14, 60 p. [O]; Torberg: Monat 159 (61) 56 [W]; Treiber: Geist u. Zeit 3 (57) 136 [W]; TYNAN I 458 [W], II 153 [W]; URBANEK II p.; [Weitz:] BB—Caspar Neher (63) 22; ZIESEL p. [W]; Zöger: Dt. Universitätsztg 16 (61) 9, 32 [O]; *England :* BROOK 64 p.; BRUSTEIN II 117; DORT II 219; Esslin: Schweizer Monatshefte 47 (68) 1084, TDR 11 (66) 2, 63; Gilliat [u. a.]: ABB 32 (65) 54; Haffner/Dehn: Englische Rundschau [Köln] 6 (56) 427; HAHNLOSER 10, 254; Hertner: Der Literat 10 (68) 99; Schneider: ABB 7 (63) 6; Smith: Geist u. Zeit 4 (57) 19; Suhrkamp: Akzente 3 (56) 561; TYNAN II 26, 121 p.; WILLETT 216, 249 p.; Willett: SF/2 388, STUDIEN/1 3; *Finnland:* Boucht: Horisont 13 (66) 3, 75; Hamberg: ORD 55; Korhonen: BRECHT-DIALOG 245; Langbacka: STUDIEN/1 4; *Frankreich :* ABB 2 (60) 2; Abirached: Études 308 (61) 258 u. 320 (64) 642; ADAMOV 208 p.; Adamov/Planchon/Allio: ERINNERUNGEN 341, SuF 13 (61) 938; anon: THEATRE 1; AUFRICHT p.; Badia [u. a.]: ABB 2 (60) 2; BARTHES 48, 84; Bataillon: BRECHT-DIALOG 243; DESUCHÉ 1; DORT I 205, 214, II 18, 163, 183, 223, 301 p.; Dort: CAHIERS 33, STUDIEN/2 8, TM 15 (60) 1855; Ellmar: Geist u. Zeit 4 (57) 17; Gisselbrecht: ABB 61 (68) 69, Nouvelle critique 173/4 (66) 75, SuF 20 (68) 997; Gouhier: Table ronde 183 (63) 127; HÜFNER 1; Hüfner: Zschr. für Kulturaustausch 18 (68) 1, 31, ABB 50 (67) 57; IONESCO 198 p.; Joly: TM 20 (65) 2286; Juin: NDL 6 (58) 4, 150; Kern: Symposium 16 (62) 28; Marcorelles: CAHIERS 44; Maulnier: Revue de Paris 70 (63) 3, 125; Pfrimmer: ABB 24 (64) 71, Mercure de France 354 (65) 155; Roy: Nouvelle revue française 10 (62) 107 u. 13 (65) 114; Saurel: TM 17 (62) 897 u. 18 (61) 1710, Sipario 24 (69) 277, 41; Schneider: ABB 5 (63) 3; SERREAU 9, 145; Théâtre des Nations: 315 spectacles en 10 ans (Paris 63); Voets: Nieuw Vlaams Tijdschrift 14 (61) 476; Wendt: Chronik (64) 127; *Indien:* Alkazi: BRECHT-DIALOG 246; Girnus: SuF 20 (68) 585; Sen: STUDIEN/1 5; *Island:* Posselt: ORD 38; *Israel:* Heyman: ORD 66; *Italien :* ABB 4 (61) 3; Althusser: Esprit 30 (62) 946, Veltro 7 (63) 260; anon: ABB 8 (63) 5; Bartolucci: Nuova corrente [Genua] 26 (62) 105; DORT II 171; FECHNER 7, 82; Fechner: Veltro 7 (63) 278; Guazzotti: ebda. 250; Guglielmino [u. a.]: ABB 4 (61) 3; Joly: TM 20 (65) 2286; Lazzari: TDR/2 149; Lunari: Sipario 21 (66) 241, 67; Marotti: Veltro 7 (63) 243; Melchinger: ebda. 275, Chronik (63) 54 u. (64) 143; Moscati: Sipario 24 (69) 280, 25; PICCOLO TEATRO 200, 231 p.; QUADERNO 57; Rebora: Sipario 16 (61) 179, 5; Schumacher [u. a.]: ABB 42 (66) 56; Strehler: BRECHT-DIALOG 248, Chronik (67) 138, Ponte 25 (69) 920; *Japan:* Endo: STUDIEN/1 5; T. Kaiko: Japanische Dreigroschenoper (67); Senda: BRECHT-DIALOG 249; Shozo: NDL 5 (57) 9, 162; *Jugoslawien:* Bystrucky: NDL 4 (56) 6, 148; Düwel: NDL 5 (57) 8, 162; *Kolumbien:* Rincón: STUDIEN/1 6; *Kuba:* Dorr Udaeta: BRECHT-DIALOG 239; Laverdes: Casa de las Americas 2 (62/3) 15/6, 77 u. 3 (63) 17/8, 92; *Libanon:* Khoury: STUDIEN/1 7; *Nigerien:* Adedeji: STUDIEN/1 8; *Norwegen:* Björneboe: STUDIEN/1 8; LEISER-AANDERAA 54; Posselt: ORD 38; *Österreich:* anon: Frankf. Allg. Ztg 26. 5. 61; Fontana [u. a.]: Forum 5 (58) 57, 329; E. Lothar: Ausgewählte Werke, Bd 6 (68) 185; TORBERG I 154; Torberg: Monat 159 (61) 56; ZIESEL p.; *Polen:* Bronska-Pampuch: Monat 161 (62) 60; Gajek: Kwartalnik neofilologiczny 12 (65) 1, 63, Germanica Wratislaviensia 11 (67) 57 u. 13 (69) 67; Hartmann: Osteuropa (60) 771; J. Kott: Theatre Notebook 1947 bis 1967 (London 68) 102 p.; [Płaczkowska:] BB: Matka Courage i jej dzieci (Warschau 67) 5, 159; Słupiński: Nadbitka z ‚Przeglądu Zachodniego‘ 15 (59) 1, 145; Szydłowski: BRECHT-DIALOG 252, STUDIEN/1 9, ABB 3 (62) 7, Le Théâtre en Pologne [Warschau] 4 (62) 6, 3, Sonntag [Berlin] 8. 7. 62; WILLETT 216, 249 p.; Wilska: Dt.-poln. Hefte 3 (60) 232; WIRTH I 101; Wirth: Akzente 12 (65) 394; *Portugal:* Vilaça: Seara Nova [Lissabon] 1409 (63) 57; *Rumänien:* Theiß: STUDIEN/1 10; Tornea: BRECHT-DIALOG 254; *Rußland:* D. Angres: Die Beziehungen Lunačarskijs zur dt. Literatur (70) 192 p.; Anikst: KuL 5 (57) 1364; anon: Die Sowjetunion heute [Köln] 3 (58) 8, 18; Beresark: Literaturnyi sovremennik [Leningrad] 4 (35) 226; Bicha: Literatura mirovoi revoljucii [Moskau] 7 (32) 109; Bol'-šaja sovetskaja enciklopedija [= Sowjet-Enzyclopädie] (27) Bd 7, Artikel »Brecht«, (²51) Bd 6, Artikel »Brecht«, Bd 45, Artikel »Formalismus« [auch spätere Auflagen]; Dymschitz: BRECHT-DIALOG 261; Glade: TDR/2 137; [Gourfinkel:] Le théâtre moderne II: Depuis la deuxième guerre mondiale, ed. J. Jacquot (Paris 67) 283; A. A. Gvozdev: Teatr poslevoennoi Germanii (Moskau-Leningrad 33); W. Koeppen: Nach Rußland u. anderswohin (58) p.; Kopelev: Kultura i žizn 5 (61) 4, 38; LACIS 81, 240; Lacis/Reich: ThZ 18 (63) 17, 27; N. Lunačarskaja-Rozenel': Pamjat' serdca (Moskau 62) 153; Pfelling: WB/S 155; W. E. Meyerhold/A. I. Tairow/J. B. Wachtangow: Theateroktober. Beiträge zur Entwicklung des sozialistischen Theaters, hrsg. L. Hoffmann u. D. Wardetzky (67) p.; Reich: STUDIEN/1 11, ThZ 21 (66) 14 Beilage u. 20 (65) 16, 28 bzw. 17, 28, ABB 33 (65) 62 u. 34 (65) 75; Rischbieter: Chronik (65) 129; Rülicke: LEBEN UND WERK 183, NDL 16 (68) 2, 7; Sachawa: KuL 5 (57) 1364; Singerman: KuL 9 (61) 523, 626; [Surkov:] BB: Teatr Moskau 63) Bd 5/1, 5, KuL 13 (65) 1133, 1290; [Tretjakov:] BB: Epičeskije dramy (Moskau-Leningrad 34) 3; Turajew: Sowjet-Literatur 8 (66) 162; WEISENBORN 107; WILLETT 216, 249 p.; *Schweden:* Ägren: Ny Dag [Stockholm] 30. 2. 62; anon: Stockholms Tidningen 2. 3. 62; Håkanson: OB 77 (68) 582; Huntford: Industria International [Stockholm] (63) 152; Olson: STUDIEN/1 10; Posselt: ORD 7; Schwanborn: Horisont 13 (66) 3, 77; Sjöberg: TDR/2 143; TEATERKONST 23; *Schweiz:* Hinck: GATTUNGSGESCHICHTE 583; Jaensch: Polemos [Basel] 5 (66) 11; SCHUMACHER III 122; *Spanien:* D. Alvarez: Teatroforum (Madrid 66) 203 p.; Buero Vallejo: Insula [Madrid] 18 (63) 1, 14; Castilla: STUDIEN/1 12; Rötzer: Rheinischer Merkur 15. 4. 66; *Syrien:* Khaznadar: STUDIEN/1 13; *T s c h e c h o s l o - w a k e i :* anon: ABB 2 (62) 1, Börsenblatt für den dt. Buchhandel 130 (63) 13, 224; Balvin: Divadlo 8 (57) 486; [Filipec:] Dt.- tschech. Beziehungen im Bereich der Sprache u. Kultur. Abhandlungen der Sächsischen Akademie der Wissenschaften zu Leipzig. Philol.- hist. Klasse 59 (68) 2, 17; Grossman: Divadlo 9 (58) 409; Kunderá: STUDIEN/2 15; Nožka: Im Herzen Europas. Tschechoslowakische Monatshefte 3 (62) 25; Vápeník: STUDIEN/2 16; *U n g a r n :* Fay: NDL 10 (62) 3, 136; Fehér: Kritika 7 (69) 10, 42; Illés: ebda. 45; Kanyó: AUS 2 (64) 23; KERY 63, 95, 237, 257; Kis: Uj Irás 5 (65) 115; Major: BRECHT-DIALOG 257; MITRU 209; Pischel: NDL 11 (63) 11, 170; Szántó: Szinhaz és Filmmüvészet (56) 731; Szemlér: Igaz Szó 7 (59) 703; [Szili:] Comparatists at Work. Studies in Comparative Literature, ed. S. G. Nichols u. R. B. Vowles (Waltham, Toronto, London 68) 91; VAJDA II 327 p.; [Vajda:] Studien zur Geschichte der dt.-ungar. literarischen Beziehungen, hrsg. L. Magon [u. a.] (69) 469, STUDIEN/1; F. Vogl: Theater in Ungarn 1945 bis 1965 (66) 99; *Uruguay:* Kuehne: Hispania [Amherst] 51 (68) 408; Rein BRECHT-DIALOG 256; *U S A :* AUFRICHT p.; Ballet: DS 3 (63) 145 BAULAND 122, 128, 164, 177 p.; [Baxandall:] BB: The Mother (New York 65) 10, TDR/2 69, Left 6 (66) 1, 28; E. Bentley: The Dramatic Event (London 56) 209, Theater der Welt. Ein Almanach hrsg. H. Jhering (49) 70, TDR/1 39, DS 4 (65) 101; [Bentley:] BB: The Good Woman of Setzuan (New York 66) 5, BB: The Caucasian Chalk Circle (New York 66) 5, 129, BB: Baal, A Man's a Man and The Elephant Calf (New York 64) 103; BLAU 89 p.; Borneman SF/2 142; E. Brüning: Das amerikanische Drama der dreißiger Jahre (66) 60, 69 p.; BRUSTEIN II 168; J. W. Byer: The History of Eric Bentley's Contribution to the American Theatre (Diss. Pittsburgh Carnegie-Mellon Univ. 67); Davis: Left 4 (64) 2, 28; R. A. Duprey: Just off the Aisle (Westminster/Md. 62) 95; Esslin: Left 2 (62) 3, 76; M. Freedman: The Moral Impulse (Carbondale u. Edwardsville, London u. Amsterdam 67) 99; J. Gassner: Theatre at the Crossroad (New York 60) 264 p.; GORELIK 397 p.; HAHNLOSER 10; Hakim Left 2 (62) 3, 80 u. 2 (61) 2, 59, Review [New York] 1 (65) 14 M. Y. Himelstein: Drama Was a Weapon. The Left-Wing Theatre in New York 1929—1941 (New Brunswick 63) 65 p., MD 9 (66) 178; Hodge: THEATER TODAY 69; M. Jeitschko: Dt. Dramatik an New Yorker Bühnen 1900 bis 1965 im Spiegel der Kritik (Diss. Wien 66); Kern: MD 1 (58) 3, 157; W. Kerr: Thirty Plays Hath November (New York 69) 277; KESTEN 299; W. L. Kopp: German Literature in the United States 1945—1960 (Chapel Hill 67) 144, 160 MACGINNIS; Malina [u. a.]: Left 4 (64) 2, 39; Munk: TDR/2 20 Nubel: ESSLIN I [amerikanische Fassung, Anhang]; G. Rabkin: Drama and Commitment (Bloomington u. London 64) 62; Rippley Twentieth Century Literature 14 (68) 143; Salomon: KR 24 (62)

542; A. Schneider: GOEDHART 45; D. Schneider: ABB 13 (63) 4; SCHUMACHER III 198, 218; Shaktman: New Theatre Magazine [Bristol] 3 (62) 3, 9; Simon: Hudson Review 16 (63) 80, 264, 582; H. Swados: A Radical's America (Boston u. Toronto 62) 84; Tabori: BRECHT-DIALOG 258, STUDIEN/1 13; Weales: The Reporter [New York] 28 (63) 10, 39; Weisstein: MLN 78 (63) 373, MH 60 (68) 235, Proceedings of the International Comparative Literature Association (59) Bd 2, 548; WILLETT 216, 249 p. — *Weitere Literaturangaben:* ADELMAN/DWORKIN 61 [USA]; BAULAND 281 [USA]; Brecht u. die Tschechoslowakei [zur gleichnamigen Ausstellung im ,Haus der tschechoslowakischen Kultur' Berlin] (68); CHIARINI I [Taschenbuchausgabe] 298 p. [Italien], QUADERNO 57 [Italien]; HÜFNER 253 [Frankreich]; SUGAYA 198 [Japan]; Vogl [s. o.] 193 [Ungarn]; RHTh [Bibliographie] [allg.]; ferner s. o. *Beziehungen und Vergleiche.*

Ergänzende (allgemeine) Literatur [umfaßt im wesentlichen nur solche Darstellungen und Bemerkungen, die nicht schon in anderem Zusammenhang genannt oder im Literaturverzeichnis aufgeführt sind]: Aanderaa: Vinduet [Oslo] 4 (57) 4, 302; Abusch: SuF 18 (66) 1289; Albrecht: Bühnenblätter Lübeck 5, H. 13, 120; Alter: American-German Review 30 (64) 6, 25; S. d'Amico: Storia del teatro drammatico (Mailand ⁴58) Bd 4, 147; S. Ammer: Das deutschsprachige Zeitstück der Gegenwart (Diss. Köln 66); Amoretti: L'Italia che scrive [Rom] 35 (52) 107 u. 46 (63) 128; Andersch: Jahresring 60/61 (60) 88; Angelloz: MF 327 (56) 122; anon: ThP 24 (57) 1, Time 17. 3. 61, 64, BB: Teatro (Habana 63) 7; Antonetti: Éducation et Théâtre 7 (57) 38/9, 157; A. Arnold: Die Literatur des Expressionismus (66) p.; Bächler: Schweizer Rundschau 54 (54/5) 678; [Badenhausen:] Reclams Schauspielführer (¹⁰68) 809; Baxandall: Left 1 (61) 4, 93; J. R. Becher: Über Literatur u. Kunst (62) 789 p.; Becker: New Republic 26. 10. 53; E. Bentley: What Is Theatre? (New York 56) p., Theatre Arts 28 (44) 509; [Bettex:] Dt. Literaturgeschichte in Grundzügen, hrsg. B. Bosch (²61) 412; Bhardwaj: Mainstream [New Delhi] 19. 10. 63, 23; Böni: Rote Revue [Zürich] 1 (60) 13; Borneman: KR 21 (59) 169; B. v. Brentano: Schöne Literatur u. öffentliche Meinung (62) 61; I. de Brugger: Teatro alemán espresionista (Buenos Aires 59) p., El teatro alemán (Buenos Aires 68) 83; Bunge: Revue de Caire 21 (58) 139; Capriolo: Sipario 21 (66) 241, 54; P. Chiarini: Romanticismo e realismo nella letteratura tedesca (Padua 61) 247, Enciclopedia dello spettacolo (Rom 54) Bd 2, 1054, Notiziario Einaudi 7 (58) 4, 1; Clurman: Theatre Arts 45 (61) 8, 10; C. David: Von Richard Wagner zu BB (64) 262 p.; I. Deak: Weimar Germany's Left-Wing Intellectuals (Berkeley u. Los Angeles 68) p.; Dt. Literaturgeschichte in einem Bd, hrsg. H. J. Geerdts (65) 586 p.; A. Dimšic: Literatura i narod (Leningrad 58) 254, Svezda 4 (57) 192; Doglio: Letture [Mailand] 12 (57) 1, 43; Ehrenstein: Das Dreieck [Berlin] 1 (24) 3, 98; Encyclopédie du théâtre contemporain, ed. G. Quéant (Paris 59) Bd 2 p.; [Esslin:] The Genius of German Theater, ed. M. Esslin (New York 68) 523; [Etkind:] BB: Teatr (Moskau 63) Bd 1, 495, Bd 3, 443, Bd 4, 419; Falkenberg: Blätter des dt. Theaters in Göttingen 7 (56/7) 99, 36; Fassmann: HANDBUCH 123; K. Fedin: Dichter, Kunst, Zeit (59) 229; Fernandes: Revista brasiliense [São Paulo] 36 (61) 177; [Feuchtwanger:] Unsterblicher Genius. Dt. Dichter im Gedenken ihrer Freunde, hrsg. P. Schneider (59) 387, Das Tagebuch [Berlin] 3 (22) 1417; Filipe: Primer Acto 46 (63) 19; [Fradkin:] BB: Teatr (Moskau 63) Bd 1, 5, Bd 2, 427, BB: Stichi, roman, novelly, publicistika (Moskau 56) 5, 644, Teatr 17 (56) 1, 142; Frisch: Blätter des dt. Theaters in Göttingen 7 (56/7) 99, 27; P. Garnier: Positions actuelles (Paris 61) p.; Garstang: Univ. of Kansas City Review 29 (62) 29; Garten: GLL N. S. 5 (51/2) 126; [Gassner:] A Treasury of the Theatre II: Modern European Drama from Henrik Ibsen to Jean-Paul Sartre, ed. J. Gassner (New York ²51) 456; Geerdts: WB 9 (63) 100; M. Geisenheyner/K. M. Jung: Das Drama (67) 304; Gejm: Ogonek 34 (56) 35, 29; H. Glaser: Weltliteratur der Gegenwart (65) p.; H. Glaser/J. Lehmann/ A. Lubos: Wege der dt. Literatur (³65) 333 p.; Götz: Divadlo 8 (57) 450; H. Gräf: . . . denn wovon lebt der Mensch. [Fotobuch] nach Texten von BB (62); Greiner: Nachrichten der Giessener Hochschulgesellschaft 29 (60) 95; O. Grotewohl: Gedankenkraft u. Sprachgewalt bei Marx u. Engels (58) 27; Haas: Magnum 26 (59) 31; M. Hamburger: From Prophecy to Exorcism (London 65) 128; Hampe: Bücherei u. Bildung 11 (59) 521; [Hansson/Sulzbach:] BB: Anthologie, hrsg. H. Hansson u. R. Sulzbach (Stockholm 63) 79; H. Hatfield: Modern German Literature (London 66) 139 p.; [Hecht:] BB: Stücke (68) 621; Heller: GR 28 (53) 144; J. Hermand: Synthetisches Interpretieren (68) p.; Hermsdorf: WB 7 (61) 290; Hewitt: Threshold 3 (59) 4, 38; C. Hill: 200 Jahre dt. Kultur (New York u. London 66) 340, 437, Universitas 15 (60) 1275; H. Hilpert: Das Theater ein Leben (St. Gallen 61) 58; [Hind:] Fremmede digtere i det 20 århundrede, ed. S. M. Kristensen (Kopenhagen 68) Bd 2, 327; [Hoffmann/Hoffmann-Ostwald:] Dt. Arbeitertheater 1918—1933. Eine Dokumentation, hrsg. L. Hoffmann u. D. Hoffmann-Ostwald (61) 656 p.; Högel: Universitas 17 (62) 503; C. Hohoff/A. Soergel: Dichtung u. Dichter der Zeit (61/3) Bd 1 p., Bd 2, 397 p.; N. Honsza: W kręgu literatury niemieckiej (Kattowitz 68) p.; C. Hoogland/G. Ollén: Vår tid i dramat (Stockholm 54) 18; K. A. Horst: Die dt. Literatur der Gegenwart (57) p., Kritischer Führer durch die dt. Literatur der Gegenwart (62) 271 p., Das Abenteuer der dt. Literatur im 20. Jh. (64) p.; Hustad: Samtiden 77 (68) 49; Jaarsma: Kroniek van Kunst en Kultuur [Amsterdam] 16 (56) 101; Jacob: Cahiers du Sud 44 (57) 338; [Jacobsen:] Die Wahrheit ist konkret. Et Brecht-Udvalg ved H. H. Jacobsen og E. Christensen (Kopenhagen 67) 11; Jancke: NDH 4 (57/8) 230; Jean: Cahiers du Sud (61) février-mars; W. Jens: Moderne Literatur — moderne Wirklichkeit (58) p., Dt. Literatur der Gegenwart (61) p.; H. Jhering: Auf der Suche nach Deutschland (52) p.; Johannes R. Becher zum Gedenken (58) 202; Johansson: Ringen 2 (57) 2, 4, Vår tid [Stockholm] 12 (56) 9/10, 341; Jun-Broda: Mogućnosti [Split] 4 (57) 928; A. Kantorowicz: Im 2. Drittel unseres Jhs (67) p.; [Kern:] Encyclopedia of World Literature in the 20th Century, ed. W. B. Fleischmann (New York 67) Bd 2, 165; Kerr: NR 34 (23) 910; H. Kesten: Der Geist der Unruhe (59) p.; Kniffler: PP 18 (64) 685; Knipovič: Oktobr 7/8 (41); Kohlhaas: Delta [Amsterdam] 6 (63) 1, 51; Kohnen: Verbum [Rio de Janeiro] 18 (61) 189; [Kondo:] Das kleine Brechtbuch, hrsg. K. Kondo (Tokio 67); E. Kreuder: Hörensagen (69) 162 p.; Krüger: Filologia moderna [Madrid] 33/4 (69) 3; [Kunderá:] Zloděj třešní. Výbor z dila (Prag 67) 363; Kunisch [u. a.]: HANDBUCH p.; Kusche: Weltbühne 13 (58) 246; [Lacis:] BB: Izlase (Riga 61) 525; Lange: DUO 5 (52) 232; P. Langfelder: Studien u. Aufsätze zur dt. Literatur, 2 Bde (Bukarest 61/2); [Langfelder:] BB: Einakter, Gedichte, Prosa (Bukarest 60) 5; [Lazarowicz:] Lexikon der Weltliteratur im 20. Jh. (²60) Bd 1, 247; Leiser/Wekwerth: Die Zeit 21. 5. 65; K. Leutner: Deutsche, auf die wir stolz sind II (58) 379; Linde: Bonniers litterära magasin 25 (56) 629; Literaturkunde. Beiträge zu Wesen u. Formen der Dichtung (62) Bd 1, 79, 243 p.; G. Lukács: Dt. Literatur im Zeitalter des Imperialismus (46) 56; Madarević: Teatar [Zagreb] 4 (58) 1/2, 39; Mander: New Statesman and Nation 58 (59) 1487, 313; Mantel: Weltbühne 15 (60) 335; F. Martini: Dt. Literaturgeschichte (¹²63) 569; Masini: Società 13 (57) 1131; [Mayer:] BB: Teatro, ed. E. Castellani (Turin 65) VII; Mekhawi: Al Magala [Ägypten] (57/8) 125; [Melchinger:] Welttheater. Bühnen, Autoren, Inszenierungen, hrsg. S. Melchinger u. H. Rischbieter (62) 491, Dt. Theater. 5 Theaterstücke (60) 467, Universitas 23 (68) 589; Merriam: Promethean Review 1 (59) 3, 26; Michener: Queens Quarterly 67 (60) 360; P.-L. Mignon: Le théâtre contemporain (Paris 69) 180; L. Mittner: La letteratura tedesca del Novecento (Turin 60) 295; [Moglescu:] BB: Teatru (Bukarest 58) 5; Mokulskij/Rostockij: Sovetskaja kultura 18. 5. 57; H. T. Moore: Twentieth-Century German Literature (New York u. London 67) 36, 107 p.; [Moore:] LYONS V; Motekat: Blätter für den Deutschlehrer 1 (56) 9; [Müller:] Freundschaft Drušba Amitié. Schriftsteller schreiben an dt. Kinder (53) 160; R. Musil: Tagebücher, Aphorismen, Essays u. Reden, hrsg. A. Frisé (55) p.; M. Nerlich: Kunst, Politik u. Schelmerei (69) p.; Olles: Die Kirche in der Welt 8 (55) 233; Olsoni: Valvoja [Helsinki] 86 (66) 5; Paenhuysen: Socialisme [Brüssel] 3 (65) 220; Palitzsch: Syn og Segn 68 (62) 20; Peuckert: ZfdPh. 80 (61) 220; H. I. Pilikian: The most formidable and fear-full Tragicall Historie of Mahumodo, Prince of Darknesse (Beirut 64) Bd 2 p.; W. Pintzka: Einige Punkte u. einiges Material für Vorträge über BB (59) H. 18; Podszus: Jahresring 57/8 (57) 307; [Poljakova:] BB: Pjesy (Moskau 56) 730; Priem: Dt. Lehrerztg [Berlin] 9 (61) 30, 6; Rebello: Vértice 15 (55) 199; Reeves: New Theatre Magazine

[Bristol] 3 (62) 3, 5; M. Reich-Ranicki: Literatur der kleinen Schritte (67) 173 p.; P. Reimann: Von Herder bis Kisch (61) p.; P. Rényi: Vitában. Esszék, Kritikák (Budapest 67); J. G. Robertson/E. Purdie: A History of German Literature (Edinburgh u. London ⁵66) 556 p.; A. Rosenfeld: Teatro alemão (São Paulo 68) Bd 1, 124, 142; Rovatti: Aut Aut 81 (64) 74; M. Saillet: Billets doux de Justin Saget (Paris 52) 21; Salvat: Serra d'Or [Barcelona] 6 (64) 9, 43; Sartre: Dichten u. Trachten 16 (60) 90; Sastre: Primer Acto 46 (63) 16; F. Schlawe: Literarische Zeitschriften 1910—1933 (62) p.; A. Schmidt: Literaturgeschichte unserer Zeit (68) 335 p.; G. Schoop: Das Zürcher Schauspielhaus im zweiten Weltkrieg (Zürich 57) p.; Schücking: Die Hilfe 35 (29) 581, 601; Schumacher: Panorama 5 (61) 75; [Schwerte:] Annalen der dt. Literatur, hrsg. H. O. Burger (52) 815 p.; Seiffert: DB 40 (68) 22; J. Seyppel: Ein Yankee in der Mark (70) p.; Škreb: Teatar [Zagreb] 2 (56) 4/5, 26; Sprinchorn: Columbia Univ. Forum [New York] 4 (61) 4, 44; Standaert: Nieuw Vlaams Tijdschrift 22 (69) 116; [Strachova:] BB: Gedichte u. Lieder (Moskau 53) 315; J. L. Styan: The Elements of Drama (Cambridge 60) p.; E. Surkov: Amplituda spora. Stati o Brechte [usw.] (Moskau 68) 23; [Surkov:] BB: Teatr (Moskau 63) Bd 4, 5; [Süskind:] Genius der Deutschen (68) 441; [Szczepański:] BB: Trzy dramaty (Warschau 53) 5; W. Szewczyk: Dt. Dramatik (Warschau 54) p.; Szittya: Europe 35 (57) 137, 42; Thompson: KR 2 (40) 319; G. de Torre: Historia de las literaturas de vanguardia (Madrid 65) 229; Ulbricht: KRITIK 390; R. Vailland: Expérience du drame (Paris 60) p.; [Vajda:] BB: Színmüvek (Budapest 61) I, BB: Színmüvei (Budapest 64) Bd 2, 1039, Kortárs (61) 414; Ver Elst: Mens en Taak [Antwerpen] 5 (62) 3, 90; Viertel: KR 7 (45) 467; M. Vilaça: Teatro Contemporâneo (Coimbra 67), Seara Nova 41 (62) 57, 62; Vilar: Magazine littéraire [Paris] 2 (68) 20; [Walkó:] BB: Színmüvei (Budapest 64) Bd 1, 1053; R. Wellek/A. Warren: Theorie der Literatur (63) p.; Wertheim: De Nieuw Stem 17 (62) 592; Weyrauch: Aufbau 4 (48) 134; [Wiese:] Formkräfte der dt. Dichtung vom Barock bis zur Gegenwart, hrsg. H. Steffen (63) 284; Willett: STUDIEN/2 19; Williams: Critical Quarterly 3 (61) 153; Wintzen: L'âge nouveau 71 (52) 106; Witte: Nieuw Vlaams Tijdschrift 20 (67) 98; Wittke: Mississippi Valley Historical Review 28 (41) 3; Zampa: L'illustrazione italiana 87 (60) 2, 30; Zech: Das dramatische Theater [Leipzig] 1 (24) 222; [Ziegler:] Dt. Philologie im Aufriß (²60) Bd 2, 1998 p.; [Znamenskaja:] Sammlung von kritischen Aufsätzen u. Kurzbiographien zur Geschichte der dt. Literatur, hrsg. P. Langfelder (Bukarest 56) 523, BB: Gedichte u. Lieder (Moskau 53) 3, Sowjet-Literatur 6 (55) 197; A. Zweig: Essays I: Literatur u. Theater (59) 342; Ðorsteinsson: Tímarit Máls og Menningar [Reykjavík] 24 (63) 2, 113. — *Weitere Literaturangaben:* s. o. *Bibliographien;* ferner ESSLIN [dt. Fassung] 395, W. MITTENZWEI I 404, HULTBERG 223, PETERSEN passim.

Brecht als Gegenstand der Literatur: Neben
Brecht-Parodien und der (zumeist verschlüsselten) Verwendung
Brechts als Dramen- oder Romanfigur sind vor allem die zahlreichen Gedichte auf Brecht zu beachten. Daß auch Brechts Werk schon
zu Gegenentwürfen (wie Adamovs Stück »Le printemps 71«) bzw.
Parallelgestaltungen (wie Kaikos Roman »Japanische Dreigroschen-
oper«) Anlaß gegeben hat, ist selbstverständlich; sie können hier je-
doch nicht verzeichnet werden [s. o. *Beziehungen und Vergleiche* so-
wie *Wirkung*]. — *Brecht-Parodien:* M. Bieler: Der Schuß von der
Kanzel oder Eigentum ist Diebstahl. Parodien (58) 50; Karsunke:
Tintenfisch 1 (68) 67; R. Neumann: Mit fremden Federn (65) 145;
R. Schneider: Aus zweiter Hand (58) p.; Torberg I 147, 218;
Tucholsky I Bd 3, 544; [vgl. auch Ionesco im folgenden Abschnitt].
— *Brecht als Dramen- oder Romanfigur:* Feuchtwanger I [BB =
Kaspar Pröckl]; Fleisser [BB = Dramatiker]; Grass I [BB = Chef];
E. Ionesco: Théâtre (Paris 58) Bd 2 [enthält »L'Impromptu de
'Alma«; BB = Bertholus], Bd 4 [enthält »La Soif et la Faim«; BB
= Brechtoll]; H. Sahl: Die Wenigen u. die Vielen (59) 98 [BB =
Jürgen Scharf]. — *Gedichte auf Brecht:* Bartsch: Sonntag [Berlin]
7. 8. 66, Kürbiskern 2 (68) 187; [Becher:] . . . daß die Zeit sich
wende! Ein Almanach (57) 239; Berger: Akzente 13 (66) 132; W.
Biermann: Die Drahtharfe (o. J.) 23; Brandt: Lyrica Germanica.
Journal of German Lyric Poetry [Lexington] (66) Sept. 2; Carlson:
Clarté (56) 4; Fuchs: NDL 4 (56) 10, 95; Gallasch: ebda. 96; Hacks:
SuF 15 (63) 204; A. Hurwicz: Windflüchter (57) 33, Sonntag [Berlin]
7. 8. 66; Kahlau: ebda.; Maurer: SuF 17 (65) 508; Meredith: Paris
Review 28 (62) 2, 112; Prévert: Geist u. Zeit 4 (57) 144 [?]; H.
Schneider: Geschichten, Gedichte, hrsg. P. Stöckli (Binningen/Basel
66) [o. S.]; [Schroeder:] Max Schroeder zum Gedenken (58) [?];
Schumacher: Sonntag [Berlin] 28. 8. 56; Weck [Pseudonym?]: Pole-
mos [Basel] 5 (66) 10; Wedding: Druck u. Papier [Stuttgart] 8,
7, 335; [Weyrauch:] Das Jahr (61) 14. 8., Hortulus 12 (62) 112;
P. Wiens: Zunftgenossen, Kunstgefährten (56) 10; vgl. ferner P.
Dessaus Orchesterstück »In memoriam BB« (1957) sowie Anekdoten
/II u. Strittmatter.

*Literaturberichte und Rezensionen zur Brecht-
forschung* [in Auswahl]: Barthes: Ragionamenti 2 (56) 124 [Kri-
tik der Brecht-Kritik]; Beckley: GLL N. S. 13 (59) 64 [Sammelre-
zension]; Chiarini III 263 [Forschungsbericht]; Collection 184
[kritische Anmerkungen]; Dietrich: MuK 6 (60) 90 [Sammelrezen-
sion]; Dort I 7 [Forschungsstand 1960]; Fradkin: KuL 14 (66) 943
[Forschungsbericht]; Geerdts: WB 7 (61) 361 [Sammelrezension];
Görsch: DUO 18 (65) 58 [Sammelrezension]; Gray 20 [Literaturbe-
richt]; Hinck I 9 [Literaturbericht]; Hultberg 9 [Literaturbericht];
de: Mitteilungen des dt. Germanistenverbandes 7 (60) 2 [Forschungs-
stand]; Karasek: ThH 2 (61) 11, 44 [Sammelrezension]; Kostić:
Zivot [Sarajewo] 12 (63) 2, 3 [kritischer Überblick]; Mittenzwei: ABB

189

47/8 (67) 20 [westdt. Forschung]; Münz-Koenen: WB 15 (69) 123 [Sammelrezension]; Olles: WuW 13 (58) 299 [Literaturbericht]; Pawlowa: Sowjet-Literatur 4 (62) 183 [Forschung in Rußland]; Peppard: MH 55 (63) 325 [Sammelrezension]; Pfelling: WB/S 155 [Forschung in Rußland]; Rimbach: ETJ 14 (62) 257 [Sammelrezension]; Schamp: ABB 14 (64) 1 u. 19 (64) 32 u. 29 (65) 30 u. 43 (66) 65 u. 46 (67) 14 [jeweils Sammelrezension], ABB 47/8 (67) 30 [ostdt. Forschung]; Schumacher: Dt. Woche 11 (61) 33, 13 [Sammelrezension]; Seibicke: Muttersprache 73 (63) 250 [Sammelrezension]; Semrau: WWo 14 (59) 308 [Sammelrezension]; Turajew: Sowjet-Literatur 8 (66) 162 [Forschung in Rußland]; Vápeník: Divadlo 14 (63) 7 [Forschungsbericht]; Walter: FH 19 (64) 659 [Sammelrezension]; WILLETT 251 [kritische Anmerkungen]; Žmegač: BRECHT BÜHNEN [Forschung in Westdeutschland]. — *Größere Einzelrezensionen:* Abel: Evergreen Review 4 (60) 14, 134 [ESSLIN I, amerikanische Fassung]; Abraham: Europe 33 (55) 114/5, 266 [SERREAU]; Agli: Annali. Istituto Universitario Orientale. Sezione Germanica [Neapel] 3 (60) 302 [CHIARINI I]; anon: Les lettres françaises 14. 7. 66, 6 [KOPELEV II]; Auer: NDL 5 (57) 8, 132 [SF/2]; Baxandall: Left 1 (60) 2, 67 [ESSLIN I, amerikanische Fassung]; Bentley: TDR 4 (60) 4, 105 [WILLETT, ESSLIN I]; Berendsohn: Moderna Språk 60 (66) 340 [BÖCKMANN, STEFFENSEN]; Bird: GLL N. S. 21 (67/8) 74 [KOHLHASE]; Borneman: KR 22 (66) 465 [WILLETT, ESSLIN I]; Brenner: DVjs. 32 (58) 476 [SCHUMACHER I]; Cases: Rivista di letterature moderne e comparate 13 (60) 134 [CHIARINI I]; Chiarini: Arena 1 (53) 150 [THEATERARBEIT]; Clurman: PR 26 (59) 624 [WILLETT]; Colleville: EG 19 (64) 228 [STERNBERG]; Cotet: EG 13 (58) 75 [KLOTZ I]; Demetz: Merkur 16 (62) 1084 [ESSLIN I, HOLTHUSEN]; Ekmann: JEGP 66 (67) 659 [SCHMIDT], OL 23 (68) 251 [ENGBERG]; Fancelli: Rivista di letteratura moderne e comparate 20 (67) 298 [GRIMM III]; Fede: Humanitas 14 (59) 605 [CHIARINI I]; Fogg: MLR 63 (68) 54 [SCHMIDT]; Frey: MH 52 (60) 356 [GRIMM I]; Fuegi: Modern Language Journal 53 (69) 280 [SPALTER]; Gajek: Kwartalnik neofilologiczny 14 (67) 185 [WIRTH II]; Geerdts: WB 3 (57) 299 [SCHUMACHER I], Revue belge de philologie et d'histoire (60/2) 494 [GRIMM I]; Geißler: WW 9 (59) 59 [KLOTZ I], 253 [MANN I] u. 10 (60) 27 [HINCK I]; Gisselbrecht: Nouvelle critique 128 (61) 47 [ESSLIN I]; Grimm: RLC 35 (61) 319 [KLOTZ I], ZfdPh. 84 (65) Sonderheft 90 [HULTBERG], Umjetnost riječi 9 (65) 115 [HULTBERG] MH 61 (69) 181 [EWEN]; Guthke: Götting. Gelehrte Anzeigen 214 (62) 211 [HINCK I]; Hammel: NDL 5 (57) 7, 146 [Szondi]; Hermann: Nagyvílág [Budapest] 4 (59) 1570 [WALKÓ]; Hirschbach: JEGP 60 (61) 406 [HINCK I]; Hoffmeister: GQ 35 (62) 369 [ESSLIN I]; Honsza: Annali. Istituto Universitario Orientale. Sezione Germanica [Neapel] 9 (66) 242 [KOHLHASE]; Immoos: Hochland 61 (69) 84 [JASAGER/NEINSAGER]; Jarvis: GR 38 (63) 189 [HULTBERG]; Kähler: SuF 19 (67) 1010 [PONGS I]; Kanz: Philosophischer Literatur

190

anzeiger 16 (63) 97 [ESSLIN I]; Kern: JEGP 68 (69) 364 [HÜFNER];
Kesting: Erasmus 13 (60) 466 [HINCK I]; Korlén: Moderna Språk 62
(68) 434 [KNUDSEN]; Kreuzer: Universitas 24 (69) 883 [BRANDT];
Kurz: Stimmen der Zeit 181 (68) 127 [SCHMIDT]; Kurzweg: NDL 15
(67) 7, 181 [SCHUMACHER III]; Kusche: NDL 7 (59) 8, 157 [HAAS I];
Laboulle: MLR 55 (60) 306 [WILLETT]; Lachmann: Dt. Literaturztg
77 (56) 514 [SCHUMACHER I]; Leppmann: CL 13 (61) 272 [ESSLIN I];
Licher: Neoph. 52 (68) 335 [SCHMIDT]; Löfdahl: Moderna Språk 59
(65) 99 [GREVENIUS]; Lohner: JEGP 65 (66) 148 [GRIMM III]; Lyons:
MLN 84 (69) 496 [SPALTER]; MacLean: AUMLA (61) 240 [GRAY];
Mankin: JEGP 63 (64) 316 [STERNBERG]; Mannzen: Texte u. Zeichen
2 (56) 649 [SCHUMACHER I]; Mayer: Dt. Literaturztg 75 (58) 408
[KLOTZ I]; McGill: AUMLA (68) 114 [K. MÜLLER]; Melchinger: Mer-
kur 15 (61) 887 [MAYER II], Universitas 23 (68) 589 [SCHMIDT];
Mensching: Poetika 1 (67) 422 [SZCZESNY]; Mercier: RHTh 15 (63)
188 [DESUCHÉ]; Merkel: Colloquia Germanica 1 (67) 227 [KOHL-
HASE]; Metscher: Das Argument [Berlin] 1 (64) 44 [W. MITTEN-
ZWEI I, WEKWERTH I]; Nerlich: Poetika 2 (68) 279 [WILL]; Ognja-
nov: WB 9 (63) 141 [MAYER II]; Onderdelinden: Neoph. 51 (67) 97
[WITZMANN]; Patera: ORD 27 [ESSLIN I]; Pavlova: Voprosy litera-
tury 9 (65) 220 [SCHUHMANN]; Pfeiffer: Revue belge de philologie et
d'histoire (66) 290 [GRIMM III]; Pfelling: SuF 20 (68) 256 [FRADKIN
II]; Pons: EG 22 (67) 622 [SCHRIMPF]; Puknat: GQ 40 (67) 433
[SCHMIDT], MH 61 (69) 90 [SPALTER]; REICH-RANICKI 14 [MAYER
II]; Reich-Ranicki: Die Zeit 16. 6. 61 [MAYER II]; Rossanda: Società
15 (59) 972 [CHIARINI I]; Saurel: TM 16 (60/1) 1044 [DORT I];
Schrögendorfer: MuK 6 (60) 92 [CHIARINI I]; Schuhmann: WB 11
(65) 806 [WILLETT, dt. Ausgabe]; Seidel: NDL 4 (56) 4, 131 [SCHU-
MACHER I], Germanistik 9 (68) 172 [PETERSEN]; Semper: Theater u.
Zeit [Wuppertal] 10 (63) 10, 191 [A. MÜLLER]; Spalek: GQ 35
(62) 371 [ÄRGERNIS]; Steer: GLL N. S. 21 (67/8) 75 [SCHMIDT];
Steffensen: OL 19 (64) 152 [HULTBERG]; Subiotto: GLL N. S. 14
(60/1) 126 [CHIARINI I]; Whiting: London Magazine 6 (59) 7, 65
[WILLETT]; Wijkmark: ORD 34 [HULTBERG]; Willett: Massachusetts
Review 1 (60) 589 [ESSLIN I]; Winter: Il Dramma 36 (60) 72
[WILLETT]; Woods: GR 45 (70) 61 [EKMANN, K. MÜLLER]; Zeller:
Germanistik 9 (68) 645 [SEIDEL]; Žmegač: Umjetnost riječi 7 (63)
241 [KLOTZ I] u. 8 (64) 84 [GRIMM III]. — *Weitere Literaturangaben:* vgl. vor allem die laufenden Referate in der Zschr. ›Germanistik‹ sowie den Besprechungsteil des ab 1971 erscheinenden Brecht-
Jbs [s. u. *Brecht Society*]; ferner ABB (verschiedene Einzelrezensionen). Ein umfassender Forschungsbericht ist von der DVjs. angekündigt.

Bertolt-Brecht-Archiv (BBA; gegründet 1956). — Anschrift: Berlin N 4, Chausseestr. 125. — Das Archiv, an dem 1960
sechs, 1970 drei vollamtliche Mitarbeiter täig waren, ist in Teilen der
unverändert erhaltenen letzten Wohnung Brechts untergebracht; diese

Räume stehen auch für Forschungsarbeiten zur Verfügung. Außer den Handschriften (bzw. deren Photokopien) enthält das Archiv die umfangreiche Bibliothek Brechts, eine große Sammlung von Photomaterial, Schallplatten, Filmen und Tonbändern (besonders bedeutsam durch die Aufnahmen von Brechts Einstudierung seines »Kaukasischen Kreidekreises« und »Leben des Galilei« mit dem Berliner Ensemble), ferner eine reiche Sammlung von Theaterkritiken, Plakaten, Programmen usw. und schließlich die fast vollständig zusammengetragene Sekundärliteratur über den Dichter. Alle diese Sammlungen werden laufend ergänzt. Eine Zeitlang hat man auch Gespräche mit Brechts alten Mitarbeitern und Freunden geführt, um Näheres über Leben und Arbeitsumstände des Dichters zu erfahren; diese Gespräche wurden auf Tonband aufgenommen, dann transkribiert und teilweise (vgl. vor allem EISLER) auch veröffentlicht, jedoch inzwischen wieder eingestellt. Der vom Archiv erschlossene literarische Nachlaß Bertolt Brechts umfaßt, neben den zahlreichen Entwürfen, Vorstufen und abweichenden Fassungen bereits veröffentlichter Werke, noch viel Unveröffentlichtes; er wirft schwierige, schon verschiedentlich diskutierte editorische Probleme auf. Einen erschöpfenden Überblick bietet das von Herta Ramthun erstellte vierbändige Bestandsverzeichnis, von dem die beiden ersten Bände bereits erschienen sind [s. o. RAMTHUN I/II]: Bd 1 verzeichnet die Stücke und Stückbearbeitungen, die Stückprojekte, -entwürfe und -fragmente, die Einakter, Übungsstücke sowie die Mitarbeit an Stücken und Stückbearbeitungen; Bd 2 erfaßt die Gedichte und Gedichtbearbeitungen einschließlich der »Kriegsfibel«, ferner die Gedichtentwürfe und -fragmente sowie die Mitarbeit an Gedichten und Gedichtbearbeitungen. Die beiden restlichen Bände sind den Prosatexten und dem sonstigen Nachlaß vorbehalten. Bd 3 [im Manuskript fertiggestellt] ist folgendermaßen gegliedert: Romane und Romanfragmente; Dialoge; kleine Prosa mit »Me-ti« und »Keunergeschichten«; Prosaentwürfe und -fragmente; Filmerzählungen sowie Filmentwürfe und -fragmente, ferner Drehbücher; Schriften zum Theater mit Entwürfen und Fragmenten sowie Anmerkungen zu Stücken; Schriften zur Literatur mit Entwürfen und Fragmenten; Schriften zum Film, zur Musik, zur Bildenden Kunst; Schriften zur Kunst (allgemein); Schriften zur Philosophie und Wissenschaft, zur Politik und Kulturpolitik; verschiedene Schriften; Mitarbeit an Schriften; Tage- und Notizbücher; tagebuchartige Aufzeichnungen; Noten und Zeichnungen von Brechts Hand; Textbruchstücke und Notizen mit unsicherem Bezug. Bd 4 [in Arbeit] soll enthalten: verschiedene Notizen, u. a. Adressen und Telephonnotizen; persönliche Dokumente, Belege u. ä.; Quellenmaterialien; fremde Arbeiten, darunter Notate von Mitarbeitern auf den Proben des Berliner Ensembles und Protokolle von Versammlungen; Zeitungssammlungen aus Brechts Nachlaß; Bilder und Photos. Diese Verzeichnisse stehen den Benutzern des Bertolt-Brecht-Archivs ebenso zur Verfügung wie ein von Günther Glaeser zusammengestelltes Findbuch der Briefe Brechts. Was leider, trotz wichtiger Vorarbeiten [s. o. OTTO, SPALTER/SUVIN/SCHOTTER, WEIDELI, WILLETT 257 u. ABB 5 (62) 26], bisher fehlt, ist eine umfassende Zusammenstellung von Vertonungen Brechtscher Werke; dasselbe gilt für eine umfassende Diskographie. — *Literatur zu Archiv und Nachlaß:* anon: Börsenblatt für den dt. Buchhandel 128 (61) 472, THEATER DDR [o. S.], THEATER/1 I; Bunge: SuF 11 (59) 140; EKMANN 11 p.; Fradkin: KuL 6 (58) 189; Grimm: GRM N. F. 10 (60) 448 [Brechts Handbibliothek], Nürnberger Nachr. 19. 8. 60; Grözinger: Hochland 50 (57/8) 278; Schiller: Pamietnik Teatralny [Warschau] 10 (61) 268; Strittmatter: DDR-Revue (57) 9; WILLETT 59. — *Literatur zum Editionsproblem:* anon: Dt. Volksztg [Düsseldorf] 11 (63) 22, 10; Beinlich: Hochland 57 (65) 545; [Bentley:] BB: The Good Woman of Setzuan (New York 66) 5 [USA]; Beresark: Literaturnyi Sovremennik [Leningrad] 4 (35) 226; Bunge: Mitteilungsblatt für die Mitarbeiter der Dt. Akademie der Wissenschaften zu Berlin 1 (58) 23; Chiarini: Arena 2 (54) 5, 257; Ekmann: DVjs. 43 (69) 370; ESSLIN III 41 p.; Esslin: Die Welt der Literatur 9 (64) 64, 80, 278, Encounter 31 (68) 3, 63, Preuves 139 (62) 92; Fiebach: WB 12 (66) 512; Goetz: The Canadian Forum 9 (63) 133; Grimm: MH 61 (69) 78, Frankf. Allg. Ztg 31. 10. 64, 2. 4. 68 Literaturblatt; Hecht [u. a.]: BRECHT-DIALOG 110 [auch Übersetzung]; Helwig: Merkur 16 (62) 933; Herzfelde: MALIK 48; HÜFNER 77, 127 p. [Frankreich]; Hultberg: OL 19 (64) 229; Ihwe/Steinweg: Bogawus [Münster] 4 (65) 16 u. 5/6 (66) 11; Kähler: WB/S 135; Lachmann: Dt. Literaturztg 77 (56) 748; Melchinger: WuW 10 (55) 719; Melchiorre: Rivista di estetica [Padua] 9 (64) 248; Michaelis: Frankf. Allg. Ztg 12. 9. 67; Müller: Bulletin des Fränkischen Kreises Nr 66; Müller/Hecht: ABB 37 (66) 19; Rülicke-Weiler: NDL 13 (65) 3, 54, Einheit 23 (68) 1360; SEIDEL; Seidel: WB 11 (65) 819; P. Suhrkamp: Briefe an die Autoren (63) 109; Unseld: Die Welt der Literatur 8 (64) 254, Dichten u. Trachten 29 (67) 72, ABB 52 (67) 73; Völker: ABB 21 (64) 47, Kürbiskern 4 (66) 157; Völker-Hezel: RLV 35 (69) 319; Wellwarth: DS 1 (61/2) 124 [USA]. — *Weitere Literaturangaben:* s. o. SEIDEL [Buchausgabe in Vorber.].

Fragmente, Entwürfe, Pläne: Es kann hier nur eine Auswahl gegeben werden, die vor allem das dramatische Schaffen berücksichtigt. — *Entstehung:* Augsburg 1916/17 bis Berlin 1955/56. — *Handschrift:* vgl. RAMTHUN I 275—398 p.; ferner RAMTHUN II. — *Druck; Uraufführung; Quellen, Vorbilder, Anregungen; Selbstzeugnisse* (usw.): s. u. jeweils das betreffende Werk. — *Fragmente und Entwürfe:* »Hans im Glück« [1919; ungedruckt]; »Galgei« [1918/21; Vorstufe zu »Mann ist Mann« (s. o.); Teildruck: GD II, WA VIII]; »Der grüne Garraga« [1919/20; ungedruckt]; »David« [1919/21; nach MÜNSTERER auch »David oder Der Beauftragte Gottes«, später »Absalom und Bathseba«; ungedruckt]; »Karl der Kühne« [1920/22; ungedruckt]; »Das kalte Chicago« [1921; ungedruckt]; »Die Päpstin

Johanna« [1921; ungedruckt]; »Sommersinfonie« [1919/21; Anregung durch Petron »Die Witwe von Ephesus«; ungedruckt]; »Die Familie Murk. Ein bürgerliches Trauerspiel« [1922; ungedruckt]; »Hannibal« [s. o. *Bearbeitungen für die Bühne*]; »Alexander und seine Soldaten« [1917/24; ungedruckt]; »Gösta Berling« [s. o. *Bearbeitungen für die Bühne*]; »Mann aus Manhattan« [1924; ,Oper in 4 Akten', auch »Sodom und Gomorrha. Oper«; Anregung durch Shaw »The Shewing-up of Blanco Posnet« (?); ungedruckt]; »Das Renommee« [Mitte der zwanziger Jahre; Fragment eines Boxerromans; ungedruckt]; »Dan Drew« [1925/26; ungedruckt]; »Die Geschichte der Sintflut« [1926/27; auch »Kölner Sintflut« (als Hörspiel); ungedruckt]; »Joe Fleischhacker« [1924/29; auch »Joe Fleischhacker in Chicago« bzw. (in Piscators Ankündigung) »Weizen«; Teildruck: GD II u. IX, WA VIII; Selbstzeugnisse: PG I, WA XV, XX]; »Der Moabiter Pferdehandel« [1927/28; ungedruckt]; »Untergang des Egoisten Johann Fatzer« [1927/30; Mitarbeiter: E. Burri, E. Hauptmann; Teildrucke: VS I, GD II u. IX, WA VII]; »Aus nichts wird nichts« [1929/30; ,Schauspiel'; Mitarbeiter: E. Burri, E. Hauptmann; Teildrucke: GD II u. IX, WA VII]; »Freuden und Leiden der kleineren Seeräuber« [1933/34 (?); Teildruck: GD IX, WA IX]; »Das wirkliche Leben des Jakob Geherda« [1935/36; auch »Das wahre Leben des Jakob Geherda«; Mitarbeiter: M. Steffin; Teildrucke: GD V, WA VII]; »Goliath« [1937/38 (?); ,Oper'; Teildruck: GD V, WA IX]; »Die Geschäfte des Herrn Julius Cäsar« [1937; ,Historie'; Teildruck: GD IX, WA IX u. XII; im übrigen s. o. das Romanfragment »Die Geschäfte des Herrn Julius Caesar«]; »Pluto-Revue« [1939; Anregung durch Aristophanes; Teildruck: GD IX]; »Die Judith von Shimoda« [s. o. *Bearbeitungen für die Bühne*]; »Die Verurteilung des Prometheus« [1938/45 u. später (?); auch »Prometheus« (als Oper für H. Eisler); Anregung durch Äschylus; ungedruckt, Zitate bei SCHUMACHER III 319]; »Leben des Konfutse« [1940/41; auch »Konfutse« u. »Leben des Philosophen Konfutse«; Mitarbeiter: M. Steffin; Anregung durch C. Crow »Master Kung«; Teildrucke: NDL 6 (58) 2, 10 sowie WA VII; Teilaufführung (»Der Ingwertopf«): Städtische Bühnen Heidelberg, 19. 2. 65, unter der Regie von H. Statkus, Bühnenbild W.-R. Wust]; »Dunant« [1942; ungedruckt]; »Die Reisen des Glücksgotts« [1943/47; Opernfragment (für P. Dessau); Anregung vielleicht durch einen von Piscator bei der Inszenierung von E. Welks »Gewitter über Gottland« gezeigten Film (vgl. HENNENBERG I 445); Teildrucke: BB/Dessau »Lieder u. Gesänge« 1957, GD VI u. IX, WA X]; »A Woman Killed with Kindness« [1944/45 (?); „von Haywood"; ungedruckt]; »Der Wagen des Ares« [1947/49; ,Kriegsrevue'; ungedruckt]; »Coelestina oder Die Ware Liebe« [s. o. *Bearbeitungen für die Bühne*]; »Rossini« [1948/50; ungedruckt]; »Uhlenspiegel« [1948/50; im übrigen s. o. *Filmarbeiten*]; »Der Salzburger Totentanz« [1950/51 (für G. v. Einem); greift auf das sehr frühe Fragment »Der Pestkaufmann«

zurück u. verarbeitet das von 1948/50 stammende Fragment »Der Tod von Basel« (auch »Die Basler Fastnacht«); Teildrucke: Stuttg. Ztg 5. 1. 63, WA VII; Selbstzeugnisse: HARTMANN 79, Stuttg. Ztg 5. 1. 63]; »Büsching« [1951/54; auch »(Hans) Garbe«; ungedruckt, Zitate in LEBEN UND WERK 172 sowie bei W. MITTENZWEI II 165; Selbstzeugnis: ebda. 164]; »Rosa Luxemburg« [1952; vgl. auch das aus der Zeit um 1928 stammende Fragment »Die letzten Wochen der Rosa Luxemburg«; (beides) ungedruckt (vgl. allerdings GD IX)]; »Leben des Einstein« [1955; ungedruckt, Zitate bei SCHUMACHER III 325]; ferner zahlreiche Gedichtfragmente [Teildruck: GD IX], Fragmente u. Entwürfe erzählender u. theoretischer Arbeiten [vgl. PR, TH, LK, PG, WA] sowie Filmfragmente u. -entwürfe [Teildruck TF II]; im übrigen s. o. »Der Brotladen«, »Der Messingkauf«, »Der Tui-Roman«, »Me-ti. Buch der Wendungen« u. »Flüchtlingsgespräche«. — *Weitere Entwürfe und Pläne:* »Herr Meier und sein Sohn« [1919; Mitarbeiter: J. Geis]; »Simon von Mühlheim«; »Quintus Fabius Maximus«; »Condel« [‚Tragödie‘]; »Herr Makrot« [‚Lustspiel‘]; »Inflation« [auch »Mentscher«] (alles für Stücke aus der Zeit um 1919/22); »Stepke« [1944; Anregung durch A. Gide »L'Immoraliste«]; »Die Judenhure Marie Sanders« [1944 (als Oper für P. Dessau); vgl. »Ballade von der Judenhure Marie Sanders«, GD IV u. WA IX]; »Orpheus und Eurydice« [Ballett, nach EISLER 273]; »Mutter Germania« [nach EISLER 174]; »Die Haltungen Lenins« [dreißiger Jahre; erzählend-didaktische Prosa]; »Die Befürchtungen des Herrn Keuner« [erzählende Prosa; Anregung durch Voltaire »Candide« u. Swift »Gulliver«]; ferner plante Brecht nach SCHUMACHER III 18 „einen kleinen realistischen Roman für die proletarische Jugend (wobei er als Helden auch an den österreichischen Schutzbündler Koloman Wallisch dachte, dem er eine Kantate gewidmet hatte)"; im übrigen s. o. *Bearbeitungen für die Bühne,* »Der Tui-Roman«, *Die Geschichten* sowie TF I (Anmerkungen) [für Filmpläne]. — *Weitere Hinweise:* RAMTHUN I/II [s. o.]. — *Literatur:* ABUSCH 204 [»Weizen«]; BENJAMIN II 34 [»Fatzer«]; BRANDT 82 [»Goliath«]; Bunge [u. a.]: LEBEN UND WERK 127 [»Dunant«], 128 [»Haltungen Lenins«], 171 [»Büsching«]; CHIARINI I 217 [»Konfutse«]; EISLER 230 [»Goliath«], 273 [»Orpheus und Eurydice«]; ENGBERG Bd 2, 146 [allg.]; ESSLIN I 270 [»Konfutse«]; EWEN 186 [»Fatzer«], 324 [»Goliath«], 409 [»Konfutse«], 432 [»Salzburger Totentanz«], 483 [allg.]; FRISCH III 9 [allg.]; Grimm: DT. DICHTER 528 [»Glücksgott«]; Hauptmann: SF/2 241 [allg.]; HENNENBERG I 44 p. [»Glücksgott«]; KAUFMANN I 225 [»Büsching«], II 381 [»Glücksgott«]; [Kesting:] Das dt. Luspiel II, hrsg. H. Steffen (69) 180 [»Galgei«]; Köhler: Musik u. Gesellschaft 8 (58) 12, 2 [»Glücksgott«]; Mantle: MH (in Vorber.) [»Galgei«]; Melchinger: Stuttg. Ztg 5. 1. 63 [»Salzburger Totentanz«]; J. MITTENZWEI 457 [»Glücksgott«]; W. MITTENZWEI II 164 p. [»Büsching«]; Mittenzwei: ACTES II 245 [allg.]; MÜNSTERER 137 p. [allg.], 138 [»David«]; PEIXOTO 267 [allg.]; Piscator Bd 1 p. [allg.]; RÜLICKE 220, 236, 265

[»Büsching«]; K. Rülicke: Hans Garbe erzählt (52) [»Büsching«]; SCHUMACHER III 254 [»Fatzer«], 319 [»Prometheus«], 322 [»Einstein«]; Schumacher: ERINNERUNGEN 331, SOZ. HUMANISMUS 41, NDL 4 (56) 10, 18 [jeweils »Einstein«, »Luxemburg«]; WEISENBORN 138 [»Uhlenspiegel«]; Weisenborn: Die Zeit 27. 12. 63 [»Uhlenspiegel«]; WEKWERTH II 191 [»Jakob Geherda«]; Winter: Neue Zürcher Ztg 25. 11. 67 [»Einstein«].

Arbeitskreis Bertolt Brecht (abb; gegründet 1960). — Derzeitige Anschrift: 5 Köln 1, Postfach 100126. — Die durch Spenden finanzierte Vereinigung, deren Mitgliedschaft frei ist, formulierte ihre Ziele ursprünglich folgendermaßen: „Der Arbeitskreis Bertolt Brecht möchte in der Bundesrepublik alle zusammenführen, die sich ernsthaft und produktiv mit dem Werk Brechts auseinandersetzen wollen." Es war beabsichtigt, Inszenierungen, Gastspiele, Matineen, Vorträge, Diskussionen usw. zu veranstalten bzw. zu fördern und darüber wie allgemein über die Beschäftigung mit Brecht in einem in loser Folge erscheinenden Nachrichtenblatt (›abb. Arbeitskreis Bertolt Brecht. Mitteilungen u. Diskussionen‹ [hier zitiert ABB]) zu berichten. Bis Frühjahr 1969 wurde diese Tätigkeit auch in dem geplanten Rahmen durchgeführt und dokumentiert. Die von 207 Gästen und Mitgliedern besuchte satzungsgemäße Mitgliederversammlung am 8./9. 3. 69 in der Stadthalle Oberhausen brachte jedoch insofern ein Änderung, als sich durch die Annahme einer Grundsatzresolution [vgl. ABB 66 (69) 19] die weitere Tätigkeit des Arbeitskreises stark auf den „Kampf um die Demokratisierung des Theaters" in der Bundesrepublik verlagerte. Am deutlichsten äußert sich dieser Wandel in den Veröffentlichungen des Nachrichtenblattes bzw. -briefes [s. u.], die seither ausschließlich Fragen wie der „Mitbestimmung an der Schaubühne" usw. gewidmet sind. — *ABB:* Hrsg. vom ›Arbeitskreis Bertolt Brecht e.V.‹; „Als Manuskript gedruckt". Verantwortlich für Druck u. Inhalt [z. Z.] Ruediger Meinel, Köln [Anschrift s. o.]. Insgesamt erschienen bis Mai 1970 5 + 72 Nummern, wobei die ersten fünf Hefte (Juni 1960 bis März 1962) als gedruckte „Nachrichtenblätter", die folgenden (mit neuer Zählung) als hektographierte „Nachrichtenbriefe" veröffentlicht wurden. Bezugsbedingungen (Stand 1970): DM 0,50 pro Heft bzw. DM 3,— im Jahresabonnement. — *Literatur:* anon: ABB 1 (62) 1 u. 22 (64) 55 u. 35 (66) 1 u. 47/8 (67) 19 u. 60 (68) 67; Hüfner [u. a.]: ebda. 65 (69) 1; Müller [u. a.]: 62 (68) 77 u. 66 (69) 7.

Brecht Society (gegründet 1968). — Die Gesellschaft, die sich „unlimited study of Brecht" auf internationaler Ebene zum Ziel gesetzt hat, ist aus einem Brecht-Seminar hervorgegangen, das unter dem Vorsitz von J. B. Fuegi u. R. Grimm im Rahmen der Jahrestagung der ›Modern Language Association of America‹ Ende 1968 in New York abgehalten wurde. Ein zweites Seminar wurde im selben Rahmen 1969 in Denver veranstaltet; ein mehrtägiges internationales Brecht-Symposium, an dem u. a. E. Bentley (New York), M. Esslin (London), W. Hinck (Köln), D. Suvin (Zagreb, z. Z. Montreal) u. A. Wirth (Warschau, z. Z. New York) teilnahmen, fand Mitte April 1970 in Milwaukee statt. Es ist geplant, beide Veranstaltungen alljährlich auf möglichst breiter Basis zu wiederholen. — Anschrift der Gesellschaft (zugleich auch des Brecht-Jbs [s. u.]): John B. Fuegi, Department of Comparative Literature, University of Wisconsin-Milwaukee, Milwaukee (Wis.) 53201, USA; Mitgliedsbeitrag (schließt den Bezug des Jahrbuchs ein): $ 9.00 bzw. $ 6.00 für Studenten. — *Brecht-Jahrbuch:* Auch das Jahrbuch, dessen erster Band 1971 im Athenäum Verlag (Frankfurt/Main) erscheint, ist betont international ausgerichtet; es bringt Beiträge in deutscher, englischer u. französischer Sprache. Herausgeber sind E. Bentley, R. Grimm J. Hermand u. W. Hinck unter editorischer Mitarbeit von J. M. Spalek (Bibliographie) u. U. Weisstein (Rezensionen); die Redaktion hat J. B. Fuegi [s. o.]. — *Literatur:* Fuegi: Modern Language Journal 53 (69) 449; Hinck: Frankf. Allg. Ztg 23. 6. 70 [Symposium in Milwaukee].

NACHTRÄGE

Bücher: Brecht. Bilder aus seinem Leben. [Besorgt v. P. Wanner u. P. Harden-Rauch.] Stuttgart: Schreiber 1969; Paolo Chiarini, Brecht, Lukács e il realismo. Bari: Laterza 1970; Gordon W. Cunliffe, Günter Grass. New York: Twayne 1969; Peter Demetz, Postwar German Literature. A Critical Introduction. New York: Pegasus 1970; Alfred Döblin, Briefe. Hrsg. H. Graber. Olten u. Freiburg/Br.: Walter 1970; Manfred Hanner, Politisches Theater in der Bundesrepublik. München: Delp [in Vorber.]; Jürgen Haupt, Konstellationen Hugo von Hofmannsthals. Harry Graf Kessler, Ernst Stadler, Bertolt Brecht. Mit einem Essay von H. Mayer. Salzburg: Residenz Verlag 1970; Werner Hecht, Aufsätze über Brecht. Berlin: Henschel 1970; Helene Weigel zum 70. Geburtstag. Hrsg. W. Hecht u. J. Tenschert. Berlin: Henschel 1970; Hermann Hesse / Peter Suhrkamp, Briefwechsel 1945—1959. Hrsg. S. Unseld. Frankfurt: Suhrkamp 1969; Hellmuth Karasek, Deutschland deine Dichter. Die Federhalter der Nation. Hamburg: Hoffmann u. Campe 1970; Paul Konrad Kurz, Über moderne Literatur 2. Frankfurt: Knecht 1969; Heiner Müller, Sophokles: Ödipus Tyrann. Nach Hölderlin. Berlin u. Weimar: Aufbau-Verlag 1969; Positionen. Beiträge zur marxistischen Literaturtheorie in der DDR. Hrsg. W. Mittenzwei. Leipzig: Reclam 1969; Repertorio bibliografico della letteratura tedesca in Italia (1900—1965). A cura dell'Istituto Italiano di Studi Germanici. 2 Bde. Rom o. J.; Klaus Schröter, Literatur und Zeitgeschichte. Fünf Aufsätze zur deutschen Literatur im 20. Jahrhundert. Mainz: v. Hase u. Koehler 1970; Gerhard Seidel, Die Funktions- und Gegenstandsbedingtheit der Edition. Untersucht an poetischen Werken Bertolt Brechts. Berlin: Akademie-Verlag 1970; Wolf-Dietrich Weise, Die „Neuen englischen Dramatiker" in ihrem Verhältnis zu Brecht (unter besonderer Berücksichtigung von Wesker, Osborne und Arden). Frankfurt: Athenäum 1969; Ulrich Weisstein, Max Frisch. New York: Twayne 1967; Max Zimmering, Der gekreuzigte Grischa. Begegnungen mit Zeitgenossen. Rudolstadt: Greifenverlag 1969.

Ausgaben: Bertolt Brecht, Fünf Lehrstücke. Ed. K. A. Dickson. London: Methuen 1969.

Übersetzungen: Cesare Cases, Stichworte zur deutschen Literatur. Kritische Notizen. Wien: Europa Verlag 1969 [= dt. Fassung von Cases, Saggi e note di letteratura tedesca, Turin 1963]; Frederic Ewen, Bertolt Brecht. La vita, l'opera, i tempi. Mailand 1970 [= ital. Fassung von EWEN].

Sondernummern: Alternative 8 (65) H. 41 [= Karl Korsch – Lehrer Bertolt Brechts].

Aufsätze: R. Augstein, William Shakespeare, Bertolt Brecht, Gün ter Grass, in: Der Spiegel 24. 1. 66, 83; H.-P. Bayerdörfer, Der Wissende und die Gewalt. Alfred Döblins Theorie des epischen Werkes und der Schluß von ‚Berlin Alexanderplatz‘, in: DVjs. 44 (70) 318; Th. K. Brown, Brecht and the 17th of June, 1953, in: MH [in Vorber.]; F. Buono, Note su marxismo e storia in Bertolt Brecht, in: SG N. S. 8 (70) 269 [mit weiteren Literaturangaben; zugleich Rezension von K. MÜLLER]; K. A. Dickson, History, Drama, and Brecht's Chronicle of the Thirty Years War, in: FMLS [in Vorber.]; D. Grathoff, Schnittpunkte von Literatur und Politik. Günter Grass und die neuere deutsche Grass-Rezeption, in: Basis. Jahrbuch für deutsche Gegenwartsliteratur 1 (70) 134; R. Grimm, Spiel und Wirklichkeit in einigen Revolutionsdramen, in: ebda. 49; P. Hamm, Vergeblicher Versuch, einen Chef zu entmündigen, in: FH 21 (66) 204; H. E. Holthusen, Günter Grass als politischer Autor, in: Der Monat 18 (66) 66; A. Horn, Gedanken über Rationalität und Illusion. Apropos John Dryden, in: Festschrift R. Stamm. Hrsg. E. Kolb u. J. Hasler. Bern u. München 1969, 189; H.-J. Irmer: Jacques Offenbachs Werke in Wien und Berlin, in: WZUB 18 (69) 125; H. John, Helmut Baierls ‚Frau Flinz‘ als „Gegenentwurf" zu Bertolt Brechts ‚Mutter Courage und ihre Kinder‘, in: WZHP 12 (68) 655; A. Lacis, Städte und Menschen. Erinnerungen, in: SuF 21 (69) 1326; H. Mayer, Komödie, Trauerspiel, deutsche Misere. Über Dürrenmatts ‚Meteor‘ und Grassens ‚Die Plebejer proben den Aufstand‘, in: ThH 7 (66) 3, 23; M. Morley, „Progress is the Law of Life". Brecht's Poem ‚Die Internationale‘, in: GLL N. S. 23 (70) 255; J. Osborne, Naturalism and the Dramaturgy of Open Drama, in: ebda. 119; H. Richter, Die Lyrik Bertolt Brechts, in: Német Filológiai Tanulmányok 4 (69) 57; H. Rischbieter, Grass probt den Aufstand, in: ThH 7 (66) 2, 13; E. Schumacher, in: Német Filológiai Tanulmányok 4 (69) 79; W. H. Sokel, Brecht und die Klassik, in: Die Klassik-Legende. Hrsg. R. Grimm u. J. Hermand, Frankfurt 1971 [in Vorber.]; E. Speidel, Brecht's ‚Puntila‘: A Marxist Comedy, in: MLR 65 (70) 319; K. Stocker, Günter Grass: ‚Die Plebejer proben den Aufstand‘. Ein Diskussionsbeitrag zu einem umstrittenen Stück, in: Blätter für den Deutschlehrer (Sept. 67) 65; R. Tarot, Mimesis und imitatio. Grundlagen einer neuen Gattungspoetik, in: Euph. 64 (70) 125; P. Trost, Interpretation zweier Gedichte von Brecht, in: Germanistica Pragensia 5 (68) 107; U. Weisstein, Brecht's Victorian Version of Gay: Imitation and Originality in the ‚Dreigroschenoper‘, in: Comparative Literature Studies 7 (70) 314; G. Zampa, ‚Santa Giovanna dei Macelli‘. Sempre trionfale l'incontro Brecht-Strehler, in: Il Dramma 46 (70) 7, 20; ders., Madre Coraggio e la persistenza di Brecht, in: ebda. 4, 36; G. Zwerenz, Brecht, Grass und der 17. Juni, in: ThH 7 (66) 3, 24.

Rezensionen: P. V. Brady, in: MLR 65 (70) 468 [SPALTER]; D. Schmidt, in: Germanistik 11 (70) 592; ferner s. o. *Aufsätze,* Buono [K. MÜLLER].

PERSONENREGISTER

(nicht verzeichnet werden die reinen Literaturangaben sowie
Bertolt Brecht)

204

207

SAMMLUNG METZLER

J. B. METZLER STUTTGART